本书获 2023 年福建省社科基金博士扶持项目（编号：FJ2023BF086）资助

新时代大学生
法治素养培育研究

肖慧欣　著

XINSHIDAI DAXUESHENG
FAZHI SUYANG PEIYU YANJIU

图书在版编目（CIP）数据

新时代大学生法治素养培育研究/肖慧欣著．—北京：知识产权出版社，2023.12
ISBN 978-7-5130-9082-7

Ⅰ.①新… Ⅱ.①肖… Ⅲ.①大学生—社会主义法治—法制教育—研究—中国 Ⅳ.①D920.4②G641.5

中国国家版本馆 CIP 数据核字（2023）第 240395 号

责任编辑：罗　慧　　　　　　　责任校对：潘凤越
封面设计：乾达文化　　　　　　责任印制：刘译文

新时代大学生法治素养培育研究
肖慧欣　著

出版发行：	知识产权出版社有限责任公司	网　　址：	http://www.ipph.cn
社　　址：	北京市海淀区气象路 50 号院	邮　　编：	100081
责编电话：	010-82000860 转 8343	责编邮箱：	lhy734@126.com
发行电话：	010-82000860 转 8101/8102	发行传真：	010-82000893/82005070/82000270
印　　刷：	天津嘉恒印务有限公司	经　　销：	新华书店、各大网上书店及相关专业书店
开　　本：	720mm×1000mm　1/16	印　　张：	23.75
版　　次：	2023 年 12 月第 1 版	印　　次：	2023 年 12 月第 1 次印刷
字　　数：	352 千字	定　　价：	108.00 元

ISBN 978-7-5130-9082-7

出版权专有　侵权必究
如有印装质量问题，本社负责调换。

序 言

法治素养是大学生最基本的思想政治素质之一,培育和提升大学生的法治素养,既是帮助其成长成才、走向社会的现实需要,也是全面推进依法治国和实现国家治理现代化的基础工程,同时是高校立德树人实践必须关注的重要理论问题和重大现实课题。

党的二十大报告指出:"引导全体人民做社会主义法治的忠实崇尚者、自觉遵守者、坚定捍卫者。"大学生只有对社会主义法治形成正确认识,才会在情感上尊崇法治,在内心信仰法治,在意志上坚守法治,在行为上捍卫和遵守法律。新时代大学生法治素养是由大学生法治认知、法治情感、法治意志、法治信念和法治行为等要素构成的品质和能力体系。大学生法治素养不会自动生成,其培育需要具备一定的条件、环境、教育、平台资源等,具有理论性、养成性、系统性、实践性等特征。

党和政府对大学生法治素养的培育给予了高度重视,经过多年的实践,新时代大学生法治素养培育水平取得了显著成效。大学生法治素养培育逐渐向法治理念和法治精神的纵深推进,法治教育在大学生思政课程中的地位越来越突出,其实效性也得到了进一步增强,由政府主导,社会、学校、家庭共同参与大学生法治素养培育的大格局逐渐形成,大学生法治素养总体水平向好的趋势发展,法治素养培育内容和方式也呈现出新的变化和新的特征。然而,新时代大学生法治素养培育过程中仍然存在一些问题,包括:部分大学生个体主体意识与内生动力不足,存在法治情感淡薄、法治意志不坚定和知行脱节的问题;家庭参与大学生法治素养培育中存在教育方式不当和教育氛围不浓的问题；高校在大学生法治素养培育中存在法治教育供给不足、培育方式单一等问题；社会在大学生法治素养培育中存在法治氛围营造不够浓厚的问题。这些问题在一定程度上制约了大学生法治素养培育的实效性。

　　本书紧密围绕新时代人才培养的根本问题，即"培养什么人"、"如何培养人"和"为谁培养人"的时代之问，从大学生法治素养培育的理论渊源、历史实践、现实状况、成因剖析和培育路径等方面给予阐释和回应。本书认为新时代大学生法治素养培育是一个系统工程，需要个体、家庭、学校、社会形成合力，打造个体、家庭、学校、社会"四位一体"的协同培育模式。首先，需要个体激发自我培育的主体性，通过积极参与法治实践活动、端正法治学习动机、加强自我学习等，提高自我培育的能动性、积极性和自主性；其次，需要家庭转变教育理念和教育方式、优化家庭成长环境和增进家校联系来强化大学生法治素养培育的效能；再次，需要高校积极促成思政课程与专业课程、政工队伍与专业教师、在校学习与终身学习、显性育人与隐性育人在法治教育中的协同；最后，需要社会积极营造良好的经济、政治、文化、舆论环境，为大学生法治素养培育提供浓厚的法治氛围。

目 录

导 论 ··· 1
  第一节 问题的提出 ··· 3
  第二节 国内外研究现状综述 ······································ 9
  第三节 核心概念界定 ··· 25
  第四节 研究的思路、方法和创新点 ···························· 36
第一章 新时代大学法治素养培育的理论溯源 ················ 41
  第一节 马克思、恩格斯关于法治素养培育的理论阐述 ····· 43
  第二节 列宁关于法治素养培育的理论发展 ···················· 51
  第三节 中国共产党人关于法治素养培育的理论创新 ········ 59
第二章 中国共产党培育大学生法治素养的历程及其实践价值 ········ 89
  第一节 中国共产党培育大学生法治素养的历史实践 ······· 91
  第二节 中国共产党培育大学生法治素养的
         实践价值经验启示 ····································· 110
第三章 新时代大学生法治素养培育的现实样态
      ——基于福建省 11 所高校的实证调查 ············ 119
  第一节 新时代大学生法治素养培育调查设计 ··············· 121
  第二节 新时代大学生法治素养培育调查的描述性统计分析 ···· 143
  第三节 新时代大学生法治素养培育调查的差异性比较分析 ···· 152
  第四节 新时代大学生法治素养培育方式调查分析 ········· 165

- 第四章　新时代大学生法治素养培育的成效和问题 …………… 179
  - 第一节　新时代大学生法治素养培育取得的成效 ………… 181
  - 第二节　新时代大学生法治素养培育存在的问题 ………… 188
- 第五章　新时代大学生法治素养培育存在问题的原因剖析 …… 221
  - 第一节　个体主体意识与内生动力不足 …………………… 223
  - 第二节　家庭"第一所学校"作用不够凸显 ……………… 229
  - 第三节　学校系统化培育的实效性不突出 ………………… 235
  - 第四节　社会环境支撑作用发挥尚不充分 ………………… 240
- 第六章　新时代大学生法治素养培育的提升路径 ……………… 255
  - 第一节　个体形塑：大学生法治素养培育的内生动力 …… 257
  - 第二节　家庭熏陶：大学生法治素养培育的"第一所学校" …… 268
  - 第三节　学校教育：大学生法治素养培育的主要阵地 …… 278
  - 第四节　社会环境：大学生法治素养培育的重要支撑 …… 308
- 结　论 ……………………………………………………………… 327
- 附录　新时代大学生法治素养培育调查问卷 …………………… 333
- 主要参考文献 ……………………………………………………… 343
- 后　记 ……………………………………………………………… 367

导　论

党的十九大报告中指出:"提高全民族法治素养和道德素质。"❶ 党的二十大报告中进一步强调:"引导全体人民做社会主义法治的忠实崇尚者、自觉遵守者、坚定捍卫者。"❷ 全面推进依法治国不仅要建立健全社会主义法治体系,更要通过提升全民法治素养为全面推进依法治国的实现提供基础。大学生是中国特色社会主义事业发展的生力军,也是全面推进依法治国进程实践的重要主体,其法治素养事关国家治理体系和治理能力现代化的实现,事关中华民族伟大复兴中国梦的实现,新时代大学生法治素养培育必须列入高校重点工作。

第一节 问题的提出

新时代大学生法治素养培育是高校落实立德树人根本任务的重要内容,也是深刻回答"培养什么样的人、如何培养人以及为谁培养人这个根本问题"❸ 的重要课题。在全面建设社会主义现代化国家、向第二个百年奋斗目标进军的新征程中,培育和提升大学生法治素养具有新的内涵和旨归,也被赋予了新的理论与现实意义。

一、研究背景

党的十五大明确提出了"依法治国,建设社会主义法治国家"❹ 的基本方略,并将其作为国家长治久安的重要保障。这是党和国家首次正式采用"法治国家"这一概念。党的十八大以来,以习近平同志为核心的党中

---

❶ 习近平. 决胜全面建成小康社会 夺取新时代中国特色社会主义伟大胜利[M]. 北京: 人民出版社, 2017: 22-23.

❷ 习近平. 高举中国特色社会主义伟大旗帜 为全面建设社会主义现代化国家而团结奋斗: 在中国共产党第二十次全国代表大会上的报告[M]. 北京: 人民出版社, 2022: 42.

❸ 习近平. 把思想政治工作贯穿教育教学全过程 开创我国高等教育事业发展新局[N]. 光明日报, 2016-12-09 (01).

❹ 中国共产党第十五次全国代表大会文件汇编[M]. 北京: 人民出版社, 1997: 32.

央对全面推进依法治国作出了一系列重要部署。党的十八大强调"依法治国是党领导人民治理国家的基本方略,法治是治国理政的基本方式"❶。党的十八届四中全会作出《中共中央关于全面推进依法治国若干重大问题的决定》,对全面推进依法治国作出重大部署,再次强调把法治作为治国理政的基本方式。党的十九大提出,到2035年"法治国家、法治政府、法治社会基本建成",确立了新时代法治中国建设的路线图、时间表。2021年11月,《中共中央关于党的百年奋斗重大成就和历史经验的决议》中再次"明确全面推进依法治国总目标是建设中国特色社会主义法治体系、建设社会主义法治国家"❷,并且要"坚持法治国家、法治政府、法治社会一体建设,全面增强全社会尊法学法守法用法意识和能力"❸。

提高全民族法治素养是法治教育的重要旨归和目标,围绕这一目标,党的十八大以来,党和国家对法治宣传教育提出了新的更高要求和重大部署。党的十八届四中全会要求"坚持把全民普法和守法作为依法治国的长期基础性工作,深入开展法治宣传教育"❹。2021年,"第八个五年普法规划"提出"实行公民终身法治教育制度,把法治教育纳入干部教育体系、国民教育体系、社会教育体系"❺。

青年是国家发展的生力军,是国家的未来和民族的希望,青年的综合素质直接关系到国家发展的生机与活力,也影响到国家的长期竞争力。习近平在中国政法大学考察时的讲话指出:"青年一代的理想信念、精神状态、综合素质,是一个国家发展活力的重要体现,也是一个国家核心竞争力的重要因素。"❻ 大学生是青年群体的中坚力量,是国家与社会发展的

---

❶ 中国共产党第十八次全国代表大会文件汇编 [M]. 北京:人民出版社,2012:17.
❷ 中共中央关于党的百年奋斗重大成就和历史经验的决议 [M]. 北京:人民出版社,2021:25.
❸ 中共中央关于党的百年奋斗重大成就和历史经验的决议 [M]. 北京:人民出版社,2021:42.
❹ 中国共产党第十八届中央委员会第四次会议文件汇编 [M]. 北京:人民出版社,2014:49.
❺ 中央宣传部、司法部关于开展法治宣传教育的第八个五年规划(2021—2025年)[N]. 人民日报,2021-06-16(01).
❻ 习近平. 论党的青年工作 [M]. 北京:中央文献出版社,2022:140.

关键力量，其重要性不言而喻。根据教育部2021年发布的统计公报数据显示，截至2021年12月31日，全国各种形式的高等教育在学总规模4430万人。❶ 大学生群体的重要性和庞大的数量规模，意味着帮助他们培育良好的法治素养具有重大意义，因为大学生法治素养水平的高低事关全面推进依法治国和国家治理现代化的实现。

然而，与中小学生群体相比，大学生群体有其自身的特殊性。第一，大学生群体在心智上相对成熟，对世界万事万物有自己的见解和看法，也具备了一定的逻辑思维能力和办事能力；第二，大学生群体绝大部分已经成年，具有完全民事行为能力，可以独立开展民事活动并承担相应的法律责任；第三，大学生进入高等教育阶段后，对法治教育的内容有更高的要求，并且这种教育内容和要求具有一定的社会对应性和指向性，即与其步入社会、适应社会需要相对应，是大学生社会化的基本条件之一；第四，与中小学生群体相比，大学生与家庭、家长相对处于分离状态，家长在大学生法治教育中的作用受到一定程度的制约，❷ 大学生开展自我教育的角色和要求越来越明显。因而，如何做到因材施教以进一步培育和提升大学生的法治素养，就需要得到社会的关切。新时代党和国家对大学生法治教育愈发重视，2016年《青少年法治教育大纲》明确了高等教育阶段法治教育的目标，并提出了相应的要求等，为新时代如何开展大学生法治素养培育提供了清晰的指南。在该大纲中指出："青少年法治教育要充分发挥学校主导作用，与家庭、社会密切配合，拓宽教育途径，创新教育方法，实现全员、全程、全方位育人。"❸ 另外，中宣部和司法部第六、第七个"五年普法规划"中均要求打造学校、家庭、社会"三位一体"的青少年法制

---

❶ 2021年全国教育事业发展统计公报［EB/OL］.（2022－09－15）［2022－09－23］. http：//www.gov.cn/shuju/2022－09/15/content_5710039.htm.

❷ 姚建龙，朱奕颖. 大学生法治教育的特殊性：理念、内容与方法［J］. 教育发展研究，2021，41（6）：33－42.

❸ 教育部，司法部，全国普法办. 关于印发《青少年法治教育大纲》的通知（教政法［2016］13号）［A/OL］.（2016－07－18）［2021－07－15］. http：//www.moe.gov.cn/srcsite/A02/s5913/s5933/201607/t20160718_272115.html.

（治）教育格局。❶第八个"五年普法规划"中则强调："完善政府、司法机关、学校、社会、家庭共同参与的青少年法治教育新格局。"❷由此可见，新时代国家对青少年的法治教育新格局作出了清晰的部署，即不仅要发挥学校、家庭、社会等教育主体的协同教育作用，也要加强大中小学法治素养培育的衔接与协同，同时还要从法治氛围营造、法治教育资源挖掘、法治实践平台打造等环节发力，真正实现全员、全程、全方位育人格局。

此外，在思政课的设置上，2005年，中共中央宣传部、教育部印发的《关于进一步加强和改进高等教育思想政治理论课的意见》及其相应的实施方案（简称"05方案"），将"思想道德修养"和"法律基础"两门课合并成一门"思想道德修养与法律基础"，并作为大学生的必修课程，之后，经过了多次修订。2021年，教育部对"思想道德修养与法律基础（2018年版）"课程再次进行了修订，除了对课程相关内容的修订外，课程名称也修改为"思想道德与法治"，新教材进一步凸显了提升大学生思想道德素质和法治素养的时代主题，法治素养培育已成为当前我国高等院校思想政治教育领域中不可或缺的重要组成部分。由此可见，深入探析新时代大学生法治素养内涵并合理建构其实现路径，这是一个契合新时代发展需要的重要课题。

二、研究意义

本研究聚焦当前我国大学生法治素养培育的现状，剖析大学生法治素养培育方面存在的问题，进而探寻相应的提升策略。这对深化大学生法治素养培育理论的认识、推进高校法治教育改革乃至实现国家治理现代化，具有重要的理论意义和现实意义。

---

❶ 第六个五年规划为"法制教育"，第七个五年规划为"法治教育"。
❷ 中央宣传部、司法部关于开展法治宣传教育的第八个五年规划（2021—2025年）[N].人民日报，2021-06-16（01）.

1. 理论价值

一是通过对法治素养培育内涵和概念的厘清,为大学生法治素养培育研究提供学理支撑。密尔认为:"最简单最准确的定义概念是,它是阐明词义的一个命题,也就是,要么它是被普遍接受的意义,要么它是言者或作者……打算具有的含义。"❶ 概念是研究的基础和前提,下定义就是对概念的揭示和展开。本研究基于思想政治教育、社会学、心理学等多学科视角,在梳理相关文献以及参考前人研究成果的基础上,凝练出大学生法治素养培育的核心概念,并从法治认知、法治情感、法治意志、法治信念和法治行为等维度建构大学生法治素养的内在构成。这将进一步丰富大学生法治素养培育的内涵,为学界开展相关研究提供理论参考,同时也将为进一步深化大学生法治素养培育的基础理论研究提供相应的理论支撑。

二是对大学生法治素养培育进行理论探源和历史规律梳理,为新时代大学生法治素养培育路径奠定理论依据和提供经验启发。本书通过对大学生法治素养培育的理论进行探源,总结和揭示不同历史阶段大学生法治素养培育的特点和经验教训,从中探寻大学生法治素养培育的条件、形态、规律,进而探寻大学生法治素养培育提升路径。这对新时代培育有理想、有本领、有担当的"时代新人"具有一定的理论价值。

2. 实践价值

一是有利于筑牢新时代国家治理体系和治理能力现代化的根基。习近平指出:"中国式现代化是物质文明和精神文明相协调的现代化。"❷ 现代化既包括社会现代化,又包括人的现代化。社会的现代化,归根结底取决于人的现代化。❸ 因为,国家和社会是由个体组成的,国家治理现代化的实现有赖于人的现代化的实现,而人的现代化是指人的观念、素质、能

---

❶ 转引自[美]乔万尼·萨托利. 民主新论[M]. 冯克利,阎克文,译. 上海:上海人民出版社,2009:283.
❷ 习近平. 习近平谈治国理政(第四卷)[M]. 北京:外文出版社,2022:123.
❸ 杜金亮,李慧萍. 论人的现代化与人的全面发展的关系[J]. 齐鲁学刊,2000(5):110-114.

力、行为、生活等由传统向现代的转变,是社会现代化的重要内容和主导力量。❶ 人的现代化是人的自由全面发展的重要体现,思想道德素质和法治素养是人的基本素质,也是精神文明的重要组成部分,只有不断提高个体的自身素质,才能实现人的自由全面发展和人的现代化,进而才能在社会中提高竞争力。法治目的在于为人的解放和全面发展创造良好的秩序,换言之,法治是用来为人类创造美好生活的工具,人才是法治的最终目的。❷ 正如黑格尔所说:"一个民族的国家制度必须体现这一民族对自己权利和地位的感情。"❸ 新时代的大学生,由于受到各种不良网络文化和错误思潮的侵蚀和影响,一些学生的思想和行为出现偏差,甚至走上违法犯罪的道路。因此,通过提升新时代大学生法治素养培育水平,一方面可以夯实全面依法治国和国家治理现代化的基础,使大学生自觉地在思想和行动上与国家命运紧密相联,坚定"四个自信",努力担当民族复兴大任。另一方面通过培育和提升大学生法治素养,可以帮助其提升自身素质,实现自由全面的发展,在激烈的竞争中赢得一席之地,从而实现自我价值和理想。

　　二是为高校提升思想政治工作水平和质量提供现实依据。思想政治教育工作是做人的工作,是新时代高校培育一批批合格社会主义建设者和接班人的关键环节。培育和提升大学生法治素养是高校的重要工作之一,要提高大学生法治素养培育水平,除了要发挥思政课的主渠道,还要使法治教育与专业课程建设紧密结合、与学校日常思想政治教育和管理工作紧密融合、与家庭教育紧密配合,还要与社会法治教育资源、平台等紧密协同。这就要求高校思想政治教育工作者必须深入了解学生的思想政治和法治素养的真实状况,理解大学生法治素养培育的内涵、核心和影响因素,进而探寻大学生法治素养培育的规律和路径,并在高校法治教育课程建设

---

❶ 张海. 论人的现代化与人的全面发展 [J]. 东岳论丛,2004 (1): 165 – 169.
❷ 柯卫,朱海波. 社会主义法治意识与人的现代化研究 [M]. 北京: 法律出版社,2010: 55 – 56.
❸ [德] 黑格尔. 法哲学原理 [M]. 范扬,张企泰,译. 北京: 商务印书馆,1961: 291 – 292.

和改革、大学生法治素养培育协同机制构建等方面不断突破和创新，最终提升思想政治工作水平和质量。

第二节　国内外研究现状综述

一、国内研究现状

（一）总体研究情况分析

在中国知网上通过高级检索方式，以主题和篇名作为检索条件，分别以"大学生""法治素养""法治素质""法治观念""法治精神""法治意识""法治教育""法治信仰""法治思维""法治观"等主题词分别作为组合检索，发现相关研究的趋势呈大体上升状态，2015年之后略有下降（见表0-1）。就总体情况来看，国内学者以中国特色社会主义法治建设所处的现实境遇为落脚点，对大学生法治素养培育进行多维审视和探究，其研究情况大致可以分为三个阶段。

表0-1　大学生法治素养相关研究文献数量统计

年份	期刊论文数量	硕士、博士论文数量	国内法治素养研究论文总数量
1999	5	0	5
2000	3	1	4
2001	5	0	5
2002	6	1	7
2003	9	1	10
2004	7	5	12
2005	10	4	14
2006	11	4	15

续表

年份	期刊论文数量	硕士、博士论文数量	国内法治素养研究论文总数量
2007	18	4	22
2008	35	3	38
2009	36	9	45
2010	35	12	47
2011	31	23	54
2012	44	22	66
2013	31	12	43
2014	54	19	73
2015	211	24	235
2016	265	73	338
2017	219	66	285
2018	231	44	275
2019	234	31	265
总计	1500	358	1858

一是平缓发展阶段。1997 年，党的十五大报告首次把"依法治国，建设社会主义法治国家"❶作为党领导人民治理国家的基本方略，在此背景下，许多学者开始将研究视线投向大学生法治教育，这一时期的研究成果主要集中在大学生法律意识、法治观念和法治理论教育方面，也有学者从"法律基础"课程建设方面探讨大学生法律素质的提升❷。这一时期的研究数量相对较少，且主要以定性分析为主。

二是快速增长阶段。2005 年开始，与大学生法治素养有关的论文、著作逐渐增多，相关研究进入较快发展阶段。这一阶段的研究内容主要集中

---

❶ 江泽民. 高举邓小平理论伟大旗帜，把建设有中国特色社会主义事业全面推向二十一世纪［M］. 北京：人民出版社，1997：33.

❷ 陈大文，黄乐妹，石红. "法律基础"课程建设与大学生法律素质教育［J］. 思想理论教育导刊，2004（12）：28－29.

在大学生的法制教育和法律素质提升方面,这可能跟党的十六大报告提出"健全法制,依法治国,建设社会主义法治国家",要"加强法制宣传教育,提高全民法律素质"❶有关。通过对大学生法治观念的现状分析,大多数学者认为大学生的法治观念主流是较强的,但仍有部分学生法治观念淡薄,甚至发生多起校园伤害事件。由此,学者们开始将研究重点聚焦于如何提高大学生法制教育的实效性方面,并提出许多对策,为高校提升大学生法律素质提供了理论参考。党的十七大报告提出要"坚持依法治国基本方略,树立社会主义法治理念,实现国家各项工作法治化"❷,此后,有部分学者开始关注大学生社会主义法治理念教育,致力于帮助和引导大学生树立社会主义法治观念,培养法律思维习惯。❸可见,这一阶段的研究紧跟时代步伐和党的各项方针政策,具有鲜明的时代性。然而,这一阶段对大学生法治素养的研究多停留于现象总结,缺乏较为系统的理论研究,研究角度和内容较为单一,多从某一方面或某一点,如法治意识、法治观念等角度出发,研究不够深入。

三是丰富深化阶段。党的十八大后,学术界对大学生法治素养的研究较此前出现了繁荣景象,相关的研究成果更加丰富,理论研究更为深入。这一阶段的研究成果呈现出三个特点:一是研究的深入性更强,相应的研究视角不再局限于法治素养的某一方面或某一点,或停留于现象的描述和分析,而是倾向于寻找根源和揭示法治素养的内涵、要素、理论依据等,并就此展开了深入分析。二是研究的学科视角更为丰富,既有马克思主义理论学科,又有法学、政治学学科,还有许多跨学科视角,使得大学生法治素养研究内容更为丰富。三是研究方法和手段不断丰富,不再只局限于理论探讨,而是出现了许多实证调查的论证研究,甚至出现了一些关于大学生法治素养量表编制的工具研究,这些研究进一步丰富了大学生法治素

---

❶ 江泽民. 全面建设小康社会,开创中国特色社会主义事业新局面[M]. 北京:人民出版社,2002:31,34.

❷ 胡锦涛. 高举中国特色社会主义伟大旗帜 为夺取全面建设小康社会新胜利而奋斗[M]. 北京:人民出版社,2007:29.

❸ 黄文艺. 论高校社会主义法治理念教育[J]. 思想理论教育导刊,2010(5):61-65.

养的研究方法，使相关研究更具操作性。

（二）具体研究情况分析

1. 大学生法治素养内涵

关于大学生法治素养内涵的研究主要有四种学说：一是"统一体"说。有学者认为"法律素质是公民的法律意识、法律知识和法律行为的综合体现，是公民的内在观念和外在行为的统一"❶。二是"三要素"说。有学者提出法治素养由"法律知识、法治认同和用法能力"❷ 三要素所组成；也有学者认为法治素养由"法律知识、法律意识和法律能力"❸ 三方面组成。三是"四要素"说。有学者认为大学生法治素养主要包括法治意识、法治思维、法治方式、法治精神四个方面的素质。❹ 四是"要素整合"说。有学者认为法治素养是一种"认识和运用法律的能力或素质，是由法律知识、法律心理、法律观念、法律理论、法律信仰等要素整合构建而成"❺。

2. 大学生法治素养的研究对象和群体

大学生法治素养的研究对象和群体可以按不同标准进行分类，并以此为研究切入点。第一，以不同涉法领域分类。近年来，学者开始关注大学生就业和创业过程中的涉法问题，如创业的法律风险防控及法治保障❻；也有学者针对校园伤害事故频发的现象，研究大学生伤害事故的处置、由

---

❶ 苗连营. 公民法律素质研究 [M]. 郑州：郑州大学出版社，2005：2.
❷ 周家雅. 大学生创业法治教育：价值意蕴及其实践理路 [J]. 思想教育研究，2019（1）：123 - 127.
❸ 韩学平，林瀛海. 农业类高校法治化建设对提升大学生法律素质的影响 [J]. 黑龙江畜牧兽医，2016（12）：263 - 266.
❹ 齐琳琳. 全面依法治国背景下大学生法治素养的提升 [J]. 中国高等教育，2016（Z2）：71 - 73.
❺ 曲丽娟. 试论大学生的法制素养及教育对策 [J]. 黑龙江高教研究，2010（4）：123 - 125.
❻ 李进付. 大学生创业的法律风险防控及法治保障 [J]. 思想理论教育，2017（6）：95 - 99.

校园伤害事故引发的舆情危机研判及疏导问题❶；还有学者由线下涉法问题转向线上涉法问题研究，如针对大学生网络犯罪、网络表达偏失现象，反思加强大学生网络空间法治观教育和匡正路径❷。第二，以不同民族分类。有学者通过实证调查，发现部分少数民族大学生在法治素养方面存在一些问题，表现为对我国法治建设认知不足，法治素养存在"盲点""空白"。为此，需要通过转变法治教育理念和教育方式、全面开展学校普法教育、加强法治意识培育等途径，提升少数民族大学生法治教育实效性。❸第三，以不同学科分类。有学者根据不同学科，如农业类、艺术类、医学类、理工类等大学生群体的法治素养情况进行研究。比如，有学者发现，一些艺术类大学生法治观较为薄弱，提出要从思政课程建设、教师队伍优化、人文育人环境营造等方面加强其法治观的培育。❹

3. 大学生法治素养的研究视野

学界从多维理论视角对大学生法治素养进行研究，主要的研究视野有如下几种：一是法社会学分析理论。该理论从法治实践角度探究大学生参与治校运行过程中的复杂性、特殊性问题，并考察其内在隐秘的、未经表达的社会事实，通过法社会学的分析，探讨大学生参与治校的行动特征和逻辑。❺ 二是风险社会理论。该理论认为当代中国社会正进入一个"高风险社会"，对大学生进行法治思维模式的训练，可以帮助其提升运用法律方法和手段来处理危机的技能，这样就可以有效化解社会部分风险，促进

---

❶ 王磊，李进付. 高校学生伤害事故引发的舆情危机研判及疏导研究［J］. 思想教育研究，2016（5）：109－112.

❷ 陈小花，徐喜春. 大学生网络表达的现实偏失和匡正路径［J］. 思想理论教育，2018（8）：81－85.

❸ 王瑞萍，马进. 提高少数民族大学生的法治素养刻不容缓——甘肃省少数民族大学生法治素养状况调查报告［J］. 黑龙江民族丛刊，2018（3）：181－184.

❹ 钟佩霖. 艺术类大学生的法治观培养研究［J］. 西南民族大学学报（人文社科版），2012，33（S2）：205－208.

❺ 何晨玥，张新平. 学生参与大学治理的行动类型、特征与逻辑——源于实证调查的法社会学分析［J］. 高等教育研究，2018，39（5）：89－95.

社会和谐有序运行。❶ 三是人本理论。该理论认为法治素养和法治观念不仅是当代大学生的基本素质构成，而且也是大学生的精神需求和发展需要，培养良好的法治素养，有利于大学生全面发展。❷ 四是文化形态学理论。该理论从文化形态学的角度分析世界范围内的法治形态由政治法治到经济法治、文化法治的变迁过程，认为文化法治是现代文明的趋势，并将成为法治中国的方向，大学是文化法治的最佳孕育地，大学生的文化意识与法律信仰状态，会影响其能否正确运用法治思维和法治方式处理问题。❸ 五是法哲学理论。该理论从法哲学角度分析大学生参与权的应有性、法定性和现实性三种逻辑递进形态，认为大学生作为大学的利益相关者，具有参与大学管理的应然性诉求，高校要从各方面保障大学生的参与权。❹ 六是行为法学视角。该视角关注法关系中的人的行为，并从需要、动机、愿望等心理倾向方面预测人的未来行为，进而引导人的行为向善的目标发展。❺ 七是教育心理学视角。该视角认为人的行为可以通过榜样示范、语词符号、对自身认识活动的自我调控来加以巩固，进而形成教育预期的行为。❻ 学习法律知识可以帮助大学生对照自身行为规范与相关法律活动要求，从而规范自己将来的法律行为，提高法治素养。❼

4. 大学生法治素养培育的影响因素

针对大学生法治素养培育的影响因素的研究，国内学者主要从这几个方面进行探索和分析：一是社会环境，主要包括政治、经济、文化环境方面的影响。比如，市场经济的某些负面因素、一些因权力滥用而滋生的腐

---

❶ 邹欢艳. 风险社会视阈下大学生法治思维培育刍见 [J]. 学校党建与思想教育，2017 (22)：50 - 52.

❷ 李全文，胡鹤玖，杨新宇. 加强和完善大学生法治教育 [J]. 教育与职业，2008 (14)：180 - 181.

❸ 江雪松. 迈向文化的大学生法治教育创新 [J]. 江苏高教，2015 (1)：90 - 92.

❹ 夏民，庄倩如. 大学生参与权的法哲学思考——基于高等教育法治化的分析 [J]. 江苏高教，2012 (4)：51 - 53.

❺ 林喆. 行为法学导论 [M]. 北京：北京大学出版社，2013：8.

❻ 李伯黍，燕国材. 教育心理学（第三版）[M]. 上海：华东师范大学出版社，2010：42.

❼ 李志清. 大学生涉法行为调适研究 [J]. 学校党建与思想教育，2018 (6)：57 - 59.

败现象、现代法治土壤的贫瘠、传统文化中权力至上和义务本位的思想等,对大学生法治素养培育造成了消极影响。二是学校环境,主要包括高校法治教育教学模式、法治教育师资队伍、法治教育内容设置、教材建设、教育主管部门和高校的认识等方面的影响。有学者认为当前高校在大学生法治素养培育的过程中,缺乏系统性、深刻性和实践性,难以有效培育大学生的法治素养。❶ 三是家庭环境,主要包括家庭环境、家庭教育思想、父母行为等方面的影响。比如,许多家庭关注的是大学生的学业、就业情况等,而忽视了对大学生法治素养的指导和培育。❷ 四是大学生个体层面,主要包括大学生自身的学习动力、对法律的主体认知和重视程度、自身阅历和对事物的处理方式等方面的影响。五是网络自媒体的影响,主要以微博、微信、QQ 及其他新媒体为代表的自媒体力量快速发展,对大学生法治素养的培育带来了巨大影响。六是国外敌对势力在意识形态领域里对大学生的渗透,主要包括民粹主义、历史虚无主义、自由主义、西方国家所谓的民主法治以及宗教文化等,对大学生法治素养培育的冲击。

5. 大学生法治素养培育的对策和路径

法治素养是大学生全面发展的核心素养,既关系到其学习、生活和职业生涯发展的现实需要,也事关国家民族的前途命运和中国特色社会主义事业的发展。因此,学界对大学生法治素养的培育给予了高度关注,他们从多维角度探索大学生的法治素养培育路径。一是"三位一体"路径,即形成理论教育、实践教育、文化熏陶"三位一体"的有效路径,提升大学生的法治素养❸。二是"融合"路径,认为大学生法治素养的培育不能只靠法律知识和技能的传授与训练,还要与政治教育、道德教育相融合,这

---

❶ 骆郁廷,杨婷. 论大学生法治精神的培育[J]. 湖北社会科学,2015 (10):185 – 190.

❷ 周杨. 大学生思想道德与法治素养培育机制研究[J]. 学校党建与思想教育,2018 (8):34 – 36.

❸ 齐琳琳. 全面依法治国背景下大学生法治素养的提升[J]. 中国高等教育,2016 (Z2):71 – 73.

样才能提高大学生的法治自觉性和法治信念。❶ 三是"协同"路径,即共同发挥学校、家庭、社会在大学生法治素养培育方面的力量,相互配合,形成教育合力。四是"实践"路径,认为法治素养需要在法治实践中培养,只有通过参与各种法律活动,才能自觉养成运用法治思考问题、解决问题的习惯,高校要构建学校、社会组织、政府三位一体的法治教育实践平台。❷ 五是"多位一体"路径,即从高校党组织建设、教育管理制度设计、日常思想政治教育、法治实践、严格依法治校、社会活动参与等全员、全方位、全过程培育大学生的法治素养。❸ 六是"思政课教学"路径,认为思政课是培育大学生法治素养的重要载体,并从思政课的教学内容设计、教法实施、教师队伍建设、课程建设、法治教学实践活动、教材建设等方面,探索思政课在提升大学生法治素养方面的实效性。除此之外,还有从网络媒体、法治文化建设、社会环境营造等角度探讨大学生法治素养培育路径的。

(三) 国内大学生法治素养培育研究简评

就国内已有的研究成果来看,主要聚焦于法治素养的外延研究,包括法治思维、法治信仰、法治意识、法治观念、法治认知等内容,抑或单独从法制教育、法治教育方面探讨如何培育大学生法治素养,并且出现"法治"与"法制"混淆不清的问题,有的学者采用"法制教育",也有学者采用"法治教育",在一定程度上影响了学界对大学生法治素养培育及其内涵的理解。而在大学生法治素养培育的具体路径方面,相关研究逐渐趋向具体化、细化的方向发展,且紧跟时代发展步伐,为本研究的开展提供了更宽阔的视野和理论借鉴。

---

❶ 杨忠明,刘颖. 改革开放以来大学生法治素养培育的发展回顾与展望 [J]. 思想教育研究,2018 (11): 24 – 28.

❷ 龚素瓅,徐佳雯. 提升新时代大学生法治教育的实效 [J]. 中国高等教育,2018 (23): 50 – 52.

❸ 杨忠明,何曾艳. 大学生法治素养提升的路径与方法研究 [J]. 学校党建与思想教育,2017 (6): 50 – 52.

虽然近年来国内关于大学生法治素养培育方面的研究成果越来越多，但仍有许多值得拓展的研究空间。首先，在与法治素养的内涵较紧密的研究范畴中，法治认知、法治思维、法治观念等研究最多，而在法治情感、法治意志、法治信念、法治行为等方面的研究相对较少；其次，国内关于大学生法治素养培育的理论研究较多，且存在观点重复等问题，通过编制科学合理的大学生法治素养测量量表进行实证研究的较少；再次，关于大学生法治素养培育的研究虽有部分成果，但是从马克思主义关于大学生法治素养培育的理论探源较少，多数研究是将教育学、社会学、法学、心理学作为大学生法治素养培育的理论基础，且关于大学生法治素养培育的历史规律研究也较少，另从阶段历史的角度进行回溯，从党的百年历史角度回顾大学生法治素养培育的研究则更少；最后，尽管关于大学生法治素养培育的研究在不断深入，相关研究成果逐渐增加，但是从新时代的发展要求系统探索大学生法治素养培育的论文较少，致使相关对策出现"千篇一律"或"放之四海而皆准"的弊端。因此，新时代大学生法治素养培育研究需要不断彰显时代内涵，并在已有研究成果基础上进一步深化、细化，进而充实相关的理论与方法。

二、国外研究现状

从文献检索的总体情况看，国外学者从 20 世纪 70 年代末开始大量研究法治素养，形成相当丰富的研究成果，涉及的研究视角也比较广泛。

（一）法治素养的内涵解析

针对普通公民的法治素养培育，国外学者多使用"法治素养教育"（Law-related Education）概念，这一概念有别于针对法律专业的"法律教育"（Law Education）、"法治教育"（Legal Education）等概念。1978 年，美国教育部门出台的《法治教育法案》对法治素养教育给予了清晰的界定，即培育非法律专业的学生习得有关法律、法律程序、法律体系方面的知识和应用法律的技能,理解法治有赖于建立的基本原则和价值观。❶ 美国联邦教育部在其规章中进一步规定,开展法治素养教育的目的旨在帮助学生有效应对复杂多变的社会中遇到的法律问题并学会如何与法律打交道。❷ 莱明(Leming)等认为法治素养教育就是教授学生将法律应用到日常生活实际,以解决冲突和社会问题的实践活动,而不是专业的法律教育。它要求学生通过讨论、探究和反思的理性方式来处理一些有可能会影响自己生活的争端和事件,强调培养学生的批判性思维和参与能力。❸ 从这些学者的定义中可以看出,法治素养教育的定义包含了三个信息:一是教育对象是非法律专业的学生,而非专门培养律师的专业教育,因此,其教育对象可以是青少年,也可以是成年人;二是强调法律规则和法律程序,包括法律制度本身的运行程序以及这些制度建立所依赖的基本原则和价值基础;三是强调教育内容的全面性和实践性。

(二) 法治素养的培育内容

国外学者大多将法治素养的培育视作公民教育的重要内容之一,其主要理念基于两点:一是法治素养的教育目的是培育公民,使之成为一个有修养和对社会有责任感的公民;二是提升公民的法治素养,以捍卫国家的民主制度。利特尔(Little)认为法治素养的培育内容包括五个方面:培育公民意识、犯罪预防、生存技能、批判性思维与道德教育。❹ 日本学者矶山佑子认为法治素养教育的内容是可以运用于现实生活中的知识和技能,也就是说,除了获得法律方面的知识外,还要培育学生获得应用法律的技能

---

❶ Leming Robert S. Essentials of Law – Related Education [J]. Citizenship Education, 1995 (10): 4.

❷ 帅颖. 美国法制教育的历史演进及其启示 [J]. 武汉大学学报(哲学社会科学版), 2014, 67 (3): 125 – 128.

❸ Leming R S, Healy L T. Resources on Law – Related Education: Documents and Journal Articles in ERIC, 1995 [M]. Bloomington: ERIC Clearinghouse for Social Studies/Social Science Education, 1996: 1.

❹ Little Timothy H. Law – Related Education [J]. Michigan Social Studies Journal, 1987, 1 (2): 65 – 68.

和态度,从而成为一名在社会中承担积极角色的公民。❶ 佩雷拉(Pereira)指出法治素养的培育内容有四点:(1)培养学生成为公民需要具备的知识、技能和态度;(2)预防犯罪;(3)提升学生对社会科学的兴趣;(4)提供更具广度和深度的社会科学研究教育。他特别强调在法治素养培育过程中,突出公民与社会之间的关系的重要性,特别是作为公民在行使自己的权利时,要遵循法律的规定。❷ 马利(Marri)认为这种教育内容强调程序正义和公民与社会的关系建构,培育批判性思维和公民参与、解决问题、沟通、团队合作和推理能力。❸ 由此可见,法治素养的培育除了要传授法律知识的实际内容,更多的是要引导学生了解法律在社会中所起的作用,帮助其增强推理和分析问题的能力及道德意识,使其认识到法律以及与之相关的程序如何运作,这将有助于其理解法律权利和义务在特定环境下应当如何行使和履行。

(三)法治素养的培育方法和路径

国外学者主要从课程设置、教学模式、课外实践、社区参与等方面探讨对学生的法治素养培育。在课程教学方面,许多学者认为要在各级学校开设法治教育课程,教授法律相关知识。诺曼(Norman)认为在每一个学习阶段的社会科学课程里,都应该设置法治教育课程,因为法治教育可以丰富学生对所处生活世界的理解并学会与其更好地相处。❹ 弗隆(Furlong)认为要通过设置一些法治教育课程来培养学生的社会责任感、个人在公益事业中的责任感以及有效参与社会秩序的维护,该课程必须帮助学生理解法律在社会秩序中的性质,必须系统地帮助学生澄清现行法律中哪些是充

---

❶ Kyoko Isoyama. Law Related Education in Japan – Developments and Challenges [J]. IJPLE, 2019, 3 (1): 96 – 122.

❷ Pereira C. Law – related education in elementary and secondary schools [EB/OL]. (1988 – 06 – 01) [2022 – 07 – 15]. https: //www. ericdigests. org/pre – 929/law. htm.

❸ Marri Anand R. Using Law – Related Education to Engage Marginalized Urban High School Students [J]. Action in Teacher Education, 2010, 32 (3): 40 – 54.

❹ Norman Gross. Law – Related Education [J]. Education Digest, 1978, 43 (6): 33.

分的、哪些是不充分的。❶ 不同国家的法治教育课程设置情况各有特点，比如戴维森（Davison）从美国的社会科学课程中，归纳出 94 门法治教育课程，主要分为八类：法律背景、法律基础、社会关系、儿童文学、视野、公正、学生权利和义务、美国历史。❷ 日本主要通过跨课程学习方式开展，特别是通过社会科学类课程进行渗透性教育，同时建立专门的机构（如法务省、法教育推进协会等）来督促各级学校法治教育的开展。❸ 哈丁（Hardin）则将法治教育的课程实施形式分为三类：必修课（占 38%）、综合课（占 33%）、选修课（占 29%）。并且其研究表示，法治教育课程对学生有积极的影响，它可以提高学生的课堂参与度、对法律和伦理问题的兴趣以及批判性思维能力。❹ 在教学策略方面，多数研究聚焦于基于问题的学习（PBL）、经验性学习方法、案例分析、模拟法庭和模拟审判等。也有部分学者认为法治教育课程强调培养学生主动解决问题和采取与基本价值观相符的公民行动能力，在日常教育过程中，通过采用模拟审判、开展社会争议问题的法律研究和社区服务活动等，使法治意识深入学生内心，既帮助学生养成做任何事都经过深思熟虑后作出决策的习惯，同时也在生活中体现出公民的良好品质，包括宽容、坚毅、文明与同情。❺ 同时，有研究表明，教学方法（如开放的课堂环境、角色扮演、情景模拟）和学生的公民素养之间存在很强的相关性。在课外实践方面，许多学者强调法治素养的培育要加强与社会的互动，要整合各种社会资源，为学生提供培育

---

❶ Furlong M S, Arbetman L. Learning about Law [J]. Educational Leadership, 1980, 38 (1): 41 - 43.

❷ Davison S E. Curriculum Materials and Resources for Law - Related Education [J]. Social Education, 1977, 41 (3): 184 - 193.

❸ Kyoko Isoyama. Law Related Education in Japan - Developments and Challenges [J]. IJPLE, 2019, 3 (1): 96 - 122.

❹ Hardin J P. Teacher Speak Out on Law - Related Education: Summary Report on the SPICE IV National Teachers' Survey [M]. Winston - Salem, NC: Center for Research and Development in Law - Related Education, 1991: 13.

❺ Cornett J W, Chant R H. Educating Youth for Decency and Virtue: Law - Related Education and Its Implication for Character Educators [J]. Journal of Humanistic Counseling, Education and Development, 2000 (39): 26 - 31.

法治素养的实践活动平台。❶ 诺曼认为法治教育具有较强的跨学科性质，需要整合和发挥律师、教育工作者、民事和刑事司法官员和其他社区领袖的力量，使其可以共同参与和服务于法治教育咨询委员会、社区支持、培训相关教育工作者、安排现场见习、协助法治教育课程设计、参与课堂授课等。这种参与模式，不仅为法治教育活动的开展提供了有力支持，而且也确保了法治教育与其在社区中的实际运用相联结。❷ 汉森认为学校的法治教育项目通常与本地律师协会、执法官员的志愿者和社区顾问律师的支持分不开，这些志愿者和教师通过将正常的教学和互动活动相结合，比如，借助模拟试验、模拟法庭或课堂讨论等方式，为学生开展相关的法治教育。❸ 也有学者提出沉浸式的教育理念，认为在准备法治教育实践活动的过程中，学生需要了解一些案件和各个历史时期的法律知识等情况，此时，学生将进入一种沉浸的学习状态中，让自己好像也陷入案件的争论中，从而寻求解决争端的办法。由此可知，法治素养的培育不是只专注于教会学生学习如何做决定，更重要的是帮助学生习得在权益受损时如何解决问题的能力。

（四）法治素养的培育效果评价

国外许多学者对学生的法治素养培育效果进行了评价，并编制出相应的调查量表开展调查研究。普雷斯顿（Preston）等从法律认知、法律权利和义务知识、与医学或社会工作有关的法律运用技能等维度设计法治素养量表，以了解英国医学生和社会工作专业学生在特定法律背景下完成实践

---

❶ Kahne J, Sporte S. Developing Citizens: The Impact of Civic Learning Opportunities on Students' Commiment to Civic Participation [J]. American Educational Research Journal, 2008, 45 (3): 738 – 766.

❷ Norman Gross. Law – Related Education: Current Trends, Future Directions [J]. Peabody Journal of Education, 1977 (55): 2 – 5.

❸ Hanson R. The Case for Law – Related Education [J]. Educational Leadership, 2002, 59 (4): 61 – 64.

任务的能力、对法律知识的学习信心及对法律的认知。❶ 韩国学者郑锡元等人从法律知识、法律认知、法律敏感性、法律态度、法律行为等维度编制了青少年法律意识量表,共53个条目。❷ 从具体的实证研究内容看,法治素养的培育效果的研究主要集中在这几方面:一是对法治教育课程学习效果的评价。雅各布森(Jacobson)等人通过对实验组进行为期6周共30小时的法治教育课程学习,而对照组按照正常的纽约州的社会科学类课程学习,之后进行比较,结果表明,实验组学生对法治教育的态度、认知得分方面均要高于对照组,实验组学生的确加深了对法治内涵的理解,并对法律表现出更积极的感受。❸ 还有学者研究发现,通过法治教育课堂学习,学生有更好的预防犯罪行为,可以有效提高学生对法律的态度、认知和行为。❹ 范·德卡尔(Van Decar)的研究发现,学习法治教育课程后的学生更倾向于采用负责任的行为,并对社会事务的参与有更多的想法,也更能了解自身在其中的角色。❺ 二是对法治教育与品格、公民教育等方面的相关性研究。大多数研究发现,法治教育效果的好坏与学生良好品格的生成、公民意识的建立具有正向关系。❻ 约翰·道格拉斯(John Douglas)进一步探讨了品格教育、公民教育和社会科学之间的关系,结果发现,品格

---

❶ Preston – Shoot M, McKimm J. Exploring UK Medical and Social Work Students' Legal Literacy:Comparisons, Contrasts and Implications[J]. Health and Social Care in the Community, 2013, 21(3):271 – 282.

❷ 정석원, 정진철, 현승숙. 청소년용 법의식 척도 개발 및 타당화 연구[J]. 사회과교육연구, 2012, 19(3):49 – 63.

❸ Jacobson M G, Palonsky S B. Effects of a Law – Related Education Program[J]. The Elementary School Journal, 1981, 82(1):49 – 57.

❹ Johson G, Hunter R. Law – Related Education as a Delinquency Prevention Strategy:A Three-Year Education of the Impact of LRE on Students[J]. Bureau of Justice Statistics, 1985, 12(2):10 – 12.

❺ Van Decar P A. The Effect of Law – Related Education on Students' Attitudes and Knowledge about Authority and the Legal System[D]. Doctoral dissertation, Nashville:Peabody College for Teachers of Vanderbilt University, 1984:45.

❻ Cornett J W, Chant R H. Educating Youth for Decency and Virtue:Law – Related Education and its Implication for Character Educators[J]. Journal of Humanistic Counseling, Education & Development, 2000, 39(1):26 – 32.

教育、公民教育和社会科学之间存在逻辑和功能性方面的关系。他进一步指出理想社会科学教育工作者（例如，那些时常将教授历史、地理、经济等作为自身的使命和专业价值的人）要激励青年进一步学习并赋予他们能够更好地了解外部世界的工具，实现这些崇高的目标，必须将品格教育和公民行动教育有意识地纳入学生的日常课程教学中。因此，他认为品格教育不应在小学结束，公民教育不能仅限于初中和高中的某些课程中，而需要贯穿学生的一生，在他们的日常生活中彰显强烈的公民意识。❶ 金（King）以批判性理论假设为指导，在12个社会科学课程中对课堂思想性的内涵进行了研究，发现在大多数课堂中，思维和公民意识的教育效果与许多教师的知识传递有关，公民教育的内容越有思想性，学生承担促进社会进步的义务意识越强烈，并将个人与社会之间建立联系的意识也越强烈。❷ 此外，还有许多研究表明，通过法治教育可以有效降低青少年的犯罪率、再犯罪率等。

综上，从国外已有的研究成果可以发现，西方法治素养培育研究主要聚焦于公民法律权益的保护和关注上，并对一般公民的"法治素养培育"与专业人才的"法治教育"或"法律教育"作了较清晰的界定和区别。对一般公民进行法治素养的培育，目的是维护资本主义社会的统治秩序，进而构建有序的法治社会，带有较强的阶级属性。在大学生的法治素养培育路径上，西方多数国家从课程设置、教学模式、课外实践、社区参与等方面对大学生进行法治教育，通过培育和提升大学生的公民意识，促使青年人积极利用法律维护自身权益，并积极投身到社会参与和管理中，实现良法善治。这种做法具有一定的参考和借鉴意义。然而，西方国家对大学生法治素养培育研究还存在一些不足，主要体现在两个方面：一是仍然存在一些概念模糊不清的问题，特别是在法治/法制理念、法治意识、法治思

---

❶ John D H. Character Education, Citizenship Education, and the Social Studies [J]. The Social Studies, 2002, 93 (3)：103 – 108.

❷ King B M. Teaching for Thinking and Citizenship Education：Examining the Constitution of Student - Citizens in Secondary Social Studies [D]. Doctoral dissertation, Madison：University of Wisconsin - Madison, 1995：55.

维等概念的界定上，极易混淆；二是在研究方法上，以理论研究居多，实证方面的研究较少。尽管也有学者编制了一些调查量表测量公民法治素养，但面向"大学生"群体的专门量表较少，且主要从法学角度对公民法治素养进行测量，学科属性较单一，跨学科思维较缺乏。

三、国内外大学生法治素养培育研究总体评价

不论国内学者还是国外学者，目前对大学生法治素养培育方面的研究成果均日益增多，相关研究的显著特点是多学科、多角度介入：哲学的研究、文化学的研究、历史学的研究、政治学的研究等。因研究的角度不同，故呈现出不同的理论指向和理论风格，有哲学的思辨、历史学的厚重、政治学的睿智等，不一而足，呈现出向精细化、深入化发展的倾向，为本研究的开展提供了借鉴和参考。然而，这些成果主要以大学生法治认知、法治意识、法治观念、法治理念、法治教育为主，虽然做到有针对性地关注并跟进研究，紧贴热点和形势，但在研究方式上，多集中在某个时间维度上的单点性，或者将研究范式放在某种语境下"如何提升大学生法治观念"的视角切入，其最大的局限性是忽视了大学生法治素养培育的整体性，亦即，大学生的法治素养不仅需要正确的认知，还需要积极的情感和坚定的意志、信念支撑，最后还要转变为行动。对于大学生法治素养的培育，不仅需要高校的参与，还需要社会、家庭、自我的参与，同时还需要形成良好的互动机制。另外，在研究方法上，目前主要以理论研究为主，通过大数据分析或实证调查的研究较少。因此，如何构建大学生法治素养的内涵及其生成结构，如何在现实生活中将大学生的法治认知转化为法治行为，真正实现法治素养的提升，将是今后研究的重要内容之一，这也为本研究的开展提供了广阔的空间。

第三节 核心概念界定

概念是反映对象特有属性或本质属性的思维形式,是思维的细胞和构成命题、推理的基本要素❶,也是任何研究的前提。在研究中,通过对核心概念的界定可以使研究对象和领域更加聚焦,相关问题也得以澄明。本研究涉及的核心概念包括素养、法治素养、大学生法治素养培育等,同时本书对法制与法治、法制教育与法治教育等相关概念也进行了辨析。

一、核心概念的界定

(一)素养的概念

谈到"素养",首先需要区别与之相关的另一个概念"素质"。《现代汉语词典》中"素质"有三个义项:(1)事物本来的性质;(2)素养;(3)心理学上指人的神经系统和感觉器官上的先天的特点。❷《辞海》中解释为:"人或事物在某些方面的本来特点和原有基础,在心理学上,指人的先天的解剖生理特点,主要是感觉器官和神经系统方面的特点,是人的心理发展的生理条件,但不能决定人的心理内容和发展水平。"❸ 由此可见,素质是指事物或人本身所具有属性,是个体先天在某些方面具有的特点,比如:有的人先天就具有比较好的身体素质。而"素养"在《辞海》中则解释为:"经常修习的涵养,也指平日的艺术、文学等修养。"❹ 从该定义可知,素养并非先天所得,而是通过后天的经常性"修习",即通过教育和环境熏陶来整治、锻炼、提高和完善个体的涵养。赵洪海等人将

---

❶ 本书编写组. 普通逻辑函授教程 [M]. 郑州:河南教育出版社,1988:17.
❷ 现代汉语词典(第6版)[Z]. 北京:商务印书馆,2012:1241.
❸ 辞海 [Z]. 上海:上海辞书出版社,1989:3200.
❹ 辞海 [Z]. 上海:上海辞书出版社,1989:3200.

"素养"定义为：人在先天生理的基础上，后天通过环境影响和教育训练所获得的、内在的、相对稳定的、长期发挥作用的身心特征及其基本品质结构。❶ 综合各方面对"素养"的定义，本研究认为，所谓素养，就是指个体在自身原有素质基础上，通过后天长期的教育训练和环境熏陶所形成的能力和品质体系，包括思想道德品质、知识、思维、行为能力等诸多方面。

从"素质"和"素养"的定义可知，两者具有密切的内在关联性，素养是素质渐进发展、逐步成熟并固化的过程，它是先天性条件和后天性学习与训练的综合结果。❷ 比如，一个人先天就对声音或节奏很敏感，但是没有经过后天系统性的声乐训练，他/她就不可能成为一名具有良好艺术修养的音乐家。

（二）法治素养的内涵及其构成要素

1. 法治素养的定义

法治素养是个体适应社会生活的最基本素养之一，也是法治在个体生活世界中的生动实践和彰显。杨忠明等人认为法治素养是公民通过学习、训练和实践后，对法治含义的理解、对国家法律价值的取向、对法律制度的认识以及对国家法律制度所持有的态度和信念。❸ 在《思想道德修养与法律基础》（2018年版）中对法治素养的定义为："人们通过学习法律知识、理解法律本质、运用法治思维、依法维护权利与依法履行义务的素质、修养和能力。"❹ 在《思想道德与法治》（2021年版）中仅把2018年版中的"素质、修养"改为"品质"一词，其余未变。

综合"素养"本身的定义和学者、思政课教材对"法治素养"的界

---

❶ 赵洪海. 面向21世纪中小学素质教育论纲［M］. 济南：山东教育出版社，1996：3.
❷ 张伟刚. 专业技术人员科学素养与科研方法［M］. 北京：国家行政学院出版社，2013：15.
❸ 杨忠明，何曾艳. 大学生法治素养提升的路径与方法研究［J］. 学校党建与思想教育，2017（12）：50-52.
❹《思想道德修养与法律基础》编写组. 思想道德修养与法律基础：2018年版［M］. 北京：高等教育出版社，2018：6.

定,本研究认为,所谓法治素养,是指个体通过日常生活中学习法律知识和参加相关法治实践活动,能正确理解和认识法律本质、价值和精神,在此基础上,对社会主义法治产生积极的情感认同和内心信仰,能坚定地运用法治思维处理各种问题和化解矛盾,依法维护自身权益和履行相应义务,并能同违法犯罪现象作斗争的品质和能力。

2. 法治素养的构成要素

透过法治素养的定义可知,法治素养包括法治认知、法治情感、法治意志、法治信念、法治行为等五个基本要素,如图0-1所示。

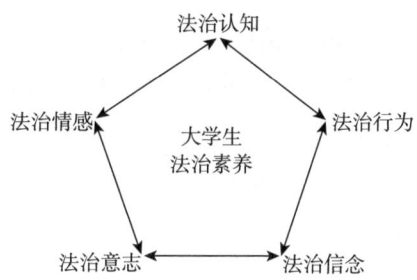

图0-1 大学生法治素养结构模型

法治认知,主要是指个体于外在的学习和信息的获取基础上,形成对社会主义法治相关知识的分析、判断、理解的思维活动过程,包括对社会主义法治相关原理与理论以及社会主义法治的本质、价值、精神、要求等方面的认识,最终形成"宪法法律至上""崇法尚法"的社会主义法治精神和法治思维。大学生对社会主义法治的认知不可能自发产生,必须通过全方位的教育、培养以及个体自身的学习和实践才能形成。只有形成了正确的法治认知,才能自觉运用辩证唯物主义和历史唯物主义的世界观和方法论,去观察、把握社会主义法治理念的丰富内涵,进而提高培育社会主义法治素养的自觉性和坚定性。可见,法治认知是培育法治素养的基础和逻辑起点。

法治情感,主要是指主体对社会主义法治现象的态度体验,揭示了主体与社会主义法治之间的关系感受,并对其产生好恶的一种倾向。这种心理倾向既可以表现为对社会主义法治本身的认同、接纳、信任,并对社会主义法治在实际运行过程中达到的效果产生欣慰、满意的主观体验，进而在客观上表现为对法治的崇尚、维护，形成理性的情感；也可以表现为对社会主义法治的漠不关心、怀疑、疏远等比较消极、悲观的主观体验。不同的个体，会因其不同的利益需要，产生不同的法治情感。法治情感作为一种内在的激发力量，会对个体的法治实践产生重要的影响。因此，整体上而言，培育正面的、积极的法治情感，是促进个体在实际生活中产生积极法治行为的重要内容，可以说，没有良好的情感因素的融入，个体也难以形成良好的法治行为。

法治意志，主要是指个体为了维护社会主义法治的运行，而自觉地组织自己的行动并同克服困难相联系的心理意识过程，包括坚持学习社会主义法治相关知识和参与法治实践活动的韧性、捍卫社会主义法律权威的决心、自觉遵守法律法规的恒心。个体意志活动的核心是主体在动机的作用下采取积极的行为，它制约着主体在具体行动中实现自己的价值定向和生活态度的可能性。❶"就单个人来说，他的行动的一切动力，都一定要通过他的头脑，一定要转变为他的意志的动机，才能使他行动起来。"❷ 社会主义法治素养的培育，不仅要帮助个体理解和把握社会主义法治的相关理论和常识，在情感上对社会主义法治生成良好的信任感和认同感，最为重要的是还要培育个体始终如一的守法精神和护法意志品质。

法治信念，主要是指个体在理性认识的基础上确立的对社会主义法治坚信不疑且心悦诚服的认同感和依归感，包括对社会主义法治建设的信心、对社会主义法律的价值认同和自觉维护等，它是法治认知、法治情感和法治意志的统一体。法治信念的最高层次就是法治信仰，即把社会主义国家的法律上升到至高无上的地位，坚定地信仰、维护和捍卫社会主义宪法法律的权威。❸

法治行为，主要是指个体在法治认知、法治情感、法治意志、法治信

---

❶ 赵言舟，王章贤，章德峰，等. 思想学 [M]. 北京：海潮出版社，1998：191.
❷ 马克思，恩格斯. 马克思恩格斯选集（第4卷）[M]. 北京：人民出版社，2012：258.
❸ 骆郁廷，杨婷. 论大学生法治精神的培育 [J]. 湖北社会科学，2015（10）：185－190.

念统一、协调的意识支配下所表现出来的厉行社会主义法治的实际行为，包括：遇到问题找法，根据法治思维来分析和处理具体问题，养成依法办事的习惯；能够运用所掌握的法律知识去预见自身行为的法律后果，避免发生违法甚至犯罪行为❶；自觉履行和承担相应的法律权利和法律义务；具有捍卫社会主义法律和依法参与公共生活的行为能力。

3. 法治素养各构成要素之间的关系

法治认知、法治情感、法治意志、法治信念和法治行为是构成法治素养的基本要素，它们是相互联系、相互促进，密不可分的统一体。其中，法治认知是法治行为的基础和前提，法治行为是个体法治素养的集中体现，是法治认知的目的。要完成法治认知到法治行为的转化，离不开法治情感、法治意志、法治信念等中间环节的共同作用，这三者是法治认知转化为法治行为的条件。法治情感是催生法治素养的内在保证和激发力量；法治意志是为了达到厉行社会主义法治行为目的而产生的自觉能动性；法治信念则是增进个体对社会主义法治正确认知的精神动力，它有助于个体进一步深化法治情感，调节法治行为。个体要形成良好的法治素养，就必须同时在各个因素上达到其要求。

（三）大学生法治素养培育的内涵和特征

1. 培育的概念

《新编汉语辞海》对"培育"的释义为"培养幼体，使之发育成长"，而"培养"则是指"给予适宜的条件使繁殖；进行有目的的教育和训练使之成长"。❷ 在牛津词典中，"培育"一词则用"cultivate"来描述，意思是使个体逐渐形成某种态度、谈话或举止方式等❸，最终成为有修养的人。

---

❶ 臧宏. 高校法治教育的目标体系探析［J］. 东北师大学报（哲学社会科学版），2016（5）：193-196.

❷ 路丽梅，王群会，江培英. 新编汉语辞海［M］. 北京：光明日报出版社，2012：996.

❸ ［英］霍恩比. 牛津高阶英汉双解词典（第9版）［M］. 李旭影，译. 北京：商务印书馆，2018：517.

换言之，培育就是指通过为个体创造和提供适宜的成长条件，并对其进行有目的的教育和训练，进而使其获得成长，最终成为一个有修养的人。在各种词典对"培育"的定义中均出现了"教育"一词，说明两者之间具有非常密切的关系。所谓教育，广义指一种促进人素质发展的社会活动，凡是他人和自我有目的地增进人的知识技能、影响人的思想品德等素质发展的活动，都是教育；狭义指专门通过教育机构对受教育者进行有目的、有计划、有组织的教育过程，使其成为一定的社会所需要的人的一种社会实践活动。❶ 按照教育的主体划分，包括自我教育、家庭教育、学校教育和社会教育。

无论是对于动植物，还是对于人类的培育，都需要具备一定条件。对于一般的动物、植物的培育，需要一定的空气、光照、环境等自然条件，同时也需要给予一定的养料、水分、营养等；在其成长过程中，还需要给予一定的人工干预，比如：植物的修枝、疏果、喷药防病虫害、清除杂草等。对于人类的培育同样需要具备类似的条件，包括物质条件、成长环境、教育训练等，其中，教育是实现人的全面发展的根本途径，它"不仅是提高社会生产的一种方法，而且是造就全面发展的人的唯一方法"❷。可见，培育的内涵和外延要比教育稍广。

2. 大学生法治素养培育的内涵和特征

习近平在纪念五四运动100周年大会上指出："青年要顺利成长成才，就像幼苗需要精心培育，该培土时就要培土，该浇水时就要浇水，该施肥时就要施肥，该打药时就要打药，该整枝时就要整枝。"❸ 从习近平的讲话中可以看出，青年就像成长中的幼苗，必须全程对其精心培育，包括培土、浇水、施肥、打药、整枝等，这些均为培育的重要措施。同理，大学生法治素养的培育也需要具备一定的生成条件和采取必要的措施，才能帮助其养成良好的法治素养。因此，大学生法治素养培育是指在一定的环境

---

❶ 孔繁成. 布鲁纳的教学原则[M]. 太原：山西人民出版社，2019：2.
❷ 马克思，恩格斯. 马克思恩格斯全集（第23卷）[M]. 北京：人民出版社，2016：530.
❸ 习近平. 在纪念五四运动100周年大会上的讲话[M]. 北京：人民出版社，2019：14.

和条件下,通过各方面的共同协作,对大学生施予有目的、有计划的法治教育和训练,从而帮助其形成正确的法治认知,对社会主义法治产生积极的情感和信仰,在日常生活中能坚定地维护社会主义法律尊严,并运用法治思维分析问题和化解矛盾,依法维护自身权益和履行相应义务,最终成为一个具有良好法治素养的人。透过大学生法治素养培育的内涵可以看出其具有以下特征:

一是具有鲜明的理论性。法治素养有别于先天的素质和其他素养,它既不会自动生成,也无法通过短期的培训速成。法治素养的培育必须经过长期的教育和专门的法律知识学习才能形成,特别是在新时代全面推进依法治国的进程中,大学生只有通过认真学习马克思主义法治理论和习近平法治思想,才能正确理解社会主义法律的本质、精神、运行规律等,由此才能树立正确的法治认知,进而为法治行为的生成提供重要前提。因此,法治素养培育具有鲜明的理论性。

二是具有持续的养成性。陶行知先生认为:"生活、工作、学习倘使都能自动,则教育之收效定能事半功倍。所以我们特别注意自动力之培养,使它贯彻于全部的生活工作学习之中。自动是自觉的行动,而不是自发的行动……自觉的行动,需要适当的培养而后可以实现。"❶ 法治素养的生成需要先有法律知识和规范的内化,而后才能外化为自觉的法治行为习惯。在这个转化过程中,需要通过榜样示范中的言传身教和良好法治环境和文化的熏陶,使个体产生积极的法治情感;需要通过身体力行的法治实践与体验,使个体产生坚定的法治意志,从而秉持尊法守法护法的法治信念。可见,从法治认知到法治行为的产生过程并非一蹴而就,这是一个持续的养成过程。因此,法治素养的培育就需要从少年儿童开始,在生活中从小做起,从遵守规则开始,慢慢养成良好的法治素养。正如习近平所强调的一样:"从小做起,就是要从自己做起、从身边做起、从小事做起,

---

❶ 陶行知. 陶行知全集(第3卷)[M]. 长沙:湖南教育出版社,1985:445.

一点一滴积累,养成好思想、好品德。"❶

三是具有显著的系统性。大学生法治素养的培育是一个长期的系统工程,仅仅依靠学校来培育是远远不够的,还需要发挥政府、社会、家庭以及个体等方面的作用。其中,政府在大学生法治素养培育中起着引导和资源保障作用,高校是大学生法治素养培育的主阵地,社会提供重要的环境支撑和实践平台等资源,家庭是大学生法治素养培育的"第一所学校"和重要基础,个体自我教育是大学生法治素养培育的主要补充。这些培育主体相互协同、互动,才能形成合力,真正形成全员育人、全过程育人和全方位育人的格局。

四是具有生动的实践性。不论培育,抑或其中蕴含的教育,本身就是人类社会的重要实践活动。对大学生法治素养的培育,需要各培育主体运用各种资源和平台,通过采取各种教育和训练的方法、手段,引导大学生正确认识法律的本质,树立正确的法治认知,到最后形成良好的法治行为习惯,这是一种重要的教育实践活动。另外,大学生法治素养仅靠理论的学习或灌输也是不够的,还需要通过在社会实践和社会参与中深化法治认知和了解法治情况,在同违法犯罪现象作斗争中提升法治意志和法治信念,在依法维护自身权益和履行义务中强化法治行为习惯。

二、相关概念辨析

(一)法律、法制与法治

法律是由国家制定或认可并由国家强制力保证实施的,反映由特定社会物质生活条件所决定的统治阶级意志的规范体系。❷ 法制在学界上普遍认为是法律与制度的总称,既包括以规范性文件形式出现的成文法,如国

---

❶ 中共中央文献研究室. 习近平关于青少年和共青团工作论述摘编[M]. 北京:中央文献出版社,2017:31.

❷ 《思想道德与法治(2021年版)》编写组. 思想道德与法治:2021年版[M]. 北京:高等教育出版社,2021:182.

家颁布的宪法、法律和各种法规，也包括经国家机关实施的政治、经济、军事、文化等各方面的制度。❶ 近年来，有许多学者对"法制"产生了新的认识，认为："法制是指一国或一地区法律上层建筑的整个系统。在这个系统中，核心因素是现行法系统（法律体系），另外还包括与现行法相适应的法律意识（统治阶级的法律意识）和一系列法律实践（法的创制、适用、遵守、法律解释等法律实践活动）。"❷ 从学界对法制的定义可以看出，法制既有静态层面的意涵，即"法律与制度"，也有动态层面的意涵，包括立法、执法、司法、守法和法律监督等法律实践活动和过程。无论是静态层面的法制，还是动态层面的法制，其核心都离不开法律，法律的创制和实施，最终目的都是维护社会秩序。可见，建立法律秩序是实行法制的重要体现，而制度和法律秩序的建立又要以法律为依据。

现代意义上的"法治"是相对于"人治"而言的。亚里士多德认为法治应包含两重意义："已成立的法律获得普遍的服从，而大家所服从的法律又应该本身是制定的良好的法律。"❸ 虽然亚里士多德提出了法治的概念，但在当时的社会并未真正实现法治，且西方法治的实现也经历了漫长的演变过程，有关法治的内涵也呈现出不同的特点。我国早在先秦时期法家就提出了"法治"的概念，但这并非现代意义上的法治。我国现代意义上的法治思想主要产生于对人治危害的反省，特别是"文革"结束后，党和国家提出要大力发扬社会主义民主和加强社会主义法制，且1979年9月9日发布的中共中央第64号文件《中共中央关于坚决保证刑法、刑事诉讼法切实实施的指示》中首次使用了"实行社会主义法治"这一概念。

对于到底什么是"法治"，学界尚未形成统一的定义。李林认为："在理念层面上，法治主要是指一种统治和管理国家的理论、思想、价值、意识和学说；在制度层面上，法治主要是指一种在法律基础上建立或形成的

---

❶ 李德顺. 中国特色社会主义法治文化研究［M］. 北京：中国政法大学出版社，2016：19-20.
❷ 孙国华，朱景文. 法理学（第5版）［M］. 北京：中国人民大学出版社，2021：26-33.
❸ ［古希腊］亚里士多德. 政治学［M］. 吴寿彭，译. 北京：商务印书馆，1963：199.

概括了法律制度、程序和规范的各项原则；在运作层面上，法治则主要是指一种法律秩序和法律实现的过程及状态。"❶ 由此可见，法治作为治理方式，它既有静态的一面，包括法治的价值和法治的原则，又有动态的一面，即运用法律来治理社会和国家的过程，法治就是动态的治理和静态的法律制度、价值、原则相结合的统一体。当这种治理方式稳定下来后，法治就发展为一种制度形态；当这种制度形态为人们所普遍接受和遵守时，法治就表现为一种秩序状态；这种秩序状态持续保持下去，人们自然会形成一种尚法理念，在价值层面上达成共识。❷

透过"法律"、"法制"和"法治"的定义可以发现，三者既相互区别，又具有密切的联系。首先，法律是一种行为规范，它是法制的重要组成部分，法制除了包括法律体系外，还包括社会、经济、政治、文化等各方面的制度，其外延要比法律更广。法律和法制是实现法治的前提和基础，没有良好的法制体系，就无法实现良法善治。其次，法治是法制的最终归宿，加强和完善法制的目的就是实现法治。然而，有法律和法制并不代表就有法治，法治的对立面是人治，法治强调通过法律制度约束统治者的任性，避免出现"一人之治"，主张依法办事和法律至上。

（二）法制教育与法治教育

对于法制教育的界定，学界也未形成统一的定义。欧阳庆芳、赵伟忠认为："法制教育是一定社会、一定阶级为使人们遵循其法律制度和法律条文，按法律行事和生活，并使法律转化为人们的内心信念而进行的一种有目的、有计划的系统的法律教育活动。"❸ 还有一些观点认为，法制教育就是要通过法律条文的阐释和法律知识的宣传，使公民了解我国法律的基

---

❶ 李林. 法治的理念、制度和运作 [J]. 法律科学（西北政法学院学报），1996（4）：3-12.

❷ 李战国. 新时代大学生法治教育概论 [M]. 北京：知识产权出版社，2020：30.

❸ 欧阳庆芳，赵伟忠. 新中国成立以来中国共产党法制教育的基本经验 [J]. 学校党建与思想教育，2012（14）：48-50.

本内容，达到遵守法律，依法维护自身合法权益的目的。❶ 综合各学者对法制教育的定义可知，法制教育的核心是进行法律和制度的教育，教育内容包括法律条文、法律制度、法律知识等，教育的目标在于提高公民的法治观念，使其学会运用法律维护自身合法权益和行使民主权利。由此可见，法制教育是指教育主体通过对受教育者开展有目的、有计划的法律和制度教育，从而帮助受教育者树立正确的法治观念，学会自觉运用法律维护自身合法权益和履行相应义务，最终形成良好法律素质的教育活动。

党的十八届四中全会首次提出了"法治教育"的概念，并提出"把法治教育纳入国民教育体系"❷。从"法制教育"到"法治教育"的转变，虽然只有一字之差，却赋予新时代法治教育新的理念和内涵。结合"七五"和"八五"普法规划以及《青少年法治教育大纲》对法治教育目标、要求和内容等规定，可以将法治教育界定为：教育主体通过对受教育者开展有目的、有计划、有组织的马克思主义法学理论教育，使受教育者理解和掌握社会主义法治相关的理论和知识，对社会主义法治产生强烈的认同和信仰，树立正确的社会主义法治理念和法律至上、权利保障、权力制约、程序正义的法治思维，并能运用法治思维分析和解决问题，进而养成依法办事和尊法守法行为习惯的教育活动。

从"法制教育"和"法治教育"的定义可知，"法制教育"侧重于普及法律基本知识以帮助民众守法，其核心价值在于维护社会秩序；"法治教育"侧重于法治理念的教育，目的是要帮助民众摒弃人治思维，学会运用法治思维来分析问题和解决问题，最终养成良好的法治素养。因此，"法治教育"不仅要传授给民众法律知识以帮助其知法、守法，而且更重视培育民众用法、信法、护法的自觉意识，从而形成民主法治、自由平等

---

❶ 本书编写组. 严打斗争与社会治安干部读本 [M]. 北京：中共中央党校出版社，2001：109.

❷ 中共中央关于全面推进依法治国若干重大问题的决定 [N]. 人民日报，2014-10-29 (01).

和公平正义的现代理念。❶

（三）法治教育与法治素养培育的关系

法治素养作为大学生的基本素质之一，它不会自动产生，而是需要借助一定的环境和条件，通过大学生自身和外界各种力量的共同教育、训练等培育方式生成。可见，法治教育是大学生法治素养培育的重要方式，其旨归在于培育民众的法治理念和法治信仰，最终养成良好的法治素养。因此，良好的法治素养是法治教育的目的。法治教育的主体既包括自我教育，也包括家庭教育、学校教育和社会教育。其中，学校是法治教育的主阵地，家庭是法治教育的起点和基础，社会是法治教育的重要支撑，个体的自我教育是法治教育的重要补充。

第四节　研究的思路、方法和创新点

一、研究思路

本研究把大学生法治素养培育放在时代发展的历史坐标下考察，围绕"为什么要提升大学生的法治素养、大学生法治素养培育的理论渊源来自哪里、大学生法治素养培育的历史经验来自何方、大学生法治素养培育现状是什么、如何提升大学法治素养培育水平"这一主线，对大学生法治素养培育进行系统性研究，亦即，遵循"理论逻辑—历史逻辑—现实逻辑"的研究逻辑。重点包括以下几方面的内容：

第一章主要阐述新时代大学生法治素养培育的理论渊源。从理论源头上梳理马克思主义经典作家关于法治素养培育的相关思想，以及中国共产

---

❶　王树荫，房玉春. 试论从"法制教育"到"法治教育"的转变[J]. 甘肃社会科学，2017（2）：48–52.

党的几代领导人关于法治素养培育的重要论述。此为开展新时代大学生法治素养培育奠定理论基础。

第二章主要从新民主主义革命时期、社会主义革命和建设时期、改革开放和社会主义现代化建设新时期、中国特色社会主义新时代四个时期，回顾了中国共产党对大学生法治素养培育的历程。通过梳理各时期的历史实践，总结出新时代大学生法治素养培育的经验，即大学生法治素养培育要坚持党的全面领导、要遵循教育教学发展规律、要发挥思政课主渠道作用、要营造浓厚的法治氛围、要采用有效的教育方式。

第三章基于福建省11所高校的实证调查，对新时代大学生法治素养培育的现实样态进行"全景扫描"。通过问卷调查法，全面分析大学生法治素养培育的总体情况、特征以及法治教育的开展成效，为大学生法治素养培育的提升路径提供现实依据。

第四章主要基于实证调查的结果，聚焦新时代大学生法治素养培育的成效和问题，总结新时代大学生法治素养培育取得的具体成效，重点总结新时代大学生法治素养培育存在的问题，为剖析其原因提供精准靶向。

第五章主要对新时代大学生法治素养培育存在的问题进行原因分析和透视，从个体、家庭、学校、社会等四个层面，分别剖析新时代大学生法治素养培育存在问题的原因。

第六章阐明新时代大学生法治素养培育的提升路径。基于实证调查所折射出的问题，从系统理论视角出发，分别从个体、家庭、学校、社会等四个层面构建新时代大学生法治素养培育的提升路径。其中，个体层面主要从主体意识、内在需要、学习动机等方面激发大学生法治素养自我培育的主体性；家庭层面主要从家庭教育理念、家庭成长环境、家校合作联系等方面增强家庭参与大学生法治素养培育的效能；学校层面主要从思政课程与专业课程、政工队伍与专业教师、学校学习与终身学习、显性育人与隐性育人在法治教育中的协同等方面提升高校培育大学生法治素养的实效性；社会层面主要从完善市场经济法治体系、发挥"关键少数"示范作用、弘扬社会主义法治文化、净化媒体风气等方面优化大学生法治素养培育的社会环境。

二、研究方法

（1）文献分析法。为了更全面、更深入地对法治素养理论进行研究，本研究力求广泛搜罗马克思主义经典作家、中国共产党领导人关于法治素养培育的诸多论述，以及国内外相关的文件、讲话、理论著作和实践经验等文献资料。在借鉴、吸收已有理论研究成果的基础上，本研究对法治素养相关或相近的理论进行系统梳理和辨析，从中找寻研究的突破口，为形成具有实践针对性的研究成果打下坚实基础。

（2）社会调查法。调查的目的是厘清新时代大学生法治素养培育的现实状况，从中发现真实问题，为探寻相应的解决路径提供有针对性的依据。本研究运用社会调查的理论和方法，编制了"新时代大学生法治素养培育调查问卷"（见附录），面向福建省11所高校大学生进行现场调查，并运用统计学的理论和方法，对相关数据进行深入分析，以期为提升大学生法治素养的实效性提供第一手的数据参考依据。

（3）系统分析法。新时代大学生法治素养的培育本身就是一个系统工程，既受政治、经济、文化等社会宏观层面的影响，又受学校、家庭教育等中观层面的影响，同时还受学生个体主体意识、内在需要、学习动机等微观层面的影响。这些层面之间有着密切且复杂的关联性，只有把这些层面有效整合起来，才能形成合力。因此，只有采用系统分析法，才能从整体上把握问题的实质，将蕴藏在其中的问题去蔽化，最终找出问题的解决办法。

三、创新之处

一是为新时代大学生法治素养培育研究提供了工具参考和新的研究思路。目前学界对大学生法治素养培育研究越来越重视，相关成果也越来越多，但其主要集中在定性研究上，对于大学生法治素养的内涵界定不一，同时对大学生法治素养水平以及其培育实效性如何还缺乏比较切实可行的评价工具，这在某种程度上也影响了这一研究的纵深发展。本书以"结构"为突破口,从法治认知、法治情感、法治意志、法治信念、法治行为五个子系统对大学生法治素养进行建构,这五个子系统之间相辅相成、相互影响,互成一体。其中,法治认知要解决的是"知不知"的问题;法治情感要解决的是"愿不愿"的问题;法治信念要解决的是"信不信"的问题;法治意志要解决的是"能不能"的问题;法治行为要解决的是"做不做"的问题。法治认知是基础和前提,法治行为是最终目的。从法治认知到法治行为的转化,离不开法治情感、法治意志、法治信念等中间环节的共同作用,各环节具有辩证性的内在关联。基于此,本研究运用心理测量学、数量统计学方面的技术手段,从法治认知、法治情感、法治意志、法治信念、法治行为等五个维度编制了大学生法治素养测量量表。经过验证,该量表具有较好信度和效度,可以较好地评价大学生法治素养培育的情况,这为本书及今后相关研究的开展提供了工具参考和新的研究思路。

二是阐明新时代大学生法治素养协同培育的路径。以往研究多从家庭、学校、社会等教育主体的视角去探寻大学生法治素养的培育策略,包括中宣部和司法部第六个、第七个、第八个"五年普法规划"和《青少年法治教育大纲》中对构建青少年法治教育新格局的要求,均主要从学校、家庭、社会等教育主体上部署青少年法治教育的途径、方法等,进而实现全员、全程、全方位育人的新格局。法治教育是法治素养培育的重要手段,本研究既结合教育者的视角,又结合受教育者的视角探讨大学生法治素养培育的路径。大学生法治素养培育除了要发挥家庭、学校、社会等教育主体的作用,还要发挥个体自身的主体作用,同时还要借助一定的介质和创造良好的培育环境,来实现其有效培育。为了较为科学地分析与把握新时代大学生法治素养培育的现状及其薄弱点,本研究通过实证调查,揭示了新时代大学生法治素养培育的现状并分析其成因,进而从个体、家庭、学校、社会四个层面构建大学生法治素养培育格局,打造"四位一体"的协同培育模式。

第一章

新时代大学法治素养培育的理论溯源

马克思主义经典作家丰富的法治素养培育思想是中国共产党开展青年法治素养培育实践活动的先进武器,同时马克思主义法治素养培育理论又是与时俱进,不断发展的。在中国革命、建设、改革过程中,中国共产党领导人或领导集体根据不同历史阶段的社会背景和发展需要,思考、制定相关的法制宣传教育政策,开展青年法治素养培育实践活动,并将实践中那些鲜活生动的宝贵经验上升为理性认识,形成马克思主义中国化的法治素养培育理论,又反过来指导当时的实践。将马克思主义法治素养培育理论进行总结和溯源,对今后进一步推动依法治国进程,实现国家治理现代化,具有重要的指导作用。

第一节 马克思、恩格斯关于法治素养培育的理论阐述

马克思、恩格斯的经典著作中,很少使用"法治"这一概念,但是从马克思、恩格斯关于法与法律现象的论述中,特别是在批判资本主义社会的法律、制度、阶级本质等方面,内在地体现了法治的价值追求,闪耀着丰富的法治思想的光芒。这些思想和理论也蕴藏了法治素养培育的丰富内容,为中国共产党人法治思想及相关理论的形成提供了丰富的营养和源泉。

一、马克思、恩格斯关于法治素养培育的核心要义

1. 无产阶级专政是争得民主的前提

无产阶级专政是彻底消灭阶级,实现共产主义社会的重要基础,也是实现无产阶级历史地位的最高表现。马克思、恩格斯在《共产党宣言》中指出,无产阶级"必须夺取政权",才能建立自己的"统治",而建立这种"统治"的手段则必须用暴力革命的方式,即"直到这个战争爆发为公开

的革命,无产阶级用暴力推翻资产阶级而建立自己的统治"❶。无产阶级通过暴力革命的目标是集中打碎资产阶级旧国家机器,特别是官僚军事国家机器。马克思强调:"一切变革都是使这个机器更加完备,而不是把它毁坏。那些争夺统治权而相继更替的政党,都把这个庞大国家机器的夺得视为自己胜利的主要战利品。"❷但无产阶级则要集中自己的一切破坏力量来反对这个权力。恩格斯继续坚持和发展了马克思关于无产阶级专政的思想,并将这种思想运用于同第二国际的机会主义的斗争运动中,向人们宣传什么是无产阶级专政,"近来社会民主党的庸人们又是一听到无产阶级专政就吓得大喊救命。先生们,你们想知道无产阶级专政是什么样子吗?请看巴黎公社吧。这就是无产阶级专政"❸。无产阶级专政后,也必须有自己的法律,也就是维护无产阶级利益的法律,以实现"按劳分配"等权利。因此,无产阶级应力求以自己的法律来代替资产阶级的旧法体系,"不能使旧法律成为新社会发展的基础,正像这些旧法律不能创立旧社会关系一样"❹。因为旧法律始终代表的是资产阶级的利益,资产阶级为了保障自身利益,常常对法律制度朝令夕改,甚至出现自相矛盾,比如,在守法方面,资产阶级用法律要求人民遵守法律,但是自己又推翻法律的效力,使得守法的内容模糊不清。所以,马克思在《评普鲁士最近的书报检查令》中深刻地对资产阶级法治的虚伪性进行了批判,他指出:"有人要求我们的行为合乎法律,要求我们尊重法律,同时我们又必须尊重那些把我们置于法律之外而以任性取代法的制度。你们竟不根据行为来判断人,而根据对人的行为动机的看法来判断人。"❺"你们命令我们信任,同时又使不信任具有法律效力。"❻ 对于这样的法律,无产阶级"在选择夺取统治

---

❶ 马克思,恩格斯. 马克思恩格斯选集(第1卷)[M]. 北京:人民出版社,2012:412.
❷ 马克思,恩格斯. 马克思恩格斯全集(第8卷)[M]. 北京:人民出版社,1961:216.
❸ 马克思,恩格斯. 马克思恩格斯全集(第22卷)[M]. 北京:人民出版社,1965:229.
❹ 马克思,恩格斯. 马克思恩格斯全集(第6卷)[M]. 北京:人民出版社,1961:292.
❺ 马克思,恩格斯. 马克思恩格斯全集(第1卷)[M]. 北京:人民出版社,1995:123.
❻ 马克思,恩格斯. 马克思恩格斯全集(第1卷)[M]. 北京:人民出版社,1995:123.

权的手段时,有极充分的理由毫不考虑是否合法"❶,"他们力求以无产阶级的法律来代替资产阶级的法律,这是再自然不过的事情"❷。并且,无产阶级的解放运动,"不是要争取阶级特权和垄断权,而是要争取平等的权利和义务,并消灭一切阶级统治"❸。当无产阶级建立了自己的政权后,就必须发挥社会主义法治的作用,每个公民都要将守法当作自己的义务,"所有通过革命取得政权的政党或阶级,就其本性说,都要求由革命创造的新的法制基础得到绝对承认,并被奉为神圣的东西"❹。

2. 法律权利和法律义务相统一

自由平等是马克思、恩格斯始终推崇的重要法治理念。马克思认为,法律是实现个体自由的重要保障,社会主义的法律必须是维护人民群众利益的工具,只有社会主义法律才能真正实现人的自由全面发展,"哪里法律成为实际的法律,即成为自由的存在,哪里法律就成为人的实际的自由存在"❺。因此,他强调:"法律不是压制自由的措施……恰恰相反,法律是肯定的、明确的、普遍的规范,在这些规范中自由获得了一种与个人无关的、理论的、不取决于个别人的任性的存在。法典就是人民自由的圣经。"❻ 法律作为一种规范,必须符合公民自由的要求,并像"圣经"一样保护着人民的自由权益。当然,马克思的自由观不是绝对意义上的自由,这种自由具有相对性,即"自由的每一特定领域就是特定领域的自由,同样,每一特定的生活方式就是特定自然的生活方式"❼。并且"自由就是从事一切对别人没有害处的活动的权利。每个人所能进行的对别人没有害处的活动的界限是由法律规定的,正像地界是由界标确定的一样"❽。马克思

---

❶ 马克思,恩格斯. 马克思恩格斯选集(第3卷)[M]. 北京:人民出版社,2012:772.
❷ 马克思,恩格斯. 马克思恩格斯全集(第2卷)[M]. 北京:人民出版社,1957:516.
❸ 马克思,恩格斯. 马克思恩格斯文集(第3卷)[M]. 北京:人民出版社,2009:226.
❹ 马克思,恩格斯. 马克思恩格斯文集(第10卷)[M]. 北京:人民出版社,2009:528.
❺ 马克思,恩格斯. 马克思恩格斯全集(第1卷)[M]. 北京:人民出版社,1995:176.
❻ 马克思,恩格斯. 马克思恩格斯全集(第1卷)[M]. 北京:人民出版社,1995:176.
❼ 马克思,恩格斯. 马克思恩格斯全集(第1卷)[M]. 北京:人民出版社,1995:190.
❽ 马克思,恩格斯. 马克思恩格斯全集(第1卷)[M]. 北京:人民出版社,1956:438.

强调的所谓自由显然是相对的，而非绝对的自由，是存于法律允许的范围内，个人自由的实现不得以牺牲别人的自由为前提，也不得阻碍其他人自由的实现。马克思、恩格斯也同时强调："工人阶级的解放斗争不是要争取阶级特权和垄断权，而是要争取平等的权利和义务"❶，达到"没有无义务的权利，也没有无权利的义务"❷。马克思认为："人由于出生就注定成为君主，这如同关于圣母玛丽亚的圣灵妊娠的教条一样，很少有可能成为形而上学的真理。"❸民主制才是人民主权的实现形式。马克思、恩格斯在《共产党宣言》中指出："工人革命的第一步就是使无产阶级上升为统治阶级，争得民主。"❹换言之，在法治与自由平等目标的实现上，马克思、恩格斯认为，只有消灭私有制，实现共产主义社会才能回归人的本性，实现人的自由平等和全面发展。

3. 通过参与提升人民权利意识

在马克思、恩格斯的法治思想中，自始至终体现着人民参与法治实践活动的内容。这种参与活动包括同资产阶级的斗争、争取人民民主权利、参与政府的监督等，参与是提升人民权利意识和用法能力的关键，也是培育个体法治素养的重要手段。马克思在《六月革命》中认为"资产阶级社会条件本身所产生的冲突，必须在斗争中加以解决，靠空想是消灭不了的"❺，资本主义社会所存在的矛盾以及产生的冲突，靠空想对策是消灭不了的，只有在斗争中才能解决，这是资本主义社会矛盾所决定的。要解决资产阶级法治中存在的固有矛盾，真正地实现人民民主、平等，势必要采取阶级斗争的方式。恩格斯提出资产阶级和无产阶级斗争的根源是围绕经济解放，即消灭私有制。马克思在《巴黎"改革报"论法国状况》中也指出"阶级对立是建立在经济基础上的，是建立在迄今存在的物质生产方式

---

❶ 马克思，恩格斯. 马克思恩格斯选集（第 3 卷）[M]. 北京：人民出版社，2012：171.
❷ 马克思，恩格斯. 马克思恩格斯选集（第 3 卷）[M]. 北京：人民出版社，2012：172.
❸ 马克思，恩格斯. 马克思恩格斯全集（第 1 卷）[M]. 北京：人民出版社，1956：286.
❹ 马克思，恩格斯. 马克思恩格斯文集（第 2 卷）[M]. 北京：人民出版社，2009：52.
❺ 马克思，恩格斯. 马克思恩格斯全集（第 5 卷）[M]. 北京：人民出版社，1958：157.

和由这种方式所决定的交换关系上的"❶。阶级对立作为物质生产关系和交换关系的表现，也会呈现出政治斗争的表现形式，其直接目的就是夺取政权，继而运用手中的权力按照本阶级的利益要求对于保障物质生产方式和交换关系的政治制度、法治等做出改变。恩格斯在1877年2月《致伊达鲍利》的信中说道："当我们取得政权时，一定要使妇女不仅参加选举，而且被选为代表"❷，妇女参政议政的首要步骤就是选举与被选举的政治权利得到充分的保障，这是民主政治的有力表现。在《法兰西内战》中马克思强调："彻底清除了国家等级制，以随时可以罢免的勤务员来代替骑在人民头上作威作福的老爷们，以真正的责任制来代替虚伪的责任制。"❸ 换言之，要赋予选民对于代表的罢免监督权，这样才有利于彻底消除国家等级制、消除虚伪的责任制，因为对于公务人员的罢免监督能有效防止权力上升为特权。在涉及国家重大利益问题上，更应该强调人民的监督，否则公权力机关就可能腐化，国家利益就可能受损。正如马克思在《西方强国和土耳其》中介绍乌尔卡尔特演说中提出："在牵涉到我们与别国之间的最重大的利害关系以及我们与别国交往的问题上，没有法律的约束，没有制度的指导，没有对人民的责任，没有对任何失职或任何犯罪的制裁……完全被剥夺了一切宪法规定的约束手段……这种制度就是要使人民走入歧途，使政府腐化，并且使国家遭到危害。"❹ 这实际上表明了法律监督的重要性。

二、马克思、恩格斯关于法治素养培育思想的理论价值

尽管马克思、恩格斯并未直接使用"法治素养培育"这一概念，但他们在批判资产阶级法治和领导人民同资产阶级斗争、建立无产阶级专政和争取人民权利的过程中，深刻地彰显了法治意识、法治行为等各方面的培

---

❶ 马克思，恩格斯. 马克思恩格斯全集（第5卷）[M]. 北京：人民出版社，1958：533.
❷ 马克思，恩格斯. 马克思恩格斯全集（第34卷）[M]. 北京：人民出版社，1972：234.
❸ 马克思，恩格斯. 马克思恩格斯文集（第3卷）[M]. 北京：人民出版社，2009：196.
❹ 马克思，恩格斯. 马克思恩格斯全集（第13卷）[M]. 北京：人民出版社，1998：13.

育内涵,这为指导新时代大学生法治素养培育提供了丰富的理论价值。

1. 法治素养培育要始终坚持人民性

从法的阶级属性看,资产阶级的法律是维护资产阶级利益的工具,而广大无产阶级要想获得民主权利,则必须建立无产阶级专政来代替资产阶级专政。因此,马克思、恩格斯主张无产阶级必须通过暴力革命的方式来夺取政权,建立无产阶级自己的"统治",才能维护广大人民群众的根本利益,保证人民各项权益的实现,最终实现"人民民主"。中国特色社会主义法律体系的立法宗旨就在于反映人民群众的意愿和利益诉求,中国特色社会主义法治在具体实施过程中所要求树立的人民当家作主观念、法律权利和法律义务相统一观念、社会主义平等观念等,是任何以私有制为基础的剥削阶级社会所不能提出和不能实现的。❶ 在社会主义制度下,人民真正成为国家的主人和民主主体后,才能依照宪法和法律平等地享有权利和履行相应义务,做到依法办事,这样才能符合广大人民群众的利益。因此,马克思、恩格斯强调当无产阶级建立自己的政权后,每个公民也要遵守代表自身政权性质的法律,将其"奉为神圣的东西"。新时代,培育和提升公民的法治素养是实现依法治国的基础性工程,当广大人民群众具备良好的法治素养时,他们才会自觉遵守法律,维护社会主义法律的尊严,才能通过各种民主形式参与国家各项事业的管理,运用法律维护自身合法权益并同各种违法犯罪行为作斗争,进而为全面依法治国的实现提供重要基础,同时又能进一步保证广大人民群众利益的实现。可见,培育和提升公民法治素养的出发点和落脚点均符合广大人民群众的切身利益,具有鲜明的人民性。

2. 法治素养培育要观照人的自由全面发展

马克思主义所追求的人类社会最高的理想就是实现人的自由全面发展。自由既是人类的最高价值追求,也是一种法律权利。马克思、恩格斯

---

❶ 黄稻. 社会主义公民意识 [M]. 沈阳:辽宁大学出版社,1987:69.

认为，人民自由权利的实现，需要得到法律的保障，而这种法律的阶级属性应当是代表无产阶级利益的法律，是为无产阶级服务的，这样才能保障广大人民群众的利益，才能真正实现人的自由。也就是说，"哪里法律成为实际的法律，即成为自由的存在，哪里法律就成为人的实际的自由存在"❶。当前，我国正在全面推进依法治国和建设社会主义法治国家。"法治的调整对象是人的行为，规定的是人的权利和义务，维护的是人的秩序，追求的是人的发展，实现的动力是人的实践。"❷"依法治国"最终是要靠人来完成的，法治是实现这一目标的工具，法治建设的最终目的是更好地保障人民群众的利益。因此，法治的出发点和最终归宿都要围绕人并服务人，最终实现人的自由全面发展。由此可见，法治的意义在于关照人的价值实现，为人的自由发展权利提供保障。它以人格的尊严与价值为基础，以权利的平等为核心，以个人的自由和社会的平等作为价值目标，为实现人的全面发展创造自由和平等的空间。❸ 人的自由全面发展既是法律的终极目标和最高价值追求，也是法治素养培育的最高目标。新时代，高校在人才培养过程中，应当紧紧围绕立德树人的根本任务，坚持育人为本、德育为先、能力并举的要求，努力提升大学生思想道德素质和法治素养培育水平，为党和国家培养自由全面发展的高素质人才。

3. 法治素养培育要与实践紧密结合

马克思在《关于费尔巴哈的提纲》中指出："社会生活在本质上是实践的。凡是把理论引向神秘主义的神秘东西，都能在人的实践中以及对这种实践的理解中得到合理的解决。"❹ 在此，马克思揭示了社会生活的本质就是实践，实践是人们认识世界的重要来源。法治实践作为社会生活的重要内容之一，是人们在践行法治活动的过程中协调和处理自身与社会关系

---

❶ 马克思，恩格斯. 马克思恩格斯全集（第1卷）[M]. 北京：人民出版社，1995：176.
❷ 李伟迪，曾惠燕. 人性与法治 [N]. 光明日报，2004-09-21（B4）.
❸ 朱丽. 大学生法治教育研究 [M]. 西安：电子科技大学出版社，2016：93-94.
❹ 马克思，恩格斯. 马克思恩格斯选集（第1卷）[M]. 北京：人民出版社，2012：135-136.

的实践活动，其本质就是实践的。马克思、恩格斯认为，人民群众只有通过斗争夺取政权，才能争得人民民主权利，参与是提升人民权利意识和用法能力的重要手段。可见，法治实践是人们塑造法治思维、法治情感、法治行为的重要来源，而这些又是法治素养的关键组成部分。作为人们践行法治的所有活动和过程，法治实践的内涵十分丰富。从法治实践的内容看，有宪法法治实践、行政法治实践、刑事法治实践、民事法治实践等；从法治运行看，有立法实践、执法实践、司法实践、法治监督实践等；从法治主体即公民的角度看，有公民学法、守法、用法、尊法、护法实践等，从社会的角度看，又有学校法治教育、媒体法治宣传、律师法律服务等。❶ 就公民角度而言，公民只有通过学法后，才能真正了解法治内涵，进而形成正确的法治认知和法治思维。作为一种科学、理性和规范的思维活动，法治思维一旦产生，它必然要运用于法治实践，指导包括公权力的行使者在内的主体的行为，指导人们运用法治思维去分析问题和处理问题等。同时，人们在开展法治实践活动的过程中，本身就会使具体行为人遵从法律，并对法律产生敬畏和良好的情感，有了良好的法治情感，就会使个体更乐意去遵守法律和维护法律，在生活中就会更积极地带动和感染影响更多的人参与法治宣传等实践活动，而在宣传相关法律内容的同时，又通过庄严的法律程序提高了公民的法律意识。可见，法治实践是最生动和最好的法治教育形式，我国持续了30多年的普法宣传活动就是最好的证明。比如：现行法律规定的公开审判制度为一般民众提供了参与旁听的机会，他们通过直观的、现实的途径对法律产生感性认识，并在心理上产生强烈的影响，司法活动的法治教育功能在这一过程中得以体现，司法权威和司法活动的公信力也逐渐得到树立与巩固；从政府执法角度来看，行政机关从审批到许可，从管理到服务，政府依法行政的努力既生动诠释了法

---

❶ 李升元. 公民意识教育：法治实践的附加价值研究［M］. 北京：中国人民公安大学出版社，2015：35－36.

治政府的要义，也进一步增强了人们对法律的信仰。[1] 同时，在法治实施的各个环节，领导干部或相关工作人员能做到秉公执法、依法办事，做尊法、守法、用法、护法的模范，这也会在无形中影响着人们，使他们对法治产生积极的情感，并在现实中付出具体行动，不断增强自身的法治意志和法治信念，从而培育良好的法治素养。因此，在新时代开展法治素养培育的过程中，要积极将法治教育与法治实践活动相结合，深入研究受教育群体的特点和需求，充分利用法治实践的生动成果和形式，营造寓教于乐的立体法治教育氛围，使其在"润物细无声"中受到影响和感染，从而激发受教育者学法、用法的热情，提升受教育者的法治素养。

第二节　列宁关于法治素养培育的理论发展

列宁在领导俄国人民开展无产阶级革命和社会主义建设过程中，结合俄国具体实际，创造性地继承和发展了马克思主义理论中关于法治素养培育的思想，并在革命和建设过程中不断培育和提升人民的法治素养，领导人民采用"武器的批判"推翻资产阶级的法制，为俄国无产阶级革命的胜利和社会主义建设提供了重要保障。

一、列宁关于法治素养培育的内容解析

俄国十月革命胜利后，列宁积极领导和推动社会主义法治建设，制定了一系列法律、法规。然而，现实中，这些新颁布的法律和法规的实施情况却不尽如人意，一些机关和工作人员对这些新法律和法令采取阳奉阴违的态度，许多群众的法治意识比较薄弱，还存在许多违法犯罪的现象，对此，列宁采取了一系列措施来推动新法律和法规的深入人心。其中，蕴含

---

[1] 郭玉军. 一个法学家的世纪追梦——韩德培思想研究 [M]. 武汉：武汉大学出版社，2015：292.

了十分丰富的法治素养培育的内涵。

1. 坚持法律面前人人平等

法律的生命在于实施,如果法律制定出来后,得不到有效的执行和贯彻,那么就相当于没有法一样,即使制定了再多的法律和法规,都将成为一纸空文。正如列宁所强调:"如果不认真地执行,很可能完全变成儿戏而得到完全相反的结果。"❶ 据统计,仅从1917年10月至1918年7月,苏维埃政府就制定和付诸实施了600多项法律文件,其中包括宪法、法律、法令、决议等。❷ 尽管制定了如此多的法律文件,在现实中却无法得到有效的实施和执行。为了保证这些法律制度得到有效的实施,列宁主张法律面前人人平等的原则,任何机关、组织和个人都要遵守法律,任何人触犯了法律,都要承担相应的法律责任并受到法律的惩罚。1918年11月8日通过的《关于严格遵守法律》的决议中指出:"共和国全体公民、所有苏维埃机关和一切公职人员,都严格遵守俄罗斯社会主义联邦苏维埃共和国的法律和中央政权机关过去和现在所颁布的决议、条例和命令。"❸ 该决议明确了守法的主体是全体公民和组织,也就是说,任何人都没有超越法律的特权,即使是共产党员和干部都要严格遵守法律。为此,列宁对共产党员提出了更高要求,他不仅要求党员领导干部必须起到遵守法律的模范带头作用,而且在同样情况下,如果共产党员违法了,要加重对其判罚。因为俄共(布)是执政党,党员领导干部手中掌握着重要权力,党员干部的一言一行对全社会的影响举足轻重。对此,列宁采取了一系列从严治党的措施,遏制党内官僚主义、贪污腐败等思想和行为。首先,提高入党的准入条件,从起点开始抓党建。对积极要求入党者,除重点培养、教育之外,还要通过其工作单位、住宅管理部门、红军、非党人员的反映等,考

---

❶ 列宁. 列宁选集(第4卷)[M]. 北京:人民出版社,1995:86.
❷ 李爱华. 论列宁的法制教育和法律监督思想[J]. 山东师大学报(社会科学版),1995(2):3-7.
❸ [苏] A. 盖尔青仲. 苏联和苏俄刑事立法史料汇编[M]. 郑华,王增润,赵涵兴,译. 北京:法律出版社,1956:98.

察了解 3 个月，❶ 考察合格后，才能确定为合格的入党人选，同时对新党员的预备期给予一定的延长，目的是"真正使预备期成为极其严肃认真的考验，而不致流于形式"❷。其次，加强党内廉政建设和法纪教育。为了防止腐败现象的发生，列宁主张党内要实行严格的法律，"如果我们党没有极严格的真正铁的纪律，如果我们党没有得到整个工人阶级全心全意的拥护……布尔什维克别说把政权保持两年半，就是两个半月也保持不住"❸。对于有以权谋私、贪污受贿、任人唯亲等行为的党员干部，必须解除职务，而且还将送交法庭审判。最后，要建立健全监督体系，包括党内监督、群众监督、舆论监督、法律监督等，目的是保证党员领导干部的权力可以得到健康有序地运行，防止权力的滥用。

2. 通过教育来帮助人们树立对社会主义法律的信仰

法律的权威源于人们内心的信仰，只有人们真正信仰法律，才会服从法律、崇尚法律和维护法律。但是，由于当时受到历史、现实和文化等方面的影响，群众"想'照老样子'生活，而不了解必须严格地认真地遵守苏维埃政权的法律"❹。换言之，这些新颁布的法律并没有完全得到群众的信任，导致这些法律的威严得不到尊重，法律自然就难以真正得到运用。就像列宁所说的一样，"不仅农民不会利用，就连相当多的共产党员也不会利用苏维埃的法律去同拖拉作风和官僚主义作斗争，或者去同贪污受贿这种道地的俄国现象作斗争"❺。要使社会主义法律的威严得到真正的尊重，"只有法律是不够的。必须有大量的教育工作、组织工作和文化，这不能用法律迅速办到，这需要进行长期的巨大的努力"❻。也就是要通过开展长期的法制教育，使法律真正深入人心后，社会主义法律的权威才能真

---

❶ 列宁. 列宁全集（第41卷）[M]. 北京：人民出版社，1986：355.
❷ 列宁. 列宁全集（第43卷）[M]. 北京：人民出版社，1987：18.
❸ 列宁. 列宁全集（第39卷）[M]. 北京：人民出版社，1986：3-4.
❹ 列宁. 列宁全集（第37卷）[M]. 北京：人民出版社，1986：149.
❺ 列宁. 列宁全集（第42卷）[M]. 北京：人民出版社，1987：197.
❻ 列宁. 列宁全集（第36卷）[M]. 北京：人民出版社，1985：150.

正树立,其力量才能得到真正彰显。首先,教育工作者和共产党员要将法制教育工作当作思想政治教育的重要内容,在日常工作中,要积极"帮助培养和教育劳动群众,使他们克服旧制度遗留下来的旧习惯、旧风气,那些在群众中根深蒂固的私有者的习惯和风气"❶,通过宣传苏维埃的法律法令,帮助他们真正了解这些法律和法规的内容,引导其养成遵纪守法的习惯。其次,在教育内容上,列宁特别重视苏维埃宪法的宣传教育,并多次强调要尊重宪法和维护宪法的权威。列宁指出:"苏维埃宪法和苏维埃一样,是在革命斗争时期产生的,它是第一部宣布国家政权是劳动者的政权、剥夺剥削者——新生活建设者的敌人——的权利的宪法。"❷ 宪法是国家的根本大法,具有最高的法律地位和法律效力,即使是执政党,也"应当通过苏维埃机关在苏维埃宪法的范围内来贯彻自己的决定。党努力领导苏维埃的工作,但不是代替苏维埃"❸。因此,要使宪法这部具有最高法律地位的法深入人心,就必须加强宪法教育。宪法教育的核心在于引导人民树立权利保障的意识,使人民了解宪法,从而遵守宪法。再次,在法制教育方式上,采取了许多接地气和被人民接受的方式开展法制教育。为了帮助人民尽快了解国家法律和政策,列宁亲自指示编写了一套针对工农群众的读物,出版发行《执行苏维埃共和国法律》的小册子,并且要求这些读物符合工农群众文化程度的实际,不能晦涩难懂,而应当通俗易懂;在宣传过程中,可以将苏维埃政权的性质、国家管理、土地法、劳动纪律等内容以活页材料的形式印发给广大工农群众阅读;针对一些少数民族,则根据各民族的语言翻译宪法法律,"我们尽力帮助每个民族得到独立自由的发展,帮助他们多出版、多发行本民族语言的书报,我们还翻译和宣传我们的苏维埃宪法"❹。最后,还通过召开公审大会的形式,对广大干部群众

---

❶ 列宁. 列宁全集(第39卷)[M]. 北京:人民出版社,1986:401.
❷ 列宁. 列宁全集(第34卷)[M]. 北京:人民出版社,1985:503.
❸ 中共中央马克思、恩格斯、列宁、斯大林著作编译局. 苏联共产党代表大会、代表会议和中央全会决议汇编(第2分册)[M]. 北京:人民出版社,1964:571.
❹ 列宁. 列宁全集(第37卷)[M]. 北京:人民出版社,1986:108.

进行法制教育，特别是对腐败分子进行公开审判，可以产生巨大的教育影响❶，"因为只有这样，我们才能真正治好这种病"❷。

3. 在劳动和法治实践活动中培育人们的法治意识

列宁法治思想的生成本身就是在继承马克思主义法学理论的基础上，对资产阶级法制进行批判而建立起来的理论，具有非常鲜明的实践性。列宁认为，仅仅靠法制知识的教育还不够，还需要将法制教育与法治实践相结合，使人民群众在法治实践活动过程中，不断树立法治观念和培育用法的能力。因此，列宁主张要给人民群众更多参与法治实践活动的机会。首先，通过揭露资本主义法制的虚伪性和反动本质，从而号召人民群众特别是青年知识分子推翻资本主义法制，建立属于人民群众的法律制度和国家政权。"如果没有政权，无论什么法律，无论什么选出的代表都等于零。"❸因此，广大人民群众要通过采取合法斗争和"非法"斗争迫使资产阶级废除一些不利于工人阶级和农民群众的法律法令，保障工农大众在政治上和经济上最基本的生存权利。❹ 其次，人民群众要参与法律监督活动，制约国家权力。列宁认为："在共产主义的高级阶段到来以前，社会主义要求社会和国家实行极严格的监督。"❺ 这种监督力量要从基层中挖掘，从工农群众中发掘，从而"把全体劳动群众，男子特别是妇女，都吸收来参加工农检查工作"❻。因为"只有当全体居民都参加管理工作时，才能把反对官僚主义的斗争进行到底，直到取得完全的胜利"❼。换言之，人民群众只有参加国家管理监督工作，才能保证人民群众民主权利的实现，也才能有效地预防和遏制腐败现象的发生。对此，列宁建立了一套有利于人民群众参与国家管理监督工作的保障制度，比如，人民群众信访制度、非党工农代

---

❶ 张国安. 列宁法治思想研究［M］. 北京：知识产权出版社，2011：216-217.
❷ 列宁. 列宁全集（第52卷）［M］. 北京：人民出版社，1988：149.
❸ 列宁. 列宁全集（第13卷）［M］. 北京：人民出版社，1987：309.
❹ 张国安. 列宁法治思想研究［M］. 北京：知识产权出版社，2011：21.
❺ 列宁. 列宁全集（第34卷）［M］. 北京：人民出版社，1985：246.
❻ 列宁. 列宁全集（第38卷）［M］. 北京：人民出版社，1986：72.
❼ 列宁. 列宁全集（第36卷）［M］. 北京：人民出版社，1985：154.

表会议制度等。最后，将法治的培养与劳动生产相结合。在劳动生产过程中，劳动者必须遵守劳动纪律。列宁指出："我们应该学会把这种民主精神同劳动时的铁的纪律结合起来，同劳动时无条件服从苏维埃领导者一个人的意志结合起来。"❶ 只有劳动者服从生产中的统一指挥和劳动纪律，才能构建有序的劳动生产秩序，才能保障劳动者自身权利的实现。劳动作为一种权利，只有消灭了阶级，使受压迫的阶级（包括女性）得到解放，才能保证劳动者实现平等劳动的权利。所以，列宁主张通过开展女工运动来争取妇女的经济平等和社会平等，也就是要"让妇女参加社会生产劳动，使他们摆脱'家庭奴役'，从一辈子只是做饭、看孩子这种使人变得愚鲁、卑微的从属地位中解放出来"❷。因此，只有当女性享有平等参加社会生产劳动的权利时，社会主义民主才能得到进一步彰显。

二、列宁关于法治素养培育思想的时代价值

列宁虽然没有明确提出"法治素养"一词，但是在其法治思想中蕴含了法治素养培育的重要理念，这些理念对我国建设社会主义法治国家和培育公民的法治素养具有重要的借鉴意义。

1. 法治教育要复归以人民为中心的本质

列宁在其法治思想中反复强调人民主权的理念，并号召通过斗争方式推翻资本主义法制，建立属于人民的社会主义法制，这样才能使人民群众真正获得民主权利，实现当家作主，这是与资本主义国家的最大区别。人民民主权利必须通过法律加以保障，特别是宪法保障，列宁指出："工人阶级夺取政权之后，像任何阶级一样，要通过改变同所有制的关系和实行新宪法来掌握和保持政权，巩固政权。"❸ 可见，列宁领导和创立的一系列社会主义法治的出发点和归宿都是为了保障和维护人民的权利。为了让人

---

❶ 列宁. 列宁全集（第38卷）[M]. 北京：人民出版社，1986：302.
❷ 列宁. 列宁全集（第38卷）[M]. 北京：人民出版社，1986：204.
❸ 列宁. 列宁全集（第38卷）[M]. 北京：人民出版社，1986：299-300.

民主权的思想深入人心，首先就要让工农群众了解法律，并且积极参与法律的制定、执行、监督和宣传工作。即使是一些不识字或知识水平较低的工农，也"可以充当'目击者'、证人、见证人或见习者，经过一定考验的、识字的和水平高的工农可以享有全权（或几乎全部权利）"❶。广大人民群众亲身体验和参与法律制定、监督等实践活动，对其更加全面和深入理解法律的本质、国家政权以及如何用法律同资产阶级作斗争并维护人民自身合法权利等，均有非常明显的助益。实践证明，列宁针对人民群众的法制教育举措，在短时间内增强了人民知法、守法、依法参与国家政治生活的法律意识，使他们意识到自己是国家的主人，也在一定程度上加快完善了苏俄社会主义法治体系。❷ 列宁这种坚持人民主权的思想为我国加强人民主权观念教育提供了重要的理论和实践参考。新时代，高校在法治教育中要加强对大学生的宪法教育，宪法是国家的根本大法，也是一切法律法规的总依据，宪法规定了人民的基本权利和义务，为人民当家作主提供了根本保障。因此，在宪法教育中，要讲清楚我国宪法和法律是广大人民意志和利益的体现以及宪法确立的人民主权原则、民主集中制原则等，从而引导学生树立人民主权观念，增强主人翁意识，使其自觉将个人利益与国家的前途、命运联系起来，正确处理国家、集体、个人三者之间的利益关系。❸ 同时，还可以利用"国家宪法日"等时机，开展宪法宣誓和学习宪法实践活动，以增强宪法教育的实效性。

2. 法制教育要遵循人民群众的接受规律

列宁在法制教育中非常重视教育的方式，并根据不同教育对象的接受能力，采取了不同教育对策，比如：针对知识水平比较低的工农群众，汇编通俗易懂的小册子和工农读物；针对少数民族群体，则将苏维埃宪法和法律翻译成各民族的语言文字，然后出版成册给少数民族群体学习。因

---

❶ 列宁. 列宁全集（第38卷）[M]. 北京：人民出版社，1986：73.
❷ 张群. 列宁的法治教育思想研究[D]. 曲阜：曲阜师范大学，2019：24-25.
❸ 陈大文. 用好法治专册，引导学生德法兼修[N]. 中国教育报，2019-06-26（09）.

此，苏维埃宪法和法律的宣传教育取得了良好成效，究其原因在于法制教育遵循人民群众的接受规律，这也是马克思主义经典作家开展思想政治教育取得成功的法宝之一。比如，在文艺工作中，毛泽东明确指出："什么是我们的问题的中心呢？我以为，我们的问题基本上是一个为群众的问题和一个如何为群众的问题。"❶ 这里鲜明地指出了文艺工作是为了谁的问题以及文艺要如何让群众接受的问题，也就是要采取什么样的内容和方式才能符合人民群众的接受规律。同理，新时代高校在开展法治教育时，也要注意和研究法治教育的接受问题。特别是在新媒体时代，大学生群体作为"网络原住民"或"Z世代"，他们对新媒体和新技术的了解、适应及接受能力要比普通人群更强。因此，在开展法治教育时，如果一味地依靠课堂教学或传统的灌输方式，很难打动学生并激发其学习兴趣，也就难以取得应有的教育效果。法治教育肩负着培育大学生法治素养的重要任务，新媒体时代实现法治教育的信息化既有必要，也符合大学生的接受规律。今后，高校可以将新媒体技术运用于法治教育中，因为新媒体将多种媒体形式和手段融为一体，从声像、文字、图表、动画等多个角度去刺激法治受教育者，从而最大限度地调动受教育者的求学、求知兴趣，激发学习的积极性、主动性和创造性，加深受教育者对新理论、新知识、新观点的理解、记忆、思考和掌握❷，最终可以促进受教育者提升自身法治素养。

3. 党员领导干部要做守法护法用法模范

列宁多次强调俄共（布）作为执政党，更要严格遵守法律，并且指出党带领人民制定法律，党自身必须在宪法和法律范围内活动，做到依法办事，这样才能在人民群众中树立榜样，法律的尊严才能得到维护。因此，列宁强烈反对党员领导干部超越法律、以权谋私、贪污受贿等行为，并提出党员领导干部违法要受到更重的处罚。新时代，我们在培育大学生法治素养过程中，同样需要发挥榜样的引领示范作用，为大学生法治素养的培

---

❶ 毛泽东. 毛泽东论文艺（增订本）[M]. 北京：人民文学出版社，1958：41.
❷ 刘毅，叶海峰. 教育信息化与教育现代化 [J]. 现代教育科学，2005（5）：104–105.

育营造浓厚的法治氛围等外在环境。因为通过榜样示范的模仿学习可以缩短人们认识世界、练就某种技能或形成某种行为习惯的时间。❶ 中国共产党是我们的执政党，也是人民的党，党员领导干部的一言一行都被人们看在眼里，如果党员领导干部能带头遵守法律、维护法律，人们自然也会遵守和维护法律。这就是榜样的力量，它会激励他人学习这种良好的行为。大学生群体正处于社会化的重要时期，他们的很多观念和行为来自对社会生活的观察和对他所认同、崇拜的对象的模仿。因而，党员领导干部必须时刻注意自身言行对社会带来的影响，在生活中，要加强自律，做到严格要求自己。此外，要全面从严治党，理顺党法关系，提高党员领导干部依法办事的能力。党员领导干部自身要加强对宪法法律以及党章党规的学习，树立正确的法治观念，进而在工作中做到依法决策和管理，提高领导能力和法治素养。

第三节　中国共产党人关于法治素养培育的理论创新

马克思主义经典作家在其法治思想中蕴含了许多关于法治素养培育的内涵，为中国共产党人探索社会主义法治道路和培育公民法治素养提供了重要的理论滋养。中国共产党在百年来的奋斗历程中，结合中国革命、建设、改革和发展实际，形成中国特色社会主义法治理论体系，进一步丰富了马克思主义的法学思想。

一、中国共产党人关于法治素养培育的重要论述

（一）毛泽东关于法治素养培育的重要论述

毛泽东依据马克思主义法学原理，在中国革命和建设的具体实践中，

---

❶ 沈洁. 斯金纳教育思想探析［M］. 太原：山西人民出版社，2019：211.

创造性地提出并论述了人民民主专政、宪政和宪法、人民民主法制等方面的理论，丰富和发展了马克思主义法学理论。虽然毛泽东没有明确的法治素养提法，但其法制思想中蕴含了许多关于学法、尊法、守法、用法以及通过法制宣传教育来提升人民知法、用法能力等方面的重要论述。

1. "所有的人都遵守革命法制"

毛泽东在领导中国社会主义革命和社会主义建设的整个过程中，不断探索中国社会主义法制建设，开展了一系列的立法实践活动，包括亲自主持制定了我国第一部社会主义性质的宪法等，把马克思主义理论中国化。法律制定了之后，更为关键的是要在现实中实施法律，包括法律的执行、适用和遵守。比如，1954年宪法制定后，毛泽东特别强调："这个宪法草案是完全可以实行的，是必须实行的……过几个月，由全国人民代表大会通过，就是正式的宪法了。今天我们就要准备实行。通过以后，全国人民每一个人都要实行，特别是国家机关工作人员要带头实行，首先在座的各位要实行。不实行就是违反宪法。"❶ 这不仅彰显了社会主义法治精神，也明确了守法的主体，亦即，无论是国家干部还是全国人民，都要实施宪法、遵守宪法；同时，国家干部还要带头守法，在广大人民群众中起到模范带头作用，这样才能更好地保证法律的贯彻实施。1957年1月，毛泽东《在省市自治区党委书记会议上的讲话》中指出："一定要守法，不要破坏革命的法制。法律是上层建筑。我们的法律，是劳动人民自己制定的。它是维护革命秩序，保护劳动人民利益，保护社会主义经济基础，保护生产力的。我们要求所有的人都遵守革命法制，并不是只要你民主人士守法。"❷ 同时，他强调"法制要遵守。按照法律办事，不等于束手束脚"❸。毛泽东的这些讲话，不仅明确了守法的主体，即一切组织和干部、群众都要守法，同时也指出要依法办事，深刻阐明了社会主义法制的本质和任务。

---

❶ 毛泽东. 毛泽东著作选读（下册）[M]. 北京：中央文献出版社，1986：710.
❷ 毛泽东. 毛泽东文集（第7卷）[M]. 北京：人民出版社，1999：197–198.
❸ 毛泽东. 毛泽东文集（第7卷）[M]. 北京：人民出版社，1999：198.

2. "用民主的方法，教育和改造自己"

毛泽东在《论人民民主专政》一文中曾明确指出："对人民内部的民主方面和对反动派的专政方面，互相结合起来，就是人民民主专政。"❶ 对反动派就要实行专政和独裁，而人民民主专政就是"……由工人阶级团结全体有公民权的人民，首先是农民，向着反动阶级、反动派和反抗社会主义改造和社会主义建设的分子实行专政"❷。这里明确了专政的对象是一切反动阶级、反动派和反抗社会主义改造和社会主义建设的分子，当广大人民群众在工人阶级和共产党的领导下，团结起来，推翻反动政权，组成自己的国家后，才能选举自己的政府，管理自己的国家，享有广泛的权利和自由。"有了人民的国家，人民才有可能在全国范围内和全体规模上，用民主的方法，教育自己和改造自己，使自己脱离内外反动派的影响……改造自己从旧社会得来的坏习惯和坏思想。"❸ 可见，在新社会，人民获得权利和自由后，还要履行相应的义务，包括自觉学习法律和维护法律尊严，然后更彻底地改造自己，使自身摆脱旧社会的坏习惯和坏思想。而只有学习了法律，才能对法律有正确的认识，才会真正守法，形成法律面前人人平等的思想，即"人民犯了法，也要受处罚，也要坐班房，也有死刑，但这是若干个别的情形，和对于反动阶级当作一个阶级的专政来说，有原则的区别"❹。当然，对于反动阶级的专政和镇压，并不是统统从肉体上将他们消灭，而是通过劳动改造的方式使他们成为自食其力的劳动者。毛泽东曾明确指出："对于反动阶级和反动派的人们，在他们的政权被推翻以后，只要他们不造反，不破坏，不捣乱，也给土地，给工作，让他们活下去，让他们在劳动中改造自己，成为新人。"❺ 这体现了改造与教育相结合的思想。

---

❶ 毛泽东. 毛泽东选集（第4卷）[M]. 北京：人民出版社，1991：1475.
❷ 毛泽东. 毛泽东著作选读（下册）[M]. 北京：中央文献出版社，1986：760.
❸ 毛泽东. 毛泽东选集（第4卷）[M]. 北京：人民出版社，1991：1476.
❹ 毛泽东. 毛泽东选集（第4卷）[M]. 北京：人民出版社，1991：1476.
❺ 毛泽东. 毛泽东选集（第4卷）[M]. 北京：人民出版社，1991：1476.

3. "使群众明了政策"

法律的生命在于实施，法律要想获得良好的实施效果，就必须为人民群众所知晓，否则，人们怀着完全未知的态度或强烈抵触的情绪，法律的实施效果一定会大打折扣。❶ 因此，对法律的宣传和教育就成为一项极为重要的工作。毛泽东在新中国成立之后一方面倡导大规模的立法活动，另一方面非常注重开展法制宣传教育。比如，1951年2月21日公布《惩治反革命条例》后，毛泽东就对该条例的宣传教育给予了高度重视，他对中共察哈尔省委拟要求"各区普遍召开一次各界代表会议，各村普遍举行若干次各阶层的座谈会，讲解《惩治反革命条例》，使群众明了政策"的做法很是赞同，并要求各中央局直至县委推行此种做法。❷ 在《婚姻法》颁布后，毛泽东也非常关心《婚姻法》的宣传教育，如1953年3月15日，毛泽东阅读了中央贯彻婚姻法运动委员会办公室当月编制的《贯彻婚姻法运动情况简报》（第11号）后，阅读完毕，他向有关负责人员作出重要批示，并具体要求"简报上的许多材料，都应当公开报道，并发文字广播，三五天一次，方能影响运动的正确进行"❸。法制要深入人心，离不开多种形式的宣传教育，这样才能引导人们信仰法律、遵守法律、服从法律和维护法律，从而培育良好的法治素养。

4. 惩办违法乱纪

营造良好的法治氛围，可以使法治观念深入人心。毛泽东非常重视法治氛围的营造，一是通过惩治违法犯罪行为，树立法律的权威。他指出，镇压反革命和肃反都要讲究斗争策略，要"稳、准、狠"，要少捕、少杀，

---

❶ 迟方旭. 毛泽东对中国法治建设的创造性贡献［M］. 北京：中国社会科学出版社，2016：167-168.

❷ 逄先知，冯蕙. 毛泽东年谱（一九四九～一九七六）（第一卷）［M］. 北京：中央文献出版社，2013：342.

❸ 逄先知，冯蕙. 毛泽东年谱（一九四九～一九七六）（第二卷）［M］. 北京：中央文献出版社，2013：58.

"有反必肃，有错必纠"❶；对社会上流氓、阿飞、盗窃、凶杀、强奸犯、贪污犯、破坏公共秩序、严重违法乱纪等严重罪犯以及公众公认为坏人的人，必须惩办。❷ 只有惩治了违法乱纪现象，才能保证整个社会秩序的有序运行。二是纯洁司法和执法队伍。毛泽东同志特别重视反腐工作，尤其是对司法和公安队伍人员的政治纪律建设给予了高度重视，提出了更高要求。他强调："中央人民政府不久将颁布惩治贪污的条例和惩治浪费的条例，各级领导机关必须仿照实行惩治反革命条例那样，大张旗鼓地发动一切工作人员和有关的群众进行学习，号召坦白和检举，并由主要负责同志亲自督办和检查。一切贪污行为必须揭发，按情节轻重，给以程度不等的处理，从警告、调职、撤职、开除党籍、判处各种徒刑，直至枪决。"❸ 司法和公安队伍是法律的执行者，更应该严格遵守法律，更应该纯洁这些队伍，只有这样才能在全社会营造良好的崇法尚法守法氛围。

（二）邓小平关于法治素养培育的重要论述

"文革"结束后，以邓小平同志为核心的党的第二代中央领导集体深刻总结了历史教训，提出要从"制度方面解决问题"，并逐渐建立和完善社会主义法制。在党的十一届三中全会前召开的中央工作会议上，邓小平同志明确提出了"有法可依、有法必依、执法必严、违法必究"❹ 的十六字方针。这一方针包括了立法、执法、守法等法治建设各方面的基本要求，最后写进了党的十一届三中全会公报、党的十三大报告等许多重要文件中，成为我国社会主义法治建设的重要指导方针。1979年9月9日发布的中共中央第64号文件《关于坚决保证刑法、刑事诉讼法切实实施的指

---

❶ 毛泽东. 毛泽东著作选读（下册）[M]. 北京：中央文献出版社，1986：772.

❷ 谷春德. 中国特色社会主义法治理论与实践研究 [M]. 北京：中国人民大学出版社，2017：29.

❸ 逄先知，冯蕙. 毛泽东年谱（一九四九～一九七六）（第一卷）[M]. 北京：中央文献出版社，2013：427.

❹ 中宣部，司法部《邓小平论民主法制建设》编选组. 邓小平论民主法制建设 [M]. 北京：法律出版社，1994：54.

示》中指出，刑法、刑事诉讼法等七部法律通过后，"能否严格执行，是衡量我国是否实行社会主义法治的重要标志"❶。该文件首次使用了"法治"的概念，这在学界中被认为是中国共产党关于民主法治理念的一个里程碑。20 世纪 80 年代，邓小平从我国改革开放的要求出发，提出了一系列法治方面的问题，包括运用法律手段打击各种犯罪，进行政治体制改革，等等，这为我国实施依法治国方略提供了坚实的理论准备和实践探索。这些理论中蕴含了丰富的法治素养培育理念。

1. 纪律和法制教育是培养"四有"新人的重要内容

社会主义教育的根本问题是培养什么人的问题。邓小平认为，年轻一代是中国特色社会主义事业的希望，"我们要教育中国人民，特别是年轻一代，要有理想、守纪律、讲道德，坚持艰苦奋斗，也就是说要发扬延安精神"❷。1982 年 7 月，在中央军委召开的座谈会上，邓小平进一步明确了"四有"新人的观点，他说："搞社会主义精神文明，主要是使我们的各族人民都成为有理想、讲道德、有文化、守纪律的人民。"❸ 在培养"四有"新人的过程中，邓小平特别强调理想和纪律教育，特别是针对资产阶级自由化思想泛滥和社会出现的"一切向钱看"的错误倾向，他教育青年："做到有理想、有道德、有文化、有纪律。这四条里面，理想和纪律特别重要。"❹ 同时，他强调理想和纪律要结合在一起才有力量，理想的实现还要依靠纪律的支撑。

2. "要学会使用和用好法律武器"

在新的历史时期，邓小平特别重视干部的素质提升，他强调干部要学会使用法律武器来管理国家事务。1980 年，他在《贯彻调整方针，保证安定团结》一文中就指出："全党同志和全体干部要按照宪法、法律、法令

---

❶ 韩振峰. "依法治国"方略的由来与发展［N］. 光明日报，2014－12－31（14）.
❷ 王振川. 中国改革开放新时期年鉴 1981 年［M］. 北京：中国民主法制出版社，2015：824.
❸ 邓小平. 邓小平文选（第 2 卷）［M］. 2 版. 北京：人民出版社，1994：408.
❹ 邓小平. 邓小平文选（第 3 卷）［M］. 北京：人民出版社，1993：110.

办事，学会使用法律武器（包括罚款、重税一类经济武器）同反党反社会主义的势力和各种刑事犯罪分子进行斗争。"❶ 针对破坏社会秩序和违法犯罪行为，邓小平强调要采取教育和法律处置相结合的方式，并且要用好法律武器，"但是不能教育或教育无效的时候，就应该对各种罪犯坚决采取法律措施，不能手软……我们要学会使用和用好法律武器"❷，同时，"进行这种斗争，不能采取过去搞政治运动的办法，而要遵循社会主义法制的原则"，亦即，"一定要在法律范围内进行"❸。对于经济领域的严重犯罪活动，邓小平曾多次强调要予以坚决打击，因为这些经济犯罪活动不仅破坏了社会主义的经济秩序和人民群众的利益，也毒化了人们的思想，污染了社会风气，使社会主义现代化建设受到严重破坏和阻碍。因此，对待这个问题，邓小平强调："应该提得更高一点，看得更深一点，这样来认识同经济犯罪活动的斗争。"❹ 只有思想统一了，才能有力打击经济犯罪活动。当然，社会主义在发展过程中也充满挑战和尖锐复杂的斗争，这种复杂的斗争也非常考验青年人的意志力和判断力。对此，邓小平号召青年要学会敢于同一切破坏势力作斗争，"你们要无限忠诚地为保卫祖国的社会主义建设而同一切国内外敌人作无情的斗争。你们要敢于同旧的东西决裂，抛弃那些同社会主义不相容的封建主义的和资产阶级的东西，你们要向懒惰、腐化、官僚主义挑战，向一切违法乱纪的坏人坏事展开斗争"❺。这对培育青年的法治素养具有非常鲜明的启发意义。

3. "党的各级领导同志要以身作则"

党的各级领导干部是全党和全社会的表率，领导干部是否尊法守法会引起社会的关注，特别是对青少年群体法治素养的培育将产生更为深远的影响和导向作用。因此，邓小平不仅要求领导干部学会使用法律武器，而

---

❶ 邓小平. 邓小平文选（第2卷）[M]. 2版. 北京：人民出版社，1994：371.
❷ 邓小平. 邓小平文选（第2卷）[M]. 2版. 北京：人民出版社，1994：253.
❸ 邓小平. 邓小平文选（第2卷）[M]. 2版. 北京：人民出版社，1994：371.
❹ 邓小平. 邓小平文选（第2卷）[M]. 2版. 北京：人民出版社，1994：403.
❺ 中共中央文献研究室. 邓小平论教育[M]. 北京：人民教育出版社，1995：8.

且还要求他们带头严格遵守法律。他在谈到加强干部队伍建设时指出："我们的干部队伍一定要坚持社会主义道路，要有马列主义的基本观点，要遵守党的纪律和国家的纪律。"❶ 领导干部如果以身作则，做到带头学法、守法，不仅可以促进全社会一起学法、守法，而且可以改善社会风气，营造浓厚的法治氛围。邓小平强调："为了促进社会风气的进步，首先，必须搞好党风，特别是要求党的各级领导同志以身作则。党是整个社会的表率，党的各级领导同志又是全党的表率。如果党的领导干部自己不严格要求自己，不遵守党纪国法……怎么能指望他们改造社会风气呢？"❷ 高等院校学生的风气如何，来源于其中小学时期的习得，如果中小学时期习得了不良风气，必然会带到大学来。"讲风气，无非是党风、军风、民风、学风，最重要的是党风。好的党风也要体现在教育中，这才能培养出好的学风。"❸ 可见，领导干部的作风会对青年学生产生重要影响。因此，"各级领导干部，特别是高级干部，更应该严格遵守党章、遵守《关于党内政治生活的若干准则》，起模范作用"❹。邓小平强调："遵守纪律的最高标准，是真正维护和坚决执行党的政策，国家的政策。"❺ 领导干部要做到这一点，就必须通过法制教育，努力学法，具备丰富的法律知识，才能提高法治意识，做到依法办事、依法管理国家事务。

4."加强法制重要的是要进行教育"

针对我国历史上缺少法治传统，人们文化素质不高、法制观念比较淡薄的状况，邓小平对加强法制教育非常重视。他强调："加强法制重要的是要进行教育，根本问题是教育人。"❻ 法制教育的目的是"真正使人人懂

---

❶ 邓小平. 邓小平文选（第2卷）[M]. 2版. 北京：人民出版社，1994：261.
❷ 邓小平. 邓小平文选（第2卷）[M]. 2版. 北京：人民出版社，1994：177–178.
❸ 邓小平. 邓小平文选（第2卷）[M]. 2版. 北京：人民出版社，1994：54.
❹ 该准则共十二条，其中，第三条规定："维护党的集中统一，严格遵守党的纪律"。邓小平. 邓小平文选（第3卷）[M]. 北京：人民出版社，1993：39.
❺ 邓小平. 邓小平文选（第3卷）[M]. 北京：人民出版社，1993：112.
❻ 邓小平. 邓小平文选（第3卷）[M]. 北京：人民出版社，1993：163.

得法律,使越来越多的人不仅不犯法,而且能积极维护法律"❶。可见,只有通过开展法制教育,才能帮助个体形成正确的法治认知、法治信念和法治行为,从而养成良好的法治素养。对于如何开展法制教育的问题,邓小平指出:"法制教育要从娃娃开始,小学、中学都要进行这个教育,社会上也要进行这个教育。"❷ 换言之,法制教育要从小开始,使个体从小就养成守法的好习惯。在青少年法制教育的过程中,社会、学校和家庭均是法制教育的主体,同时,要加强学校和家庭之间的联系,形成共同育人局面。邓小平强调:"我们现在要把风气扭转过来,这就要求学校培养好的风气。要有爱劳动、守纪律、求进步等好风气、好习惯。教师有责任把这些好风气带动起来。教师要成为学生的朋友,与学生的家庭联系,互相配合,共同做好教育学生的工作。"❸ 这里突出了教师在学生法制教育中的职责,但是教师要有效地开展法制教育,除了要有责任心,自身还必须具备良好的法治素养,要"解决这个问题,更重要的是提高办学校的干部和教员的认识。培养自觉的纪律,也要有人去教育才行"❹。对此,我国自1986年始,分阶段开展五年普及法律常识教育活动,这些普法活动的开展为提升人们的法律意识取得了明显效果。❺

(三) 江泽民关于法治素养培育的重要论述

以江泽民同志为核心的党的第三代领导集体不断完善社会主义市场经济体制和发展社会主义民主政治,首次确立"依法治国,建设社会主义法治国家"为党领导人民治理国家的基本方略。在推进依法治国的进程中,提出了许多宝贵的关于法治素养培育方面的重要论述。这些重要论述以马克思主义法学理论为指导,进一步继承和发展了毛泽东、邓小平等人关于

---

❶ 邓小平. 邓小平文选(第2卷)[M]. 2版. 北京:人民出版社,1994:254.
❷ 邓小平. 邓小平文选(第3卷)[M]. 北京:人民出版社,1993:163.
❸ 邓小平. 邓小平文选(第2卷)[M]. 2版. 北京:人民出版社,1994:54.
❹ 中共中央文献研究室. 邓小平论教育[M]. 北京:人民教育出版社,1995:3.
❺ 蒋传光. 建构中国法治社会的指南——邓小平法制思想研究[M]. 合肥:安徽大学出版社,2000:56-59.

法治素养培育方面的理念和思想。

1. "广大干部群众的法律素质有一个新的提高"

江泽民非常重视广大干部群众法律意识和法制观念的提升，并将这项任务当作加强社会主义法制建设和坚持依法治国的重要基础，他强调："广大干部群众法律水平的高低，直接影响着依法治国的进程。"❶ 因为如果人们未树立良好的法律意识和法制观念，即使有再好的法律和制度，他们也不会去遵守，而法律得不到遵守，就不可能发挥其应有的作用，结果就会形同虚设。对此，江泽民指出："加强社会主义法制建设必须同时从两个方面着手，既要加强立法工作，不断健全和完善法制；又要加强普法教育，不断提高干部群众遵守法律、依法办事的素质和自觉性……力争在'三五'普法期间即二〇〇〇年前，使广大干部群众的法律素质有一个新的提高。"❷ 这里提出了"法律素质"的概念，将法律意识、法制观念、遵守法律、依法办事等当作法律素质的重要部分。要提高人们的法律素质，不仅要搞好立法工作，更重要的是还要做好法制宣传教育工作，而这项工作必须长期、规范化地开展下去，因为"一种观念的树立，一种意识的培养，需要一个相当长的过程"❸。在法制教育过程中，江泽民提出要将法制教育同思想道德教育结合起来，因为"法律规范人们的行为，可以强制性地惩罚违法行为，但不能代替解决人们思想、道德的问题。人们思想上、道德上存在的问题，要通过深入细致的思想教育、道德教育和文化教育来解决"❹。人们的思想道德文化素质的高低，会直接影响其对法律的遵守，因而其思想道德文化素质对法制建设的成效起着至关重要的作用。2001年1月10日，江泽民在全国宣传部长会议上的讲话中，系统提出"依法治国"与"以德治国"紧密结合的治国思想。他指出："我们在建设有中国特色社会主义、发展社会主义市场经济的过程中，要坚持不懈地加强社会

---

❶ 江泽民. 江泽民文选（第1卷）[M]. 北京：人民出版社，2006：512.
❷ 江泽民. 江泽民文选（第1卷）[M]. 北京：人民出版社，2006：513.
❸ 江泽民. 江泽民文选（第1卷）[M]. 北京：人民出版社，2006：513.
❹ 江泽民. 江泽民文选（第1卷）[M]. 北京：人民出版社，2006：643.

主义法制建设，依法治国；同时也要坚持不懈地加强社会主义道德建设，以德治国。对一个国家的治理来说，法治和德治，从来都是相辅相成、相互促进的。二者缺一不可，也不可偏废……我们要把法制建设与道德建设紧密结合起来，把依法治国与以德治国紧密结合起来。"❶ 只有法制和道德同时建设好了，整个社会秩序、社会风气才能治理好，社会上的歪风邪气和消极现象才会减少，而这又将有利于青年法治素养的培育。

2. 领导干部要模范遵守法律和党内法规

领导干部带头学法、尊法和用法，不仅关系到依法治国的实现，也会影响广大人民群众共同学法、尊法和用法。江泽民非常重视发挥领导干部的模范带头作用，他强调："各级领导干部特别是高级干部，一定要带头做遵纪守法的表率。"❷ 他特别反对领导干部言行不符、表里不一的两面派行为，也反对搞庸俗关系学或特权，因为这会破坏法律的平等性，造成恶劣的社会影响。江泽民指出："每个领导干部特别是主要领导干部，要模范遵守党内各项规矩……我们的党员、干部，无论职位高低，无论从事何种工作，在党的纪律面前一律平等。在我们党内决不允许存在超越于党组织和党的纪律之上、不接受监督的特殊人物。"❸ 因此，作为领导干部，首先，"务必加强对法律和法学知识的学习，努力掌握和提高运用法律手段管理经济社会事务的本领，以自身的实际行动带动广大干部群众，在全社会形成学法、用法的良好风气，为坚持依法治国打下坚实的思想基础"❹。其次，"要加强对子女的教育……领导干部的子女在社会上的言行举止，群众是非常关注的，一一看在眼里"❺。因为群众会通过观察领导干部子女的言行来进一步观察我们领导干部的形象，如果这些人中有违法乱纪的现象，就会直接影响到党、政府、军队在人民群众中的形象和声誉。对于领

---

❶ 江泽民. 江泽民文选（第3卷）[M]. 北京：人民出版社，2006：200.
❷ 江泽民. 江泽民文选（第2卷）[M]. 北京：人民出版社，2006：168.
❸ 江泽民. 江泽民文选（第1卷）[M]. 北京：人民出版社，2006：457.
❹ 江泽民. 江泽民文选（第1卷）[M]. 北京：人民出版社，2006：513.
❺ 江泽民. 江泽民文选（第2卷）[M]. 北京：人民出版社，2006：188.

导干部违纪违法的行为,江泽民强调一定要严肃查处,且"越是高级干部,越是名人,他们中发生的违纪违法事件越要严肃查处,因为这些人影响大,违纪犯法的危害大,抓住典型处理了,效果也大"❶。最后,还要"加大反腐倡廉工作的宣传教育力度,加强对党员、干部的党性党风党纪教育和遵纪守法教育"❷。

3. 学校、家庭、社会要共同开展青年法制教育

江泽民非常关心青年的成长,他指出:"青年兴则国家兴,青年强则国家强。"❸ 青年的发展事关国家和民族的未来,青年在成长过程中,有自己的优点,但也有其弱点和不足,更需要通过教育和引导,所以,"我们必须全面贯彻党的教育方针,坚持教育为社会主义现代化建设服务、为人民服务……努力造就有理想、有道德、有文化、有纪律的,德育、智育、体育、美育等全面发展的社会主义事业建设者和接班人"❹。然而,由于20世纪90年代以来大多数学生是独生子女,学习压力也比较大,加上一些学校忽略了对学生的思想品德和纪律法制教育,导致一些学生在社会上染上了不良习气,有的甚至走上了违法犯罪的道路。针对这些问题,江泽民强调:"必须引起各级党委、政府和各级教育部门高度重视,对学生的教育工作特别是思想品德教育、纪律法制教育,校内校外,课内课外,都要抓紧,一点放松不得。"❺ 学校除了对学生开展文化知识教育,还要加强思想品德教育、纪律法制教育等;同时,开展思想品德和纪律法制教育不应只是学校和教育部门的事,家庭、社会各个方面都要参与进来,包括宣传部门、政法部门以及其他部门,乃至全党全社会都要一起来关心和支持;而"对于学生中发生的不良行为,要加强思想教育;对违法行为,一定要依法严肃处理,千万不能姑息养奸""要经常地在学生中开展纪律法制教育,

---

❶ 江泽民. 江泽民文选(第2卷)[M]. 北京:人民出版社,2006:504-505.
❷ 江泽民. 江泽民文选(第3卷)[M]. 北京:人民出版社,2006:191.
❸ 江泽民. 江泽民文选(第3卷)[M]. 北京:人民出版社,2006:488.
❹ 江泽民. 江泽民文选(第2卷)[M]. 北京:人民出版社,2006:332.
❺ 江泽民. 江泽民文选(第2卷)[M]. 北京:人民出版社,2006:588.

增强他们的纪律法制观念,使他们懂得遵纪守法的道理"❶。

4. 营造有利于青年一代培育法治素养的良好氛围

青年一代法治素养的培育需要良好的氛围。针对社会上的不良风气,如各类犯罪活动和腐败现象,江泽民强调要给予严厉打击,这样才能消除不良风气对青年一代的恶劣影响。只要把人民群众发动起来了,一切犯罪分子和腐败分子就没有藏身之地了。对于一些严重犯罪的现象,江泽民要求开展一系列严打整治斗争活动,同时强调要搞好社会治安综合治理,包括集中治理学校内和周围社会治安情况不好的状况:"对于学生中存在的歪风邪气,学校和有关部门必须旗帜鲜明地加以反对,并要加强对学生家长的工作。"❷ 此外,江泽民还特别重视思想文化阵地对青年的影响,这些思想文化阵地包括理论、新闻、出版、报刊、小说、诗歌、音乐、绘画、舞蹈、戏剧、电影、电视、广播、网络等,我们必须积极占领这些思想文化阵地,"决不能给违反四项基本原则、违反改革开放政策、违反党的方针政策的错误观点,以及危害人民特别是青少年身心健康的东西提供传播渠道"❸。因此,他要求各部门一定要切切实实地管理好、建设好这些阵地,为青年成长和发展营造良好氛围。

(四) 胡锦涛关于法治素养培育的重要论述

党的十六大以后,以胡锦涛同志为总书记的党中央,团结带领全党全国各族人民,坚持"依法治国,建设社会主义法治国家"的基本方略,坚持从我国国情和实际出发,不断加强和改进社会主义民主法治建设,确立了中国特色社会主义法律体系,成为我国社会主义民主法治建设史上的重要里程碑。同时社会主义法治理念的提出,是马克思主义法学理论中国化的又一新成果,丰富和发展了中国特色社会主义法治理论的科学内涵,其

---

❶ 江泽民. 江泽民文选(第2卷)[M]. 北京:人民出版社,2006:590.
❷ 江泽民. 江泽民文选(第2卷)[M]. 北京:人民出版社,2006:590.
❸ 江泽民. 江泽民文选(第3卷)[M]. 北京:人民出版社,2006:97.

中蕴含了许多关于法治素养培育的重要理念。

1. "坚持社会主义法治理念"

2007年12月25日，胡锦涛在全国政法工作会议代表和全国大法官、大检察官座谈会上发表讲话，在讲话中，除了分析政法工作面临的国内外形势，还阐明了政法工作的重要性、性质、职责和改进政法工作的要求和重点工作。同时，在会上提出社会主义法治理念的概念、性质，并阐释了其内容，即"坚持社会主义法治理念，就是要坚持依法治国、执法为民、公平正义、服务大局、党的领导"❶。这一论断，进一步丰富和发展了中国特色社会主义法治理论的科学内涵。树立社会主义法治理念的目的，是更好地指导社会主义法治建设，因为"理念是行动的指南"，而要使社会主义法治理念深入人心，就必须开展切实有效的教育。对此，胡锦涛强调："要在全体党员、干部和广大群众特别是要在立法、执法、司法等部门开展切实有效的社会主义法治理念教育，使大家都能够坚持和实践社会主义法治理念。"❷ 特别是针对政法队伍，胡锦涛指出："开展社会主义法治理念教育是加强政法队伍思想政治建设的一项重大举措。"❸ 早在2007年6月25日，在中央党校省部级干部进修班毕业典礼上，胡锦涛指出："全面落实依法治国基本方略，弘扬法治精神，维护社会公平正义。"❹ 其中"弘扬法治精神"是在"树立社会主义法治理念"提出之前的一个论断，这两个论断后来都被写进党的十七大报告中。在该报告中明确提出要："坚持依法治国基本方略，树立社会主义法治理念，实现国家各项工作法治化，保障公民合法权益"，"深入开展法制宣传教育，弘扬法治精神，形成自觉学法守法用法的社会氛围。"❺ 此论述充分蕴含了法治素养的内涵及其生成

---

❶ 胡锦涛. 胡锦涛文选（第2卷）[M]. 北京：人民出版社，2016：428.
❷ 胡锦涛. 胡锦涛文选（第2卷）[M]. 北京：人民出版社，2016：429.
❸ 中共中央文献研究室. 十六大以来重要文献选编（下）[M]. 北京：中央文献出版社，2008：778.
❹ 肖扬. 依法治国基本方略的提出、形成和发展[J]. 求是，2007（20）：18-21.
❺ 胡锦涛. 高举中国特色社会主义伟大旗帜 为夺取全面建设小康社会新胜利而奋斗[M]. 北京：人民出版社，2007.

逻辑,亦即,要通过开展法制宣传教育的方式来培育法治意识和法治素养。法治素养的培育也是对青少年实施素质教育的重要组成部分,因此,"要根据青少年的身心特点和接受能力,结合道德品质教育和公民意识教育,有针对性地加强法制宣传教育,努力培养青少年遵纪守法的行为习惯"❶。同时,胡锦涛强调:"把社会主义核心价值体系融入国民教育全过程,深入推动中国特色社会主义理论体系进教材、进课堂、进头脑,引导学生形成正确的世界观、人生观、价值观,坚定学生对中国共产党领导、社会主义制度的信念和信心,培养学生团结互助、诚实守信、遵纪守法、艰苦奋斗的良好品质,树立社会主义民主法治、自由平等、公平正义理念。"❷

2. "各级领导干部要带头树立法制观念和法律意识"

胡锦涛继承了毛泽东、邓小平、江泽民等人关于各级领导干部要模范遵守国家法律法规的思想,对领导干部提出了许多新的要求,强调只有党的领导干部在全社会发挥学法、守法的表率作用,才能带出好的民风和社会风气。胡锦涛强调:"对干部特别是领导干部的要求更应当高于普通党员,否则他们就难以服人,也难以担当重任。如果一个干部居于领导地位,不是用权为民,而是以权谋私,损害党和人民事业,这样的人迟早会失去领导资格,被人民所抛弃。"❸ 然而,在新的历史时期,由于环境和条件变化等各种因素,一些干部出现了"贪图享受,把权力商品化,搞权钱交易,以权谋私"❹ 等消极腐败现象,一些政法机关从事经商活动,"产生权钱交易等腐败现象和一切向钱看等不良风气"❺,这些现象影响很坏、危害很大,也非常危险。对此,胡锦涛特别重视领导干部的思想政治素质和

---

❶ 中共中央文献研究室. 十七大以来重要文献选编(下)[M]. 北京:中央文献出版社,2013:339.

❷ 胡锦涛. 胡锦涛文选(第3卷)[M]. 北京:人民出版社,2016:420-421.

❸ 胡锦涛. 胡锦涛文选(第1卷)[M]. 北京:人民出版社,2016:174.

❹ 胡锦涛. 胡锦涛文选(第1卷)[M]. 北京:人民出版社,2016:177.

❺ 胡锦涛. 胡锦涛文选(第1卷)[M]. 北京:人民出版社,2016:332.

队伍建设,一方面,他强调:"各级领导干部要带头树立法制观念和法律意识,模范遵守国家法律法规。"❶"党的各级组织和全体党员都要做遵守宪法的模范,严格依法办事,带动全社会严格贯彻实施宪法。"❷"要自觉在宪法法律范围内活动,带头维护宪法法律权威,坚持科学执政、民主执政、依法执政。"❸ 在工作中,要求领导干部依法办事,特别是在处理人民内部矛盾时,既要通过思想政治工作方法来对群众进行疏导教育,又要通过法律方法处理问题,而非采取简单粗暴方式或对敌斗争方法来处理问题。另一方面,他强调要"加强党风廉政建设",只有"把党风搞好了,党的领导干部在全党真正发挥表率作用,共产党员在全社会真正发挥表率作用,才能带出好的民风和社会风气,才能带动整个精神文明建设"❹。对此,党中央开展了一系列反腐倡廉工作,查处了大量腐败案件,纠正党内各种不正之风,作出"关于军队、武警部队、政法机关不再从事经商活动的决定","把这项工作作为深入开展反腐败斗争、加强党风廉政建设的一项重要任务来抓"❺。同时,胡锦涛还要求各级领导干部加强思想政治建设,"要把干部'自重、自省、自警、自励'和党组织对干部'严格要求、严格管理、严格监督'落到实处"❻,"要继续抓好全党正在开展的学理论、学党章活动,抓好对县以上领导干部进行的以讲学习、讲政治、讲正气为主要内容的党性党风教育"❼ 只有通过有效的学习、教育等活动,才能培养出既懂政治,又懂法治,且具有良好党性修养的干部队伍,中国特色社会主义事业才能得到有效保障。

3. 不断净化青年成长的社会环境

胡锦涛十分重视青年工作,认为青年是祖国和民族的未来与希望,也

---

❶ 胡锦涛. 胡锦涛文选(第1卷)[M]. 北京:人民出版社,2016:214.
❷ 胡锦涛. 胡锦涛文选(第2卷)[M]. 北京:人民出版社,2016:17.
❸ 胡锦涛. 胡锦涛文选(第3卷)[M]. 北京:人民出版社,2016:511.
❹ 胡锦涛. 胡锦涛文选(第1卷)[M]. 北京:人民出版社,2016:229.
❺ 胡锦涛. 胡锦涛文选(第1卷)[M]. 北京:人民出版社,2016:332-333.
❻ 胡锦涛. 胡锦涛文选(第1卷)[M]. 北京:人民出版社,2016:215.
❼ 胡锦涛. 胡锦涛文选(第1卷)[M]. 北京:人民出版社,2016:229-230.

是中国特色社会主义事业兴旺发达的重要保证。他强调:"各级党委和政府,要从社会主义事业长远发展的战略高度,热情关怀青年,正确引导青年,严格要求青年,努力把青年一代培养成为有理想、有道德、有文化、有纪律的社会主义新人。"❶ 因此,社会各方面都要热情关心青年一代成长和发展,为青年成长和发展营造良好的社会环境。胡锦涛强调"要采取有力措施",打击各种危害青年身心健康的社会丑恶现象和违法犯罪行为。一是要警惕和防范国内外敌对势力对青年的渗透活动,"对于敌对势力颠覆破坏活动,要采取果断措施加以处置"❷。二是对于违法犯罪等破坏社会治安行为,开展一系列"严打"集中统一行动,并充分发动和依靠群众的力量,广泛动员和组织群众参与社会治安综合治理,保持"严打"态势,从根本上预防和减少犯罪,消除违法犯罪现象对青年成长的不利影响。三是推进互联网管理法制化,通过"综合运用法律、行政、经济、技术、思想教育、行业自律等手段,提高网络管理水平,加强对互联网的管理,加快形成依法监管、行业自律、社会监督、规范有序的互联网信息传播秩序"❸。通过运用技术手段防范敌对势力的破坏和渗透活动,进而维护国家文化信息安全。四是促进良好社会风气的形成和发展。胡锦涛强调:"社会风气是社会文明程度的重要标志,是社会价值导向的集中体现。"因此,"要教育广大干部群众特别是广大青少年树立社会主义荣辱观,坚持以热爱祖国为荣、以危害祖国为耻……以遵纪守法为荣、以违法乱纪为耻……"❹。

(五) 习近平关于法治素养培育的重要论述

党的十八大以来,习近平从坚持和发展中国特色社会主义全局出发,从全面依法治国和实现国家治理体系和治理能力现代化的战略高度,创造性提出了一系列全面依法治国的新理念、新思想和新战略。2020年11月,

---

❶ 中共中央文献研究室. 十五大以来重要文献选编(中)[M]. 北京:中央文献出版社,2001:842.

❷ 胡锦涛. 胡锦涛文选(第1卷)[M]. 北京:人民出版社,2016:212.

❸ 胡锦涛. 胡锦涛文选(第2卷)[M]. 北京:人民出版社,2016:562.

❹ 胡锦涛. 胡锦涛文选(第2卷)[M]. 北京:人民出版社,2016:430.

在中央全面依法治国工作会议上正式提出习近平法治思想，推动了中国特色社会主义法治理论创新发展，实现了马克思主义法学理论的新飞跃。2021 年 11 月，《习近平法治思想学习纲要》的出版发行，系统阐释了习近平法治思想的重大意义、丰富内涵、核心要义、精神实质、实践要求，为广大干部群众全面准确理解、深入贯彻落实习近平法治思想，提供了最权威的辅助读物、学习范本，也为新时代加强大学生法治素养培育提供了根本遵循。习近平法治思想中蕴含了丰富的关于法治素养培育的新观点、新论述，为新时代大学生法治素养培育提供了坚实的理论支撑。

1. 法治宣传教育是全面依法治国的基础性工作

法治素养的生成，最主要的途径是教育。2014 年 10 月，习近平在中共十八届四中全会第二次全体会议上强调："要坚持法治教育从娃娃抓起，把法治教育纳入国民教育体系和精神文明创建内容。"❶ 青少年是祖国的未来和希望，其法治素养如何，不仅关系到自身的成长和发展，也关系到全面依法治国的实现。因此，要特别加强对青少年的法治教育，不断提升其法治素养。然而，法治教育是依法治国的长期基础性工作，习近平强调："要采取有力措施加强法制宣传教育。"❷ 2020 年 2 月，习近平在中央全面依法治国委员会第三次会议上指出："法治建设需要全社会共同参与，只有全体人民信仰法治、厉行法治，国家和社会生活才能真正实现在法治轨道上运行。"❸ 只有通过对人民开展普法宣传，才能增强全民法治观念，进而夯实依法治国社会基础。

在法治教育的内容供给上，一是要加强对青少年的宪法教育。宪法宣传教育是法治建设的一项基础性工作，"宪法法律的权威源自人民的内心拥护和真诚信仰，加强宪法学习宣传教育是实施宪法的重要基础"❹。只有

---

❶ 习近平. 习近平谈治国理政（第二卷）[M]. 北京：外文出版社，2017：122.
❷ 习近平. 习近平谈治国理政（第二卷）[M]. 北京：外文出版社，2017：122.
❸ 中央党史和文献研究院. 十九大以来重要文献选编（中）[M]. 北京：中央文献出版社，2021：420.
❹ 习近平. 论坚持全面依法治国[M]. 北京：中央文献出版社，2020：218.

通过开展宪法宣传教育活动，弘扬宪法精神，才能使广大青少年"都成为社会主义法治的忠实崇尚者、自觉遵守者、坚定捍卫者"❶。具体的宣传内容要重点宣传宪法的性质、原则、精神、内容以及党中央对宪法进行修改的重大意义，并且要把宪法宣传同学习贯彻党的重大精神和各项方针政策紧密结合起来。二是要加强对青少年的民法典教育和宣传。2020年5月，习近平在十九届中央政治局第二十次集体学习时强调："民法典既是保护自身权益的法典，也是全体社会成员都必须遵循的规范。"通过加强对青少年民法典教育，才能帮助其提高"自觉守法的意识，形成遇事找法的习惯，培养解决问题靠法的意识和能力"❷。三是要加强对青少年的制度教育。2019年9月，习近平在十九届中央政治局第十七次集体学习时强调："要加强制度宣传教育，特别是要加强对青少年的制度教育。"❸通过制度教育，才能引导青少年充分认识中国特色社会主义制度的优势和成功之处，增进对我国制度的认识、认同和自信。

在法治教育的方式和机制上，习近平强调："要在针对性和实效性上下功夫。"❹ 一是"要坚持法制教育与法治实践相结合"❺。通过开展国家宪法日系列活动、设立"五四宪法"历史资料陈列馆、宪法宣誓等活动，推动宪法法律进学校，使宪法深入人心，内化于心、外化于行。二是"要研究法治宣传教育新机制新方法，建设社会主义法治文化，让法治成为全民思维方式和行为习惯"，同时，"要实行国家机关'谁执法谁普法'普法责任制"❻。三是要"完善守法诚信褒奖机制和违法失信行为惩戒机制"❼，建立个人征信制度，使尊法守法成为全体人民共同追求和自觉行动。四是高校要办好法学教育，要坚持社会主义办学方向和坚持立德树人，"不仅

---

❶ 习近平. 论坚持全面依法治国［M］. 北京：中央文献出版社，2020：128.
❷ 习近平. 论坚持全面依法治国［M］. 北京：中央文献出版社，2020：282.
❸ 习近平. 论坚持全面依法治国［M］. 北京：中央文献出版社，2020：267.
❹ 习近平. 论坚持全面依法治国［M］. 北京：中央文献出版社，2020：4.
❺ 习近平. 习近平谈治国理政（第一卷）［M］. 2版. 北京：外文出版社，2018：145.
❻ 习近平. 论坚持全面依法治国［M］. 北京：中央文献出版社，2020：234，228.
❼ 习近平. 习近平谈治国理政（第二卷）［M］. 北京：外文出版社，2017：122.

要提高学生的法学知识水平,而且要培养学生的思想道德素养"。"法学教育要处理好法学知识教学和实践教学的关系。学生要养成良好法学素养,首先要打牢法学基础知识,同时要强化法学实践教学。要打破高校和社会之间的体制壁垒,将实际工作部门的优质实践教学资源引进高校,加强校企、校地、校所合作,发挥政府、法院、检察院、律师事务所、企业等在法治人才培养中的积极作用。"❶

2. "关键少数"要做尊法学法守法用法的模范

中国共产党是我们的执政党,"党的政策成为国家法律后,实施法律就是贯彻党的意志,依法办事就是执行党的政策。党既领导人民制定宪法法律,也领导人民执行宪法法律,党自身必须在宪法法律范围内活动,做到党领导立法、保证执法、带头守法。"❷ 我们党能不能坚持依法执政,能不能正确领导立法、带头守法、保证执法,"对全面推进依法治国具有重大作用"❸。因此,习近平在多个会议和场合强调领导干部在实现全面推进依法治国目标中的关键作用,明确了各级领导干部就是"关键少数"。作为领导干部,必须"坚决贯彻落实党中央关于全面依法治国的重大决策部署,带头尊崇法治、敬畏法律,了解法律、掌握法律,不断提高运用法治思维和法治方式深化改革、推动发展、化解矛盾、维护稳定、应对风险的能力,做尊法学法守法用法的模范"❹。然而,当前"有法不依、执法不严、违法不究现象在一些地方和部门依然存在;关系人民群众切身利益的执法司法问题还比较突出;一些公职人员滥用职权、失职渎职、执法犯法甚至徇私枉法"❺ 等现象仍然存在,这些问题不仅严重损害国家法制权威,也严重损害党和政府形象,同时还会对广大人民群众尤其是青少年产生许多不良的影响。正所谓,上梁不正下梁歪。"领导干部尊不尊法、学不学

---

❶ 习近平. 论坚持全面依法治国 [M]. 北京:中央文献出版社,2020:179,177.
❷ 习近平. 论坚持全面依法治国 [M]. 北京:中央文献出版社,2020:43.
❸ 习近平. 习近平谈治国理政(第一卷)[M]. 2版. 北京:外文出版社,2018:146.
❹ 习近平. 论坚持全面依法治国 [M]. 北京:中央文献出版社,2020:5—6.
❺ 习近平. 习近平谈治国理政(第一卷)[M]. 2版. 北京:外文出版社,2018:137.

法、守不守法、用不用法，人民群众看在眼里、记在心上，并且会在自己的行动中效法。领导干部尊法学法守法用法，老百姓就会去尊法学法守法用法"❶。青少年是祖国的未来和希望，也是中国特色社会主义事业的接班人，未来他们中的一些人也将成为领导干部，法治素养将成为他们行动的指引。因此，各级领导干部必须发挥尊法学法守法用法的模范带头作用，不断提升自身的法治素养。

2015年2月，习近平在省部级主要领导干部学习贯彻党的十八届四中全会精神全面推进依法治国专题研讨班上强调："尊崇法治、敬畏法律，是领导干部必须具备的基本素质……对领导干部的法治素养，从其踏入干部队伍的那一天起就要开始抓，教育引导他们把法治的第一粒扣子扣好"❷，并且将法治素养作为考察干部的重要内容。因为"一个人纵有天大的本事，如果没有很强的法治意识、不守规矩，也不能当领导干部"❸，而如果一个人"不信仰法治，没有坚守法治的定力，面对权势、金钱、人情、关系，是抵不住诱惑、抗不住干扰的"❹。对于如何提升领导干部的法治素养，习近平也提出了许多重要论述。一是"要把宪法教育作为党员干部教育的重要内容"，通过开展宪法教育，"使各级领导干部和国家机关工作人员掌握宪法的基本知识，树立忠于宪法、遵守宪法、维护宪法的自觉意识"❺。二是要加强纪律教育，健全纪律执行机制，用纪律规范、约束和保护干部。三是要通过法治培训和完善学法制度，加强对领导干部法律知识的教育，使其获得同自己所担负的领导工作密切相关的法律法规知识。四是要加强对领导干部的管理和监督，设置领导干部法治素养"门槛"，对于违法违纪的领导干部，一经发现，就从领导干部队伍中剔除出去。五是要推动领导干部学法经常化、制度化。

---

❶ 习近平. 论坚持全面依法治国[M]. 北京：中央文献出版社，2020：141.
❷ 习近平. 论坚持全面依法治国[M]. 北京：中央文献出版社，2020：136-137.
❸ 习近平. 论坚持全面依法治国[M]. 北京：中央文献出版社，2020：137.
❹ 中共中央文献研究室. 十八大以来重要文献选编（上）[M]. 北京：中央文献出版社，2014：719.
❺ 习近平. 习近平谈治国理政（第一卷）[M]. 2版. 北京：外文出版社，2018：141.

3. 营造遇事找法和解决问题靠法的良好环境

马克思、恩格斯认为"人创造环境，同样，环境也创造人"❶。社会环境对个体法治素养培育起着重要作用，因此，必须营造浓厚的法治氛围，才能引导全社会形成办事依法、遇事找法和解决问题靠法的良好局面。2013年2月，习近平在十八届中央政治局第四次集体学习时的讲话中指出："法律要发生作用，首先全社会要信仰法律。"❷如果一个社会大多数人对法律没有信任感，认为靠法律解决不了问题，还是要靠上访、信访，要靠找门路、托关系，甚至要靠采取聚众闹事等极端行为解决问题，那就不可能建成法治社会。因此，要引导全体人民遵守法律，有问题依靠法律来解决，决不能让那种大闹大解决、小闹小解决、不闹不解决现象蔓延开来。当然，营造办事依法、遇事找法和解决问题靠法的良好氛围需要一个过程，习近平强调："要逐步在广大干部群众中树立法律的权威，使大家都相信，只要是合理合法的诉求，通过法律程序就能得到合理合法的结果。"❸

第一，各级领导干部要运用法治思维和法治方式深化改革和推动各项工作的开展，"发挥好法律法规的规范、引导、保障作用"❹，做到按法律程序办事，积极履行法律程序。这样才能有效推动形成办事依法、遇事找法、解决问题用法、化解矛盾靠法的良好法治环境，在法治轨道上推动各项工作。❺

第二，要"在全社会弘扬社会主义法治精神，建设社会主义法治文化"❻。引导人民树立法律权威意识，使人民认识到法律既是保障自身权利的有力武器，也是必须遵守的行为规范，从而培育社会成员办事依法、遇

---

❶ 马克思，恩格斯. 马克思恩格斯文集（第1卷）[M]. 北京：人民出版社，2009：545.
❷ 习近平. 论坚持全面依法治国 [M]. 北京：中央文献出版社，2020：24.
❸ 习近平. 论坚持全面依法治国 [M]. 北京：中央文献出版社，2020：24.
❹ 习近平. 习近平谈治国理政（第二卷）[M]. 北京：外文出版社，2017：413.
❺ 习近平. 习近平谈治国理政（第一卷）[M]. 2版. 北京：外文出版社，2018：142.
❻ 习近平. 习近平谈治国理政（第二卷）[M]. 北京：外文出版社，2017：120.

事找法、解决问题靠法的良好环境，自觉抵制违法行为，自觉维护法治权威。

第三，要通过开展法制宣传教育的方式，弘扬社会主义法治精神，引导群众遇事找法、解决问题靠法，逐步改变社会上那种遇事不是找法而是找人的现象。比如，通过发挥企业家诚信守法的表率作用，带动全社会道德素质和文明程度提升；改进见义勇为英雄模范评选表彰工作，让全社会充满正气、正义。❶

第四，要建立健全各项制度，净化社会环境。"要深化司法责任制综合配套改革，加强司法制约监督，健全社会公平正义法治保障制度，努力让人民群众在每一个司法案件中感受到公平正义。"❷ 通过开展扫黑除恶常态化工作，坚决打击黑恶势力及其"保护伞"，为百姓安居乐业营造风清气正的社会环境。依法构建良好网络秩序和加强网络空间治理，规范人民的网络法治素养和道德素质，坚持依法治网、依法办网、依法上网，让互联网在法治轨道上健康运行，为广大网民特别是青少年营造一个风清气正的网络空间。要主动回应社会关切，及时引导社会舆论，让主流声音牢牢占据舆论制高点，严防负面炒作搅乱舆论场。❸

4. 发挥道德对公民社会行为的规范和教化作用

"法律是成文的道德，道德是内心的法律。"❹ 法律起着强制性的规范作用，道德发挥教化的作用，两者都具有规范社会行为、维护社会秩序的作用，都为国家治理扮演着重要角色，两者相互促进、缺一不可。"一方面，道德是法律的基础，只有那些合乎道德、具有深厚道德基础的法律才能为更多人所自觉遵行。另一方面，法律是道德的保障，可以通过强制性规范人们行为、惩罚违法行为来引领道德风尚。"❺ 法律的强制力可以强化

---

❶ 习近平. 论坚持全面依法治国［M］. 北京：中央文献出版社，2020：247.
❷ 习近平. 论坚持全面依法治国［M］. 北京：中央文献出版社，2020：5.
❸ 习近平. 论坚持全面依法治国［M］. 北京：中央文献出版社，2020：260.
❹ 习近平. 习近平谈治国理政（第二卷）［M］. 北京：外文出版社，2017：133.
❺ 习近平. 习近平谈治国理政（第二卷）［M］. 北京：外文出版社，2017：116–117.

道德作用、确保道德底线，推动全社会道德素质提升；道德教化作用的发挥，又必须以道德滋养法治精神、强化道德对法治文化的支撑作用，否则，再多再好的法律也无法转化为人们内心自觉，最后真正为人们所遵行。因此，习近平强调："我们要坚持把依法治国和以德治国结合起来，高度重视道德对公民行为的规范作用，引导公民既依法维护合法权益，又自觉履行法定义务，做到享有权利和履行义务相一致。"❶ 现代社会离不开法律，但法律也不是万能的，只有"把法治建设和道德建设紧密结合起来，把他律和自律紧密结合起来"❷，才能做到法治和德治相辅相成、相互促进，"违法的事情就会大大减少，遵守法律也就会有更深厚的基础"❸。

要真正实现坚持依法治国和以德治国相结合，首先，"要重视发挥道德的教化作用，提高全社会文明程度，为全面依法治国创造良好人文环境。要在道德体系中体现法治要求，发挥道德对法治的滋养作用，努力使道德体系同社会主义法律规范相衔接、相协调、相促进。要在道德教育中突出法治内涵，注重培育人们的法律信仰、法治观念、规则意识，引导人们自觉履行法定义务、社会责任、家庭责任，营造全社会都讲法治、守法治的文化环境"❹。其次，要"把社会主义核心价值观融入法治建设，完善诚信建设长效机制，加大对公德失范、诚信缺失等行为惩处力度，努力形成良好的社会风尚和社会秩序"❺。通过大力弘扬社会主义核心价值观、中华传统美德，来培育公民的社会公德、职业道德、家庭美德、个人品德，进而提高全民族思想道德水平，为依法治国创造良好人文环境。❻ 再次，"要发挥领导干部在依法治国和以德治国中的关键作用"❼。领导干部既是

---

❶ 习近平. 习近平谈治国理政（第一卷）[M]. 2版. 北京：外文出版社，2018：141.
❷ 习近平. 习近平谈治国理政（第一卷）[M]. 2版. 北京：外文出版社，2018：145-146.
❸ 中共中央文献研究室. 十八大以来重要文献选编（上）[M]. 北京：中央文献出版社，2014：722.
❹ 习近平. 习近平谈治国理政（第二卷）[M]. 北京：外文出版社，2017：134.
❺ 习近平. 论坚持全面依法治国[M]. 北京：中央文献出版社，2020：275-276.
❻ 习近平. 习近平谈治国理政（第二卷）[M]. 北京：外文出版社，2017：116-117.
❼ 习近平. 习近平谈治国理政（第二卷）[M]. 北京：外文出版社，2017：135.

全面依法治国的重要组织者、推动者，又是道德建设的积极倡导者、示范者。因此，领导干部首先要做到带头学法、模范守法，又要做到以德修身、以德立威、以德服众，才能在社会中作表率，带动全社会崇德向善、尊法守法。最后，"要提高全民法治意识和道德自觉"❶。法律要发挥作用，首先全社会要信仰法律；道德要得到遵守，必须提高全体人民道德素质。现实工作中，要通过加强法治宣传教育，引导全社会树立法治意识，同时要加强道德建设，弘扬中华民族传统美德，提升全社会思想道德素质。

二、中国共产党人关于法治素养培育重要论述的育人价值

中国共产党人继承马克思主义经典作家关于法治素养培育的理论和思想，并在中国革命、建设、改革和发展过程中，进一步丰富、发展和创新了法治素养培育的理论，这为新时代大学生法治素养的培育提供了坚实的理论基础和丰富的育人价值。

（一）法治素养培育要为国家发展服务

思想道德素质和法治素养是大学生最基本的素质，是保证其成长成才的必备条件，也是协调自身与他人和社会关系，并实现社会化的重要内容。马克思、恩格斯认为："人的本质是一切社会关系的总和。"❷ 作为社会的一员，个体必然要与社会成员建立各种各样的关系，而要维系好个人与他人、个人与社会的关系，就需要个体具备良好的思想道德素质和法治素养。只有这样才能正确运用道德和法律规范，调节自身行为，才不会破坏人与人、人与社会、人与自然的秩序，整个国家和社会才能得到有序的运行。因此，培育好大学生的法治素养对推动国家的有序发展发挥着重要的作用，法治素养培育必须服务于国家发展需要，这也是中国共产党人一以贯之的理念。新民主主义革命时期，为了适应抗战和革命工作的需要，

---

❶ 习近平. 习近平谈治国理政（第二卷）[M]. 北京：外文出版社，2017：135.
❷ 马克思，恩格斯. 马克思恩格斯文集（第1卷）[M]. 北京：人民出版社，2009：501.

当时的陕北公学把德、智、体全面发展作为人才培养目标；社会主义革命和建设时期，党把培养和教育青年成为共产主义社会全面发展的新人作为重要目标，即既有政治觉悟又有文化的、既能从事脑力劳动又能从事体力劳动的人（简称"又红又专"）❶；改革开放和社会主义现代化建设新时期，党把培育"有理想、有道德、有文化、有纪律"的"四有"新人作为重要目标；中国特色社会主义进入新时代，党将培育"有理想、有本领、有担当"的时代新人作为重要目标。从培育共产主义社会全面发展的新人到"四有"新人再到时代新人的演变，无不与所处的时代发展密切相关，不管人才培养目标如何变化，其出发点和落脚点均服务于国家和社会发展的需要。作为时代新人，他们身上肩负着实现中华民族伟大复兴的重责大任，因此要求这一代人具备良好的思想道德素质和法治素养，方能迎接未来的各种挑战，特别是当前我国正处于百年未有之大变局。面对国内外各种变化，如果没有良好的综合素质，大学生将难以立足，正所谓"打铁必须自身硬"，才能为国家发展书写时代华章。作为高校必须时刻明确"为国育人，为党育才"的根本任务，在大学生法治素养培育过程中，要坚持将习近平法治思想作为大学生法治素养培育的根本指导方针和实践遵循，使习近平法治思想进课堂、进教材、进头脑，不断提升大学生法治素养的培育水平。

（二）法治素养培育要发挥全社会力量

大学生法治素养的培育是一个系统工程，依靠单一的力量难以实现良好的培育效果，必须形成"全员、全过程、全方位"的育人模式，集合全社会之力并相互协作，才能提升大学生法治素养培育效果。中国共产党人关于法治素养培育的重要论述中蕴含了系统育人的思想，除了主张依靠法制宣传教育作为法治素养培育的主渠道，还强调依靠社会的力量来共同培

---

❶ 中央档案馆，中共中央文献研究室. 中共中央文件选集：一九四九年十月～一九六六年五月（第29册）[M]. 北京：人民出版社，2013：33-41.

育青年法治素养，包括发挥领导干部守法、护法、用法的模范带头作用，惩办和打击违法犯罪现象，积极开展社会主义法治文化建设，为青年法治素养培育营造良好的法治氛围等。这些理念充分体现了法治素养培育的系统思维，也为新时代推进"全员、全程、全方位"的法治素养培育模式提供了丰富的育人价值。中宣部和司法部第六个"五年普法规划"中提出："健全学校、家庭、社会'三位一体'的青少年法制教育格局。"❶ 在第七个"五年普法规划"中提出："强化学校、家庭、社会'三位一体'的青少年法治教育格局。"❷ 在第八个"五年普法规划"中则强调："完善政府、司法机关、学校、社会、家庭共同参与的青少年法治教育新格局。"❸ 2016 年，教育部、司法部等部门发布的《青少年法治教育大纲》中进一步指出："青少年法治教育要充分发挥学校主导作用，与家庭、社会密切配合，拓宽教育途径，创新教育方法，实现全员、全程、全方位育人。"❹ 从各部门发布的关于青少年法治教育的要求可以清楚地看出，新时代青少年法治教育的新格局是一种基于教育主体的视角构建全员育人格局。在这种育人格局中，学校是主导，家庭和社会是重要补充，各教育主体相互协同。法治教育是法治素养培育的主要手段，大学生法治素养的提升是法治教育的重要目的。新时代大学生法治素养培育过程中，不仅要发挥学校、家庭、社会等教育主体的协同教育作用，也要加强大、中、小学法治素养培育的衔接与协同，同时还要从法治氛围营造、法治教育资源挖掘、法治实践平台打造等环节发力，真正实现全员、全程、全方位育人格局。

---

❶ 中央宣传部、司法部关于在公民中开展法制宣传教育的第六个五年规划［N］. 人民日报，2011 - 07 - 28（09）.

❷ 中央宣传部、司法部关于在公民中开展法治宣传教育的第七个五年规划（2016—2020 年）［N］. 人民日报，2016 - 04 - 18（01）.

❸ 中央宣传部、司法部关于开展法治宣传教育的第八个五年规划（2021—2025 年）［N］. 人民日报，2021 - 06 - 16（01）.

❹ 教育部，司法部，全国普法办. 关于印发《青少年法治教育大纲》的通知（教政法〔2016〕13 号）［A/OL］.（2016 - 07 - 18）［2021 - 07 - 15］. http：//www.moe.gov.cn/srcsite/A02/s5913/s5933/201607/t20160718_272115.html.

(三) 法治素养培育要与道德教育结合

"法律是成文的道德，道德是内心的法律。"道德与法律两者相互区别、相互联系、相互促进，两者均属于上层建筑层面的内容，共同服务于经济基础，为规范人们的行为、维护社会秩序和推动国家治理体系与治理能力现代化的实现提供重要保障。道德主要依靠人们的内心信念、社会的舆论和传统习俗等来发挥教化作用，法律则依靠规则、规范等强制性的力量来约束和控制人们的行为。道德通过教化的方式提高人们的道德水平，使其自觉遵守规则和法律，进而为法律的运行提供道德滋养；法律通过强制性的力量为道德建设提供制度保障。当前，我国正全面推进依法治国，全面依法治国必须坚持德法并重，即坚持依法治国和以德治国相结合。徒法不足以自行，在全面依法治国进程中，还需要加强社会主义道德建设，以提高个体道德品质，形成良好的社会风尚，从而为法治建设提供强大的内生动力，最终引导全体社会成员自觉学法、守法、用法，推动全面依法治国的实现。❶ 当然，道德和法律要真正发挥作用，最终还是要回归人本身，因为任何秩序都是要由人来维护和遵守的，这就要求人们必须具备良好的道德素质和法治素养，才能使其对道德和法律产生敬畏。可以说，良好的道德素质和法治素养是实现依法治国和以德治国相结合的重要前提。然而，无论道德素质的养成，还是法治素养的形成，都不可能自动产生，都需要通过有效的培育才能生成。正如列宁所强调的一样，"工人本来也不可能有社会民主主义的意识。这种意识只能从外面灌输进去"❷。可见，道德教育和法治教育是帮助人们形成良好思想道德素质和法治素养的必然途径。只有通过将法治素养培育和道德教育相结合，才能帮助个体正确辨别真、善、美，引导其对道德和法治产生真正的内心认同，进而不断匡正和提升法治观和道德观，在现实生活中，学会"有效运用法律维护自身正

---

❶ 王天民，谢图南. 习近平法治思想的理论特质、内在意蕴与实践要求 [J]. 湖南师范大学社会科学学报，2021, 50 (5): 21-28.

❷ 列宁. 列宁选集（第1卷）[M]. 北京: 人民出版社，1995: 317.

当权益、运用道德调整自身行为的能力"❶。

  总而言之，从马克思主义经典作家及中国共产党人关于大学生法治素养培育的思想脉络中可以看出，法治教育是培育大学生法治素养的主抓手，通过法治教育能帮助大学生形成正确的法治认知；法治环境是培育大学生法治素养的重要支撑，浓厚的法治氛围可以促进大学生法治情感、法治意志和法治信念的生成；法治实践和社会参与是增强大学生法治行为能力的重要平台。因此，新时代大学生法治素养培育既需要突出学校教育的主导性，也需要发挥家庭教育的重要补充作用，同时还要借助社会力量和发挥个体的主体性，形成个体、家庭、学校、社会等方面的协同培育模式。

---

❶ 吴俊，庞瑞翰."思想道德"与"法治"教育的有机融合研究［J］.高校马克思主义理论研究，2021（4）：84-94.

第二章

中国共产党培育大学生法治素养的历程及其实践价值

恩格斯说："历史从哪里开始，思想进程也应当从哪里开始。"❶ 大学生法治素养的培育作为高校人才培养的重要内容并非横空出世，而是凝结着历史发展的必然和人类思想进程的脉络。对大学生法治素养的培育是中国共产党从成立之日起就一直坚持的重要举措，通过梳理中国共产党建党百年来对大学生法治素养培育的历史进程，总结相应的历史经验，不仅有利于把握新时代高校人才培养规律，也有利于更好地推进全面依法治国工作。

第一节 中国共产党培育大学生法治素养的历史实践

中国共产党自成立之日起就高度重视大学生法治素养的培育，在党的百年历史进程中，不同的历史时期赋予了大学生法治素养培育的不同时代要求和内涵。建党百年来，关于大学生法治素养培育的历史演进可以划分为四个阶段，分别为：新民主主义革命时期、社会主义革命和建设时期、改革开放和社会主义现代化建设新时期、中国特色社会主义新时代。

一、新民主主义革命时期党关于法治素养培育的主要方法

新民主主义革命时期，党面临的最主要任务是带领人民开展反对帝国主义、封建主义、官僚资本主义运动，争取民族的独立和人民的解放。因此，在革命运动中就十分有必要对人民开展法制宣传教育，其目的是提高人民运用法律同一切敌对势力开展合法斗争的能力。在新民主主义革命时期的不同阶段，中国共产党在其创办的高等教育机构、干部学校等就读或培训的学员中开展了一系列法制宣传教育活动。

---

❶ 马克思，恩格斯. 马克思恩格斯文集（第2卷）[M]. 北京：人民出版社，2009：603.

（一）创办学校开展规范的法律教育

中国共产党成立后，为了广泛宣传马克思主义的理论、培养干部和军事人才等，许多共产党人积极从事革命教育活动。他们积极开办学校，创立了一些具有大学性质的高等教育机构。1921年8月，毛泽东、何叔衡等在长沙创办湖南自修大学，这是中国高等教育史上最早的一所研究、传播马克思列宁主义，培养革命干部的新型高等学校。该校在学科和课程设置上暂设文、法两科，其中，法科设有"法律学、政治学、经济学"，并规定"学友于以上各种学科中至少须选修一种"❶。法律学科正式出现在该校学科体系中，为党培养法律专业人才并在革命过程中为法律教育和宣传活动提供了重要基础。土地革命战争时期，为了服务革命战争与阶级斗争的需要，中国共产党创办了马克思共产主义大学、苏维埃大学和红军大学等，旨在进行干部教育，培养革命所需要的人才。在培养方式上主要采取短训班的形式，内容主要是革命理想教育、军事教育、政治教育、纪律教育、文化教育等。1922年7月，党的二大宣言中提出了"改良教育制度，实行教育普及的革命教育纲领"，并且规定女子在政治、经济、社会、教育方面与男子享有平等权利，这在法律上充分保障了女性的权益。1937年，卢沟桥事变后，日本帝国主义全面侵华，中国共产党发起了全民族抗日战争。为了满足战事的需要，中国共产党在抗日革命根据地创办了抗日军政大学、延安大学等一系列高等教育机构，以培养更多抗日干部和相关人才。1942年2月28日，在中央政治局通过的《中共中央关于在职干部教育的决定》中，对干部教育的培训内容作了具体规定，其中一项就是关于法制教育的培训，"关于与各部门业务密切关联的政策法令指示决定的研究，例如财政工作人员应熟悉财政政策与财政法令，锄奸工作人员应熟

---

❶ 王凤玉. 借鉴与创新：中国近现代高等教育的成长历程 [M]. 哈尔滨：黑龙江人民出版社，2002：122-140.

习锄奸政策与锄奸法令，其余类推"❶。抗日战争胜利后，各解放区开始办大规模的干部学校，如华北解放区有华北联大等，东北解放区设立了东北大学、东北军政大学等。在这些大学中，有的设立法律方面的专业，以培养革命所需要的政法干部。以延安大学为例，该校司法系除了开设全校共同课：边区建设概论、中国革命史、革命人生观、时事教育等，在业务课上还开设边区法令、判例研究、司法业务、民间调解、法学概论、现行法律研究等。在教材使用上，延安大学坚持马列主义的立场、观点，比如司法系使用的教材有何思敬编写的《经济学批判讲授提纲》《比较宪法》《国家的起源和阶级斗争讲授提纲》等，另外还有自编的《马恩列斯法律语录》《司法业务研究讲义》《边区法令提纲》《监狱材料》《判例研究提纲》等教材。❷ 虽然，类似于延安大学之类的解放区大学主要开展的是干部教育性质的教育，但这些大学的成立却为新中国成立后的高等教育积累了宝贵经验。

（二）采用多种形式进行革命法制宣传

新民主主义革命时期的最大任务是充分发动和组织群众参与斗争，通过宣传党的政治主张和革命法制，激发人民群众投身革命的热情，从而打倒封建军阀和帝国主义。为了提高法制宣传教育的效果，中国共产党采取了一系列有效的教育和宣传方式，使革命法制深入人心，为新民主主义革命的胜利发挥了重要作用。一是以出版法律类书籍、大众通俗读物和办报办刊形式，开展法制宣传。比如，中华苏维埃共和国中央政府成立后，废除了国民党政府实施的半封建半殖民地旧法律法规，制定了许多新法律新法规，为了普及这些新的法律知识，苏维埃政府通过创办法制报刊、开辟法律专栏，组织人民群众学习新的法律知识，如在《红色中华》上发布法律、法规、批示及法律问答，帮助广大干部和人民群众尽快学习和掌握新

---

❶ 中央档案馆. 中共中央文件选集（第 13 册）（1941—1942）[M]. 北京：中共中央党校出版社，1991：349.

❷ 董节英. 1949—1957 年的中国法学教育 [M]. 长春：吉林人民出版社，2008：59-62.

制定的法律法规,且《红色中华》具有发行量大、传播快的特点,把这些司法文件登载在《红色中华》上进行法制宣传教育工作,可以取得较大影响力。另外,创办专门的法制刊物,进行法制宣传。1930 年,福建闽西肃反委员会创办了《法庭日刊》,是闽西政府裁判部的机关报,也是中央苏区最早的法制报刊之一。该刊主要刊登裁判部判决书、训令、司法裁判动态等,它的创办发行,为中央苏区各种法制报刊的创办起了促进推动的作用。❶ 同时印发《劳动法、土地法》《中华苏维埃共和国选举细则》《中国工农红军优待条例》《中华苏维埃共和国婚姻条例》《中华苏维埃共和国的经济政策》等法律单行本或小册子,宣传苏维埃政府的各项法律。❷ 二是采用符合人民群众接受规律的方式开展法制宣传教育,如在农村地区,通过制作宣传标语和口号,发动农民打土豪分田地,建立农民武装,成立农会等;开展巡回法庭,将法庭搬到出事地点或群众聚集的地方审判案件,使广大群众来参加旁听审判,借某种案件以教育群众,在群众面前揭破反革命的各种阴谋。三是为人民群众提供参与法治实践和政权管理的平台和机会,使其在参与中提高用法的能力。比如,抗日战争时期,中国共产党深入敌后,在革命根据地成立了抗日民主政权,广大人民成了边区主人。为了鼓励人民积极参政议政和参与边区法制建设,在陕甘宁边区,颁布了《陕甘宁边区选举条例》以保障人民群众参与政权管理的权利,同时规定立法权属于人民群众及其代表,只要一人提案,有 10~20 人联署,即可成为正式提案,如有分歧则协商解决;人民群众也享有对不利于人民利益法律草案的否决权。❸ 在这种制度下,人民群众依法参与政权管理的热情得到了极大提升,第二届参议会第一次全体会议共收到提案 400 余件,经过正式整理通过 112 件,其中包括军事问题 13 件、政治问题 35 件、财政问

---

❶ 曾维东,曾维才. 中华苏维埃共和国审判史 [M]. 北京:人民法院出版社,2004:245 – 248.

❷ 彭光华,杨木生,宁群. 中央苏区法制建设 [M]. 北京:中央文献出版社,2009:200 – 217.

❸ 郑辉. 延安时期中国共产党法律文化建设研究 [M]. 北京:人民出版社,2018:97.

题 13 件、文教问题 35 件、经济建设问题 6 件、特种问题 10 件。❶

二、社会主义革命和建设时期党对大学生法治素养培育的主要方法

新中国的成立标志着中国共产党成为执政党，这时国家各项事业百废待兴，在法治建设方面亟须废除国民党旧法统，建立新法制，以服务新中国国家政权建设和适应社会主义事业发展的需要。1949 年 9 月 29 日，中国人民政治协商会议制定了《中国人民政治协商会议共同纲领》（以下简称《纲领》），这是一部具有临时宪法性质的纲领，为新中国民主法治建设奠定了坚实的政治基础。此后，又制定了一系列法律、法令，包括婚姻法、土地法、工会法等。1954 年，《中华人民共和国宪法》正式诞生，这是新中国的第一部宪法，也称"五四宪法"。这一时期，在党的领导下，社会主义法制框架体系逐步建立起来，为巩固社会主义革命成果和国家治理提供了有力保障。"人民的法律"深入人心并得到人民的遵守，就需要"加强对于全体国家工作人员和全体国民的守法教育"❷，自此，全国开展了一系列法制宣传教育，以培育人民的"守法思想"。大学生群体自然也是法制宣传教育的对象，但这一阶段国家并未公布非常明确的法律文件来专门规范针对大学生的法制宣传教育内容，而是将相关内容融入公共政治课程中，并通过开展一系列的宣传运动等方式，来培育大学生的法治素养。

（一）在政治课中融入法制教育内容

新中国成立后，新的教育体制和内容也亟待构建，以代替旧的教育。《纲领》中明确指出，这种新教育就是新民主主义的，即民族的、科学的、

---

❶ 郭建明. 抗战时期陕甘宁边区民主政治建设述论——群众路线的分析视角 [J]. 理论导刊，2016（1）：25–28.

❷ 董必武. 董必武政治法律文集 [M]. 北京：法律出版社，1986：309.

大众的文化教育。开展新教育的目的就是培养国家建设人才，肃清封建的、买办的、法西斯主义的思想，发展为人民服务的思想。❶ 为了加强大学生的政治思想教育以及贯彻土改教育，各高校根据实际开设社会发展史、新民主主义论、政治经济学三门政治课，这些课程均要适当地围绕土改进行教育，着重批判反对土改的思想，要求跟学生讲清楚为什么要土改，即废除封建的土地所有制是中国革命的基本问题；与此同时，还要开展土地法的学习。1952年，教育部发布《关于全国高等学校马克思列宁主义、毛泽东思想课程的指示》，要求不同性质院校开设"新民主主义论"、"政治经济学"及"辩证唯物论与历史唯物论"，其中，在"辩证唯物论与历史唯物论"课程中，散在地包含了法制教育的有关内容。比如：在中国人民大学1954年出版的《辩证唯物论与历史唯物论讲课计划、课堂讨论计划、课堂讨论问题与参考书目》中，马克思列宁主义关于国家与法权的理论被列入历史唯物主义讲课计划第八项之中。❷ 国家与法权理论涉及马克思关于法本质的观点，这也是法制教育的重要理论内容❸，在一定程度上加强了青年大学生对法律的基本认识。1953年，"新民主主义论"改为"中国革命史"；1958年，"马列主义基础"、"中国革命史"、"政治经济学"和"辩证唯物主义与历史唯物主义"四门政治课从1957年暑假起停开一年或两年，改开一门"社会主义教育"课程。❹ 1961年，"马克思列宁主义基础理论""形势和任务"成为高校的共同政治理论课。高校政治理论课除了开展学生的政治思想教育，也在思想和理论上引导学生开展阶级斗争，反对主要危险——现代修正主义和现代教条主义。因此，政治理论课在教学方法上破除了注入式，采用启发式，并与劳动生产、群众斗争及社会活动参与相结合，使学生在参与中提高对法律的认识。

---

❶ 中央人民政府高等教育部办公厅. 高等教育文献法令汇编（1949—1952）[Z]. 1958：5.
❷ 中国人民大学辩证唯物论与历史唯物论教研室. 辩证唯物论与历史唯物论讲课计划、课堂讨论计划、课堂讨论问题与参考书目 [M]. 北京：中国人民大学出版社，1954：2.
❸ 马钰. 新中国70年高校法治教育的回顾和展望 [J]. 当代教育科学，2020（3）：92-96.
❹ 教育部社会科学司. 普通高校思想政治理论课文献选编（1949—2008）[M]. 北京：中国人民大学出版社，2008：33.

（二）在政治运动中提升青年用法能力

新中国刚成立时，党和国家组织领导人民开展了一系列的政治运动，包括剿匪与肃清特务活动，土地改革运动，镇压反革命运动，反贪污、反浪费、反官僚主义（"三反"）运动，等等，这些政治活动的开展，有力地保障了新生政权和社会秩序的运行。与这些政治运动相伴随的是一场场轰轰烈烈的法制宣传教育运动，如土地改革法宣传运动、婚姻法宣传运动、宪法宣传运动等。❶ 这些政治运动的开展，既对青年学生进行了有效的法制宣传教育，也帮助其在参与运动中提升了用法的能力。比如：为了进一步普及镇压反革命的宣传，许多地方成立了镇压反革命宣传委员会，有效地组织宣传。宣传过程充分讲清楚为什么逮捕那些人，以便具体向群众阐明政策，使群众不断受到教育。❷ 同时，大力组织群众学习《惩治反革命条例》和防奸常识。在宣传方式上，通过开展反革命罪行展览会，充分搜集反革命的证据，如武器、文件、供状、图片、布告等，有计划地到各地巡回展览；利用各种艺术形式作宣传，组建剧团、宣传队、电影队等，编演镇压反革命的政策性较强的节目，或者创作短小、精悍、通俗的歌曲，大量印发各地并教唱。此外，还利用报纸、刊物等媒介，帮助群众认识镇压反革命的重要性。在"三反"运动中，高等学校的学生均应参加"三反"运动的学习，检举揭发贪污浪费的行为。再如，在婚姻法的宣传运动中，除了运用丰富材料和典型事例，编写戏剧、电影、广播词、唱词及其他宣传品进行广泛宣传，各级学校还将婚姻法列为课程之一，❸ 从而使该法的宣传教育工作普遍化、经常化。这种通过运用法律法规手段作为落实改造举措的有效形式不失为对大学生进行的一种生动的、鲜活的法制教

---

❶ 吴欢. 百年党史视野中的法治宣传教育［J］. 中央社会主义学院学报，2021（5）：205－216.

❷ 中央档案馆，中共中央文献研究室. 中共中央文件选集：一九四九年十月～一九六六年五月（第6册）［M］. 北京：人民出版社，2013：106－109.

❸ 中央档案馆，中共中央文献研究室. 中共中央文件选集：一九四九年十月～一九六六年五月（第12册）［M］. 北京：人民出版社，2013：86－87.

育，让广大学生感受到法律的严肃性和权威性。❶

（三）把法制教育与道德教育相结合

这一阶段，随着社会主义建设和社会主义改造事业的发展，各种阶级斗争和矛盾日趋凸显。国内外敌对势力千方百计地破坏我们的建设事业，并采用资产阶级的腐朽思想和生活方式来影响和争夺青年，再加上对这种危害性的认识和警惕不够以及放松了对青年学生的政治思想工作，导致学生对资产阶级腐朽思想难以抵抗，由此，社会上出现了纪律松弛、道德败坏等不良现象，特别是在大中城市，偷盗、拐骗、贪污、赌博、腐化堕落以及严重的破坏公共秩序等事件时有发生。据上海市统计，1953 年青少年犯偷盗罪的有 1216 人，而 1954 年仅上半年就达 986 人；据天津市统计，该市第三区流氓分子 200 多人，而青年就占三分之二；在北京市，1954 年 4 至 6 月逮捕的 612 名有严重罪行的流氓中，青年占 380 多人。❷ 在一些高校，学生违反学校纪律，不遵守课堂秩序，不尊敬教师，不爱护公共财物的现象也时有发生。更为严重的是少数学生在资产阶级腐化堕落的思想侵蚀和影响之下沾染了偷窃、赌博、诈骗、侮辱妇女以及其他流氓恶习，走上了违法犯罪的道路。从哈尔滨工大、四川大学、北京大学等 10 所学校不完整的校刊材料上了解，1956 年各校在整顿学习纪律和抵制资产阶级思想侵蚀的学习过程中，前后共处理 75 人，其中因盗窃腐化行为受处分者共 33 人（送法院法办 13 人，开除学籍 6 人，受其他处分 14 人），因严重违反学校纪律而受处分者共 42 人（开除 13 人，受其他处分 29 人）。❸ 由此可见，当时大学生违法犯罪的现象并不鲜见，迫切需要加强大学生的法制教育和共产主义道德教育。对此，党和国家采取了一系列有针对性的措施来加强青年学生的法制教育和道德教育。

---

❶ 宋婷. 回溯与反思：新中国成立以来高校法制教育历程研究［M］. 天津：南开大学出版社，2014：72.

❷ 中央档案馆，中共中央文献研究室. 中共中央文件选集：一九四九年十月～一九六六年五月（第16册）［M］. 北京：人民出版社，2013：353 – 358.

❸ 中央人民政府高等教育部办公厅. 高等教育文献法令汇编（第三辑）［Z］. 1956：13 – 20.

一是对违法犯罪现象给予严厉打击，特别是对那些勾引指使青少年犯罪的流氓头子和某些不法资本家予以严厉打击。在打击过程中，对于某些典型的有教育意义的流氓罪行案件进行公审，以获得广泛宣传教育的效果；对极少数犯有罪行并屡教不改的青年给予严格的管教；同时，对那些毒害青年的黄色书刊和娱乐场所，积极加以取缔和改造，并建立一些小型的图书馆和发展流动图书箱，满足青年阅读需要，丰富其精神世界。

二是积极加强对青年学生的共产主义道德品质教育，从正面教育青年学生遵守法纪，尊重社会公德，明确树立新的道德标准，帮助学生认识什么事是应该做的，什么事是不应该做的。比如，倡导学生关心集体利益和群众利益、爱护公共财产的道德风气，反对贪污偷盗、不劳而获、投机倒把等不法行为；要继承党和人民的革命传统，发扬艰苦奋斗的优良作风，培养勤劳俭朴的生活习惯，鄙弃好逸恶劳、腐化堕落的行为等，进而提高其政治觉悟和思想水平以及对资产阶级思想侵蚀的抵抗能力。

三是在教育方法上，采用正面引导和民主的、富有感染力的说理方法为主，并将这种道德教育同城市治安管理、整顿社会秩序相结合，同时，又和解决学生的生活问题、工作问题等结合起来，以此收到良好的教育效果。道德教育的成效离不开利益的驱动，马克思曾经指出："'思想'一旦离开'利益'，就一定会使自己出丑。"❶ 人类一切道德都受制于社会的经济关系，并作为利益表现出来，"确切地适应着社会的实际需要。在这种意义之下，可以也应当说，利益是道德的基础"❷。因此，"既然正确理解的利益是整个道德的基础，那就必须使个别人的私人利益符合于全人类的利益"❸。可见，这种作为道德基础的利益，并非仅指一般意义上的个人利益，而是公共利益，这正是共产主义道德教育的旨归所在。

---

❶ 马克思，恩格斯. 马克思恩格斯全集（第2卷）[M]. 北京：人民出版社，1957：103.
❷ [苏] 普列汉诺夫 Г. В.. 普列汉诺夫哲学著作选集（第2卷）[M]. 北京：生活·读书·新知三联书店，1961：48.
❸ 马克思，恩格斯. 马克思恩格斯全集（第2卷）[M]. 北京：人民出版社，1957：167.

三、改革开放和社会主义现代化建设新时期党对大学生法治素养培育的主要方法

1966—1976 年,国家陷入"文革"十年动荡期,这一时期,社会主义法制遭到严重破坏,高等教育也陷入了停滞状态,针对大学生的法制教育也就此中断。党的十一届三中全会后,党和国家深刻总结了"文革"的教训,彻底结束了以"阶级斗争为纲"的路线,各项工作开始拨乱反正和逐渐恢复。在党的十一届三中全会上,邓小平同志强调:"必须加强社会主义法制,使民主制度化、法律化,使这种制度和法律具有稳定性、连续性和极大的权威,做到有法可依,有法必依,执法必严,违法必究。"❶ 自此,社会主义法治建设逐渐开始恢复,1982 年 12 月 4 日,第五届全国人民代表大会第五次会议表决通过了《中华人民共和国宪法》(简称"八二宪法"),这是一部符合中国国情和社会主义现代化建设需要的宪法,为改革开放和社会主义现代化建设事业提供了坚实的法治保障。此后,陆续颁布了多部法律,并逐渐形成中国特色社会主义法律体系,实现了从"无法可依"到"有法可依"的历史性跨越。❷ 为了使这些法律真正被人们接受,需要开展普法宣传工作,以对人们进行有效的法制教育。在此背景下,青年大学生的法制教育也开始得到重建并形成体系,实现了从法律常识教育、法律意识提升到法律素质培育的转变。在法律素质培育模式上,逐渐形成"知识传授、观念引导、能力培养'三位一体'"❸ 的新模式。

(一)推行制度化和规范化的普法工作

1985 年 6 月中共中央宣传部、司法部制定了《关于向全体公民基本普

---

❶ 中共中央文献研究室. 三中全会以来重要文献选编(上)[M]. 北京:中央文献出版社,2011:9.

❷ 陈一新. 深学笃行习近平法治思想 更好推进中国特色社会主义法治体系建设[J]. 求是,2022(4):30-36.

❸ 陈大文,刘一睿. 从普及法律常识到提升法律素质的教育——改革开放 30 年高校法制教育发展回眸[J]. 思想理论教育导刊,2009(4):65-71.

及法律常识的五年规划》，首次以"规划"形式对普法的对象、内容、要求、方法、步骤和组织保障作了清晰的部署。❶ 同年 11 月召开的六届全国人大常委会第十三次会议通过了《关于在公民中基本普及法律常识的决议》，决定从 1986 年起开启为期五年的普法活动。1991 年又开启了第二个五年普法工作，并推动了我国法制宣传教育的制度化、规范化。❷ 一方面是以制度形式将普法工作确定下来，即每五年一个普法周期；另一方面是针对普法的对象、内容、要求、方法、步骤和组织保障等各方面作了清晰的规定，并形成有效的普法教育理论和实践体系。这一时期共完成五次"五年普法规划"，并启动了第六次五年普法工作。从第一次到第六次"五年普法规划"，普法的对象均为一切有接受教育能力的公民，其中青少年一直是重点普法对象。可见，党和国家高度重视对青少年的法制教育。透过普法目标的演变，可以将这一时期的普法工作划分为三个时期：法律常识普及期（1986—1995 年）、法律意识提升期（1996—2000 年）、法律素质培育期（2001—2012 年）。

法律常识普及期（1986—1995 年）主要是普法规划的"一五"和"二五"阶段。这一阶段主要针对社会主义法制刚刚重建和恢复，国家颁布了许多新的法律、法规，为了让全体公民知晓法律，就需要对其进行法律常识的普及。因此，法律常识的普及也成为前两个"五年普法规划"的重心和目标。这一阶段的普法内容主要包括"十法一条例"❸ 和行政诉讼法、义务教育法、集会游行示威法、国旗法及普法主管机关确定需学习的新颁布的法律、法规，要解决的中心问题就是通过普及法律常识，重新塑造法律秩序，促进各项事业的依法管理。对于高校而言，要有效开展大学生法制教育，就必须设置有关法制教育的课程，通过系统化的教育，传授

---

❶ 中共中央、国务院转发《关于向全体公民基本普及法律常识的五年规划》的通知 [J]. 中华人民共和国国务院公报, 1985（36）: 1171–1176.

❷ 饶世权. 中国共产党百年法制（治）宣传教育历程及其经验与启示 [J]. 思想理论教育导刊, 2021（9）: 83–89.

❸ "十法一条例"主要指：宪法、民族区域自治法、刑法、刑事诉讼法、民事诉讼法（试行）、婚姻法、继承法、经济合同法、兵役法、民法通则、社会治安管理处罚条例。

给学生相关的法学基础理论和同本专业有关的法律知识，同时教育和引导学生积极同违法犯罪行为作斗争，通过不断教育和实践来增强学生的法制观念。

法律意识提升期（1996—2000 年）主要是普法规划的"三五"阶段，通过前面两个"五年普法规划"工作的开展，人们对法律常识已经有所了解和掌握，也取得了较好的法制教育效果。据统计，"一五"普法规划时期，全国大约有7.5亿人接受了普法宣传，多数大、中、小学不同程度地开设了法制课，大约有1.5亿在校学生接受了法制教育；"二五"普法规划时期，全国大约有7亿人参与了普法学习。❶ 可见，通过为期10年的法律常识普及，大多数公民获得了一定程度的法律知识，为其法律意识的生成提供了重要基础。但是法律意识并不等于法律知识，法律意识的核心在于将法律的公平、正义原则和精神转化为信仰，从而指导个体的法律行为。正如亚里士多德所强调的一样，"邦国虽有良法，要是人民不能全部遵循，仍然不能法治"❷。因此，这一阶段的普法目标就在于通过普法宣传，增强公民的法律意识和法制观念。在普法内容安排上，除了要继续深化宪法等法律、法规的普及外，还要宣传社会主义市场经济法律知识，这主要是跟党和国家作出建立社会主义市场经济体制的决定有关。这一时期对大学生的法制教育进一步规范，不仅要求高校把法制教育列为学生的必修课，而且对教学大纲、教材建设、师资要求和课时保障等均作了严格规定，同时，社会参与青少年的普法宣传和教育工作也得到了进一步加强。

法律素质培育期（2001—2012 年）主要为"四五"、"五五"和"六五"普法规划阶段。这一阶段的普法目标已经由提高全民法律意识向提高全民法律素质转变。所谓法律素质是指掌握和运用法律的素养和能力。❸ 显然，法律素质强调的是运用法律的能力，而要形成这种能力，首先必须

---

❶ 喻毅，赵英华. 法制宣传学 [M]. 北京：中国民主法制出版社，1996：126.
❷ [古希腊] 亚里士多德. 政治学 [M]. 北京：商务印书馆，1965：99.
❸ 《思想道德修养与法律基础》编写组. 思想道德修养与法律基础：2015 年修订版 [M]. 北京：高等教育出版社，2015：8.

掌握必备的法律知识，然后将法律知识内化于心，形成正确的法律意识或法律观念，在这种意识的指导下，个体在现实生活中践行法律行为，从而培养用法、护法的能力。由此可见，法律知识、法律意识和用法能力构成了法律素质的基本要素。通过"一五"和"二五"普法，人们掌握了必备的法律知识，"三五"普法强化了人们的法律意识和法律观念，在此基础上，通过"四五"、"五五"和"六五"普法帮助人们形成良好的法律素质，这是一个逻辑递进的过程，也符合法律素质生成的规律。因而，这一阶段的普法内容除了进一步普及相关的法律法规之外，还特别强调将法制宣传教育与法治实践相结合，因为只有通过实践，才能锤炼用法的能力。马克思主义实践观认为，人的五官感觉的形成和发展，人的智力和思维能力的进步以及人本身从片面到全面的发展，其根源都深植于人类改造客观世界的实践活动之中。法律素质的形成同样要根植于各种法治实践活动之中。因此，针对大学生群体，这一阶段特别注重对其法律素质的培育，强调利用各种教育阵地、教育资源和平台以及各种途径和形式，培养大学生遵纪守法的行为习惯。

（二）发挥思政课在法制教育中的主渠道作用

为了适应这一时期的普法工作，高校法制教育被正式纳入思政课程教学内容或教学体系中，并把培养有理想、有道德、有文化、有纪律的"四有新人"作为高校人才培养的目标。1986年，普法工作启动后，国家教委要求高校设置有关法制教育的课程，并于当年9月1日发布了《关于在高等学校开设"法律基础课"的通知》，目的是帮助学生掌握法律基础知识，了解社会主义法的本质和作用；同时，要求结合公共政治理论课"中国社会主义建设"讲授"社会主义民主与法制"，并开设法律基础知识专题讲座以及开设专门法的选修课等，❶拓宽大学生学习法律基础知识的途径。

---

❶ 教育部社会科学司. 普通高校思想政治理论课文献选编（1949—2008）[M]. 北京：中国人民大学出版社，2008：113-114.

1987年，国家教委印发《关于高等学校思想教育课程建设的意见》对思政课程设置作出明确规定，将"形势与政策""法律基础"两门课程作为高校必修课，"大学生思想修养""人生哲理""职业道德"这三门课程可因校制宜有选择地开设。其中，"法律基础"课程为30学时，该课程的教学目的在于帮助学生掌握马克思主义法学的基本观点、宪法和有关专门法的基本精神，从而增强法制观念。❶ 1995年，国家教委对思政课再次作出改革，并在高校开展马克思主义理论课和思想品德课（简称"两课"）。其中，针对本科生的马克思主义理论课有马克思主义基本原理课程、中国特色社会主义建设课程、中国革命历史课程；思想品德教育有思想道德修养课程、法律基础课程和形势与政策教育课程；另外，文科类专业增开一门世界政治经济与国际关系课程。❷ 自此，"法律基础"仍然作为一门独立的思政课，但在教学内容上更新了具体法律规范知识的内容。随着我国市场经济的发展以及加入WTO组织后，国家对人才的综合素质要求越来越高，特别是对大学生的法律素质提出了新的要求。2004年中央16号文件《中共中央、国务院关于进一步加强和改进大学生思想政治教育的意见》提出要"以大学生全面发展为目标，深入进行素质教育。加强民主法制教育，增强遵纪守法观念"❸。为了贯彻中央的文件精神，针对大学生法治素质培育的思政课于2005年再次作出调整。在《中共中央宣传部、教育部关于进一步加强和改进高等学校思想政治理论课的意见》（下文又简称"05方案"）中，原来的"思想道德修养"与"法律基础"两门课程合并为"思想道德修养与法律基础"一门课程，并从2006级学生开始普遍开设。这一方案将社会主义道德教育与法制教育统一起来，旨在帮助培育学生良好的思想道德素质和法律素质。因此，这一方案的调整，实现了法制教育内

---

❶ 教育部社会科学司. 普通高校思想政治理论课文献选编（1949—2008）[M]. 北京：中国人民大学出版社，2008：133.

❷ 教育部思想政治工作司组. 加强和改进大学生思想政治教育重要文献选编1978－2014 [M]. 北京：知识产权出版社，2015：151－152.

❸ 中共中央文献研究室. 十六大以来重要文献选编（中）[M]. 北京：中央文献出版社，2006：181.

容从法律规范的约束性意识提高到法治的自主和自觉性素质;从片面约束的义务性法律规范扩展到保障与约束平衡的权利性法律规范,❶ 进而帮助学生提升主人翁意识和维权意识。自"05方案"出台后,"思想道德修养与法律基础"课程一直以独立的课程存在,从2007年7月至2013年7月,共进行了5次修订,课程针对大学生思想道德素质和法律素质培育的主渠道作用愈发增强。

(三)采用多元化的方式培育大学生的法律素质

随着社会经济体制改革和时代发展的变迁,大学生法律素质的培育内容也在不断发生变化和更新,并且在培育方式上不断变化和丰富。这一时期,针对普法宣传和教育的不同要求,对大学生法律素质的培育在不同阶段也呈现出不同的方式。

一是采用规范化和体系化的教育方式,使法律知识得到有效传授。特别是在普法工作的初期,为了对大学生普及法律常识,高校开设了相应的"法律基础"等思政课,使法制教育正式进入高校课堂,学生可以获得比较系统的法律知识教育。

二是结合课外宣传和法治实践活动的方式,提高法制宣传的效果,进而提升大学生的法律意识和法律素质。比如:通过利用报纸、刊物、广播、电视节目等大众传媒,开设相关的法制节目或法制专栏,制作法制电影、电视剧等文艺作品,使法制宣传走进大学生的生活世界;通过举办法律常识竞赛、演讲比赛、读书报告等实践活动,使大学生可以在参与中提高对法律的认识,进而巩固法律知识;对于法律专业或法律院校的学生,则通过组建法律咨询或法律援助队伍、法制宣讲团等,开展法制宣传志愿服务活动,从而提高用法、护法的能力。

三是把法制教育和法治实践相结合。这里的法治实践主要是指宏观层

---

❶ 杨忠明,刘颖. 改革开放以来大学生法治素养培育的发展回顾与展望 [J]. 思想教育研究,2018(11):24-28.

面的法律运行环节，包括执法、司法、守法等环节，这也是法律的生命之所在。如果执法者在执法过程中能严格执法，司法机关工作人员能公正司法，全社会成员能共同守法，这本身就是对大学生开展法制教育的过程。比如：一名法官在审理社会关注的重大案件时刚正不阿、公正司法，对大学生的心灵必然会带来极大冲击，进而使其树立对法律权威的信心和积极情感，这对培育其法律素质会产生良好的社会效果。

四是形成多部门协同培育的方式。法制教育目标由法律知识普及转向法律素质培育的转变，一方面促进了高校法制教育形成多部门协作模式，构建了由教师、学工部门、保卫部门等共同合作的教育管理格局；另一方面促进了高校与社会、家庭的密切联系，打破了高校"独唱"的法制教育局面，建立了学校、家庭、社会"三位一体"的法制教育网络，并且家庭、社会在大学生法律素质培育中扮演的角色越来越重要。因为家庭是孩子的第一个教育场所，父母在孩子成长过程中的教育作用本身就不言而喻，而社会在法制教育资源提供和法治氛围营造方面的作用同样不可忽视。大学生法律素质的培育需要充分利用和整合各种法制教育阵地和法制教育资源，这样才能为大学生法律素质的培育提供更多途径和平台。此外，大学生法律素质的培育还需要有良好的社会环境，因此，这一时期相关部门结合学校校园及周边环境，不断开展校园内外的综合治理和安全防范工作，通过打击犯罪等方式，为大学生法律素质的培育创造良好的社会氛围。

四、中国特色社会主义新时代党对大学生法治素养培育的主要方法

党的十八大以来，以习近平同志为核心的党中央基于实现中华民族伟大复兴中国梦的战略高度，提出了"四个全面"战略布局，其中，全面依法治国是"四个全面"战略布局中的重要一环。2014年，党的十八届四中全会提出全面推进依法治国的总目标是建设中国特色社会主义法治体系，

建设社会主义法治国家。❶ 这标志着中国特色社会主义法律体系实现了向中国特色社会主义法治体系的历史性转变，法治建设进入了全面推进依法治国的新时期。同时，党的十八届四中全会提出要"坚持把全民普法和守法作为依法治国的长期基础性工作，深入开展法治宣传教育"❷。2016年，第七个"五年普法规划"对公民法治宣传教育工作进行了全面部署，这也意味着原来的"法制教育"正式向"法治教育"转变。2017年，习近平在党的十九大报告中庄严宣告："经过长期努力中国特色社会主义进入了新时代，这是我国发展新的历史方位。"并且强调要"提高全民族法治素养和道德素质"。❸ 2021年，中央宣传部、司法部启动的第八个"五年普法规划"对提升公民法治素养提出了具体目标，这也标志着我国法治教育的目标由培育公民的"法律素质"迈向培育公民的"法治素养"。大学生是国家的未来和希望，也是国家法治教育的重要对象。党和国家对青年大学生也寄予了殷切期望，把培养堪当民族复兴大任的时代新人作为这一时期的重要目标。作为时代新人，不仅要有坚定的理想信念和强烈的担当精神，也要有过硬的本领才干，包括良好的思想道德素质和法治素养。因此，这一时期，党和国家对大学生法治素养培育给予了高度重视，采取了一系列措施来培育大学生法治素养。

（一）把法治教育纳入国民教育体系

党的十八届四中全会《中共中央关于全面推进依法治国若干重大问题的决定》指出："把法治教育纳入国民教育体系。"所谓国民教育体系指主权国家以制度或法律的形式，为本国所有享有公民权利的个体提供的一种

---

❶ 中共中央关于全面推进依法治国若干重大问题的决定［N］. 光明日报，2014-10-29 (01).
❷ 中共中央关于全面推进依法治国若干重大问题的决定［N］. 光明日报，2014-10-29 (01).
❸ 习近平. 决胜全面建成小康社会 夺取新时代中国特色社会主义伟大胜利——在中国共产党第十九次代表大会上的报告［M］. 北京：人民出版社，2017：10, 22-23.

不同层次、不同形态、不同类型的教育服务系统。❶ 在终身教育的时代，现代国民教育体系的内涵得到进一步拓展，已逐渐成为连接家庭、学校和社会，纵贯人的幼儿期、青少年期、成人期和老年期的一种统合而协调的体系。它的范围不仅涵盖面向全体国民的学校公共教育，而且涉及学校外的社会教育等其他教育形态。它面向的对象是全体公民，而不是某一年龄段的儿童或青少年。现代国民教育体系的构成要素以具体的教育形态为主，如学校教育和学校外教育，或正规教育、非正规教育和非正式教育等。因此，在第八个"五年普法规划"中不再提普法对象及其重点对象，这正与国民教育体系的内涵保持一致。对于学校教育而言，就是要从青少年开始开展法治教育，根据不同学段的特征和成长规律，给予不同的教育内容和教育方式。对此，2016年围绕青少年的身心特点和成长需求，提出了分学段的教学内容和要求。教育部、司法部专门发布了《青少年法治教育大纲》，构建社会主义法治国家是党和国家新时期的重要使命，全面依法治国，是国家治理现代化的必然要求。除了要求做到科学立法、严格执法、公正司法、全民守法，很重要的一个工作方向，就是如何有效地把法治教育纳入国民教育体系，让法治教育走进课堂，让广大青少年和大专院校的学生在接受系统科学知识的同时，接受一定数量的法治知识，从而使我们的教育在培养新一代法治社会所需人才上作出应有的努力和贡献。

（二）把思想政治教育与法治教育相结合

一是继续发挥思政课的主渠道作用。第八个"五年普法规划"明确要求"把习近平法治思想融入学校教育，纳入高校法治理论教学体系，做好进教材、进课堂、进头脑工作"❷。2021年，中宣部、教育部组织修订的思政课教材，结合各门课程的特点，增加了习近平法治思想的有关内容。

---

❶ 吴遵民. 终身教育研究手册［M］. 上海：上海教育出版社，2019：14.
❷ 中央宣传部、司法部关于开展法治宣传教育的第八个五年规划（2021—2025）［N］. 人民日报，2021 – 06 – 16（01）.

其中，原"思想道德修养与法律基础"课程更名为"思想道德与法治"，并对相关内容进行了修订，增加了习近平法治思想的具体内容、理论意义和实践意义等。同时，结合习近平"七一"重要讲话、《坚定不移走中国特色社会主义法治道路 为全面建设社会主义现代化国家提供有力法治保障》、《论坚持全面依法治国》等重要文章和论著，系统开展习近平法治思想学习和研究。二是把理想信念教育与法治教育相结合。理想信念教育的重点是社会主义核心价值观教育，《关于培育和践行社会主义核心价值观的意见》明确将"法治"作为社会层面价值取向之一，这也就意味着法治教育应当成为大学生理想信念教育的重要内容。在全面推进依法治国的背景下，高校法治教育的目标也应从最初的普及法律知识转变为提升法律素养、培育法律思维。这就对大学生法治观教育，不管是在内容上还是在方式上都提出了更高的要求，更具目标性、系统性、专业性，必须转变教育理念，将社会主义法治理念切实地融入理想信念教育中来。❶ 对此，党和国家采取了一系列举措，引导广大青少年积极弘扬和践行社会主义核心价值观。三是把道德教育与法治教育相结合。新时代法治宣传教育坚持依法治国和以德治国相结合，大力弘扬社会主义核心价值观，弘扬中华传统美德，培育社会公德、职业道德、家庭美德、个人品德，既重视发挥法律的规范作用，又重视发挥道德的教化作用，以法治体现道德理念、强化法律对道德建设的促进作用，以道德滋养法治精神、强化道德对法治文化的支撑作用，实现法律和道德相辅相成、法治和德治相得益彰。❷

（三）创新法治素养培育形式

党的十八大以来，以习近平同志为核心的党中央，坚持把全民普法作为全面依法治国的长期基础性工作，深入开展法治宣传教育，创新法治宣

---

❶ 张莉. 理想信念教育视域下大学生法治观培育 [J]. 思想理论教育导刊，2016（4）：124-126.

❷ 中共中央关于全面推进依法治国若干重大问题的决定 [N]. 光明日报，2014-10-29（01）.

传形式，健全普法宣传教育机制，普法工作在以往基础上取得重要进展和明显成效。在普法工作方面，圆满完成了第六个和第七个"五年普法规划"，并成功开启了第八个"五年普法规划"。在法治教育中，借助现代科技手段，提高法治教育的效果，通过探索"互联网＋"形式，利用互联网、微信、微博、微电影、客户端等新媒体平台开展普法宣传；运用大数据平台，实现法治宣传教育公共数据资源开放和共享等；同时，打造多元化的法治实践活动和平台，提升大学生法治素养，充分利用第二课堂、社会实践活动，并且建立法治文化阵地等开展大学生法治教育，"七五"普法期间，利用"国家宪法日"等契机，开展"宪法晨读"活动，30余万所学校的6000多万名学生通过与主会场网络连接同步参加了活动，法治文化阵地的覆盖面扩大，全国共设立法治文化主题公园3500多个、广场1.2万多个、长廊3.4万多个。❶ 另外，积极打造学校、家庭、社会"三位一体"的法治教育格局，增强大学生法治教育效果。

第二节　中国共产党培育大学生法治素养的实践价值经验启示

　　对以往实践某种理论、路线、政策、计划等的发展历程进行基本的事实和价值判断，是总结经验的第一步。毛泽东说过："所谓经验，就是实行政策的过程和归宿。政策必须在人民实践中，也就是经验中，才能证明其正确与否，才能确定其正确和错误的程度。"❷ 中国共产党百年来对大学生法治素养培育的理论与实践，为大学生法治素养培育提供了丰富的智慧和经验。

---

❶ 魏哲哲. 让法治精神深入人心［N］. 人民日报，2021-07-08（19）.
❷ 毛泽东. 毛泽东选集（第4卷）［M］. 北京：人民出版社，1991：1286.

一、大学生法治素养培育要坚持党的全面领导

长期以来，中国共产党高度重视法治的宣传和教育，形成了良好的领导机制和舆论氛围。作为一个马克思主义政党，中国共产党在成立初期不仅广泛而有力地宣传马克思主义理论，而且采取多种有效方式宣传革命法制教育，制定了一系列法律法规，例如：土地革命时期制定了《劳动法》《婚姻法》《土地法》《中华苏维埃共和国选举细则》等多部法律，广泛动员人民参与苏区法律法规制定和实践活动，取得了较好的社会效果。新中国成立之后，为了更好服务国家政权的建设，中国共产党结合社会实际，一方面彻底废除了国民党统治时期的旧法秩序，另一方面积极建立新法秩序。1954年，我国制定了新中国第一部宪法，在此基础上，我国社会主义法制建设步入崭新轨道，强有力地保障了社会主义公民的基本权利和义务，促使"人民的法律"观念日益深入社会，良好的社会法制氛围得到有效营造。此外，中国共产党在不同历史时期不断加强和完善国家法律制度建设和各级法律机关的领导机制和领导方式，在全国范围内掀起一场全面、深刻、影响深远的社会主义法治建设革命。为此，坚持中国共产党对社会主义法治建设的全面领导是一项重要的理论和实践经验，是历史和人民的选择。

法治宣传教育是我国法治建设的一个重要组成部分，是不可或缺的环节，作为一项"长期性基础工程"，与科学立法、严格执法、公正司法、全民守法有着天然关联，能否深入开展全民法治教育，有效提升全民法治素养，尤其是培育青年一代法治素养，对实现全面依法治国战略目标，全面建设社会主义现代化国家发挥着不可替代作用。作为执政党，中国共产党在新中国成立之后，一直推动全民普法教育，不仅形成了制度化和规范化的普法工作，而且充分利用学校教育推进社会主义法律知识的宣传教育，使学生较好地理解和掌握社会主义法律相关知识和内容，形成对法律制度、法律文本、法律理论的必要认识，为建设社会主义法治国家提供源源不断的精神动力和智力支持。通常而言，法治文化的塑造需要人们在日

常生活中形成知法、懂法、守法、用法的价值取向和行为方式，而法治教育发挥了重要的舆论引导、价值引领和行为动力，这与建设法治国家的目标趋于一致、一脉相承。法治教育作为高校思想政治教育的组成部分，不仅高度契合培育和践行社会主义核心价值观要求，也是对推进我国建设社会主义法治国家的现实回应。梳理中国共产党领导我国法治建设百年历程，我们必须进一步认识到加强法治宣传教育一刻也不能够放松，必须牢牢把握法治教育的主动权。

高校是人才培养的主阵地，承担着为党和国家培养和输送一大批具有良好法治理论素养和法治实践能力的法治人才队伍的重要任务，这既是高校践行立德树人根本任务的生动实践，也是为党和国家培育堪当民族复兴大任时代新人的现实要求。当前，我国面临较为复杂严峻的外部形势，尤其是进入后疫情时代，以美国为首的西方国家企图全面遏制中国崛起，利用各种国际场合抹黑造谣中国共产党，不断向中国输出西方价值观和文化，历史虚无主义、新自由主义、民主宪政思想在网络空间大行其道，严重污染了人们的价值认识和精神追求。现实生活中，西方意识形态渗透的对象主要就是青年大学生，由于他们社会阅历比较浅，对西方错误思潮存在认识上的误区，甚至相信西方所谓普世价值，这些现象的存在严重阻碍了大学生法治素养的不断提升和培育。因此，高校必须将加强大学生法治素养水平作为提升大学生马克思主义理论水平的必修课，坚持以习近平新时代中国特色社会主义思想作为根本遵循，努力提升大学生对中国特色社会主义的法治道路、法治制度、法治文化的价值认同和实践认同。首先，提升大学生对中国特色社会主义法治道路的科学认识，高校法治教育的内容必须包括法治理论和法治实践这两方面，在传播法治知识的过程中，要让大学生认识到中国特色社会主义法治道路的形成和发展是一个长期的历史过程，是在总结历史经验基础上逐渐探索出一条适合中国实际的法治道路，不仅推动了中国社会的发展进步，而且真正实现了党的领导、依法治国和人民当家作主三者有机统一，充分体现了以人民为中心的执政理念。其次，加强大学生对中国特色社会主义法治的价值认同。法治作为一种国家治理方式和社会民主形式，与这个国家和社会的历史和国情实际密切联系，中国特色社会主义法治体系的根本优势在于切实保障了人民群众核心利益，坚持了一切从群众中来，到群众去中的价值理念，这与西方所谓的法治国家实行"三权分立"不同，是在中国共产党的坚强领导下，以宪法为核心，各种法律法规共同规定下的法律体系，这是良法善治的集中反映，维护了最广大人民群众的根本利益。最后，增强大学生对中国特色社会主义法治的文化认同，建设法治国家必须形成良好的法治文化氛围，带动全社会形成知法、懂法、用法的社会风气。高校要以课堂教育为主渠道，积极开展法治文化氛围营造，开展各类校园活动，例如举行校园宪法宣传活动、模拟法庭辩论赛、先进法治人物事迹宣讲等活动，使大学生在潜移默化中接受法治知识和法治精神，提升高校培育大学生法治素养的针对性和时效性，提升法治教育的水平。

二、大学生法治素养培育要遵循人才培养规律

教育是有规律的一门科学，既要顺应时代发展和社会进步，也要满足教育对象的特征和需求，体现了遵循人才成长和发展规律的客观要求。高校开展大学生法治素养培育要实现两个结合：一是要结合新时代我国推进社会主义法治国家建设的社会现实，二是要密切联系大学生成长规律、思想政治教育工作规律以及价值观教育规律。归纳而言，就是进一步提升大学生法治意识、法治观念以及法治素养，将法治价值观融入学习生活各个方面，帮助大学生成为一个知法、懂法、守法的合格公民。

中国共产党法治教育发展进程也说明了法治教育必须与时俱进、因势利导，不断推动法治教育工作的科学化水平。新民主主义革命时期，中国共产党面临复杂严峻的革命斗争形势，而这一时期的主要任务就是加强对青年干部的革命法制教育，提升青年斗争本领，培养坚定理想信念、积极从事革命事业、敢于同一切反动势力作斗争的革命队伍。新中国成立之初，我国高等教育事业蓬勃发展，高校更加强调开展法制教育，将法制教

育融入大学生日常政治思想教育过程中，帮助大学生了解社会主义公民的权利和义务，通过开设法律课程，深入系统学习法律知识，不仅广泛了解世界各国法律制度，而且系统学习马克思主义法学理论，深刻掌握我国社会主义法治国家建设的历史逻辑和现实逻辑。进入21世纪，我国经济社会发展进入飞速发展轨道，实施依法治国战略，有序规范市场秩序，推动社会主义市场经济健康发展，这时期，我国高校开设了"思想道德修养与法律基础"课程，较为系统地阐述了我国法律法规基本概况，对提升大学生的法律认知，培养社会主义建设者和接班人发挥了积极的促进作用。新时代，我国提出了全面推进依法治国，这对大学生法治素养培育提出了更高要求，高校必须坚持习近平法治思想，将法治教育融入大学生日常思想政治教育全过程，促使大学生更加深入学习中国特色社会主义法治道路的理论和实践内容，将法治教育与理想信念教育、道德品质教育有机结合，共同促进大学生法治理论和实践水平。[1]总而言之，高校要牢固树立以学生为本的价值理念，将大学生成长成才规律作为法治教育的根本要求和遵循原则，切实有效地培育和提升大学生法治素养水平。

三、大学生法治素养培育要发挥思政课主渠道作用

众所周知，思想政治理论课是高校开展大学生法治素养培育的核心课程，毫无疑问，大学生法治素养水平的高低取决于思政课程的教育实效情况。法律法规、道德纪律、共产主义理想信念等相关知识教授，对大学生形成良好的守法用法观念具有积极的推动作用，中国共产党从诞生之日起就高度重视对青年学生的思想政治教育，在不同时期开设了不同形式的思政课，并将思政课作为大学生法治素养培育的主渠道。新民主主义革命时期，中国共产党对学生思政课建设进行了有益探索，针对不同时期的革命任务，设置了不同类型的思政课。比如：1922年开办的上海大学中，张太

---

[1] 高建利，郑寰宇. 新中国成立70年高校法治教育发展回顾及展望［J］. 长春理工大学学报（社会科学版），2021，34（3）：47–51，145.

雷、蔡和森讲授"私有财产和家族制度起源"等政治课；1931 年开办的中国工农红军大学中开设了"马列主义基本原理""党的建设"等课程；抗日战争时期，党在许多高校开设了"马列主义哲学""政治经济学"等思政课程；解放战争时期，延安大学开设了"边区建设概论""中国革命史""革命人生观""时事教育"等全校公共课。❶ 社会主义革命和建设时期，思政课程在高校的设置全面铺开并走向统一化，并逐渐完善，形成"52 方案""56 方案""61 方案"❷。改革开放和社会主义现代化建设新时期，党对高校思政课程的设置进行了多次调整，并逐渐规范化，先后出台了"85 方案""98 方案""05 方案"等方案❸。中国特色社会主义新时代，党对高校思政课程给予高度重视，相关思政课程也进行了多次修订和完善，并出台了一系列思政课程建设的文件，包括《普通高校思想政治理论课建设体系创新计划》《新时代高校思想政治理论课教学工作基本要求》《关于深化新时代学校思想政治理论课改革创新的若干意见》《新时代学校思想政治理论课改革创新实施方案》等，其中，《新时代学校思想政治理论课改革创新实施方案》对课程体系进行了优化，将"思想道德修养与法律基础"调整为"思想道德与法治"，进一步突出法治教育。❹

近年来，高校不断加强对马克思主义理论的教学研究、对马克思主义法学理论的深入研究，有利于提升大学生认识法治教育和道德教育之间的相互联系、相互促进的辩证关系，深刻了解国家治理、社会治理必须坚持以德治国与依法治国之间的有机结合、缺一不可、相辅相成，成为大学生

---

❶ 教育科学研究所筹备处. 老解放区教育资料选编［M］. 北京：人民教育出版社，1959：121.
❷ 魏有兴，刘航. 高校思想政治理论课设置的制度演进逻辑［J］. 河海大学学报（哲学社会科学版），2022，24（6）：26－34.
❸ 程宇昌，汤民. 新时代加强高校思政课建设的三重逻辑［J］. 江西师范大学学报（哲学社会科学版），2023，56（6）：72－79.
❹ 王丹竹，李芳，陈凌继霄. 建党百年高校思政课课程建设探究［J］. 中学政治教学参考，2022（8）：27－30.

法治素养培育的新要求和新内涵。❶ 因此，高校一方面要加强思政课程建设，除了开设"思想道德与法治"课程，还应开设"中华人民共和国法治史""习近平法治思想概论"等课程，突出强调法治教育的重要地位。另一方面要加强法治实践教学，通过开展各种校园主题活动，宣传"宪法""民法典"等法律知识，组织学生开展法律法规知识竞赛，利用校园模拟法庭促使大学生感受到法律的权威性，有效提升大学生法治认知和法治实践能力。

四、大学生法治素养培育要营造浓厚的法治氛围

社会环境是影响大学生法治素养水平的一个重要的客观因素。作为社会一分子，大学生的法治意识和法治素养的生成，很大程度上受到社会氛围的影响，特别是全社会能否形成一个良法善治的社会氛围，即每个社会公民达成守法为荣、违法可耻的社会法治文化。依托法治氛围营造，促进大学生形成依法办事、遵纪守法的日常行为规范，遇到任何困难和纠纷，第一时间利用法律维护自身权益，解决各种矛盾冲突。一是要加强全民法治素养，现实生活中，实施全面依法治国战略并不是仅仅依靠政府制定和完善各项法律法规，而是需要每一个社会公民自觉敬畏法律、遵守法律。目前我国社会整体法治氛围仍需要进一步提升，通过提升全民法治素养能有效带动青年大学生的法治素养水平的提升，这是一个良性互动、相互影响的辩证关系。二是要加强社会主义法治价值观教育，核心价值观是一个国家和社会的精神纽带，维系着整个社会的价值追求和目标导向。而法治作为核心价值观一部分也必须落实、落小、落细到社会发展进步各个方面，尤其是要促使人们形成对法治价值观的价值认同和实践认同。弘扬和培育社会主义法治价值观是推进社会主义法治化建设的重要环节，亦能对引领广大青年大学生形成良好的法治素

---

❶ 张振芝，丁文对. 新中国成立70周年大学生法治素养培育的历程、特征与方向［J］. 学校党建与思想教育，2019（21）：8-12.

养产生积极的推动作用。三是要加强相关部门的监督管理，严格执法、公正司法是落实和维护法律权威的根本保障，我国各级执法部门要切实履行依法办事、依法履职的现实要求，维护社会公平正义，让每一个社会公民感受到法律威严，也让那些违法分子受到法律严惩。此外，舆论宣传机构要加大法治信息传播力度，对一些错误社会思潮要及时处理，弘扬法治精神。在互联网时代，更是要大力弘扬和营造风清气正的网络舆论环境，为网民提供良好的精神家园。

五、大学生法治素养培育要采用有效的教育方式

如何在大学生当中开展法治教育？掌握有效教育方式是一个前提条件。坚持理论联系实际，针对不同对象实施特定教育方式，积极采取新媒体传播渠道，这些都是高校培育大学生法治素养过程中必须深入研究的现实课题。早在新民主主义革命时期，中国共产党就坚持"从群众中来，到群众中去"的教育方法，对不同对象采取特定的法制宣传教育方式，例如：创办抗日军政大学、陕北公学、中国女子大学等教育机构，为革命事业培养了一大批德才兼备、具有坚定共产主义理想信念的革命队伍。新中国成立以来，我国利用各种宣传舆论工作，加大对人民群众的法制宣传教育，例如：出版印刷各类报纸杂志、理论书籍，通过广播电台等方式，党员干部还深入城市农村向一些文化水平比较低的群众发放小册子，提供咨询服务、设计标语口号等，以群众易于接受、喜闻乐见的方式帮助其了解我国各项法律法规和政策。因此，高校要与时俱进，结合现代化传播方式，以贴近大学生实际作为出发点和落脚点，更好满足大学生的认知需求。特别是在新媒体时代，高校要主动了解和掌握新媒体传播规律，打造"互联网+法治教育"平台，将法治宣传平台触及微博、微信、微视频等微平台，以及大学生比较关注的抖音、短视频、B站等，采用大学生喜闻乐见的法治宣传教育方法，不仅可提升大学生自主学习的积极性，而且能推动大学生参与我国社会主义法治建设的现实，有效地提高大学生法治理论和实践能力水平。

总而言之，通过回顾新民主主义革命时期、社会主义革命和建设时期、改革开放和社会主义现代化建设新时期、中国特色社会主义新时代中国共产党培育大学生法治素养的历程及历史实践，可以总结出新时代大学生法治素养培育的经验，即大学生法治素养培育要坚持党的全面领导、要遵循大学生成长成才规律、要发挥思政课主渠道作用、要营造浓厚的法治氛围、要采用有效的教育方式。

第三章

新时代大学生法治素养培育的现实样态
——基于福建省 11 所高校的实证调查

第三章　新时代大学生法治素养培育的现实样态——基于福建省 11 所高校的实证调查

习近平指出："调查研究是谋事之基、成事之道。没有调查，就没有发言权，更没有决策权。"❶ 新时代带来新情况，新情况生成新问题。在系统梳理中国共产党对大学生法治素养培育的历史实践的基础上，我们还应当主动顺应新时代的变化，正确把握新时代大学生法治素养培育的现状与成效，找准教育导向，有效地提高新时代大学生法治素养培育的针对性、实效性和感染力。

第一节　新时代大学生法治素养培育调查设计

为了更加准确地把握当前我国大学生法治素养的现实样态，本书在查阅相关文献资料的基础上，确立了法治素养的内涵及其构成元素，然后通过专家咨询和预调查，对调查量表进行反复修改及信效度检验，最终设计和编制了"新时代大学生法治素养培育调查问卷"。

一、调查问卷的设计与信效度分析

（一）问卷设计过程

为了确保调查问卷的有效性与可靠性，本书采取以下几个步骤。

1. 文献回顾，形成问卷初稿

马克思指出，"研究必须充分地占有材料，分析它的各种发展形式，探寻这些形式的内在联系。"❷ 也就是要阅读和积累大量相关素材，在此基础上，不断总结前人的研究成果和经验，并对其进一步分析和挖掘，找到事物的发展规律和内在联系，这样才能转化为生产力，让材料的生命最终

---

❶ 习近平. 加强对改革重大问题调查研究 提高全面深化改革决策科学性［N］. 人民日报，2013－07－25（01）.

❷ 马克思，恩格斯. 马克思恩格斯选集（第 2 卷）［M］. 北京：人民出版社，2012：93.

得以呈现。本书在前人的研究基础上，借鉴和参考了他们有关法治素养内涵的研究成果，可以说，占有已有的研究材料是问卷设计的起点和基础。首先，通过收集和阅读现有关于大学生法治素养研究的国内外文献，对相关概念、要素构成等进行整理、消化，充分把握法治素养的内涵和界定。其次，对涉及相关定量研究的文献，从中了解和分析其研究量表的构成，并提取相应的条目，进行适应性调整，以此作为本书问卷设计条目的重要内容，最终设计出调查问卷的初稿。最后，对测量维度的概念化操作，就是将抽象的概念转化为可观察的具体指标的过程。❶ 任何问卷条目的操作都需要建构在正确合理的概念化基础之上，正如丘吉尔（Churchill）所指出的一样，"只有先完成对测量维度的概念化，才能用其进行问卷设计。"❷ 由于法治素养本身是一个抽象的概念，所以要先对各维度的测量指标进行概念化，最终才能开展具体的测量操作。比如，将抽象概念"法治意志"转化为"平时我经常抽出时间关注法治方面的信息""我在任何情况下都不会闯红灯"等可以操作化的条目。

2. 专家咨询，修订问卷条目

问卷初稿编制完成后，就题项的设置、措辞、条目合理性以及问卷格式等内容，向相关学者征询意见，其中既有思想政治教育专业的博导和博士生，也有从事思政课教学的专职教师，还有心理学专业方面的专家。意见征求主要通过面谈、邮件联系等方式进行沟通交流。依据各位专家的意见，不断修改问卷内容，对不合理或有歧义的条目进行删减，同时也增补了一些新的条目，最终形成第二稿问卷。

3. 开展预测试，形成正式问卷

预测试或预调查，主要是在正式调查前开展的小规模测试。预测试的

---

❶ 风笑天. 社会调查中的问卷设计 [M]. 天津：天津人民出版社，2002：124.

❷ Churchill. A Paradigm for Developing Better Measures of Marketing Constructs [J]. Journal of Marketing Research, 1979, 16 (1)：64-73.

作用在于：一方面能通过现场调查发现调查问卷中所存在的问题，包括所设置的题项是否能获得圆满的回答，提问方式是否恰当等❶；另一方面在于检验调查问卷的信度和效度，从而能对不合理的题项进行净化、修正和进一步完善，最终形成正式调查问卷，为大规模调查做前期准备，并为正式调查的组织工作计划提供依据。为方便调查，本书选取福建某高等医学院校的在校生作为预测试的调查对象，通过简单随机抽样方式，抽取950名学生进行问卷预调查，然后对回收的有效问卷进行数据整理，检验问卷各题项的合理性。预测试问卷共分为两个部分：第一部分是调查对象基本特征，共10个题项；第二部分为"大学生法治素养调查问卷"，共65个条目，每个条目采用李克特五级评分，1～5级分别代表非常不符合、不符合、一般、符合、非常符合。

（二）预测试的变量测量

1. 预测试样本的基本特征分布

预测试的调查问卷在学生班会现场发放，共发放950份问卷，给予统一的指导语，填写完成后，现场回收和整理。剔除作答不完整和随意作答的无效问卷，实际共回收有效问卷910份，有效回收率95.79%。问卷采用EpiData 3.1软件进行录入，数据导出后，采用SPSS 20.0统计软件进行统计分析。预测试样本的基本特征分布如表3-1所示。

表3-1 预测试样本的基本特征分布（$N=910$）

样本特征		数量	占比（%）	样本特征		数量	占比（%）
性别	男	359	39.5	学生干部经历	有	527	57.9
	女	551	60.5		无	383	42.1

---

❶ 孙金海，王光荣，祝友元. 社会医学 [M]. 上海：第二军医大学出版社，2008：53.

续表

样本特征		数量	占比（%）	样本特征		数量	占比（%）
生源地	城镇	382	42.0	父亲文化程度	小学及以下	151	16.6
	农村	528	58.0		初中	341	37.5
年级	大一	259	28.5		中专/高中	178	19.6
	大二	214	23.5		大专	94	10.3
	大三	186	20.4		本科及以上	144	15.8
	大四	251	27.6		其他	2	0.2
专业类别	文史类	114	12.5	母亲文化程度	小学及以下	344	37.8
	理工类	796	87.5		初中	248	27.3
政治面貌	中共党员	30	3.3		中专/高中	152	16.7
	共青团员	837	92.0		大专	80	8.8
	群众	43	4.7		本科及以上	81	8.9
独生子女	是	315	34.6		其他	5	0.5
	否	595	65.4				

2. 预测试问卷的正态性检验

正态性检验是指利用所观察到的样本数来推断总体是否服从正态分布的一种检验，是统计分析中非常基础而又十分重要的拟合优度假设检验。❶ 在许多统计方法的应用中，对数据是否符合或近似正态性分布有较高要求，若数据不服从正态性假设，则可能造成数据之间的拟合度不高，也就是预测结果与实际发生情况出现不相吻合的情况。因此，在正式的数据分析前都需要检验变量的正态性分布情况。检验变量是否符合正态性检验的方法有好几种，其中，变量的信度与峰度是用来检验数据正态性的最常用的指标之一。❷ 克莱恩（Kline）认为，当偏度绝对值小于3，峰度绝对值

---

❶ 武汇岳. 人机交互中的用户行为研究 [M]. 广州：中山大学出版社，2019：92.

❷ 彭茜. 关系、参考群体行为和销售人员灰色营销决策 [M]. 北京：北京理工大学出版社，2017：90.

小于10时,就表明样本基本上服从正态分布。[1] 本书在对数据进行正态性检验之前,首先将法治素养调查问卷中的反向题进行变量转换,然后重新计分。反向题项分别为第12题"我交了学费,上课听不听是我的事"、第14题"办事或遇到事情时,我习惯找'关系'来处理"、第35题"我认为欠债还钱是天经地义的事情"、第56题"我认为人情大于国法",对反向题重新转换计分后,再对法治素养调查问卷各条目作正态性检验。从表3-2中可以看出,预测试的样本数据偏度绝对值均在3以内,峰度绝对值均在10以内,说明所收集到的变量服从正态分布,满足进一步统计分析的条件。

表3-2 大学生法治素养问卷各题项的正态性检验结果 ($N=910$)

条目	均值	标准差	偏度		峰度	
			统计量	标准误	统计量	标准误
X_1	4.59	0.741	-2.051	0.081	4.614	0.162
X_2	4.00	0.903	-0.565	0.081	-0.232	0.162
X_3	4.13	1.055	-1.153	0.081	0.687	0.162
X_4	3.96	1.022	-0.698	0.081	-0.195	0.162
X_5	4.11	1.103	-1.123	0.081	0.455	0.162
X_6	3.96	1.025	-0.730	0.081	-0.172	0.162
X_7	4.40	0.879	-1.505	0.081	1.912	0.162
X_8	3.50	1.302	-0.371	0.081	-0.994	0.162
X_9	3.39	1.312	-0.322	0.081	-0.990	0.162
X_{10}	3.92	1.043	-0.624	0.081	-0.433	0.162
X_{11}	4.23	0.901	-1.140	0.081	1.063	0.162
X_{12}	3.54	1.468	-0.526	0.081	-1.134	0.162
X_{13}	4.42	0.862	-1.624	0.081	2.664	0.162
X_{14}	3.56	1.377	-0.615	0.081	-0.850	0.162
X_{15}	4.59	0.771	-2.066	0.081	4.329	0.162

---

[1] Kline R B. Principles and Practice of Structural Equation Modeling [M]. New York: Guilford, 2015: 140-141.

续表

条目	均值	标准差	偏度		峰度	
			统计量	标准误	统计量	标准误
X_{16}	4.55	0.808	-1.959	0.081	3.771	0.162
X_{17}	4.47	0.838	-1.629	0.081	2.456	0.162
X_{18}	4.46	0.812	-1.475	0.081	1.815	0.162
X_{19}	4.57	0.767	-1.924	0.081	3.738	0.162
X_{20}	3.01	1.472	-0.006	0.081	-1.351	0.162
X_{21}	4.34	0.879	-1.251	0.081	1.133	0.162
X_{22}	4.00	1.015	-0.720	0.081	-0.184	0.162
X_{23}	4.38	0.855	-1.312	0.081	1.268	0.162
X_{24}	4.35	0.874	-1.316	0.081	1.439	0.162
X_{25}	4.43	0.825	-1.429	0.081	1.664	0.162
X_{26}	4.47	0.817	-1.520	0.081	1.925	0.162
X_{27}	3.70	1.095	-0.349	0.081	-0.775	0.162
X_{28}	4.37	0.853	-1.247	0.081	1.089	0.162
X_{29}	4.53	0.785	-1.709	0.081	2.680	0.162
X_{30}	4.51	0.786	-1.683	0.081	2.748	0.162
X_{31}	4.47	0.824	-1.577	0.081	2.174	0.162
X_{32}	4.51	0.793	-1.703	0.081	2.767	0.162
X_{33}	4.53	0.773	-1.742	0.081	2.959	0.162
X_{34}	4.54	0.785	-1.853	0.081	3.499	0.162
X_{35}	1.50	0.843	1.951	0.081	4.048	0.162
X_{36}	4.53	0.783	-1.746	0.081	2.998	0.162
X_{37}	4.07	0.974	-0.705	0.081	-0.272	0.162
X_{38}	4.06	0.995	-0.752	0.081	-0.236	0.162
X_{39}	4.48	0.791	-1.558	0.081	2.219	0.162
X_{40}	4.42	0.836	-1.484	0.081	2.048	0.162
X_{41}	3.94	1.035	-0.626	0.081	-0.322	0.162
X_{42}	4.14	0.895	-0.778	0.081	0.028	0.162
X_{43}	3.78	1.159	-0.534	0.081	-0.679	0.162
X_{44}	3.88	1.097	-0.641	0.081	-0.372	0.162

续表

条目	均值	标准差	偏度		峰度	
			统计量	标准误	统计量	标准误
X_{45}	4.20	0.906	-0.898	0.081	0.137	0.162
X_{46}	4.35	0.841	-1.198	0.081	1.092	0.162
X_{47}	4.49	0.789	-1.680	0.081	3.040	0.162
X_{48}	4.47	0.803	-1.574	0.081	2.450	0.162
X_{49}	4.43	0.830	-1.467	0.081	1.934	0.162
X_{50}	3.77	1.173	-0.519	0.081	-0.747	0.162
X_{51}	4.50	0.801	-1.777	0.081	3.251	0.162
X_{52}	4.52	0.797	-1.777	0.081	3.131	0.162
X_{53}	4.30	0.897	-1.195	0.081	0.994	0.162
X_{54}	4.54	0.762	-1.759	0.081	3.087	0.162
X_{55}	4.54	0.759	-1.731	0.081	3.013	0.162
X_{56}	3.01	1.435	-0.055	0.081	-1.298	0.162
X_{57}	4.01	1.057	-0.783	0.081	-0.205	0.162
X_{58}	4.50	0.777	-1.572	0.081	2.266	0.162
X_{59}	4.48	0.850	-1.791	0.081	3.175	0.162
X_{60}	4.05	1.031	-0.772	0.081	-0.309	0.162
X_{61}	3.98	1.092	-0.814	0.081	-0.135	0.162
X_{62}	4.24	0.895	-0.980	0.081	0.356	0.162
X_{63}	3.46	1.308	-0.371	0.081	-0.971	0.162
X_{64}	4.28	0.889	-1.184	0.081	1.168	0.162
X_{65}	4.40	0.820	-1.296	0.081	1.304	0.162

（三）调查问卷的效度与信度分析

1. 大学生法治素养调查问卷的效度分析

（1）结构效度的定义。

效度是指测量指标或观测结果在多大程度上反映了事物的客观真实性，说明数据的准确性。[1] 效度的评价方法主要包括表面效度、内容效度、

---

[1] 孙振球. 医学统计学 [M]. 北京：人民卫生出版社，2005：756.

平行效度、预测效度和结构效度,大多数情况下采用表面效度和内容效度,在有"金标准"作为参照情况下,采用平行效度或预测效度。本书主要采用内容效度,同时也结合结构效度,对法治素养调查问卷的效度进行全方位分析。所谓内容效度,是指一种测量方法或测量指标得到多少专家的认同,本书所编制的大学生法治素养培育调查量表是借鉴了李晓波[1]、程艳霞[2]、陈诚[3]、李昌祖[4]等许多学者的相关指标体系和成熟量表,综合了一些专家学者的意见后反复修改形成的,在内容上能够保证较好的效度。结构效度是指对客观事物的多指标测量是否具有专业上的理想结构。[5]由于结构效度有理论的逻辑分析基础,同时又根据调查所得数据来检验理论的正确性,因此结构效度是最严谨的一种效度检验方法,且可以避免内容效度有逻辑上的分析却没有实证依据的弊端。[6]

(2)探索性因子分析。

检验结构效度一般应用探索性因子分析,该方法最早由英国心理学家斯皮尔曼在20世纪初提出,后被广泛应用于心理学、社会科学、经济学等领域。探索性因子分析是一种用来分析影响变量、支配变量的共同因子数量,以及各因子与观测变量之间的关联程度的统计方法,主要应用降维的相关分析技术来考察一组变量之间的协方差或相关系数结构,并用以解释这些变量与为数较少的因子之间的关联性。[7]使用探索性因子分析的目的主要是进一步净化量表的题项。

---

[1] 李晓波. 青少年法治素养评价指标体系构建研究[J]. 贵州师范大学学报(社会科学版),2020(4):136-148.

[2] 程艳霞. 法治素养:学生发展核心素养测评的重要维度[J]. 教育测量与评价,2019(10):15-19.

[3] 陈诚. 大学生法律意识量表的编制和信效度检验[J]. 西南师范大学学报(自然科学版),2019,44(5):132-139.

[4] 李昌祖,赵玉林. 公民法治素养概念、评估指标体系及特点分析[J]. 浙江工业大学学报(社会科学版),2015,14(3):298-302.

[5] 孙振球. 医学统计学[M]. 北京:人民卫生出版社,2005:757.

[6] 王红萍. 顾客参与价值共创对企业竞争优势的影响机理研究[M]. 南京:河海大学出版社,2019:94-96.

[7] 靳娟. 管理类学术论文写作概论[M]. 北京:北京邮电大学出版社,2017:269.

① KMO 和 Bartlett 球形检验。

在开展探索性因子分析之前，首先要通过 KMO 样本充分性测度和 Bartlett 球形检验，以判断样本是否符合因子分析的前提条件。[1] 学界认为，当 KMO>0.9 时，表示非常适合做因子分析；当 $0.8<KMO \leqslant 0.9$ 时，表示很适合做因子分析；当 $0.7<KMO \leqslant 0.8$ 时，表示适合做因子分析；当 $0.6<KMO \leqslant 0.7$ 时，表示不太适合做因子分析；当 $0.5<KMO \leqslant 0.6$ 时，表示勉强适合进行因子分析；当 KMO<0.5 时，表示不适合做因子分析；而 Bartlett 球形检验的原则是当统计值的显著性 sig 值小于 0.01 时，表示数据适合进行因子分析。[2]

通过对调查量表各指标的相关系数显著性检验发现，各指标变量间存在较强的相关性（$P<0.05$），说明具有因子分析的必要性。由表 3-3 可知，量表的 KMO 和 Bartlett 检验结果显示，KMO 统计量为 0.983，Bartlett 球形度检验的近似卡方值为 52307.589，且达到显著性，说明数据非常适合因子分析。

表 3-3 KMO 和 Bartlett 检验结果

	KMO	0.983
Bartlett 球形度检验	近似卡方值	52307.589
	自由度	1128
	显著性 sig 值	0.000

② 公因子提取。

通过运用主成分分析法中的特征根大于 1 的原则提取公因子，以最大方差法作为旋转的方法，共有 5 个因子对应的特征根大于 1，因此可提取 5 个公因子（见表 3-4）。从累计方差贡献率来看，前 5 个公因子已经解释了方差变异中的 75.67%，包含了评价指标的大部分信息，具有较显著的代表性。一般认为累计解释方差超过 50%，说明量表已经满足统计研究的

---

[1] 张文彤，董伟. SPSS 统计分析高级教程 [M]. 北京：高等教育出版社，2013：217-225.
[2] 马庆国. 管理统计：数据获取、统计原理与 SPSS 工具与应用研究 [M]. 北京：科学出版社，2002：27-42.

要求，可以继续进行下一步的分析。❶

表 3-4 因子解释原有变量总方差的情况

成分	初始特征值			旋转平方和载入		
	合计	方差（%）	累积（%）	合计	方差（%）	累积（%）
1	27.025	56.302	56.302	22.837	47.577	47.577
2	5.376	11.201	67.502	6.360	13.250	60.827
3	1.689	3.518	71.020	3.302	6.879	67.706
4	1.199	2.497	73.518	2.719	5.665	73.372
5	1.035	2.156	75.674	1.105	2.302	75.674

在图 3-1 中，当横坐标为因子数目，纵坐标为特征值时，可以很明显地看到，第 1 个公因子的特征值很高，对解释原有变量的贡献最大；第 5 个以后的公因子特征值都较小，对解释原有变量的贡献很小，已经成为可忽略的"高山脚下的碎石"，因而提取 5 个公因子是合适的。

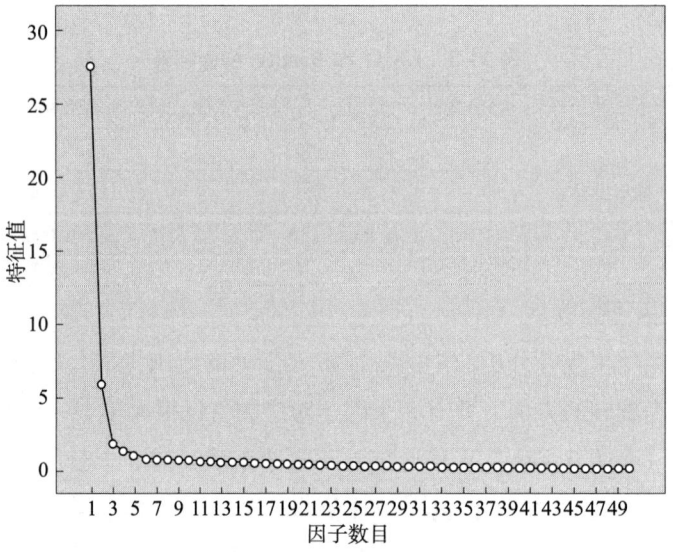

图 3-1 因子分析的碎石图

---

❶ Lederer A L, Sethi V. Critical Dimensions of Strategic Information Systems Planning [J]. Decision Sciences, 1991, 22 (1): 104-119.

③ 因子的命名解释。

为了确定5个公因子的指标构成，先对因子载荷进行方差最大化旋转，选取因子荷载大于0.45的因子作为有效因子，每旋转一次，剔除同时在5个公因子上载荷都不高的指标或者同时在2个公因子的载荷上均超过0.45的指标，在正交旋转11次后收敛，共剔除了11个条目，分别是：第2、5、7、8、9、11、22、37、38、45、62题，最终共确定54个指标（见表3-5）。然后对确定的54个指标重新进行编号，并根据载荷程度对公因子进行命名。其中，条目X_1-X_{18}命名为法治认知、条目X_{19}-X_{28}命名为法治情感、条目X_{29}-X_{37}命名为法治意志、条目X_{38}-X_{42}命名为法治信念、条目X_{43}-X_{54}命名为法治行为。

表3-5 大学生法治素养培育量表的结构效度系数

条目	因子载荷系数					共同度（公因子方差）
	法治认知	法治情感	法治意志	法治信念	法治行为	
X_1	0.909	0.145	-0.023	0.142	-0.048	0.871
X_2	0.904	0.188	0.013	0.072	0.022	0.859
X_3	0.888	0.190	0.008	0.092	-0.073	0.839
X_4	0.875	0.215	-0.023	0.107	0.185	0.858
X_5	0.874	0.137	-0.050	0.195	-0.088	0.831
X_6	0.871	0.144	0.012	0.096	0.067	0.794
X_7	0.868	0.268	-0.019	0.083	0.140	0.853
X_8	0.857	0.254	0.030	0.053	0.086	0.809
X_9	0.852	0.127	-0.055	0.206	-0.122	0.802
X_{10}	0.852	0.274	-0.028	0.057	0.129	0.822
X_{11}	0.828	0.236	0.025	0.085	-0.013	0.750
X_{12}	0.820	0.113	-0.075	0.250	-0.080	0.759
X_{13}	-0.767	-0.124	-0.063	-0.045	-0.178	0.641
X_{14}	0.764	0.346	0.042	0.195	-0.175	0.774
X_{15}	0.762	0.252	0.093	0.157	-0.214	0.724
X_{16}	0.752	0.291	0.056	0.178	-0.260	0.752
X_{17}	0.723	0.049	-0.020	0.357	0.023	0.654

续表

条目	因子载荷系数					共同度（公因子方差）
	法治认知	法治情感	法治意志	法治信念	法治行为	
X_{18}	0.720	0.104	-0.033	0.314	0.042	0.704
X_{19}	0.194	0.911	0.008	0.073	-0.049	0.875
X_{20}	0.157	0.854	0.195	0.059	-0.077	0.801
X_{21}	0.119	-0.832	-0.092	-0.129	0.021	0.732
X_{22}	0.171	0.789	0.022	0.219	-0.165	0.728
X_{23}	0.327	0.781	0.142	0.056	-0.096	0.749
X_{24}	0.265	0.701	0.024	-0.015	-0.184	0.597
X_{25}	0.069	-0.672	-0.290	-0.049	-0.178	0.575
X_{26}	0.325	0.633	0.131	0.055	-0.009	0.697
X_{27}	0.121	0.494	0.326	0.001	0.112	0.507
X_{28}	0.392	0.492	0.210	0.218	-0.063	0.490
X_{29}	0.235	0.146	0.853	0.073	-0.050	0.811
X_{30}	0.162	0.166	0.852	0.088	-0.073	0.793
X_{31}	0.323	-0.028	0.840	0.079	0.115	0.831
X_{32}	0.288	-0.018	0.827	0.095	0.220	0.825
X_{33}	0.256	0.091	0.756	0.211	0.171	0.719
X_{34}	0.375	-0.032	0.739	0.093	0.176	0.727
X_{35}	0.187	0.247	0.728	0.213	-0.215	0.717
X_{36}	0.362	0.062	0.615	0.098	0.224	0.655
X_{37}	0.317	0.045	0.489	0.106	0.111	0.779
X_{38}	0.237	-0.008	0.066	0.898	0.039	0.869
X_{39}	0.204	-0.019	0.089	0.896	0.146	0.874
X_{40}	0.248	-0.038	0.160	0.839	-0.146	0.813
X_{41}	0.308	-0.015	0.167	0.819	-0.174	0.824
X_{42}	0.263	-0.001	0.207	0.792	-0.214	0.786
X_{43}	0.191	-0.018	0.116	0.247	0.871	0.870
X_{44}	0.121	-0.135	-0.088	0.003	-0.846	0.757
X_{45}	0.380	-0.024	0.052	0.115	0.758	0.736
X_{46}	0.355	0.032	0.238	-0.169	0.701	0.703

续表

条目	因子载荷系数					共同度
	法治认知	法治情感	法治意志	法治信念	法治行为	（公因子方差）
X_{47}	0.327	0.082	0.229	0.211	0.699	0.700
X_{48}	0.391	-0.014	0.126	0.242	0.686	0.698
X_{49}	0.207	0.031	0.153	0.362	0.671	0.648
X_{50}	0.321	0.150	0.203	0.207	0.646	0.628
X_{51}	0.320	0.395	0.121	0.058	0.612	0.651
X_{52}	0.319	0.048	0.125	0.151	0.555	0.579
X_{53}	0.309	0.341	0.094	0.024	0.516	0.565
X_{54}	0.305	0.143	0.376	0.029	0.462	0.660

2. 大学生法治素养培育调查问卷的信度分析

（1）信度的定义。

信度是指在相同条件下，对同一客观事物重复测量若干次，测量结果的相互符合程度，说明数据的可靠性。❶ 常用的信度评价方法包括：重测信度、复本信度、折半信度、评分者信度、内部一致性信度或同质性信度等。也有学者将信度定义为真实分数的方差与实测分数方差之间的比例，两者之间比例的系数就叫信度系数，该系数的取值范围是［0，1］。❷ 也就是说，当信度系数为 0.90 时，可以认为测验总的实测分数中有 90% 来自真实分数的贡献，另外 10% 是受随机误差的影响，表明测验工具具有较强的可靠性。通常而言，一份量表或测验在测得相同的特质或潜在构念时，题项数愈多，量表或测验的信度会愈高。❸ 本书中的大学生法治素养量表各条目均采用李克特评分，在社会科学领域中有关类似李克特量表的信度估计，普通采用 Cronbach's α 系数（常译为克隆巴赫信度系数），该系数又

---

❶ 孙振球. 医学统计学［M］. 北京：人民卫生出版社，2005：758.
❷ 杜林致. 心理测量学［M］. 天津：南开大学出版社，2011：47.
❸ 吴明隆. 问卷统计分析实务 SPSS 操作与应用［M］. 重庆：重庆大学出版社，2010：184.

称为内部一致性 α 系数,主要反映测验内部题目之间的关系,即考查测验的各个题目是否测量了相同的内容或特质。根据学者德·维尔利斯(De Vellis)的观点,当 Cronbach's α 系数值介于 0.60~0.65,则表明量表的信度较弱,最好不采用该量表;当 Cronbach's α 系数值介于 0.65~0.70,是量表信度的最小可接受值;当 Cronbach's α 系数值介于 0.70~0.80,表明量表的信度相当好;当 Cronbach's α 系数值介于 0.80~0.90,表明量表的信度非常好。❶

(2)大学生法治素养调查量表的 CITC 检验与信度分析。

通常在做信度检验时,可根据每一个项目中项目分数与总分的相关性来删除可能不具信度的条目,使各条目得以净化。如果每个量表的分值都比较接近总体的 Cronbach's α 系数值,说明随着去掉某些条目,Cronbach's α 系数值没有变化,表明各条目与总体 Cronbach's α 具有相关性与一致性。卢文岱认为,保留在变量测量中的题项对所有题项的相关系数要大于 0.30,才不需要删除该条目。❷ 为测量大学生法治素养调查量表的信度并确保所有条目均在所属因子中,本书采用修正条款的总相关系数评估法(CITC)和 Cronbach's α 系数对量表进行检验。结果显示,大学生法治素养调查量表的总体 Cronbach's α 为 0.977,表明该量表具有很强的信度。其中,法治认知维度的 Cronbach's α 为 0.980;法治情感维度的 Cronbach's α 为 0.819;法治意志维度的 Cronbach's α 为 0.920;法治信念维度的 Cronbach's α 为 0.956;法治行为维度的 Cronbach's α 为 0.892。同时,各分量表中的 CITC 值均大于 0.30,表明各分量表也具有较强的信度(见表 3-6)。

---

❶ De Vellis R F. Scale Development Theory and Applications [M]. London: SAGE, 1991: 27-60.

❷ 卢文岱. SPSS for Windows 统计分析 [M]. 北京:电子工业出版社,2002:499.

表3-6　大学生法治素养调查量表各维度的 CITC 值与信度

维度	条目	CITC 系数（题项-总体相关系数）	项目删除后的 α 系数	Cronbach's α 值	条目总数
法治认知	X_1	0.921	0.978	0.980	18
	X_2	0.914	0.978		
	X_3	0.897	0.979		
	X_4	0.895	0.979		
	X_5	0.894	0.979		
	X_6	0.870	0.979		
	X_7	0.894	0.979		
	X_8	0.877	0.979		
	X_9	0.862	0.979		
	X_{10}	0.877	0.979		
	X_{11}	0.848	0.979		
	X_{12}	0.843	0.979		
	X_{13}	0.753	0.980		
	X_{14}	0.833	0.979		
	X_{15}	0.801	0.980		
	X_{16}	0.798	0.980		
	X_{17}	0.752	0.980		
	X_{18}	0.767	0.980		
法治情感	X_{19}	0.399	0.813	0.819	10
	X_{20}	0.666	0.786		
	X_{21}	0.385	0.820		
	X_{22}	0.392	0.814		
	X_{23}	0.658	0.789		
	X_{24}	0.488	0.807		
	X_{25}	0.473	0.808		
	X_{26}	0.639	0.794		
	X_{27}	0.598	0.792		
	X_{28}	0.472	0.806		

续表

维度	条目	CITC 系数（题项 – 总体相关系数）	项目删除后的 α 系数	Cronbach's α 值	条目总数
法治意志	X_{29}	0.758	0.909	0.920	9
	X_{30}	0.717	0.913		
	X_{31}	0.730	0.911		
	X_{32}	0.700	0.913		
	X_{33}	0.732	0.911		
	X_{34}	0.723	0.912		
	X_{35}	0.658	0.916		
	X_{36}	0.730	0.911		
	X_{37}	0.802	0.907		
法治信念	X_{38}	0.882	0.944	0.956	5
	X_{39}	0.875	0.945		
	X_{40}	0.902	0.941		
	X_{41}	0.891	0.942		
	X_{42}	0.832	0.953		
法治行为	X_{43}	0.704	0.880	0.892	12
	X_{44}	0.105	0.920		
	X_{45}	0.704	0.879		
	X_{46}	0.709	0.878		
	X_{47}	0.726	0.876		
	X_{48}	0.707	0.879		
	X_{49}	0.620	0.882		
	X_{50}	0.693	0.878		
	X_{51}	0.647	0.880		
	X_{52}	0.689	0.879		
	X_{53}	0.613	0.882		
	X_{54}	0.661	0.880		

二、调查对象及其抽样方法

考虑到研究成本和可行性，本书选择福建省的大学生作为主要研究对象，其原因在于：福建省高等教育中既涵盖了专科、本科、研究生等各学历层次教育，又涵盖了文、理、工、农、医、管理、艺术等各大门类；既有综合性大学，又有单科性院校。此外，该省既有沿海城市，又有内陆城市；既有经济发展水平相对较低的城市，又有较发达的城市，与全国总体上相类似，具有比较强的代表性。同时，限于时间、研究经费和研究条件，并且有的学历层次教育在大学生群体中的规模数量相对较小，各校之间的差异性又比较大，此增加了调查研究的难度。综合这些有利和不利因素，此次调查的对象选择统招大学本科生作为调查主体。

根据福建省教育厅发布的统计数据，截至2020年10月，福建省共有39所本科院校。❶ 限于研究条件，对39所本科院校所有学生进行调查，显然是比较困难的，而要克服各种条件的限制，且要获得对总体信息的了解，即将来自总体的某一子集或"样本"的研究发现推广到整个总体，就变得非常关键和重要。在此过程中，抽样就是一种可以确保将来自研究的参与者或被调查人的结论合理地推广到其所代表总体的基础的有效方法。正如马克和沃克曼所指出的一样，"对化学家来讲，样本一词也许会令他们联想起一堆东西，一个盛有某种液体糊状物的容器，或一堆难以言状，但成分却是确定的东西"❷。化学家的根本目的是从某种较大的物质中选取一小部分作为样本，从样本中检测出最终的成分。从这个意义上说，样本是用来了解总体的工具。换言之，一个好的样本将会完好地代表总体。❸ 为更好地了解福建省大学生法治素养的全貌，本书采用二阶抽样方法，选

---

❶ 福建省教育厅. 2019—2020学年初福建省各级各类学校基本情况［EB/OL］.（2020 - 10 - 09）［2021 - 03 - 27］. http：//jyt. fujian. gov. cn/xxgk/tjsj/202010/t20201009_5405344. htm.

❷ Mark H, Workman J. Jr. Populations and samples：The meaning of "statistics"［J］. Spectroscopy, 1987（2）：47 - 49.

❸ ［美］加里·T. 亨利. 实用抽样方法［M］. 沈崇麟，译. 重庆：重庆大学出版社, 2008：3.

取具有代表性的样本进行调查研究。所谓二阶抽样是将一个很大的总体划分为若干样本群（称一阶单位），而每群都包括许多个单位（称二阶单位）。这样，二阶抽样是从总体中先抽取若干一阶单位，再从抽中的各一阶单位中抽取若干个二阶单位，进行调查观测和抽样推断。❶

（一）调查地区抽样

根据福建省本科院校在全省9个地市的空间分布情况，将之划分为内陆和沿海地市两大模块，其中，内陆地区为：南平、三明、龙岩；沿海地区为：福州、宁德、莆田、泉州、厦门、漳州。然后，将这9个地市名单输入随机抽样软件，按照三分之一比例，分别从两大地区模块中抽取调查地市，共抽取3个地市，分别为：三明、福州、厦门。考虑到福建省高校分布主要集中在东部沿海地区，为了增强研究的代表性，因此，再从沿海地区剩下的4个地市中，再按二分之一比例随机抽取一次，抽得宁德、漳州2个地市。最终抽取的调查地区分别为：福州、厦门、漳州、宁德、三明5个地市。

（二）调查院校抽样

从所抽取的5个地市中，确定并列出各地市的本科院校名单。其中，三明市的本科院校为三明学院，漳州市的本科院校为闽南师范大学，宁德市的本科院校为宁德师范学院。福州和厦门两市的本科院校均超过1所，为更好地抽样，先把这两地市的所有本科院校名单输入随机抽样软件作为抽样的对象，然后按照三分之一的比例设置抽样院校。经过抽样，厦门市7所本科院校中抽取了厦门大学、厦门医学院2所，福州市18所本科院校抽取了福州大学、福建师范大学、福建医科大学、福建工程学院、福建江夏学院、闽江学院6所院校。最终，共有11所院校纳入调查院校对象（见表3-7）。所抽取的11所院校中，既有国家"双一流"建设院校，又有普

---

❶ 黄良文，吴国培. 应用抽样方法［M］. 北京：中国统计出版社，1991：242.

通本科院校；既有省属重点本科院校，又有地方本科院校；既有综合性大学，又有单科性为主的大学，总体而言，具有比较强的代表性。

表3-7 纳入调查对象的代表院校名单

类型	地市名称	高校名称	数量
沿海地区	福州	福州大学、福建师范大学、福建医科大学、福建工程学院、福建江夏学院、闽江学院	6
	厦门	厦门大学、厦门医学院	2
	漳州	闽南师范大学	1
	宁德	宁德师范学院	1
内陆地区	三明	三明学院	1
合计			11

（三）调查样本容量的确定及其抽样

在确定11所高校的抽样框后，要进一步确定抽样的总体容量，也就是调查的样本总数。根据样本量计算的保守公式 $n_0 = \left(\dfrac{t_{\alpha/2}}{2\Delta_p}\right)^2$，如果最大允许误差 Δ_p 为2%，置信度为95%，可以通过查表法方式确定估算的样本量为2401个（见表3-8）。考虑到通行问卷有效回收率在80%左右，所以将80%作为修正系数，最终样本总量 = $\dfrac{2401}{80\%}$ ≈3000人。[1] 在确定调查总样本数后，再根据各高校本科生总数、院校性质、男女生比例、专业属性等，采用配额抽样和立意抽样方式，从所抽中的11所调查高校中发放问卷，共计3000份，其中，厦门大学100份、福州大学150份、福建师范大学400份、福建医科大学500份、福建工程学院300份、福建江夏学院250份、闽江学院300份、闽南师范大学300份、宁德师范学院250份、三明学院300份、厦门医学院150份。

---

[1] 沈壮海，王培刚，王迎迎，等. 中国大学生思想政治教育发展报告2016[M]. 北京：北京师范大学出版社，2017：11.

表 3 –8　不同绝对误差下的最大样本量

p 的绝对误差	0.01	0.02	0.03	0.04	0.05	0.10
所需最大样本量	9604	2401	1067	600	384	96

三、调查工具与方法

（一）调查工具

本次调查采用自编"大学生法治素养调查问卷"对大学生进行调查。问卷共三部分，其中，第一部分为调查对象基本信息，包括：性别、生源地、年级、专业属性、学校类别、政治面貌、独生子女情况、学生干部经历、父母的文化程度等；第二部分为社会主义法治教育情况，包括：社会主义法治教育必要性、法治知识学习兴趣程度、法治教育途径、法治教育评价、法治内容教学模式、法治教育的影响因素等；第三部分为法治素养调查量表，该量表共 5 个维度，分别为法治认知、法治情感、法治意志、法治信念、法治行为。量表共 54 个条目，每个条目采取 Likert 5 级评分，1~5 级分别代表非常不符合、不符合、一般、符合、非常符合。条目 13、21、25、44 为反向计分题，量表各维度所有条目的得分总和除以条目总数，即为该维度的总均分。其中，维度总均分≤3 为低水平；3＜维度总均分≤4 为中等水平；维度总均分＞4 为高水平。量表总体平均得分越高，表示大学生法治素养状况越好。

（二）调查方法

问卷调查于 2020 年 10 月至 2021 年 4 月进行，因处于新冠疫情期间，多数高校采取了封闭式管理，给调研工作带来一定难度。鉴于此，本次调查采用线上与线下相结合的方式，即对于可以进行现场调查的，则直接在学生班会现场或课间发放；对于无法进入校园开展调查的，则通过腾讯问卷调查系统进行在线调查，将制作好的电子问卷发给所在学校的辅导员、任课教师等，通过他们将调查链接发给所抽中的学生填写。线上和线下调查均给予统一指导语和强调事项。现场调查的问卷，作答完后当场回收。此次调查共发出 3000 份问卷，其中，现场调查问卷共发出 1220 份，线上调查问卷发出 1780 份。

（三）质量控制

问卷回收后，对其进行整理、编号，并按照以下标准进行筛选：（1）问卷填答不完整，有漏题的问项；（2）乱填问卷，即大部分测量问项均勾选同一选项，或出现大量一致性的回答，或呈现明显规律性作答；（3）问卷填答前后矛盾，逻辑关系出现明显错误。符合这些标准的问卷，均作为无效问卷，并给予剔除。经过筛选，最终获得有效问卷 2562 份，有效回收率为 85.4%。

（四）数据处理与统计方法

现场回收的问卷采用 EpiData 3.0 软件进行录入，录入完成后导出数据，与线上调查的有效数据进行合并，数据采用 SPSS 20.0 统计软件进行统计分析。统计方法采用简单描述性分析、t 检验、方差分析、χ^2 检验、多元性线回归分析等对数据进行统计分析。$P<0.05$ 表示差异有统计学意义。

四、调查对象的基本特征

如表 3-9 所示，2562 个样本中，男生共有 1240 人，占总调查样本的 48.4%；女生共 1322 人，占 51.6%。教育部发布的统计数据显示，2019—2020 学年初全国在校本科生中男女生的比例分别为 48.28% 和 51.72%，福建省在校本科生中男女生的比例分别为 47.86% 和 52.14%。[1] 由此可见，本研究所调查的男女生比例与全国和福建省在校本科生男女比

---

[1] 中华人民共和国教育部. 高等教育普通本专科学生数 [EB/OL]. (2020-06-08) [2021-04-03] http://www.moe.gov.cn/s78/A03/moe_560/jytjsj_2019/gd/202006/t20200611_464825.html.

例基本一致,可以在相当程度上代表福建省在校本科生的全貌。

表3-9 调查对象的基本特征（$N=2562$）

项目		数量	百分比（%）	项目		数量	百分比（%）
性别	男	1240	48.4	独生子女	是	748	29.2
	女	1322	51.6		否	1814	70.8
生源地	城镇	1031	40.2	专业类别	文史类	957	37.4
	农村	1531	59.8		理工类	1034	40.4
年级	大一	694	27.1		体育类	238	9.3
	大二	774	30.2		艺术类	333	13.0
	大三	647	25.3	父亲文化程度	小学及以下	560	21.9
	大四	447	17.4		初中	983	38.4
政治面貌	中共党员	96	3.7		中专/高中	512	20.0
	共青团员	2291	89.4		大专	212	8.3
	群众	175	6.8		本科及以上	295	11.5
学校类别	985工程院校	64	2.5	母亲文化程度	小学及以下	1016	39.7
	211工程院校	98	3.8		初中	777	30.3
	普通本科院校	2400	93.7		中专/高中	430	16.8
学生干部经历	是	1295	50.5		大专	180	7.0
	否	1267	49.5		本科及以上	159	6.2

在生源地方面,来自城镇的生源共1031人,占40.2%;来自农村的生源共1531人,占59.8%。

在年级方面,大一年级有694人,占27.1%;大二年级有774人,占30.2%;大三年级有647人,占25.3%;大四年级有447人,占17.4%。由此可见,所选取的调查对象在年级分布上比较均衡,说明样本具有比较好的代表性。

在专业类别方面（按高考志愿填报类别划分）,文史类专业有957人,占37.4%;理工类专业有1034人,占40.4%;体育类专业有238人,占9.3%;艺术类专业有333人,占13.0%。所读院校的类别中,985工程院校有64人,占2.5%;211工程院校有98人,占3.8%;普通本科院校有2400人,占93.7%。

在学生干部经历方面,在校期间有班干部、学生会干部经历共 1295 人,占 50.5%,无该经历的共 1267 人,占 49.5%。在政治面貌方面,中共党员共 96 人,占 3.7%;共青团员共 2291 人,占 89.4%;群众 175 人,占 6.8%。

在 2562 个样本中,独生子女共有 748 人,占总调查样本的 29.2%;非独生子女共 1814 人,占 70.8%。

对调查对象父母亲的最高学历进行考察,父母亲最高学历在高中以下的占比最多,其中,父亲最高学历是初中学历的占比最多,占 38.4%,母亲最高学历是小学及以下的占比最多,占 39.7%。父母亲最高学历在大专及以上的合计分别占 19.8%、13.2%。

第二节 新时代大学生法治素养培育调查的描述性统计分析

描述性统计学是对样本观察或测量数据频率分布的定量研究。❶ 描述性统计的目的主要是对测量值或观察值进行归纳浓缩,达到简化数据的目的,进而了解数据的整体分布,减少信息损失。本书先对大学生法治素养状况进行描述性统计分析,目的是对大学生法治素养的状况做全景扫描,了解大学生法治素养各维度的整体分布情况。

一、新时代大学生法治认知状况

从表 3-10 可知,在对社会主义法治本质的认知方面,总计有 89.3%(包括符合、非常符合两项,下文除反向题项外,皆同)的学生认为社会主义法治建设必须坚持党的领导;总计有 89.6% 的学生认为党领导人民制定宪法法律,必须带头遵守。在对社会主义法治价值的认知方面,总计有

---

❶ 周宗灿,付立杰. 现代毒理学简明教程 [M]. 北京:军事医学科学出版社,2012:304.

88.1%的学生认为任何组织和公民个人都要遵守法律；总计有88.1%的学生认为一切违法行为都应当受到法律的追究；总计有90%的学生认为法律面前应该人人平等；总计有88.5%的学生认为要做到党的领导和依法治国有机统一，党也必须在宪法和法律范围内活动。

表3-10　大学生法治认知的总体情况　　　　　　　　　　N（%）

项目	非常不符合	不符合	一般	符合	非常符合
我认为任何组织和公民个人都要遵守法律	21（0.8）	28（1.1）	255（10）	444（17.3）	1814（70.8）
我认为生态文明建设需要有法律的保驾护航	16（0.6）	31（1.2）	238（9.3）	489（19.1）	1788（69.8）
我认为宪法法律是神圣不可侵犯的	19（0.7）	26（1）	251（9.8）	482（18.8）	1784（69.6）
我认为言论自由应该在法律规定的限度内行使	18（0.7）	32（1.2）	235（9.2）	512（20）	1765（68.9）
我认为党领导人民制定宪法法律，必须带头遵守	17（0.7）	27（1.1）	221（8.6）	449（17.5）	1848（72.1）
我认为有借有还，再借才不难	25（1）	33（1.3）	237（9.3）	473（18.5）	1794（70）
我认为人人都尊重法律，法律的权威才能得到维护	17（0.7）	26（1）	234（9.1）	480（18.7）	1805（70.5）
我认为司法应该接受社会的监督	13（0.5）	27（1.1）	243（9.5）	490（19.1）	1789（69.8）
我认为社会主义法治建设必须坚持党的领导	16（0.6）	34（1.3）	223（8.7）	441（17.2）	1848（72.1）
我认为任何组织或者个人都不得有超越宪法和法律的特权	16（0.6）	28（1.1）	230（9）	483（18.9）	1805（70.5）
我认为一切违法行为都应当受到法律的追究	12（0.5）	31（1.2）	262（10.2）	503（19.6）	1754（68.5）

续表

项目	非常不符合	不符合	一般	符合	非常符合
我认为法律面前应该人人平等	17 (0.7)	26 (1)	213 (8.3)	394 (15.4)	1912 (74.6)
我认为欠债还钱是天经地义的事情	1212 (47.3)	289 (11.3)	242 (9.4)	202 (7.9)	617 (24.1)
我认为宪法规范约束了政府权力,也保障了公民权利	13 (0.5)	28 (1.1)	279 (10.9)	548 (21.4)	1694 (66.1)
我认为宪法高于一切法律、法规和其他规范性文件	14 (0.5)	37 (1.4)	274 (10.7)	547 (21.4)	1690 (66)
我认为公民监督执法和司法过程可以在一定程度上防范腐败滋生	20 (0.8)	33 (1.3)	276 (10.8)	562 (21.9)	1671 (65.2)
我认为法律在国家和社会治理体系中的作用不可替代	15 (0.6)	24 (0.9)	216 (8.4)	474 (18.5)	1833 (71.5)
我认为要做到党的领导和依法治国有机统一,党也必须在宪法和法律范围内活动	20 (0.8)	21 (0.8)	254 (9.9)	524 (20.5)	1743 (68)

在社会主义法治的作用认知方面,总计有88.9%的学生认为生态文明建设需要有法律的保驾护航;总计有90%的学生认为法律在国家和社会治理体系中的作用不可替代。在对国家宪法的认知方面,总计有88.4%的学生认为宪法法律是神圣不可侵犯的;总计有87.5%的学生认为宪法规范约束了政府权力,也保障了公民权利;总计有87.4%的学生认为宪法高于一切法律、法规和其他规范性文件。

在社会主义法治运行的认知方面,总计有88.9%的学生认为司法应该接受社会的监督;总计有87.1%的学生认为公民监督执法和司法过程可以在一定程度上防范腐败滋生。在对法律权利和法律义务的认知方面，总计有88.9%的学生认为言论自由应该在法律规定的限度内行使；总计有88.5%的学生认为有借有还，再借不难；总计有58.6%（包括非常不符合、不符合两项）的学生认为欠债还钱并非天经地义的事情。

由此可见，绝大多数学生对社会主义法治相关内容的认识比较正确，具备"宪法法律至上""崇法尚法"的法治意识以及规则意识和契约精神。然而，对于某些生活中常见问题的认识也存在模糊不清的状况，比如，有32%的学生认为欠债还钱是天经地义的事情，无法用法治思维去分析该问题。

二、新时代大学生法治情感状况

由表3-11可知，在社会主义法治认同和接纳方面，总计有82.7%的学生能深刻感受到社会主义法治就是为社会主义制度服务的；总计有74%的学生推崇法律权利与法律义务要保持一致，享受权利就要承担义务，承担义务是为了享受权利。在对社会主义法治在实际运行过程中达到的效果的主观体验方面，总计有88.8%的学生为社会主义法律保证了国家各方面有序发展感到欣慰；总计有73.6%的学生对我国社会主义法治体系的建设现状感到很满意。在自身与社会主义法治之间的关系感受方面，总计有63.9%的学生平时很喜欢和他人交流或分享法治方面的事例；总计有66.4%的学生在观看法治节目或阅读法治类书籍时会感到很愉悦。在对待法理和情理的态度方面，总计有35.1%的学生认为人情大于国法；总计有40.1%的学生认为自己交了学费，上课听不听是个人的事；只有总计43.7%的学生推崇现代社会应该坚持法治，摒弃人治；总计有47.6%的学生认同法律之上没有情和理的理念。这说明大多数学生认同和接纳社会主义法治的理念，对我国法治建设所取得的成果感到满意。然而，仍有一部分学生缺乏比较理性的法治情感，甚至认为人情可以凌驾于法律之上。

表 3–11　大学生法治情感的总体情况　　　　　　　　　　　　　　N（%）

项目	非常不符合	不符合	一般	符合	非常符合
我为社会主义法律保证了国家各方面有序发展感到欣慰	13（0.5）	25（1）	249（9.7）	485（18.9）	1790（69.9）
我平时很喜欢和他人交流或分享法治方面的事例	55（2.1）	165（6.4）	705（27.5）	534（20.8）	1103（43.1）
我交了学费，上课听不听是我的事	814（31.8）	337（13.2）	383（14.9）	334（13）	694（27.1）
我深深感受到社会主义法治就是为社会主义制度服务的	25（1）	45（1.8）	372（14.5）	574（22.4）	1546（60.3）
观看法治节目或阅读法治类书籍，我会感到很愉悦	38（1.5）	105（4.1）	718（28）	631（24.6）	1070（41.8）
我推崇现代社会应该坚持法治，摒弃人治	492（19.2）	357（13.9）	592（23.1）	400（15.6）	721（28.1）
我认为人情大于国法	615（24）	410（16）	638（24.9）	420（16.4）	479（18.7）
我对我国社会主义法治体系的建设现状感到很满意	21（0.8）	71（2.8）	584（22.8）	768（30）	1118（43.6）
我认同法律之上没有情和理的理念	277（10.8）	394（15.4）	673（26.3）	481（18.8）	737（28.8）
我推崇法律权利与法律义务要保持一致，享受权利就要承担义务，承担义务是为了享受权利	73（2.8）	119（4.6）	473（18.5）	657（25.6）	1240（48.4）

三、新时代大学生法治意志状况

由表 3–12 可知，在维护法律权威和遵守法律的意志方面，总计有

86.6%的学生愿意为自己的违法行为承担相应的法律责任；总计有87.7%的学生会自觉遵守学校的校规校纪；总计有86.7%的学生表示自己在任何情况下都不会闯红灯；总计有82.5%的学生表示自己在任何情形下都会积极主动地遵守各项法律制度；总计有84.3%的学生在生活中以法律为行为准则。在法治学习和实践的意志方面，总计有72.3%的学生会积极关注国家新出台的《民法典》；总计有61.5%的学生在平时会坚持抽出时间关注法治方面的信息；总计有63.4%的学生会积极主动参与学校开展的各类法治实践活动；总计有58.2%的学生会坚持收听收看法制广播电视节目或阅读法律类书籍。由此可见，大多数学生具有较强的捍卫社会主义法律权威的决心，并且在自觉遵守法律法规方面表现出较强的恒心。然而，在现实生活中要真正付出行动去坚持学习社会主义法治相关知识和参与法治实践活动，其所表现出来的韧性和意志力并非特别强。

表3-12 大学生法治意志的总体情况　　　　　　　　　　　　N（%）

项目	非常不符合	不符合	一般	符合	非常符合
对于学校开展的各类法治实践活动，我都积极参与	49（1.9）	131（5.1）	756（29.5）	623（24.3）	1003（39.1）
我经常收听收看法制广播电视节目或阅读法律类书籍	65（2.5）	227（8.9）	779（30.4）	550（21.5）	941（36.7）
我愿意为自己的违法行为承担相应的法律责任	15（0.6）	27（1.1）	301（11.7）	623（24.3）	1596（62.3）
我会自觉遵守学校的校规校纪	12（0.5）	27（1.1）	276（10.8）	609（23.8）	1638（63.9）
我会积极关注国家新出台的《民法典》	44（1.7）	103（4）	563（22）	613（23.9）	1239（48.4）
我在任何情况下都不会闯红灯	15（0.6）	30（1.2）	295（11.5）	587（22.9）	1635（63.8）
平时我会坚持抽出时间关注法治方面的信息	44（1.7）	184（7.2）	759（29.6）	604（23.6）	971（37.9）

续表

项目	非常不符合	不符合	一般	符合	非常符合
我在任何情形下都会积极主动地遵守各项法律制度	21（0.8）	40（1.6）	387（15.1）	732（28.6）	1382（53.9）
生活中，我处处谨慎，以法律为行为准则	15（0.6）	41（1.6）	348（13.6）	696（27.2）	1462（57.1）

四、新时代大学生法治信念状况

由表3-13可知，总计有87.6%的学生相信我国社会主义法律可以促进社会公平正义的实现；总计有88.5%的学生坚信我国社会主义法治建设会越来越好；总计有87.3%的学生对我国建设社会主义法治国家充满信心；总计有86.7%的学生相信我国能够实现全面依法治国；此外，总计有86.7%的学生相信我国宪法法律能够真正维护人民群众的根本利益。这说明绝大多数学生法治信念比较坚定，对我国社会主义法治建设充满信心，对社会主义法律保证社会公平正义、维护人民群体利益的价值实现持高度认同。

表3-13　大学生法治信念的总体情况　　　　　　　　　　$N(\%)$

项目	非常不符合	不符合	一般	符合	非常符合
我相信我国社会主义法律可以促进社会公平正义的实现	14（0.5）	30（1.2）	272（10.6）	595（23.2）	1651（64.4）
我相信我国社会主义法治建设会越来越好	14（0.5）	23（0.9）	259（10.1）	553（21.6）	1713（66.9）
我对我国建设社会主义法治国家充满信心	13（0.5）	36（1.4）	277（10.8）	543（21.2）	1693（66.1）
我相信我国能够实现全面依法治国	15（0.6）	30（1.2）	297（11.6）	566（22.1）	1654（64.6）
我相信我国宪法法律能够真正维护人民群众的根本利益	14（0.5）	36（1.4）	290（11.3）	574（22.4）	1648（64.3）

五、新时代大学生法治行为状况

由表3-14可知，在法律权利和法律义务的行使和履行方面，总计有88.7%的学生会遵守疫情防控的相关政策和校规校纪；总计有84.8%的学生从未在网络上匿名发过攻击他人的言论；总计有73.2%的学生会坚决抵制山寨产品；总计有73.3%的学生会主动行使选举权。在依法办事和遵守规则意识方面，总计有86.1%的学生表示当有事时，会先做好请假手续再离开学校；总计有85.5%的学生到政府机关办事时，会先查询办事流程，按程序依法去办理；总计有74.4%的学生会就学校给予的处分，按程序向有关部门提出申诉。

表3-14 大学生法治行为的总体情况　　　　　　　　　　N（%）

项目	非常不符合	不符合	一般	符合	非常符合
疫情防控背景下，我会遵守相关防控的政策和校纪校规	14（0.5）	26（1）	249（9.7）	552（21.5）	1721（67.2）
办事或遇到事情时，我习惯找"关系"来处理	803（31.3）	470（18.3）	461（18）	362（14.1）	466（18.2）
当有事要离开学校时，我总是先做好请假手续	22（0.9）	39（1.5）	295（11.5）	626（24.4）	1580（61.7）
当要到政府机关办事时，我会先查询办事流程，按程序依法去办理	17（0.7）	34（1.3）	319（12.5）	654（25.5）	1538（60）
看到学校的不足之处，我会积极向学校有关部门反映	41（1.6）	137（5.3）	633（24.7）	612（23.9）	1139（44.5）
我会积极参与学校规定的教学评价活动	24（0.9）	43（1.7）	389（15.2）	680（26.5）	1426（55.7）
我从未在网络上匿名发过攻击他人的言论	29（1.1）	50（2）	311（12.1）	538（21）	1634（63.8）
我会主动行使选举权	45（1.8）	95（3.7）	545（21.3）	625（24.4）	1252（48.9）

续表

项目	非常不符合	不符合	一般	符合	非常符合
我会就学校给予的处分，按程序向有关部门提出申诉	35（1.4）	95（3.7）	526（20.5）	725（28.3）	1181（46.1）
当在网络上看到侮辱党和国家的言论时，我会坚决站出来反击	24（0.9）	47（1.8）	386（15.1）	667（26）	1438（56.1）
我会坚决抵制山寨产品	37（1.4）	100（3.9）	549（21.4）	707（27.6）	1169（45.6）
当自身合法权益受到侵害时，我首先选择法律途径解决	24（0.9）	98（3.8）	460（18）	660（25.8）	1320（51.5）

在捍卫社会主义法律的权威方面，总计有82.1%的学生在网络上看到侮辱党和国家的言论时，会坚决站出来反击；总计有77.3%的学生表示当自身合法权益受到侵害时，会首先选择法律途径解决。在依法参与公共生活的行为能力方面，总计有82.2%的学生会积极参与学校规定的教学评价活动；总计有68.4%的学生看到学校的不足之处，会积极向学校有关部门反映。

由此可见，大多数学生在日常生活中能自觉遵守相应的法律法规，履行和承担相应的法律权利和法律义务，树立起较好的规则意识，养成遇到问题找法并依法办事的习惯，同时，也能积极捍卫社会主义法律的权威和尊严，并具备一定的依法参与公共生活的行为能力。然而，仍有部分学生缺乏用法治思维来处理问题的能力，办事或遇到事情时，总计有32.3%的学生习惯找"关系"来处理。另外，在公共生活的参与方面，主要以学校指定的活动为主，对参与依法治校的积极性和能力方面还比较薄弱。

第三节　新时代大学生法治素养
培育调查的差异性比较分析

上文采用了描述性统计分析方法对新时代大学生法治素养的总体情况进行全景扫描，但是描述性统计分析方法本身也存在一定的局限性，它无法全面揭示数据背后更深层次的信息和统计量及其差异性，需要进一步推断性统计分析。因此，本书将采用推断性统计分析，进一步探寻大学生法治素养的差异性特点，以深入了解大学生法治素养培育的具体特点，为之后提出更有针对性的解决措施提供基础。

一、新时代大学生法治素养的基本状况

由表 3-15 和图 3-2 可知，大学生法治素养总体情况较好（$M=4.22$）。在法治素养的四个维度中，法治信念的得分最高（$M=4.50$），表明大学生对社会主义法治具有比较高的依归感，对社会主义法治建设充满信心。得分第 2 位的维度是法治认知（$M=4.44$），表明大学生对社会主义法治相关原理与理论以及社会主义法治的本质、价值、精神、要求等方面具有较清晰的认识。得分第 3 位的维度是法治意志（$M=4.21$），表明大学生在维护社会主义法治的运行过程中，表现出较好的韧性和恒心，能比较自觉地组织自己的行动并与困难作斗争。得分第 4 位的维度是法治行为（$M=4.16$），表明大学生在厉行社会主义法治的实际行为方面具有较好的能力。得分第 5 位的维度是法治情感（$M=3.76$），表明大学生对社会主义法治具有一定的认同、接纳和信任感，对社会主义法治在实际运行过程中达到的效果产生比较积极正面的主观体验，形成崇尚法治的理性情感，但这一维度的得分情况稍低于其他四个维度。

表 3-15　大学生法治素养得分情况

项目	法治认知	法治情感	法治意志	法治信念	法治行为	法治素养总值
均值	4.44	3.76	4.21	4.50	4.16	4.22
标准差	0.64	0.57	0.73	0.73	0.65	0.58

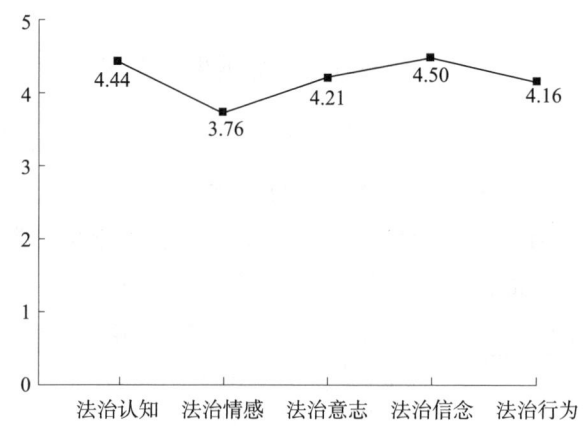

图 3-2　大学生法治素养各维度基本状况

二、新时代大学生法治素养的差异性比较

德国哲学家莱布尼茨在给国王讲哲学时说:"世界上没有两片完全相同的树叶。"世界上任何一个事物都与别的事物不同,"因为在自然中绝没有两个东西完全相似,在其中不可能找出一种内在的差别或基于一种固有特质的差异"❶。可见,万事万物都是有差异性的。所谓差异,就是事物及其事物的运动过程的不同或差别。❷ 比较事物之间的差异,最主要的目的是从中找出相互间的联系和变化过程,揭示事物内在规律,从而更好地解释现象和解决问题。正如马克思所指出的一样,"如果把这些演变中的每

---

❶ 北京大学哲学系,外国哲学史教研室.十六—十八世纪西欧各国哲学 [M].北京:商务印书馆,1961:293.

❷ 邱耕田.哲学视阈中的科学发展 [M].北京:新华出版社,2014:97.

一个都分别加以研究,然后再把它们加以比较,我们就会很容易地找到理解这种现象的钥匙"❶,而如果"没有指出 differentiaspecifica（类别差别）的解释是不成其为解释的"❷。因此,比较和分析大学生法治素养的差异性,主要是为了更好地揭示大学生法治素养的真实面貌,为找到更有效的应对措施提供参考。

（一）独生子女的法治认知水平比非独生子女高

由表 3-16 可知,独生子女和非独生子女大学生在法治素养总分和法治情感、法治意志、法治信念和法治行为得分方面没有显著差异（$P > 0.05$）,但在法治认知维度的得分方面,独生子女大学生要高于非独生子女大学生,两者间的比较差异具有统计学意义（$P < 0.05$）。

表 3-16 独生与非独生子女大学生的法治素养得分情况

项目		独生子女 （$N=748$）	非独生子女 （$N=1814$）	t 值	P 值
法治认知	均值	4.49	4.43	2.194	0.028
	标准差	0.63	0.64		
法治情感	均值	3.78	3.75	1.309	0.190
	标准差	0.62	0.56		
法治意志	均值	4.23	4.21	0.757	0.449
	标准差	0.78	0.71		
法治信念	均值	4.52	4.50	0.672	0.502
	标准差	0.75	0.72		
法治行为	均值	4.19	4.15	1.387	0.166
	标准差	0.67	0.63		
法治素养总分	均值	4.25	4.21	1.622	0.105
	标准差	0.60	0.57		

---

❶ 马克思,恩格斯. 马克思恩格斯文集（第 3 卷）[M]. 北京：人民出版社,2009：466-467.

❷ 马克思,恩格斯. 马克思恩格斯全集（第 1 卷）[M]. 北京：人民出版社,1956：256.

(二) 重点院校学生的法治信念比普通院校学生高

由表3-17可知,重点院校和普通院校大学生在法治素养总分和法治认知、法治情感、法治意志和法治行为得分方面没有显著差异($P>0.05$),但在法治信念维度的得分方面,重点院校的大学生要高于普通院校大学生,两者间的比较差异具有统计学意义($P<0.05$)。

表3-17 不同院校类别的大学生法治素养得分情况

项目		重点院校 ($N=162$)	普通院校 ($N=2400$)	t值	P值
法治认知	均值	4.52	4.44	1.600	0.110
	标准差	0.50	0.64		
法治情感	均值	3.75	3.76	-0.255	0.799
	标准差	0.45	0.58		
法治意志	均值	4.15	4.22	-1.128	0.260
	标准差	0.71	0.73		
法治信念	均值	4.62	4.50	2.075	0.038
	标准差	0.65	0.74		
法治行为	均值	4.15	4.16	-0.237	0.813
	标准差	0.65	0.65		
法治素养总分	均值	4.24	4.22	0.483	0.629
	标准差	0.50	0.59		

(三) 文史类专业学生的法治素养水平高于理工类和艺术类学生

从表3-18可以看出,不同专业类别的大学生在法治素养总分及其各维度的得分比较方面均具有统计学意义($P<0.05$)。事后检验发现,在法治素养总分方面,文史类专业的大学生要高于理工类和艺术类专业大学生,其比较差异具有统计学意义($P<0.01$)。在法治认知维度得分方面,文史类和理工类专业大学生要高于体育类和艺术类专业大学生,其比较差异均具有统计学意义($P<0.001$)。在法治情感得分方面,文史类专业大

学生要高于理工类专业大学生（$P<0.05$），其余专业类别大学生之间的比较差异则无统计学意义（$P>0.05$）。在法治意志得分方面，文史类专业大学生要高于理工类和艺术类专业大学生；体育类专业大学生要高于理工类专业大学生，其比较差异均具有统计学意义（$P<0.01$）。在法治信念得分方面，文史类专业大学生要高于理工类、体育类和艺术类专业大学生；理工类专业大学生要高于艺术类专业大学生，其比较差异均具有统计学意义（$P<0.01$）。在法治行为得分方面，文史类专业大学生要高于理工类和艺术类专业大学生，其比较差异均具有统计学意义（$P<0.001$），其余各专业类别的大学生之间的比较差异则无统计学意义（$P>0.05$），见表3–19。

表3–18　不同专业类别的大学生法治素养得分情况

项目		文史类 ($N=957$)	理工类 ($N=1034$)	体育类 ($N=238$)	艺术类 ($N=333$)	F 值	P 值
法治认知	均值	4.47	4.48	4.32	4.34	7.868	<0.001
	标准差	0.60	0.68	0.56	0.62		
法治情感	均值	3.80	3.72	3.79	3.75	3.664	0.012
	标准差	0.51	0.68	0.47	0.47		
法治意志	均值	4.27	4.15	4.29	4.18	5.784	0.001
	标准差	0.71	0.75	0.67	0.74		
法治信念	均值	4.57	4.49	4.45	4.39	5.802	0.001
	标准差	0.70	0.75	0.68	0.80		
法治行为	均值	4.25	4.09	4.17	4.12	11.709	<0.001
	标准差	0.62	0.67	0.59	0.65		
法治素养总分	均值	4.27	4.20	4.19	4.16	4.570	0.003
	标准差	0.55	0.62	0.50	0.56		

表3–19　不同专业类别大学生法治素养得分的两两比较结果

项目		离差平方和	自由度	F 值	事后比较 LSD
法治认知	组间	9.456	3	7.868***	文史类>体育类；文史类>艺术类；理工类>体育类；理工类>艺术类
	组内	1024.760	2558		
	总和	1034.216	2561		

续表

项目		离差平方和	自由度	F 值	事后比较 LSD
法治情感	组间	3.622	3	3.664*	文史类 > 理工类
	组内	842.900	2558		
	总和	846.523	2561		
法治意志	组间	9.252	3	5.784**	文史类 > 理工类；文史类 > 艺术类；体育类 > 理工类
	组内	1364.059	2558		
	总和	1373.311	2561		
法治信念	组间	9.286	3	5.802**	文史类 > 理工类；文史类 > 体育类；文史类 > 艺术类；理工类 > 艺术类
	组内	1364.630	2558		
	总和	1373.916	2561		
法治行为	组间	14.463	3	11.709***	文史类 > 理工类；文史类 > 艺术类
	组内	1053.183	2558		
	总和	1067.646	2561		
法治素养总分	组间	4.597	3	4.570**	文史类 > 理工类；文史类 > 艺术类
	组内	857.724	2558		
	总和	862.322	2561		

注：* 表示 $P<0.05$，** 表示 $P<0.01$，*** 表示 $P<0.001$。

（四）党员学生的法治信念水平高于共青团员和群众

由表 3-20 可知，不同政治面貌的大学生在法治素养总分和法治认知、法治情感、法治意志、法治行为等维度得分方面的比较无显著差异（$P>0.05$），但在法治信念维度得分方面的比较差异具有统计学意义（$P<0.05$）。事后检验发现，政治面貌为中共党员的大学生，其法治信念得分要高于政治面貌为共青团员和群众的大学生；而政治面貌为共青团员的大学生，其法治信念得分要高于群众，各组间的比较差异具有统计学意义（$P<0.05$），见表 3-21。

表 3-20 不同政治面貌的大学生法治素养得分情况

项目		中共党员 ($N=96$)	共青团员 ($N=2291$)	群众 ($N=175$)	F 值	P 值
法治认知	均值	4.57	4.44	4.40	2.208	0.110
	标准差	0.60	0.64	0.60		
法治情感	均值	3.83	3.75	3.77	0.987	0.373
	标准差	0.60	0.57	0.60		
法治意志	均值	4.38	4.21	4.19	2.469	0.085
	标准差	0.72	0.73	0.78		
法治信念	均值	4.66	4.51	4.39	4.288	0.014
	标准差	0.69	0.73	0.80		
法治行为	均值	4.28	4.16	4.15	1.648	0.193
	标准差	0.63	0.64	0.68		
法治素养总分	均值	4.34	4.22	4.19	2.381	0.093
	标准差	0.55	0.58	0.58		

表 3-21 不同政治面貌大学生法治信念得分的两两比较结果

项目		离差平方和	自由度	F 值	事后比较 LSD
法治信念	组间	4.589	2	4.288*	中共党员 > 共青团员;中共党员 > 群众;共青团员 > 群众
	组内	1369.327	2559		
	总和	1373.916	2561		

注:* 表示 $P<0.05$。

(五)父亲为本科及以上学历的大学生法治素养水平高于父亲学历水平低的大学生

由表 3-22 可知,父亲最高学历不同的大学生在法治素养总分和法治认知、法治意志、法治信念、法治行为维度得分的比较差异有统计学意义($P<0.05$),但在法治情感维度得分的比较差异则无统计学意义($P>0.05$)。

表3-22 父亲最高学历不同的大学生法治素养得分情况

项目		小学及以下 ($N=560$)	初中 ($N=983$)	中专/高中 ($N=512$)	大专 ($N=212$)	本科及以上 ($N=295$)	F值	P值
法治认知	均值	4.38	4.46	4.41	4.45	4.56	4.650	0.001
	标准差	0.70	0.60	0.63	0.69	0.58		
法治情感	均值	3.71	3.76	3.75	3.80	3.81	1.856	0.116
	标准差	0.58	0.55	0.58	0.62	0.60		
法治意志	均值	4.15	4.22	4.19	4.23	4.34	3.339	0.010
	标准差	0.77	0.69	0.75	0.76	0.73		
法治信念	均值	4.44	4.54	4.46	4.47	4.60	3.370	0.009
	标准差	0.79	0.69	0.75	0.79	0.67		
法治行为	均值	4.11	4.17	4.12	4.17	4.27	3.598	0.006
	标准差	0.69	0.60	0.67	0.67	0.64		
法治素养总分	均值	4.16	4.24	4.19	4.23	4.33	4.262	0.002
	标准差	0.63	0.54	0.59	0.62	0.56		

从表3-23的事后检验结果可以看出,在法治素养总分方面,父亲最高学历为本科及以上的大学生,其法治素养总分要高于父亲学历为小学及以下、初中、中专/高中学历的大学生;父亲最高学历为初中的大学生法治素养总分要高于父亲学历为小学及以下的大学生,其比较差异均具有显著的统计学意义($P<0.01$)。

表3-23 父亲最高学历不同的大学生法治素养得分两两比较结果

项目		离差平方和	自由度	F值	事后比较LSD
法治认知	组间	7.468	4	4.650**	5>1, 5>2, 5>3, 5>4; 2>1
	组内	1026.748	2557		
	总和	1034.216	2561		
法治情感	组间	2.450	4	1.856	—
	组内	844.072	2557		
	总和	846.523	2561		

续表

项目		离差平方和	自由度	F 值	事后比较 LSD
法治意志	组间	7.135	4	3.339*	5>1, 5>2, 5>3; 2>1
	组内	1366.176	2557		
	总和	1373.311	2561		
法治信念	组间	7.206	4	3.370**	5>1, 5>3; 2>1
	组内	1366.710	2557		
	总和	1373.916	2561		
法治行为	组间	5.975	4	3.598**	5>1, 5>2, 5>3
	组内	1061.671	2557		
	总和	1067.646	2561		
法治素养总分	组间	5.711	4	4.262**	5>1, 5>2, 5>3; 2>1
	组内	856.611	2557		
	总和	862.322	2561		

注：①*表示 $P<0.05$，**表示 $P<0.01$；②父亲学历："1"代表小学及以下，"2"代表初中，"3"代表中专/高中；"4"代表大专，"5"代表本科及以上。

在法治认知得分方面，父亲最高学历为本科及以上的大学生，其法治认知得分要高于父亲学历为小学及以下、初中、中专/高中、大专学历的大学生；父亲最高学历为初中的大学生法治认知得分要高于父亲学历为小学及以下的大学生，其比较差异均具有显著的统计学意义（$P<0.01$）。

在法治意志得分方面，父亲最高学历为本科及以上的大学生，其法治意志得分要高于父亲学历为小学及以下、初中、中专/高中学历的大学生；父亲最高学历为初中的大学生法治认知得分要高于父亲学历为小学及以下的大学生，其比较差异均具有统计学意义（$P<0.05$）。

在法治信念得分方面，父亲最高学历为本科及以上的大学生，其法治信念得分要高于父亲学历为小学及以下、中专/高中学历的大学生；父亲最高学历为初中的大学生法治信念得分要高于父亲学历为小学及以下的大学生，其比较差异均具有显著的统计学意义（$P<0.01$）。

在法治行为得分方面,父亲最高学历为本科及以上的大学生,其法治行为得分要高于父亲学历为小学及以下、初中、中专/高中学历的大学生,其比较差异均具有显著的统计学意义($P<0.01$),其余各组间的比较差异则无统计学意义($P>0.05$)。

总体而言,父亲学历越高的大学生,其法治素养越高。这说明,父亲的教育程度可能会直接影响到孩子的法治素养水平。

(六)母亲为本科及以上学历的大学生法治素养水平高于母亲学历水平低的大学生

从表3-24可以看出,母亲最高学历不同的大学生在法治素养总分及各维度的得分比较均具有显著性差异($P<0.01$)。

表3-24 母亲最高学历不同的大学生法治素养得分情况

项目		小学及以下 ($N=1016$)	初中 ($N=777$)	中专/高中 ($N=430$)	大专 ($N=180$)	本科及以上 ($N=159$)	F值	P值
法治认知	均值	4.40	4.45	4.51	4.44	4.58	4.535	0.001
	标准差	0.68	0.59	0.59	0.72	0.58		
法治情感	均值	3.70	3.77	3.82	3.78	3.83	4.252	0.002
	标准差	0.56	0.56	0.61	0.60	0.61		
法治意志	均值	4.14	4.25	4.28	4.23	4.33	4.975	0.001
	标准差	0.72	0.70	0.75	0.81	0.77		
法治信念	均值	4.45	4.53	4.58	4.41	4.61	4.198	0.002
	标准差	0.76	0.67	0.71	0.88	0.69		
法治行为	均值	4.10	4.19	4.21	4.15	4.30	4.953	0.001
	标准差	0.65	0.61	0.64	0.74	0.63		
法治素养总分	均值	4.16	4.24	4.28	4.22	4.34	5.521	<0.001
	标准差	0.60	0.54	0.56	0.65	0.57		

由表3-25的事后检验结果可知,在法治素养总分方面,母亲最高学历为本科及以上的大学生,其法治素养总分要高于母亲学历为小学及以下

和初中学历的大学生；母亲最高学历为初中、中专/高中的大学生法治素养总分均要高于母亲学历为小学及以下的大学生，其比较差异均具有显著的统计学意义（$P<0.001$）。

表3-25 母亲最高学历不同的大学生法治素养得分两两比较结果

项目		离差平方和	自由度	F值	事后比较 LSD
法治认知	组间	7.285	4	4.535**	5>1, 5>2, 5>4; 2>1
	组内	1026.931	2557		
	总和	1034.216	2561		
法治情感	组间	5.594	4	4.252**	5>1; 3>1; 2>1
	组内	840.929	2557		
	总和	846.523	2561		
法治意志	组间	10.604	4	4.975**	5>1; 3>1; 2>1
	组内	1362.707	2557		
	总和	1373.311	2561		
法治信念	组间	8.965	4	4.198**	5>1, 5>4; 3>1, 3>2; 2>1
	组内	1364.952	2557		
	总和	1373.916	2561		
法治行为	组间	8.209	4	4.953**	5>1, 5>4; 3>1; 2>1
	组内	1059.437	2557		
	总和	1067.646	2561		
法治素养总分	组间	7.384	4	5.521***	5>1, 5>2; 3>1; 2>1
	组内	854.937	2557		
	总和	862.322	2561		

注：①** 表示 $P<0.01$，*** 表示 $P<0.001$；②母亲学历："1"代表小学及以下，"2"代表初中，"3"代表中专/高中，"4"代表大专，"5"代表本科及以上。

在法治认知得分方面，母亲最高学历为本科及以上的大学生，其法治认知得分要高于母亲学历为小学及以下、初中、大专学历的大学生；母亲最高学历为初中的大学生法治认知得分要高于母亲学历为小学及以下的大学生，其比较差异均具有显著的统计学意义（$P<0.01$）。

在法治情感得分方面，母亲最高学历为本科及以上、中专/高中、初中的大学生，其法治情感得分均要高于母亲学历为小学及以下学历的大学生，其比较差异均具有显著的统计学意义（$P<0.01$）；其余各组间的比较差异则无统计学意义（$P>0.05$）。

在法治意志得分方面，母亲最高学历为本科及以上、中专/高中、初中的大学生，其法治意志得分均要高于母亲学历为小学及以下学历的大学生，其比较差异均具有显著的统计学意义（$P<0.01$）；其余各组间的比较差异则无统计学意义（$P>0.05$）。

在法治信念得分方面，母亲最高学历为本科及以上的大学生，其法治信念得分要高于母亲学历为小学及以下、大专学历的大学生；母亲最高学历为中专/高中的大学生法治信念得分要高于母亲学历为小学及以下、大专的大学生；母亲最高学历为初中的大学生法治信念得分要高于母亲学历为小学及以下的大学生，其比较差异均具有显著的统计学意义（$P<0.01$）。

在法治行为得分方面，母亲最高学历为本科及以上的大学生，其法治行为得分要高于母亲学历为小学及以下、大专学历的大学生；母亲最高学历为初中、中专/高中的大学生法治行为得分均要高于母亲学历为小学及以下的大学生，其比较差异均具有显著的统计学意义（$P<0.01$），其余各组间的比较差异则无统计学意义（$P>0.05$）。

总体而言，母亲学历越高的大学生，其法治素养越高。这说明，母亲的教育程度也可能会直接影响到孩子的法治素养水平。

三、新时代大学生法治素养受人口学特征影响的回归分析

回归分析是一种常见的数量分析方法，该方法主要用于分析事物之间的统计关系，侧重考察变量之间的数量变化规律，并通过回归方程的形式描述和反映这种关系，帮助人们准确把握变量受其他一个或多个变量影响的程度，进而为预测提供科学依据。[1] 为进一步探讨大学生人口学特征对

---

[1] 薛薇. 基于 SPSS 的数据分析［M］. 北京：中国人民大学出版社，2014：215.

法治素养水平的影响作用及其相互关系，将法治素养总分作为因变量，将性别等10个变量作为自变量，进行线性回归分析。

首先，对自变量进行赋值，其中，性别：1＝男，2＝女；生源地：1＝城镇，2＝农村；年级：1＝大一，2＝大二，3＝大三，4＝大四；专业属性：1＝文史类，2＝理工类，3＝体育类，4＝艺术类；学校层次：1＝985、211重点院校，2＝普通本科院校；政治面貌：1＝中共党员，2＝共青团员，3＝群众；独生子女：1＝是，2＝否；学生干部经历：1＝是，2＝否；父亲文化程度：1＝小学及以下，2＝初中，3＝中专/高中，4＝大专，5＝本科及以上；母亲文化程度：1＝小学及以下，2＝初中，3＝中专/高中，4＝大专，5＝本科及以上。

其次，对变量的选入与剔除设定标准，采用系统默认的检验水准，进入水准 $\alpha=0.05$，剔除水准 $\beta=0.10$。各变量设置好后，采用"进入"的方法，将解释变量纳入回归方程。

结果显示，大学生法治素养水平与性别等10个自变量的回归方程成立（$F=5.651$，$P<0.001$）。从标准化回归系数的绝对值可知，10个自变量中，年级、专业属性、母亲文化程度对大学生法治素养水平的影响作用最为显著。另外，透过非标准化回归系数可以看出，母亲文化程度与大学生法治素养水平呈正相关，亦即，母亲文化程度越高，其孩子的法治素养水平越高。而年级、专业属性则与大学生法治素养水平呈负相关，年级越低的大学生法治素养水平越高（见表3-26）。至于专业属性如何与大学生法治素养水平呈相关的，还需进一步作 Logistic 回归分析。由于专业属性属于分类变量，为了方便统计，本研究将理工类、体育类、艺术类专业归为一类，取0；文史类专业当作一类，取1。然后将大学生法治素养水平当作因变量，专业属性归类作为自变量，进行 Logistic 回归分析。结果显示，以文史类专业为参照，理工类、体育类、艺术类专业与法治素养水平的负相关作用显著。

表 3-26　大学生人口学特征对法治素养的影响作用

项目	非标准化回归系数		标准化回归系数	t 值	P 值	非标准化回归系数的 95% 置信区间	
	B 值	标准误	β			下限	上限
常数	4.364	0.140		31.100	<0.001	4.09	4.64
性别	0.048	0.026	0.038	1.857	0.063	0.00	0.10
生源地	0.030	0.028	0.026	1.086	0.278	-0.02	0.08
年级	-0.051	0.011	-0.092	-4.449	<0.001	-0.07	-0.03
专业属性	-0.043	0.012	-0.073	-3.567	<0.001	-0.07	-0.02
学校层次	0.016	0.024	0.013	0.658	0.511	-0.03	0.06
政治面貌	-0.071	0.037	-0.039	-1.930	0.054	-0.14	0.00
独生子女	-0.015	0.029	-0.012	-0.523	0.601	-0.07	0.04
学生干部经历	-0.032	0.023	-0.027	-1.359	0.174	-0.08	0.01
父亲文化程度	0.011	0.013	0.024	0.896	0.370	-0.01	0.04
母亲文化程度	0.034	0.014	0.070	2.483	0.013	0.01	0.06

注：B 值表示自变量对因变量的直接影响。

第四节　新时代大学生法治素养培育方式调查分析

法治教育是社会主义法治国家建设的基础性环节，也是提升全民法治素养的基本途径。❶ 高校法治教育的成效将对大学生法治素养的提升产生直接影响，因此，极有必要了解大学生接受法治教育的具体情况，揭示法治教育成效到底会对大学生法治素养的培育产生什么样的影响，这样才能为今后提升大学生法治教育效果提供更有针对性的理论参考。正如马克思所指出的一样，"如果事物的表现形式和事物的本质会直接合而为一，一切科学就都成为多余的了"❷。正因为事物的现象和本质既是对立的，又是

---

❶ 仵桂荣. 高校法治教育成效实证研究 [M]. 西安：陕西人民出版社，2020：1.
❷ 马克思，恩格斯. 马克思恩格斯文集（第 7 卷）[M]. 北京：人民出版社，2009：925.

统一的，才有科学研究的必要和可能。本质通过现象得以表现，但透过现象又可以了解本质。因而，人们能够通过对大量现象的分析研究发现事物的本质，最终达到科学的认识。[1]

一、新时代大学生接受法治教育的日常途径

由表3-27可知，大学生在日常生活中接受法治教育的途径比较多元，众多途径中，接受频率排在前十位的（包含经常与总是两项）分别是"思想道德修养与法律基础"课程、网络、辅导员日常教育、生活中发生的各类案件、广播/电视剧/电影/录像视频、与本专业相关的法律课程、家长日常教育、各类宣传栏/电子屏幕/灯箱广告、与他人交流、法治讲座。而相关教育场所的参观实践、社会公益活动（交通秩序维护等）、相关比赛（辩论赛、知识竞赛等）、模拟法庭活动、法院旁听等法治实践活动则频率较低。

表3-27　大学生接受法治教育的途径　　　　　　　　　　　　N（%）

项目	从不	偶尔	有时	经常	总是
"思想道德修养与法律基础"课程	57（2.2）	217（8.5）	838（32.7）	933（36.4）	517（20.2）
与本专业相关的法律课程	181（7.1）	472（18.4）	958（37.4）	647（25.3）	304（11.9）
法治讲座	204（8）	583（22.8）	956（37.3）	548（21.4）	271（10.6）
报刊/杂志	220（8.6）	596（23.3）	974（38）	533（20.8）	239（9.3）
广播/电视剧/电影/录像视频	102（4）	430（16.8）	1049（40.9）	670（26.2）	311（12.1）
书籍	180（7）	601（23.5）	992（38.7）	543（21.2）	246（9.6）
网络	67（2.6）	341（13.3）	953（37.2）	810（31.6）	391（15.3）
辅导员日常教育	96（3.7）	420（16.4）	1003（39.1）	720（28.1）	323（12.6）
生活中发生的各类案件	118（4.6）	460（18）	1018（39.7）	654（25.5）	312（12.2）
各类宣传栏/电子屏幕/灯箱广告	150（5.9）	528（20.6）	1004（39.2）	608（23.7）	272（10.6）

---

[1] 陈晏清. 陈晏清哲学文集（第二卷）[M]. 天津：南开大学出版社，2017：149.

续表

项目	从不	偶尔	有时	经常	总是
相关比赛（辩论赛、知识竞赛等）	335（13.1）	660（25.8）	882（34.4）	459（17.9）	226（8.8）
法院旁听	1080（42.2）	396（15.5）	549（21.4）	353（13.8）	184（7.2）
社会公益活动（交通秩序维护等）	354（13.8）	568（22.2）	901（35.2）	502（19.6）	237（9.3）
家长日常教育	168（6.6）	465（18.1）	992（38.7）	640（25）	297（11.6）
与他人交流	154（6）	531（20.7）	1030（40.2）	596（23.3）	251（9.8）
相关教育场所的参观实践	272（10.6）	566（22.1）	944（36.8）	538（21）	242（9.4）
模拟法庭活动	918（35.8）	463（18.1）	628（24.5）	359（14）	194（7.6）

二、新时代大学生对法治教育的认识及兴趣

正确的认识是行动的先导，也是产生学习兴趣和学习动力的基础。因此，只有先了解大学生对法治教育的认识情况及其学习兴趣，才能更有针对性提供相应法治教育内容和学习激励措施。

（一）新时代大学生对法治教育的认识情况

调查结果显示，有1274名学生认为大学生有必要接受社会主义法治教育，占49.7%；有1174名学生认为非常有必要接受社会主义法治教育，占45.8%。认为有必要和非常有必要接受社会主义法治教育的学生合计2448名，占96.5%，表明绝大多数学生能认识到接受社会主义法治教育的重要性。

由表3-28可知，不同性别、年级、专业和政治面貌的学生对社会主义法治教育必要性的认识比较方面有显著的统计学意义（$P<0.001$）。Z检验发现，不同性别学生只在非常不必要和不必要两项中的比较有差异，男生认为不必要和非常不必要接受社会主义法治教育的比例要高于女性。不同年级学生只在有必要和非常有必要接受社会主义法治教育两项中的

比较有差异,其中,在有必要选项中,大一学生比例要低于其他三个年级学生,但在非常有必要选项中,大一学生比例要明显高于其他三个年级。不同专业属性学生在不必要、有必要和非常有必要接受社会主义法治教育选项中的比较有差异,其中,文史类专业学生在不必要接受社会主义法治教育选项中的比例要低于其他三个专业属于的学生;在有必要选项中,艺术类专业学生的比例要高于体育类专业学生;在非常有必要选项中,文史类专业学生的比例要高于艺术类专业学生。不同政治面貌学生在非常有必要接受社会主义法治教育选项中的比较有差异,党员学生在这选项中的比例要高于共青团员和群众,这主要受调查样本中党员学生比例有关。

表 3-28　不同人口学特征的大学生对法治教育必要性认识

项目		非常不必要	不必要	有必要	非常有必要	χ^2 值	P 值
性别	男	42 (3.4%)	46 (3.7%)	604 (48.7%)	548 (44.2%)	27.646	<0.001
	女	14 (1.1%)	12 (0.9%)	670 (50.7%)	626 (47.4%)		
生源地	城镇	19 (1.8%)	24 (2.3%)	503 (48.8%)	485 (47.0%)	1.824	0.610
	农村	37 (2.4%)	34 (2.2%)	771 (50.4%)	689 (45.0%)		
年级	大一	16 (2.3%)	8 (1.2%)	238 (34.3%)	432 (62.2%)	112.402	<0.001
	大二	14 (1.8%)	23 (3.0%)	433 (55.9%)	304 (39.3%)		
	大三	18 (2.8%)	14 (2.2%)	344 (53.2%)	271 (41.9%)		
	大四	8 (1.8%)	13 (2.9%)	259 (57.9%)	167 (37.4%)		

续表

项目		非常不必要	不必要	有必要	非常有必要	χ^2值	P值
专业属性	文史类	15（1.6%）	9（0.9%）	464（48.5%）	469（49.0%）	32.124	<0.001
	理工类	26（2.5%）	26（2.5%）	530（51.3%）	452（43.7%）		
	体育类	9（3.8%）	11（4.6%）	100（42.0%）	118（49.6%）		
	艺术类	6（1.8%）	12（3.6%）	180（54.1%）	135（40.5%）		
学校层次	重点院校	6（3.7%）	4（2.5%）	76（46.9%）	76（46.9%）	2.175	0.537
	普通本科院校	50（2.1%）	54（2.3%）	1198（49.9%）	1098（45.8%）		
政治面貌	中共党员	2（2.1%）	1（1.0%）	32（33.3%）	61（63.5%）	26.313	<0.001
	共青团员	45（2.0%）	49（2.1%）	1152（50.3%）	1045（45.6%）		
	群众	9（5.1%）	8（4.6%）	90（51.4%）	68（38.9%）		
独生子女	是	19（2.5%）	19（2.5%）	351（46.9%）	359（48.0%）	3.717	0.294
	否	37（2.0%）	39（2.1%）	923（50.9%）	815（44.9%）		
学生干部经历	是	25（1.9%）	30（2.3%）	640（49.4%）	600（46.3%）	1.010	0.799
	否	31（2.4%）	28（2.2%）	634（50.0%）	574（45.3%）		

（二）新时代大学生对法治教育的学习兴趣

由表3-29可知，在对社会主义法治教育内容的学习兴趣方面，有

962名学生表示对该方面的内容学习感兴趣,占37.5%;有425名学生表示非常感兴趣,占16.6%。对社会主义法治教育内容的学习感兴趣和非常感兴趣的学生共计1387名,占54.1%。而对社会主义法治教育内容学习感觉一般的学生有1058名,占41.3%。这表明,学生对社会主义法治教育内容学习感兴趣的比例并不高。

表3-29 不同人口学特征的大学生对法治教育内容的学习兴趣程度

项目		非常不感兴趣	不感兴趣	一般	感兴趣	非常感兴趣	χ^2值	P值
性别	男	26 (2.1%)	45 (3.6%)	485 (39.1%)	431 (34.8%)	253 (20.4%)	40.581	<0.001
	女	15 (1.1%)	31 (2.3%)	573 (43.3%)	531 (40.2%)	172 (13.0%)		
生源地	城镇	18 (1.7%)	33 (3.2%)	423 (41.0%)	376 (36.5%)	181 (17.6%)	2.086	0.720
	农村	23 (1.5%)	43 (2.8%)	635 (41.5%)	586 (38.3%)	244 (15.9%)		
年级	大一	11 (1.6%)	8 (1.2%)	218 (31.4%)	279 (40.2%)	178 (25.6%)	105.869	<0.001
	大二	12 (1.6%)	39 (5.0%)	361 (46.6%)	251 (32.4%)	111 (14.3%)		
	大三	13 (2.0%)	18 (2.8%)	263 (40.6%)	266 (41.1%)	87 (13.4%)		
	大四	5 (1.1%)	11 (2.5%)	216 (48.3%)	166 (37.1%)	49 (11.0%)		
专业属性	文史类	9 (0.9%)	12 (1.3%)	380 (39.7%)	398 (41.6%)	158 (16.5%)	44.571	<0.001
	理工类	20 (1.9%)	33 (3.2%)	453 (43.8%)	365 (35.3%)	163 (15.8%)		

续表

项目		非常不感兴趣	不感兴趣	一般	感兴趣	非常感兴趣	χ^2值	P值
专业属性	体育类	4 (1.7%)	15 (6.3%)	80 (33.6%)	87 (36.6%)	52 (21.8%)	44.571	<0.001
	艺术类	8 (2.4%)	16 (4.8%)	145 (43.5%)	112 (33.6%)	52 (15.6%)		
学校层次	重点院校	2 (1.2%)	5 (3.1%)	74 (45.7%)	55 (34.0%)	26 (16.0%)	1.584	0.812
	普通本科院校	39 (1.6%)	71 (3.0%)	984 (41.0%)	907 (37.8%)	399 (16.6%)		
政治面貌	中共党员	1 (1.0%)	2 (2.1%)	31 (32.3%)	43 (44.8%)	19 (19.8%)	14.508	0.069
	共青团员	35 (1.5%)	69 (3.0%)	942 (41.1%)	872 (38.1%)	373 (16.3%)		
	群众	5 (2.9%)	5 (2.9%)	85 (48.6%)	47 (26.9%)	33 (18.9%)		
独生子女	是	14 (1.9%)	24 (3.2%)	296 (39.6%)	272 (36.4%)	142 (19.0%)	5.504	0.239
	否	27 (1.5%)	52 (2.9%)	762 (42.0%)	690 (38.0%)	283 (15.6%)		
学生干部经历	是	22 (1.7%)	42 (3.2%)	526 (40.6%)	492 (38.0%)	213 (16.4%)	1.295	0.862
	否	19 (1.5%)	34 (2.7%)	532 (42.0%)	470 (37.1%)	212 (16.7%)		

不同性别、年级和专业的大学生对社会主义法治教育内容学习兴趣程度的比较方面有显著的统计学意义（$P<0.001$）。Z检验发现，不同性别学生中，男生在非常不感兴趣选项中的比例要高于女生，在一般和感兴趣选项比例中要低于女生，但在非常感兴趣选项中的比例又要高于女生。不同年级的学生中，大二学生在不感兴趣选项中的比例要高于大一学生；在一般选项中，大一学生的比例要低于其他三个年级；在感兴趣选项中，大

一学生的比例要高于大二学生;在非常感兴趣选项中,大一学生的比例要高于其他三个年级。不同专业学生中,文史类专业学生在不感兴趣选项中的比例要低于其他三个专业属性的学生;在一般选项中,理工类专业学生的比例要高于体育类专业学生;在感兴趣选项中,文史类专业学生的比例要高于理工类专业学生;在非常感兴趣选项中,四个专业属性的学生的比较均无显著差异($P>0.05$)。

(三)法治教育因素对大学生法治素养水平的影响作用回归分析

为了进一步探讨法治教育因素对大学生法治素养水平的影响作用及其相互关系,将法治素养总分作为因变量,将接受社会主义法治教育必要性等35个变量作为自变量,进行线性回归分析。变量的选入与剔除设定标准,采用系统默认的检验水准,进入水准$\alpha=0.05$,剔除水准$\beta=0.10$。各变量设置好后,采用逐步回归分析方法进行分析。

结果显示,大学生法治素养水平与"思想道德修养与法律基础"课程学习等9个自变量的回归方程成立($F=97.282$,$P<0.001$)。从标准化回归系数的绝对值可知,9个自变量中,"思想道德修养与法律基础"课程学习、社会主义法治相关内容的学习兴趣、网络、家长日常教育和辅导员日常教育对大学生法治素养水平的影响作用最为显著,法院旁听实践活动、法院观摩教学方式、生活中发生的各类案件、法治教育内容与中学重复对大学生法治素养水平的影响作用次之(见表3-30)。另外,从非标准化回归系数可以看出,法治教育内容与中学重复与大学生法治素养水平呈负相关,换言之,高校法治教育内容与中学重复越多,大学生法治素养水平越难获得提升。

表3-30 法治教育因素对大学生法治素养水平的影响作用

项目	非标准化回归系数		标准化回归系数	t值	P值	非标准化回归系数的95%置信区间	
	B值	标准误	β			下限	上限
常数	3.059	0.073		41.665	<0.001	2.91	3.20

续表

项目	非标准化回归系数		标准化回归系数	t 值	P 值	非标准化回归系数的95%置信区间	
	B 值	标准误	β			下限	上限
"思想道德修养与法律基础"课程学习	0.119	0.013	0.198	8.988	<0.001	0.09	0.14
社会主义法治相关内容的学习兴趣	0.130	0.013	0.190	10.250	<0.001	0.11	0.16
网络	0.051	0.015	0.086	3.442	0.001	0.02	0.08
法院观摩教学方式	0.087	0.020	0.075	4.270	<0.001	0.13	0.05
家长日常教育	0.047	0.014	0.086	3.291	0.001	0.02	0.07
辅导员日常教育	0.048	0.015	0.084	3.257	0.001	0.02	0.08
法院旁听实践活动	0.035	0.009	0.079	3.828	<0.001	0.05	0.02
法治教育内容与中学重复	-0.067	0.024	-0.047	-2.727	0.006	-0.11	-0.02
生活中发生的各类案件	0.031	0.015	0.055	2.108	0.035	0.00	0.06

三、新时代大学生对学校法治教育效果的评价情况

调查结果显示，大学生对学校开展法治教育的效果评价中，有530人认为法治教育效果好，占20.7%；有950人认为法治教育效果非常好，占37.1%；有430人认为法治教育效果一般，占15.7%；有16人认为法治教育效果不好，占0.6%；有663人认为法治教育效果非常不好，占25.9%。对法治教育效果评价为好和非常好的共1480人，合计占总调查人数的57.8%；对法治效果评价为不好和非常不好的共679人，合计占总调查人数的26.5%（见表3-31）。由此可见，近六成大学生对学校法治教育效果的评价较好，但仍有近三成的大学生对学校法治教育效果的评价比较不好，说明高校法治教育效果还有进一步提升的空间。

表 3-31　不同人口学特征的大学生对法治教育效果的总体评价

项目		非常不好	不好	一般	好	非常好	χ^2值	P值
性别	男	262 (21.1%)	8 (0.6%)	255 (20.6%)	332 (26.8%)	383 (30.9%)	111.154	<0.001
	女	401 (30.3%)	8 (0.6%)	148 (11.2%)	198 (15.0%)	567 (42.9%)		
生源地	城镇	256 (24.8%)	6 (0.6%)	154 (14.9%)	207 (20.1%)	408 (39.6%)	4.673	0.323
	农村	407 (26.6%)	10 (0.7%)	249 (16.3%)	323 (21.1%)	542 (35.4%)		
年级	大一	169 (24.4%)	2 (0.3%)	66 (9.5%)	169 (24.4%)	288 (41.5%)	99.390	<0.001
	大二	188 (24.3%)	4 (0.5%)	132 (17.1%)	158 (20.4%)	292 (37.7%)		
	大三	192 (29.7%)	8 (1.2%)	81 (12.5%)	114 (17.6%)	252 (38.9%)		
	大四	114 (25.5%)	2 (0.4%)	124 (27.7%)	89 (19.9%)	118 (26.4%)		
专业属性	文史类	416 (43.5%)	0 (0)	33 (3.4%)	59 (6.2%)	449 (46.9%)	0.000	<0.001
	理工类	130 (12.6%)	12 (1.2%)	276 (26.7%)	326 (31.5%)	290 (28.0%)		
	体育类	12 (5.0%)	4 (1.7%)	51 (21.4%)	103 (43.3%)	68 (28.6%)		
	艺术类	105 (31.5%)	0 (0)	43 (12.9%)	42 (12.6%)	143 (42.9%)		
学校层次	重点院校	78 (48.1%)	0 (0)	4 (2.5%)	2 (1.2%)	78 (48.1%)	111.834	<0.001
	普通本科院校	585 (24.4%)	16 (0.7%)	399 (16.6%)	528 (22.0%)	872 (36.3%)		

续表

项目		非常不好	不好	一般	好	非常好	χ^2值	P值
政治面貌	中共党员	29 (30.2%)	1 (1.0%)	7 (7.3%)	20 (20.8%)	39 (40.6%)	6.048	0.642
	共青团员	589 (25.7%)	14 (0.6%)	366 (16.0%)	475 (20.7%)	847 (37.0%)		
	普通群众	45 (25.7%)	1 (0.6%)	30 (17.1%)	35 (20.0%)	64 (36.6%)		
独生子女	是	162 (21.7%)	8 (1.1%)	126 (16.8%)	160 (21.4%)	292 (39.0%)	12.800	0.012
	否	501 (27.6%)	8 (0.4%)	277 (15.3%)	370 (20.4%)	658 (36.3%)		
学生干部经历	是	302 (23.3%)	12 (0.9%)	224 (17.3%)	299 (23.1%)	458 (35.4%)	23.913	<0.001
	否	361 (28.5%)	4 (0.3%)	179 (14.1%)	231 (18.2%)	492 (38.8%)		

注：专业属性和学校层次中有变量为0，采用 fisher 精确检验。

由表3-31可知，不同性别、年级、专业属性、学校层次、学生干部经历和独生子女与否的大学生对学校法治教育效果的总体评价比较有显著的统计学意义（$P<0.05$），而不同生源地和政治面貌的学生则对学校法治教育效果的总体评价比较无统计学意义（$P>0.05$）。

事后检验发现，在不同性别比较中，女生对学校法治教育效果评价非常不好、非常好选项中的比例要高于男生，男生则在一般和好的选项比例高于女生，即相较于男生，女生对学校法治教育效果的评价呈两极化，要么非常好，要么非常不好。

在不同年级的比较中，各年级只在一般、好和非常好选项中的比较有差异，其中，大二和大四学生对学校法治教育效果评价为一般的选项比例要高于大一学生；大一学生对学校法治教育效果评价为好的选项比例要高于大三学生；大四学生对学校法治教育效果评价为非常好的选项比例要低于其余三个年级的学生。

在不同专业属性的比较中，文史类专业学生对学校法治教育效果评价为非常不好的选项比例要高于理工类、体育类和艺术类专业学生；理工类专业学生对学校法治教育效果评价为一般的选项比例要高于文史类和艺术类专业学生；理工类专业学生对学校法治教育效果评价为好的选项比例要高于文史类、体育类和艺术类专业学生；文史类专业学生对学校法治教育效果评价为非常好的选项比例要高于理工类和体育类专业学生。

不同类别学校的比较中，重点院校学生对学校法治教育效果评价为非常不好和非常好的选项比例要高于一般本科院校学生；一般本科院校学生对学校法治教育效果评价为一般和好的选项比例要高于重点院校学生。

在独生子女和非独生子女的比较中，非独生子女对学校法治教育效果评价为非常不好的选项比例要高于独生子女学生。

不同学生干部经历的比较中，无学生干部经历的学生对学校法治教育效果评价为非常不好的选项比例要高于有学生干部经历的学生；有学生干部经历的学生对学校法治教育效果评价为一般和好的选项比例要高于无学生干部经历的学生。

四、新时代大学生法治素养的家庭教育情况

调查结果显示，有 79 名大学生表示家长在日常生活中从不与其探讨涉及法律相关的问题，占 3.1%；有 400 人表示只是偶尔探讨，占 15.6%；有 794 人表示有时探讨，占 31%；有 858 人表示经常探讨，占 33.5%；有 431 人表示生活中时时处处都会探讨这些问题，占 16.8%。经常探讨和时时处处都探讨的合计 1289 人，占总人数的 50.3%。同时，有 69 名大学生表示在成长过程中父母亲从不教育其按规矩办事，占 2.7%；有 443 人表示只是偶尔教育，占 17.3%；有 891 人表示有时教育，占 34.8%；有 992 人表示经常教育，占 38.7%；有 167 人表示生活中时时处处都会探讨这些问题，占 6.5%。经常教育和时时处处都教育的合计 1159 人，占总人数的 45.2%。

从父母亲对孩子的教育方式看，有 912 名大学生表示在其成长过程中

父母亲经常会严厉训斥，占 35.6%；有 466 人表示稍有不从就打骂，占 18.2%；有 1130 人表示父母亲会对其采取循循善诱的教育方式，占 44.1%；有 1212 人表示父母亲对其教育以鼓励为主，占 47.3%；有 981 人表示父母亲会以身作则，占 38.3%；有 763 人表示父母亲对其百般疼爱，占 29.8%；有 105 人表示父母亲与其较少交流，占 4.1%。

五、新时代大学生法治素养培育受社会环境影响的情况

调查结果显示，有 976 名大学生认为市场中的缺斤短两现象会影响其对法治的信念与持守，占 38.1%；有 1097 人认为市场中销售假冒伪劣产品现象会影响其对法治的信念与持守，占 42.8%；有 1494 人认为政府相关部门"钓鱼执法"现象会影响其对法治的信念与持守，占 58.3%；有 1722 人认为领导干部腐败现象会影响其对法治的信念与持守，占 67.2%；有 1676 人认为法官审理案件不公会影响其对法治的信念与持守，占 65.4%；有 1783 人认为通过"找关系"就能解决问题会影响其对法治的信念与持守，占 69.6%；有 822 人认为自己所崇拜的明星违法犯罪会影响其对法治的信念与持守，占 32.1%。

另外，当代大学生基本为"00 后"，也有学者将这一群体的大学生称为"Z 世代"或"网络原住民"。调查结果显示，在日常生活中，大学生常使用的社交媒体或平台为微信（2557 人）、微博（1937 人）、QQ（2421 人）、抖音（2160 人）、B 站（2221 人）、知乎（1481 人）、豆瓣网（1245 人）、百度贴吧（1727 人）等，少部分大学生使用国外脸书（67 人）和推特（36 人），具体见图 3-3。而在网络平台上，大学生会经常看到一些涉及中西方制度讨论或法律制度方面的话题，其中，有 1107 人表示会经常看到制造性别对立的话题，占 43.2%；有 866 人表示会经常看到制造族群对立的话题，占 33.8%；有 1760 人表示会经常看到美化西方社会制度的话题，占 68.7%；有 1847 人表示会经常看到宣扬西方政治理念的话题，占 72.1%；有 1980 人表示会经常看到鼓吹西方自由、民主、人权的话题，占 77.3%；有 1652 人表示会经常看到主张学习西方的话题，占 64.5%；有

1314人表示会经常看到暗中抹黑我国政治制度的话题,占51.3%;有702人表示会常看到丑化我国英雄人物的话题,占27.4%。

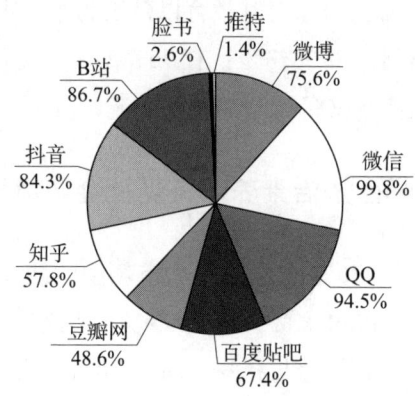

图3-3 大学生常用的社交媒体或网络平台

综上,本章主要采用实证调查的方式,对福建省11所高校的2562名本科生进行问卷调查,然后对收集的相关调查数据进行统计分析。在新时代大学生法治素养培育调查的描述性统计分析中,主要对大学生的法治认知、法治情感、法治意志、法治信念、法治行为五个方面的总体情况进行了描述。在此基础上,本章进一步对新时代大学生法治素养培育情况做差异性比较分析,结果发现:独生子女的法治认知水平比非独生子女高、重点院校学生的法治信念比普通院校学生高、文史类专业学生的法治素养水平高于理工类和艺术类学生、党员学生的法治信念水平高于共青团员和群众、父亲为本科及以上学历的大学生法治素养水平高于父亲学历水平低的大学生、母亲为本科及以上学历的大学生法治素养水平高于母亲学历水平低的大学生。此外,本章还从大学生接受法治教育的日常途径、对法治教育的认识及兴趣和对学校法治教育效果的评价情况等方面调查了新时代大学生法治素养的培育方式;并从家庭教育和社会环境等方面调查了大学生法治素养的培育情况。

第四章

新时代大学生法治素养培育的成效和问题

习近平指出："理论创新的过程就是发现问题、筛选问题、研究问题、解决问题的过程。"❶ 在这些过程中，发现问题是理论创新的逻辑起点，筛选问题和研究问题是理论创新的中间环节，解决问题是理论创新的逻辑归宿。调查的目的主要是发现问题，而问题本身具有多样性和差异性，所以要"在调查的基础上进行深入细致的思考，进行一番交换、比较、反复的工作，把零散的认识系统化，把粗浅的认识深刻化"❷。通过对大学生法治素养及其培养现状的实证调查，发现其存在不同层次的问题和差异，本章将进一步对这些问题进行分类、筛选和聚焦。

第一节 新时代大学生法治素养培育取得的成效

在党和国家的重视下，大学生法治素养的培育取得了一些成效，为进一步推进全面依法治国目标的实现，提供了坚实的基础。

一、新时代我国法治教育工作成效日益彰显

自1986年启动第一个五年普法规划至今，我国普法工作已历经30多年，2021年已经正式启动了第八个五年普法规划。从"一五"普法到"八五"普法，我国普法工作取得了丰硕成果。特别是进入新时代以后，随着国家全面推进依法治国进程的加快，法治宣传教育得到了进一步加强，各级各部门采取多种形式开展了各种各样的法治宣传和教育活动，比如：深入学习宣传贯彻习近平法治思想、开展民法典普法和宪法学习教育活动、加强法治文化阵地建设、开展"青年普法志愿者法治文化基层行"和"百名法学家百场报告会"（以下简称"双百"）活动等。中国法学会

---

❶ 习近平. 在哲学社会科学工作座谈会上的讲话［M］. 北京：人民出版社，2016：20.
❷ 中共中央宣传部. 习近平总书记系列重要讲话读本（2016年版）［M］. 北京：学习出版社，人民出版社，2016：291.

近年来发布的《中国法治建设年度报告》统计数据汇总显示，2012—2019年，全国各地累计举办"双百"活动报告会约 60476 场，直接听众超过 1372 万人次；2015—2020 年，"青年普法志愿者法治文化基层行"活动累计组织宣传活动约 265.7 万场次，发放普法宣传材料 2.08 多亿册（页），受教育群众达 4.26 多亿人次。❶ 在党和国家的高度重视下，中国特色社会主义法治理论得到了大力推动，实现了进课堂、进教材、进头脑的局面，同时也建立了一批青少年法治教育基地，初步形成政府主导、社会团体协助、全社会共同参与的青少年法治教育氛围，有效培育和提高了青少年的法治素养。❷

在历次普法工作中，青少年一直是普法的重点对象，普法规划对青少年法治素质提升予以专门强调，要求大中小学校根据不同情况设置相应法制教育课程，把法制教育课列为必修课程，做到教学有大纲、学习有教材、任课有教师以及课时有保证。❸ 为了适应不同时代普法工作和社会主义法治建设发展的需要，我国高校思政课作出了多次调整：1982 年首次设立思想品德课并将初级民主法制知识教育纳入课程内容；1986 年法制教育纳入高校课堂教学内容；1998 年高校思想政治理论课课程设置方案作出调整，将"法律基础"等课程作为本科生必修课；2005 年再次作出调整，将"思想道德修养""法律基础"两门课程合并为"思想道德修养与法律基础"。之后，"思想道德修养与法律基础"课程又经过了多次修订，最新的一次修订时间是在 2021 年，旨在进一步推动习近平新时代中国特色社会主义思想进教材、进课堂、进头脑，课程的名称也修改为"思想道德与法治"。从该课程的发展历程来看，其教育目标实现了从培育学生的法律素

---

❶ 数据根据中国法学会发布的《中国法治建设年度报告》（2015—2020 年）整理所得。中国法学会. 中国法治建设年度报告 [EB/OL]. https：//www.chinalaw.org.cn/portal/list/index/id/69.html.

❷ 马抗美，袁芳. 当前中国青少年群体法治素养的整体图景 [N]. 光明日报，2020 - 05 - 08（11）.

❸ 付子堂，肖武. 普法的逻辑展开——基于 30 年普法活动的反思与展望 [J]. 社会科学战线，2017（6）：204 - 214.

质到法治素养的转变,在教育内容上,实现了从法制教育到法治教育的转变。在近40年的普法和法治教育中,大学生的法治观念、权利意识等得到了较大提升,依法维权和依法办事已成为大学生日常生活的常态,这也从一方面反映出我国普法工作取得了较好的成效,另一方面也表明高校法治教育在大学生法治素养培育中取得了一定实效。高校思政课是培育大学生法治素养的主渠道,而高校法治教育通过思政课主渠道反映的是占统治地位的中国特色社会主义法治意识形态,这是思政课程结构中的最高层次要求。[1] 为了提升高校法治教育的实效性,国家有关部门也出台了许多配套文件,比如:2013年的《教育部、司法部、中央综治办、共青团中央、全国普法办关于进一步加强青少年学生法制教育的若干意见》、2016年的《青少年法治教育大纲》等,这为高校开展法治教育提供了根本遵循。从调查结果看,大学生对中国特色社会主义法治道路、本质、价值等内容均表现出较高的认同和积极的情感,这在某种程度上反映出高校法治教育取得了较理想的效果,特别是在法治意识形态方面的教育收到了一定成效。

二、新时代大学生法治素养培育水平总体向好

调查结果显示,新时代大学生法治素养培育水平总体呈现向好趋势,特别是在法治认知方面,大学生对我国社会主义法治相关原理以及社会主义法治的本质、价值、精神、要求等方面形成一定的认识,具备"宪法法律至上""崇法尚法"的法治意识以及规则意识和契约精神,这为大学生法治素养的培育提供了重要基础。因为认知是行动产生的前提,只有形成正确的认知,才能更好地指导行动,可以说,良好的法治认知是大学生法治素养培育的逻辑起点。正确的法治认知的形成需要历经感性、理性到实践等复杂的过程,通过从中小学到大学期间的学习,大学生已经形成一定法律知识储备,这些感知到的东西也在头脑中形成一定的概念,并逐渐内化到自身的法治素养中。基于这一逻辑起点,大学生才会进一步生成法治

---

[1] 王红梅. 高校法治教育实效性研究 [M]. 北京:中国社会科学出版社,2021:170.

情感，正所谓"知之深，方能爱之切"，如果个体都没有认识到事物的存在，当然也不会对其产生情感，因为未被认识的对象没有感情的价值。当社会主义法治本质和价值被个体自觉感知和理解后，他才可能产生积极的情感去践行它、爱护它，也就是转化为具体的法治行为。这种认识越深刻，践行它的意志和信念就越坚定，法治素养就越能得到有效培育。

中国特色社会主义最本质的特征就是坚持党的领导，这也是社会主义法治最根本的保证，是"同西方资本主义国家法治的最大区别"❶。调查结果显示，89.3%的大学生认为社会主义法治建设必须坚持党的领导，说明绝大多数学生对坚持党的领导具有较高的认同度，特别是对党的领导和依法治国的内在一致性上形成比较深刻的认识。有了这种认同，大学生才会在思想上和行动上自觉与党和国家保持一致，产生理论自觉和历史自觉，才能与时代发展保持良性互动，形成崇法尚法的良好风气，这对于当前推进全面依法治国的目标具有良好的促进作用。

此外，调查发现，绝大多数学生法治信念比较坚定，对我国社会主义法治建设充满信心，对社会主义法律保证社会公平正义、维护人民群体利益的价值实现持高度认同，而且也具有较强的捍卫社会主义法律权威的决心，并且在自觉遵守法律法规方面表现出较强的恒心。意志对个体行动的产生起着重要的驱动作用，也是催生个体生成主体性和创造性的动力源。"人本是一个依照目的而活动的东西；他没有一个目的，他什么事都做不出来。"❷ 正是因为个体对社会主义法治产生了坚定的信念，才会促使其捍卫社会主义法律权威，并自觉遵守法律法规。可见，法治意志的本质就是个体对于自身行为价值关系的一种主观反映。❸ 法治意志总是和法治行为活动联系在一起，它只有与法治行为相伴才称得上真正意义上的法治意

---

❶ 中共中央文献研究室. 习近平关于全面依法治国论述摘编［M］. 北京：中央文献出版社，2015：35.

❷ ［德］路德维希·费尔巴哈. 费尔巴哈哲学著作选集（下）［M］. 荣震华，王太庆，刘磊，译. 北京：生活·读书·新知三联书店，1963：627.

❸ 李宏伟. 少年儿童组织与思想意识教育概论［M］. 北京：首都师范大学出版社，2019：195.

志，当个体在日常生活中长期持久地磨炼自己的法治意志后，能进一步形成法治信念，坚信社会主义法律能保证社会公平正义、维护人民群体利益，坚信社会主义法治建设可以取得成功。个体越是坚信中国特色社会主义法治道路可以取得成功，就越会对其产生良好的情绪体验，在行为上就越会付出真正的实践。有学者认为"信念是思想、道德行为动机的高级形式，是产生道德行为的强大动力，并使人的道德行为表现出坚定性和一贯性，因而它是品德形成中的关键因素"❶。法治信念在法治素养生成过程中，同样遵循这样的逻辑。整体而言，新时代大学生法治素养总体水平较高，符合国家和社会发展的需要。

三、新时代大学生接受法治教育途径多元化

教育的最大目的就是培养人，即由教育者在一定环境下，通过利用一定的教育途径、教育内容、教育手段等对受教育者实施积极的影响，最终促进个体实现自由全面的发展。由此可见，教育途径在教育过程中发挥着重要作用，因为在任何教育活动中，教育者都要借助一定途径才能将教育内容传递给受教育者，从而对其产生教育影响并促使其发生积极的变化。因此，教育途径不仅影响着教育目标的实现，也会影响到教育质量与教育效果。换言之，同样的教育内容，采用不同的教育途径，其效果可能差异悬殊。❷ 法治教育目的的实现，同样也须采用与之相对应的法治教育途径，这样才能使法治教育途径与法治教育过程达到最优的组合，实现法治教育效果的最大化。从调查中反馈的结果可以看出，大学生在日常生活中接受法治教育的途径比较多元化，呈现出理论化、生活化、网络化等特点，这些教育途径承载着培育大学生法治素养的重要任务。

理论化的教育途径主要是通过相关法治课程的教育，包括"思想道德修养与法律基础"课程、与本专业相关的法律课程等，其中，"思想道德

---

❶ 全德. 论品德形成与发展的规律［J］. 湛江师范学院学报，1995（1）：108–115.
❷ 柳海民. 现代教育原理［M］. 北京：人民教育出版社，2006：528–529.

修养与法律基础"课程是大学生接受法治教育的主渠道,成为在众多教育途径中选择频率最高的选项。2021年,该课程名称修改为"思想道德与法治",其主旨在于针对大学生成长过程中面临的思想道德与法治问题,开展马克思主义的世界观、人生观、价值观、道德观、法治观教育,帮助大学生提升思想道德素质和法治素养,成长为自觉担当民族复兴大任的时代新人。❶ 该课程的教学内容中除了思想道德教育,还包括了马克思主义法治理论,特别是习近平法治思想等,这些教学内容在于帮助大学生了解社会主义法律的本质和运行机制、中国特色社会主义法治道路和法治体系的精髓等,是提升大学生法治素养的重要课程。2016年,习近平在全国高校思想政治工作会议上强调:"要用好课堂教学这个主渠道,思想政治理论课要坚持在改进中加强。"❷ 自此,各高校对提升思政课程建设和教学质量给予了高度重视,不断提升法治教育的教学质量,而良好的教育供给也必然会提升学生的学习兴趣和学习效果,这对提升其法治素养产生了重要作用。

生活化的教育途径主要是通过日常生活中的思想政治教育、家长教育、生活中发生的各类案件、广播/电视剧/电影/录像视频、各类宣传栏/电子屏幕/灯箱广告、与他人交流、法治讲座等,这些教育途径贴近大学生的生活,在其日常生活中出现和接触的频率也比较高,对其法治素养的提升发挥了重要作用。"教育的价值就在于把陌生于人的外在世界转换成人的生活世界,建构起人与世界的活泼生动、富于意义的关系,改善人的生活品质、充实生活与人生,把教育与人的生活统一起来,在教育与人的生活的整合中建构人的主体性品质。"❸ 法治教育只有回归生活世界,即从生活中来,到生活中去,这样才有助于个体在受教育中认识到作为自己的主体性存在,实现从自在到自为的转变,也才能对所学理论进行科学的检

---

❶ 《思想道德与法治(2021年版)》编写组. 思想道德与法治 [M]. 北京:高等教育出版社,2021:10.

❷ 张烁. 把思想政治工作贯穿教育教学全过程 开创我国高等教育事业发展新局面 [N]. 人民日报,2016-12-09(01).

❸ 和学新. 主体性教育研究:2001年的进展述评 [J]. 教育科学,2002(6):8-13.

验,也就是"坚持从世界本身来说明世界"❶。无论生活中发生的各类法律案件,抑或电视、广告中所呈现的法治教育内容,都与大学生的真实生活连接在一起,他们可以直观地感受到法治教育内容带来的心灵冲击。在此基础上,朋辈间的交流进一步增进了自我教育的主体性,这些都有助于提升大学生法治素养。

网络化的教育途径主要是通过网络、新媒体等方式开展法治教育。随着网络等新媒体的普及,大学生接受法治教育的途径和渠道得到了进一步拓展。在这所"没有围墙的学校"里,大学生可以直接获取相关的法治教育内容或参与法治实践活动,比如,通过进入某些网络大V的法治课堂,大学生可以直接收看其普法节目;登录一些公众号或网络平台,大学生可以直接参与相关法治话题的讨论、参与立法讨论或"E提案"等网络法治实践活动。这些平台为大学生了解相关的法律知识、培育法治素养提供了非常便捷的渠道。调查发现,在日常生活中,大学生常使用微信、微博、QQ、抖音、B站、知乎、豆瓣网、百度贴吧等社交媒体或平台,会经常接触一些涉及中西方制度讨论或法律制度方面的话题。当大学生直接参与这些话题讨论时,无形中也能提升其主体参与意识和参与能力。可见,大学生在网络平台上并非只是被动的法治信息接受者,有时也可以成为法治信息的积极传播者。近年来,许多法律案例都是从网络平台上发酵,并迅速成为热点话题,在大学生群体中广泛传播。比如:近年发生的日本留学生因帮友人而被对方男朋友杀害,此事在网上被持续热烈讨论,引发了大学生对人性、道德、法律等问题的热烈讨论。类似的话题还有很多,大学生利用自媒体广泛的传播法治信息和法律案例,并且在自媒体平台上积极地交流互动、转发评论❷,不仅给大学生学习法治知识提供了一个自我教育的机会,也有利于在社会中营造学法守法用法的良好氛围。

---

❶ 马克思,恩格斯. 马克思恩格斯选集(第3卷)[M]. 北京:人民出版社,2012:851.
❷ 杨学慧. 论自媒体时代大学生法治教育的问题和对策[J]. 预防青少年犯罪研究,2018(3):90-95.

第二节　新时代大学生法治素养培育存在的问题

随着党和国家对大学生法治素养培育的重视，大学生法治素养整体上得到了较好的提升，在培育大学生法治素养方面也积累了比较丰富的经验，为社会主义法治建设作出了重要贡献。但是，在取得成绩的同时，也要看到当前大学生法治素养培育环节仍存在一些不足之处。

一、新时代大学生法治素养的全面性还有待进一步提升

调查结果显示，大学生法治素养总体情况呈现良好局面，多数大学生对社会主义法治的本质、价值、作用和运行情况有较清晰的认知，对社会主义法治有较高的认同，对社会主义法治建设充满信心，且具有较强的维权意识，但是，在法治思维、情感、意志和行为方面尚存在一些问题，其法治素养的全面性还有待进一步提升。

（一）法治思维较为缺失

对法治思维的定义，不同学者有不同的观点和见解。有的学者认为："法治思维是基于法治的固有特性和对法治的信念，认识事物、判断是非、解决问题的思维方式。"[1] 也有学者认为："法治思维是基于对法治的信仰和遵守，自觉运用法治理念、原则和逻辑来认识、分析和解决问题的思维方式。"[2] 还有学者主张："法治思维是与人治思维、特权思维相对立的一种思维方法，是指一定主体以法治理念为基础，运用法律规范、法律原则、法律精神和法律逻辑对所遇到或所要处理的问题进行分析、综合、判

---

[1] 汪永清. 法治思维及其养成 [J]. 求是，2014（12）：38-41.
[2] 唐晓阳，吴家清. 新时期法治思维与法治风尚 [M]. 广州：广东人民出版社，2015：2.

断、推理和形成结论、决定的思维认识活动与过程。"❶ 综合各学者的观点可知，法治思维是一种分析和处理问题的思维模式或思维习惯，这种思维模式是以法治理念和法治价值作为思维导向的，在遇到问题时，个体能够自觉运用法律规则、法律方法来理性思考和处理问题。由此可见，法治思维集工具理性与价值理性于一体，是"对于法治比较理性的认知过程，也是一个动态的过程"❷。

调查发现，虽然大多数学生具有比较高的法治意识，但仍有部分学生的法治思维未完全养成，比如：总计有32%的学生认为欠债还钱是天经地义的事情，用道德评价取代法律评价，无法用法治思维去分析这个法律问题。毫无疑问，法律会保护债权人的合法利益，但法律是有诉讼时效的。根据《中华人民共和国民法典》的规定，"向人民法院请求保护民事权利的诉讼时效期间为三年"❸。也就是说，如果债权人在还钱期限届满后三年内不向债务人要求还钱，也不向法院起诉，债务人也没有表示要还钱，一旦超过了诉讼时效，债权人的债权就不再受法律保护了。此时，欠债还钱就不一定是天经地义的了。法治思维是现代公民应当具备的思维模式，法治思维缺失就有可能导致违法犯罪或自身权益遭受侵害，从近年来媒体屡屡报道的大学生涉法案件可见一斑。比如，随着互联网的兴起，大学校园出现了许多网络贷款平台，一些大学生从这些平台轻松借贷，后来才发现落入"校园贷"圈套，仿佛掉进无底洞，但又不懂得依法维权，以至于被借贷公司粗暴催债，甚至一步一步被逼上绝路，更有甚者，不惜以身试法，做出违法犯罪的事。据有关统计资料表明，目前我国大学生违法犯罪的人数占高校在校生总人数的1.26%，且有增长的趋势。❹ 大学生违法犯罪案件类型主要包括：以盗窃，诈骗，窝藏、购买和使用赃物为主的侵犯财产罪；以故意伤害、故意杀人、抢劫、绑架等为主的暴力犯罪；以卖

---

❶ 李海青. 新时代：改革再出发 [M]. 广州：广东人民出版社，2019：191.
❷ 韩春辉. 论法治思维 [J]. 行政法学研究，2013（3）：9-14.
❸ 中国法制出版社. 中华人民共和国民法典 [M]. 北京：中国法制出版社，2020：34.
❹ 毛磊. 大学生犯罪率如何降到最低限度 [N]. 人民日报，2003-04-16（13）.

淫、嫖娼、猥亵、强奸等为主的性犯罪以及通过计算机、信用卡、商业欺诈等形式为主的智能型犯罪，在这些犯罪类型中，侵犯财产罪的占比最高，约占大学生违法犯罪案件的一半以上。❶ 尽管大学生违法犯罪行为并非普遍现象，但有关部门所公布的数据，足以引发人们的深思和社会各界的广泛关注。在一些案件中，有的仅仅是因为生活中的琐事、玩笑或小摩擦，就引发各种校园恶性伤害事件。比如，2013 年复旦大学医学院的林某某就因生活中的琐事，向舍友黄某投毒，致使黄某中毒死亡。类似的案例还有多起，这说明一些大学生的法治思维还未真正养成，亟待进一步提升。

（二）法治情感较为淡薄

心理学上认为，情感是个体对外部刺激和/或内部心理表征所产生的心理反应。❷ 亦即，主体在受到外部刺激后，与这些客体因素之间产生一系列心理互动，进而引起情感的体验，最终产生相应的行为。这种体验有可能是积极的情感体验，如高兴的、快乐的；也有可能是消极的情感体验，如生气的、不快乐的。无论积极的情感，抑或消极的情感，均非在个体自身内部完成的实体，而是与某种客观事物联系在一起，是由具体的、独特的情境所激发出来的，呈现出一个运动和变化着的复杂经验的形态。❸ 在实际生活中，积极情感能够促进个体不断开拓思维，激发创造力的发挥；而消极情感则可能会限缩个体思维的活动空间与认知范围，进而抑制创造力的提升。❹ 主体会产生什么样的情感体验，主要取决于客体对主体需要的满足情况，当客体满足主体的需要时，主体将产生积极的情感体验；反之，则可能产生消极的情感体验。法治情感作为个体法治素养中的

---

❶ 赖春麟，熊大冶. 大学生安全教育 [M]. 北京：北京邮电大学出版社，2016：171 - 172.

❷ Barbara L. Fredrickson, Christine Branigan. Positive Emotions Broaden the Scope of Attention and Thought - Action Repertoires [J]. Cognition & Emotion, 2005, 19 (3): 313 - 332.

❸ John Dewey. Art as Experience [M]. New York: Minton, Balch & Company, 1934: 41.

❹ Fredrickson B L. The Role of Positive Emotions in Positive Psychology [J]. American Psychologist, 2001, 56 (3): 218 - 226.

情感要素，其产生机制也与其对主体的作用或满足程度有关。有学者根据情感的性质及其对主体的作用，将法治情感分为"正性法治情感"和"负性法治情感"两种，其中，正性法治情感对主体的法治行为具有促进作用，而负性法治情感对主体的法治行为具有阻碍作用。❶ 人们会产生依法而治或在社会生活中崇尚法治的情感体验，主要就是因为人们基于法治给自身生活带来了便利，并为自身权利的行使提供了有力保障。❷ 可见，法治情感为人们形成遇事找法、守法护法的行为习惯，提供了坚实的心理基础和动力源泉，它是主体由法治认知走向法治行为的助推器。

调查结果显示，大多数学生认同和接纳社会主义法治的理念，对我国法治建设所取得的成果感到满意。然而，在法治素养的五个维度中，法治情感维度的得分是五个维度中最低的，仍有一部分学生缺乏比较理性和积极的法治情感，有35.1%的学生认为人情大于国法，认为现代社会应该推崇法治和摒弃人治的学生只占43.7%。这在一定程度上凸显出部分大学生缺乏依法而治的理性情感，甚至认为人情可以凌驾于法律之上，失去对法律价值的信任感和依赖感，由此可能进一步导致其丧失对法治生活的信仰，对法治知识的学习与实践失去兴趣。调查发现，只有63.9%的学生平时很喜欢和他人交流或分享法治方面的事例；66.4%的学生在观看法治节目或阅读法治类书籍会感到很愉悦。法律一旦失去情感生命力，则法律将不可能幸存于世。❸ 因此，法律必须被坚定地信任，而不是半信半疑，人们对法律的坚定信任态度，是决定法治存亡的关键。正如伯尔曼所指出的一样，"法治的实现并不仅是通过对作为法律主体的人的外在约束，相反，而是通过人对内心法则的忠诚"❹。法律面前遵循人人平等的原则，法律不

---

❶ 李晓波. 论青少年法治素养的评价标准及其功能 [J]. 广西政法管理干部学院学报, 2020, 35 (3): 35-40.

❷ 蔡佩萍. 提炼生活场景 涵养法治情感——以"法律为我们护航"为例 [J]. 中学政治教学参考, 2018 (2): 29-32.

❸ [美] 哈罗德·J. 伯尔曼. 法律与宗教 [M]. 梁治平, 译. 北京: 中国政法大学出版社, 2003: 52.

❹ [美] 哈罗德·J. 伯尔曼. 法律与宗教 [M]. 梁治平, 译. 北京: 中国政法大学出版社, 2003: 64.

会因为人情等因素而丢失其本身的价值,但在看似冰冷的法律条文和规则背后,蕴含了丰富的情感力量,这种情感力量就是来自社会义法治的最大价值追求——公平正义。当人们在每一个司法案件中感受到公平正义后,才能在内心真正拥护法律并相信法律,才能产生对社会主义法治的好感与热爱。

另外,调查还发现相当一部分学生未形成正确的权利意识,有 40.1% 的学生认为自己交了学费,上课听不听是个人的事。权利和义务是社会主义法治体系中的核心内容之一,而权利本位取代义务本位也正成为现代法治的价值导向。❶ 公民的权利和义务是统一,不允许任何人只享受法律权利,不履行法律义务。❷ 换言之,法律权利和法律义务是不可分割的统一体,公民既是享受法律权利的主体,同时也是履行法律义务的主体,不存在只享受权利而不承担义务的主体,也不存在只承担义务而不享受权利的主体。现实生活中,一部分学生认为自己交了学费就该享受相应的权利,至于听不听课则是个人的自由,殊不知,根据我国《高等教育法》的规定,"公民依法享有接受高等教育的权利",且这种合法权益受到法律的保护;但该法也规定"高等学校的学生应当遵守法律、法规,遵守学生行为规范和学校的各项管理制度,尊敬师长,刻苦学习"❸。可见,接受高等教育是大学生的权利,但这个权利的实现必须以相应的法律义务的履行为条件,也就是要履行听课和学习的义务,包括完成老师布置的各种学习任务。如果在教学过程中,学生放任自我,爱听不听,不履行相应的义务或未按照教师要求从事一定的行为,这不仅会干扰教师正常教学秩序,也会影响到其他学生的合法权益,教师的教学权益同样也难以实现。

---

❶ 尹乃春. 多元协同下高校法治教育体系化路径研究——以大学生法律信仰培育为中心[M]. 上海:上海交通大学出版社,2019:74.

❷ 《思想道德修养与法律基础》编写组. 思想道德修养与法律基础:2018 年版[M]. 北京:高等教育出版社,2018:183.

❸ 全国人民代表大会常务委员会法制工作委员会. 中华人民共和国法律汇编(下册)[M]. 北京:人民出版社,2016:915,925.

（三）法治意志较不坚定

意志是个体自觉地确定目标，并根据目标有意识地支配、调节自身的行为，通过克服困难，最终实现预定目标的内在心理过程。❶ 从该定义可知，意志既是一种引导人们采取积极行为的内在力量，同时又是人们在这些行动中的积极行为。当个体在处理某件事或某一系列事件中表现出极大的决心与力量时，就会被认为拥有顽强的意志力或意志品质；而这种意志力的特性，又需要通过其决心或行动的力度和持久性体现出来，也就是说，个体的决心在这一过程中成为引导自我心理的行为。❷ 可见，意志与行为是紧密联系在一起的，意志内在于行为之中。正如维特根斯坦所言，"意志活动不是行为的原因，而是行为本身。人不可能有意志而无行动"❸。任何行为的产生都是出于某种动机，而行为出于什么动机是由意志进行抉择的。个体的行为过程需要意志的直接调控才能达到目的，一旦行为过程失去了意志的调控，则很可能偏离行为的目的，行为也就不成为真正的行为，而是一种盲目的活动。从这个意义上可以说，意志是使行为成为行为的决定因素。❹

对于国家而言，法治意志的强弱会直接关系到法治建设的成败。有学者认为，法治意志是指我们党和国家、社会在社会主义法治理念的指引下，自觉推动和贯彻全面依法治国基本方略，建设法治国家、法治政府、法治社会的一种公共意志，它是法治理念和法治思维的内化，是推动法治行动的内在动因。❺ 新中国成立以来，党和国家高度重视法治建设。新中国刚成立时，国家颁布了具有临时宪法性质的《中国人民政治协商会议共

---

❶ 彭聃龄. 普通心理学 [M]. 北京：北京师范大学出版社，2004：335.
❷ 刘志军，唐烈琼. 学校心理学 [M]. 北京：教育科学出版社，2011：88-91.
❸ [奥] 路德维希·维特根斯坦. 维特根斯坦全集（第1卷）[M]. 陈启伟，译. 石家庄：河北教育出版社，2003：176.
❹ 江畅. 德性论 [M]. 北京：人民出版社，2011：452.
❺ 舒国滢，宋旭光. 推进依法治国，重在执政党形成坚定的法治意志 [J]. 中国党政干部论坛，2014（8）：9-11.

同纲领》，这也为 1954 年制定的《中华人民共和国宪法》奠定了重要基础。"五四宪法"的正式颁布为新中国各种制度建设、社会发展等方面提供了坚实的制度保障。但 1957 年以后，由于受错误思想的影响和国际国内复杂形势的严重干扰，我国法治建设遭到重创，一度停滞不前甚至出现倒退现象，法治衰败导致人治抬头、家长制盛行，经济和社会生活失序，爆发一系列政治运动。❶ 党和国家在这一时期出现的某些失误，一定程度上而言，同背离了法治轨道有密切关系。改革开放以来，党和国家深刻总结了历史教训，不断健全和完善法治建设，积极推动依法治国和建设社会主义法治国家的进程，在法治建设方面取得了长足进步，这与我们党坚定推进法治建设的意志密不可分。实践证明，在党和国家法治意志薄弱的时候，法治建设就可能陷入困境；反之，在党和国家法治意志坚定的时候，法治建设得到有效开展，才会取得显著成绩。习近平在中共十八届四中全会第二次全体会议上的讲话中指出："法治兴则国家兴，法治衰则国家乱。什么时候重视法治、法治昌明，什么时候就国泰民安；什么时候忽视法治，法治松弛，什么时候就国乱民怨。"❷

对于个体而言，法治意志的强弱会关系到其能否将坚定守法护法的精神与品格，影响到其是否能将法治信仰坚持到底，最终也将直接关系到社会主义法治建设的成败。马克思恩格斯认为，"人的本质不是单个人所固有的抽象物，在其现实性上，它是一切社会关系的总和。"❸ 个人与社会是相互依存、相互联系的，社会总是由个人构成。法治国家、法治政府、法治社会的建成，不仅需要个体具备良好的法治认知和积极向上的法治情感，也需要其具备坚定的法治意志。❹ 只有当社会的个体普通具备坚定的法治意志时，才能使其在任何情况下都勇于同各种破坏社会主义法治的行

---

❶ 张文显. 新时代全面依法治国的思想、方略和实践 [J]. 中国法学，2017 (6)：5 - 28.
❷ 中共中央文献研究室. 习近平关于全面依法治国论述摘编 [M]. 北京：中央文献出版社，2015：8.
❸ 马克思，恩格斯. 马克思恩格斯文集（第 1 卷）[M]. 北京：人民出版社，2009：501.
❹ 张家宇，李子煊. 大学生法治精神培养的困境与出路 [J]. 北华大学学报（社会科学版），2014，15（2）：146 - 149.

为作斗争，积极捍卫社会主义法律的尊严和自身的合法权益，并养成良好的法治素养。只有这样，依法治国的进程才能得到有效推进。调查发现，大多数学生具有较强的捍卫社会主义法律权威的决心，并且在自觉遵守法律法规方面表现出较强的恒心，然而，在现实生活中，真正付出行动去坚持学习社会主义法治相关知识和参与法治实践活动，所表现出来的韧性和意志力并非特别强。比如：只有61.5%的学生在平时会坚持抽出时间关注法治方面的信息；63.4%的学生会坚持参与学校开展的各类法治实践活动；58.2%的学生会坚持收听收看法制广播电视节目或阅读法律类书籍。说明还有相当一部分的学生缺乏比较坚定的法治意志，特别是要付出实际行动去参与法治活动的意志力显得比较薄弱。任先国的研究也发现，多数人有是非观，但具有坚定法律意志力的不到四成（39.5%）❶，这与本书的调查结果基本一致。提升公民的法治素养，是推动社会主义法治建设的基础工程之一。"基础不牢，地动山摇。"法治意志不牢，同样也是要地动山摇的。一旦大学生法治意志不坚定，就意味着其对待法律的态度和信念在外界环境发生变化时很有可能产生动摇，这对社会主义法治建设是不利的。

（四）法治行为能力不足

亚里士多德认为："法治应当包含两重含义：已经成立的法律获得普遍的服从，而大家所服从的法律，本身又应是制定得良好的法律。"❷ 可见，法治的首要前提是要有良好的法律体系或制度的存在，同时，这些法律还要被人们遵从和应用。换言之，法治是要通过人的行为才能实现的。当前，我国正积极全面推动依法治国进程，努力构建法治社会、法治国家和法治政府，其中一个根本问题就是要将社会主义法治理念和法治信仰等内化于人心，外化于人们的行为。而培育公民良好的法治行为是实现依法

---

❶ 任先国. 基于要素视域下的高校法制教育有效性研究［M］. 郑州：郑州大学出版社，2017：135.

❷ ［古希腊］亚里士多德. 政治学［M］. 吴寿彭，译. 北京：商务印书馆，1997：199.

治国的关键和核心,也是实现依法治国的最终途径和根本指向❶,因为"在行为倾向上是否以既定法为准绳,是否服从既定法并确立牢固的信仰,是依法治国实现的基本要素"❷。党的十八大以来,社会主义法治建设逐渐走向全面提升和深化完善阶段,法治建设也由理念倡导层面向法治实践和行为层面转变。所谓法治行为,是指公民运用法治思维处理和解决问题的一种行为方式,在实际生活中,遇到问题时能主动运用法律来维护自身合法权益,并通过自身行为来维护法律的权威及其崇高价值。简言之,就是具备"办事依法、遇事找法、解决问题用法、化解矛盾靠法"❸的意识和习惯,同时还具备参与公共生活的行为能力,敢于同违反法治的行为作斗争的能力。

当然,法治行为不会自动产生,法治行为的产生过程是一个经由内化和外化循环往复的动态发展过程。其中,内化是指个体将外部世界的法治观念、法治价值、法治规范等转变为自身的思维方式和行为准则的过程;而外化则是把已经内化形成的法治认知、情感、意志和信念表现在行为上,自主地转化为法治行为表现和行为习惯的过程。❹ 因此,在外化阶段,个体实现了法治认知和法治行为的统一,也实现了法治理论与法治实践的结合,在实践中,个体进一步巩固了法治认知、法治情感、法治意志和法治信念,从而不断提升自身的法治素养。调查发现,多数学生能正确行使和履行法律权利和法律义务,具有一定的规则意识和依法办事的习惯,在现实生活中能积极主动捍卫社会主义法律的权威,也具有一定的依法参与公共生活的行为能力,然而,仍有部分学生的法治行为能力和法治实践能力表现得不尽如人意,主要存在以下问题。

一是缺乏用法治思维处理问题的行为能力。调查发现,有32.3%的学生办事或遇到事情时,习惯找"关系"来处理;另外,只有74.4%的学生

---

❶ 郭涛. 现代公民政治参与教育与依法治国 [J]. 学习论坛,2016,32(11):78-80.
❷ 章秀英,公民意识评价与培育机制 [M]. 北京:中国社会科学出版社,2012:257-260.
❸ 中共中央宣传部. 习近平总书记系列重要讲话读本 [M]. 北京:人民出版社,学习出版社,2014:85.
❹ 张光东. 法制宣传教育全覆盖的理论与实践 [M]. 南京:江苏人民出版社,2014:20-24.

会针对学校给予的处分,按程序向有关部门提出申诉。可见大学生对有法可依、有法必依、违法必究缺乏坚定的信念,这与国内许多学者的研究结果一致。有研究发现,部分大学生"在遇见需要解决的问题时,认为特权、潜规则、人情比法律管用"[1];有的大学生遇到问题多寻求行政途径解决,而很少寻求法律的保护,甚至当自身权益受到侵害时,也寄希望于某些权力的作用,而不习惯运用法律手段来解决。[2] 传统社会的"人情""关系""走后门"等一些逆法治思维的现象也能在部分大学生身上找到影子,这说明社会环境的负面影响也在向大学校园内渗透。人类采取的行为是在主体主观意识支配下的活动,人们心底的法治信念越坚定,外部能力就越强,行为时间就更持久、稳定,无论外部环境如何变化,主体都将保持对法律一如既往的遵从和始终如一的守法品质。[3] 一旦对依法办事的信仰不够坚定,大学生就很可能被这些不良思想影响,从而对法律信仰产生动摇。

二是缺乏公共事务的参与能力。调查发现,大学生在依法参与公共事务方面,主要以学校指定的活动(如教学评价)为主,参与依法治校的积极性和能力方面还比较薄弱。学生参与学校民主管理的过程是大学生培育民主意识、锻炼法治实践能力、提高本领才干的过程,也是依法治校的重要环节。因为高校在实施民主管理过程中,只有确保学生参与其中,才能使管理过程公开透明、民主法治,从而提高各项管理工作的规范性、稳定性和可行性。[4] 学生可以参与学校民主管理的活动包括:参与制定学校各项与学生利益相关的学习、生活、成长等政策和管理措施,比如学生教学反馈机制、奖学金评定、助学贷款申请、勤工助学、餐饮住宿服务等;参

---

[1] 李立景,黄龙,王俊艳. 新传播生态下民族院校大学生法治观念养成教育研究 [J]. 民族教育研究,2018,29(1):50-57.

[2] 潘玉腾. 加强大学生法律素质的培养 [J]. 福建师范大学学报(哲学社会科学版),2000(2):145-149.

[3] 张晓玲,闵浩. 大学生法律知识与法律素质教育培养研究 [M]. 北京:人民日报出版社,2014:196.

[4] 曾瑜,邱燕,王艳碧. 高校学生管理工作法治化研究 [M]. 成都:西南交通大学出版社,2016:125.

与学校事务的民主管理和监督,为学校发展建言献策,合理维权等。❶ 但在现实生活中,许多大学生在参与社会公共事务和民主法治实践活动方面的意识和能力不足,大多数大学生认为自己有责任参与民主治理活动,但是在实际参与时,却表现出冷漠与疏离感,在行为倾向上也未表现出较强的规则意识与表达意识。❷ 调查发现,只有 68.4% 的学生看到学校的不足之处时,会积极向学校有关部门反映。这表明,仍有一部分大学生缺乏参与学校事务的民主监督意识和能力。

三是知行不统一。中国古代哲学很早就提出了知行并举的概念,主要是关于道德方面的认识论和实践论命题,其中,最为典型的是明朝思想家王阳明提出来的"知行合一"论。他认为:"知和行是不能分离的,知是行的主意,行是知的工夫,知是行之始,行是知之成,知行只是一个工夫。""知之真切笃实处,即是行;行之明觉精察处,即是知。"❸ 知是行的指导,行是知的实践;知是行的开始,行是知的结果;知的最终落脚点是行,行的明白无误处是知,知行两者本来就是不能分离的。显然,这种学说强调了知与行的高度统一关系,如果知与行相分离,那样就会出现言行不一或知行不一,个体也将成为"不能自制者"。就像亚里士多德所指出的一样,"就像麻痹的肢体,当我们要它向右时,它偏偏要向左。灵魂中的情形也是这样,不能自制者的冲动总是走向相反的方向"❹。调查发现,多数大学生对社会主义法治的认知比较清晰,也有较强的法治情感、法治意志和法治信念,然而,现实生活中,要真正参与法治实践或付出法治行动时,有相当一部分学生却选择了退缩,出现知行脱节的现象。比如,有 26.7% 的学生在抵制山寨产品方面处于摇摆或拒绝态度;有 26.7% 的学生

---

❶ 陆岸,董召勤,钱春芸. 高校学生工作法治化研究 [M]. 苏州:苏州大学出版社,2017:100-101.

❷ 王莉君. 多元化的心态与矛盾的行为选择——当代大学生民主法治意识调查 [J]. 中国青年社会科学,2018,37(3):127-133.

❸ 王阳明. 王阳明全集(第一册)[M]. 吴光,校. 杭州:浙江古籍出版社,2010:5.

❹ [古希腊]亚里士多德. 尼各马可伦理学 [M]. 廖申白,译注. 北京:商务印书馆,2003:33.

在行使选举权方面采取犹豫或不行使的态度；还有 22.7% 的学生在自身合法权益受到侵害时，不会首先选择法律途径解决。另外，在接受社会主义法治教育方面，有 96.5% 的学生认为有必要，但是，当真正要学习社会主义法治教育的相关内容时，有 41.3% 的学生却显示出对该方面的学习兴趣程度不高。这与国内许多学者的研究结果一致，比如，赵颖慧的研究发现，多数大学生具备一定法律意识，但仅停留在感性认识的水平，"知"与"行"之间存在较大反差，他们虽能够认识清楚却无法亲自践行，出现"学而不用""知而不信"的现象。❶ 如果大学生的法治知行不一，那么，在现实生活中，当自己的合法权益受到侵害时，就可能会以消极的态度对待法律，甚至放弃运用法律武器去维护自己的权利，而采取一些极端的方式来处理问题。比如，近年在西安发生的药某某杀人事件、复旦大学投毒案事件等，令人震惊。由此可见，仅有法治知识、理念等还不够，还需要有运用法治思维处理问题并约束自身言行的行为能力，才能形成良好的法治素养。

（五）法治素养略显差异

差异即事物之间的相互区别或者差别、不同。物质世界本身就是一个差异性的世界，作为世界组成部分之一的人类社会自然也是一个差异性的社会，而"全部人类历史的第一个前提无疑是有生命的个人的存在"❷，差异性的社会又是由许多不同的或存在差异的个人组成的。同样，即使在同一大学生群体中，大学生之间也存在差异。因为，"真实的具体同一性包含着差异和变化"❸，这种差异既包括生理、生源地、生活习惯等方面的差异，也包括个体素质、精神面貌等方面的差异。

就不同性别的大学生而言，其法治素养存在性别差异，女生法治素养水平总体比男生高，特别是在法治认知、法治情感、法治信念、法治行为

---

❶ 赵颖慧. 谈大学生法律信仰的培养 [J]. 教育探索, 2015 (2): 96-98.
❷ 马克思, 恩格斯. 马克思恩格斯文集 (第1卷) [M]. 北京: 人民出版社, 2009: 519.
❸ 马克思, 恩格斯. 马克思恩格斯选集 (第3卷) [M]. 北京: 人民出版社, 2012: 914.

四个维度的得分方面均要高于男生。汪琦对 556 名女大学生的调查结果也显示，女大学生群体具有较强的法律意识和维权意识，并具备一定的维权行为能力，当自身权益遭受侵害时，大部分人能够拿起法律武器维护自己的合法权益。❶ 但其只针对女大学生的调查，未进行性别比较。实践表明，男女生在心理和行为上存在诸多差异，尤其是在个性和行为方面，男女生的差异较大。男生比女生的攻击性行为多，且一直到大学，男性身上仍然保留着较多的攻击性。❷ 许多研究表明，冲动性攻击是暴力犯罪的主要类型❸。对高校而言，这样的差异显然会给法治教育工作带来一定的挑战和难度。

就不同年级的大学生而言，其法治素养也存在差异，一年级学生的法治素养要高于其他年级学生，这与国内许多学者的研究结果一致。苏辉对杭州市四所高校的 1200 名在校生进行调查发现，大学一年级学生在权利维护意识、自主意识、社会权利意识、程序正义意识、法律权威意识方面最强，二年级学生的这些意识大幅下降，三、四年级学生则开始平稳增长，总体呈"V"字形。❹ 而姚笛对东北大学 483 名在校本科学生的调查也发现，与其他年级相比，本科一年级学生的主体意识、参与意识、权利意识、义务意识等均最强。❺ 这一现象从侧面反映出当前高校在大学生法治素养培育过程中出现了"断乳"现象，即在法治相关课程设置、相关教学和实践活动等方面主要集中在大学一年级，而从大学二年级开始主要进行专业基础课和专业课学习等，未将法治教育和实践活动全过程供给。

就不同学科类别的大学生而言，文史类专业学生法治素养要高于理工类和艺术类专业学生。邹开亮的调查也发现，文科生的法治观念整体上略

---

❶ 汪琦. 关于女大学生维权意识的调查与思考 [J]. 山东女子学院学报，2016（1）：35-39.

❷ 《现代教育理论》编委会. 现代教育理论 [M]. 郑州：河南人民出版社，2006：81-84.

❸ 赵辉，刘笑，刘宇平，等. 冲动性暴力犯罪人员对不同情绪面孔识别能力的特点 [J]. 中国心理卫生杂志，2019，33（3）：214-219.

❹ 苏辉. 现代社会大学生公民意识培养研究 [D]. 南京：中国计量学院，2014：59-60.

❺ 姚笛. 东北大学本科生公民意识状况的实证研究 [D]. 沈阳：东北大学，2008：15-29.

强于理工科学生。❶ 理工类专业学生虽然思维敏捷、逻辑性强，但也普遍存在重理轻文、重教学轻素质、科学与人文脱离、知识结构单一的现象，对接受法治教育的积极性不高。❷ 这种现象在艺术类专业学生身上也或多或少存在，他们不重视法律相关的理论课学习，导致法律知识缺乏，法治观念淡薄。有学者对艺术类专业学生的调查发现，61%的大学生对《民法》《刑法》《道路交通安全法》等法律仅了解一些，70%的学生对法律的学习不感兴趣，81%的学生不知道一般违法性质的偷盗与盗窃犯罪在数额上的临界点，课后能自学法律者不足十分之一。❸ 可见，专业属性及通过专业修习获得的人文素养，也同样会影响大学生法治素养的生成。

就不同政治面貌的大学生而言，中共党员学生的法治信念水平要高于非中共党员学生。所谓政治面貌，是指"个人的社会政治属性、派别，即一个人参加政治党派与否和所属的政治党派组织。参加某种党派组织的，其政治面貌则为该党派组织的成员，如共产党员、共青团员、九三学社成员等；未参加任何党派团体的，则为一般群众"❹。大学生的主要政治面貌为中共党员、共青团员和群众。调查发现，中共党员学生与非中共党员学生在法治素养总体水平上并未体现差异性，但在法治信念水平上要显著高于非中共党员学生，这与国内一些学者的研究结果一致。杨峻岭的调查发现，中共党员在支持严厉处罚行人闯红灯、不走斑马线等 8 类交通恶习的比例要高于普通学生，表明大学生的法治意识与其思想觉悟具有相关性。❺ 司文超的研究同样发现政治面貌会影响大学生法治信仰的树立，政治面貌

---

❶ 邹开亮. 论当前理工科大学生法律素质的培养——基于对江西三所理工科院校的抽样调查［J］. 四川理工学院学报（社会科学版），2011，26（2）：119-122.
❷ 张琴. 理工特色高校大学生法律素养培育探究［J］. 黑龙江教育（理论与实践），2020（7）：51-53.
❸ 钟佩霖. 艺术类大学生的法治观培养研究［J］. 西南民族大学学报（人文社会科学版），2012，33（S2）：205-208.
❹ 徐颂陶. 国家公务员制度全书［M］. 长春：吉林文史出版社，1994：1128.
❺ 杨峻岭. 当代大学生践行社会主义荣辱观状况分析［J］. 思想教育研究，2014（12）：54-59.

为中共党员的大学生的法治信仰树立状况相对较好。❶ 这进一步说明，法治信念在不同政治面貌的大学生之间仍然存在不同程度的差异性，呈现出非均衡性的特点。

就不同层次的高校大学生而言，其总体法治素养并无明显差别，只在法治信念水平上存在差异。高校的"层次"划分存在不同的标准，此前主要根据高校的办学水平，划分为"重点院校"和"一般院校"两大类。其中，"重点院校"又细分为"985工程高校""211工程高校"两种，"一般院校"主要是指各类型的普通本科院校。❷ 为了适应新时代高等教育的发展需要，2015年11月国务院发布了《统筹推进世界一流大学和一流学科建设总体方案》的政策文件，明确了积极探索中国特色的世界一流大学和一流学科的建设之路。2017年9月，教育部、财政部、国家发展和改革委员会联合发布《关于公布世界一流大学和一流学科建设高校及建设学科名单的通知》，正式公布世界一流大学和世界一流学科建设高校及建设学科名单，其中福建省两所高校入选"双一流"建设名单，这两所高校分别为厦门大学和福州大学。❸ 无论此前的985/211工程高校，还是现在的"双一流"建设高校，国家都给予了较多的投入，这些高校在师资力量、教育水平等方面都要相对好于一般院校。为了便于区分，本书将厦门大学和福州大学两所"双一流"建设高校作为"重点院校"，将省内其他本科院校作为"普通院校"。调查结果显示，重点院校学生的法治信念比普通院校学生高，表明重点院校学生对社会主义法治具有更坚定的信念，这也从侧面反映出不同层次院校在社会主义法治信仰教育方面存在不同程度的差距。

综上，大学生法治素养存在个体化差异和不均衡的发展状态。习近平在党的十九大报告中指出，"坚持全面依法治国……建设社会主义法治国

---

❶ 司文超. 大学生法治素养培育研究 [D]. 武汉：武汉大学，2020：67－68.
❷ 常彦. 大学之问题 [M]. 长春：吉林大学出版社，2011：41－44.
❸ 教育部，财政部，国家发展改革委. 关于公布世界一流大学和一流学科建设高校及建设学科名单的通知 [EB/OL]. (2017－09－21) [2021－07－19]. http：//www.moe.gov.cn/srcsite/A22/moe_843/201709/t20170921_314942.html.

家"，要"提高全民族法治素养和道德素质"。❶ 这既对法治素养提升对象的覆盖面和普遍性提出了明确要求，又为法治素养提升的全面性要求提供了根本遵循。具体而言，法治素养的提升主体不单单是针对某一个民族、某一个群体或某些个体，针对的是全民族或全体公民；另外，公民法治素养的提升应当是全方位或全面性的，不仅要从法治认知层面得到提升，也要从法治情感、法治意志、法治信念层面得到提升，更要从法治行为能力层面得到提升。公民的法治素养普遍提升了，整个社会的法治素养才能得到普遍性提升，法治国家、法治政府、法治社会才能真正实现。均衡的本质是平衡，它要消除差异化，以整体人群的提升为目的，是针对绝大多数人的教育和全面发展，而不是少部分人的提升。❷ 马克思把个人能力的普遍性和全面性视作个人全面发展和社会全面发展的重要内容，他认为："一个人的发展取决于和他直接或间接进行交往的其他一切人的发展。"❸ "个人的全面性不是想象的或设想的全面性，而是他的现实联系和观念联系的全面性。"❹ 然而，透过调查结果可以看出，即使作为同一群体的大学生，其内部之间的法治素养水平也存在高低，总体达到或接近高水平法治素养的局面并未形成，大多数处于不高不低或中等偏上水平。而不同人口学特征的大学生，在法治素养的五个维度中的表现也不均衡，法治认知、法治信念和法治意志得分水平相对较高，但法治行为和法治情感得分较低。可见，当前大学生的法治认知水平有高有低、法治情感有强有弱、法治信念有坚定有不坚定、法治意志有顽强不顽强、法治行为能力有强有弱，形成比较鲜明的对比。这种差异和不均衡的发展状态，在某种程度上会给高校法治教育及社会主义法治建设的实现带来难度和挑战。

---

❶ 习近平. 决胜全面成小康社会　夺取新时代中国特色社会主义伟大胜利——在中国共产党第十九次全国代表大会上的报告［M］. 北京：人民出版社，2017：22 – 23.

❷ 任先国. 基于要素视域下的高校法制教育有效性研究［M］. 郑州：郑州大学出版社，2017：135.

❸ 马克思，恩格斯. 马克思恩格斯全集（第 3 卷）［M］. 北京：人民出版社，1960：515.

❹ 马克思，恩格斯. 马克思恩格斯全集（第 30 卷）［M］. 北京：人民出版社，1995：541.

二、新时代大学生法治素养培育的家庭教育力度有待加强

人的教育是一个系统工程,既涉及社会、学校教育,也涉及家庭教育。所谓家庭教育,狭义上是指在家庭中,由家长(家庭中的长辈、主要是父母)对未成年子女进行的教育;广义上是指家庭成员之间的相互教育,如父母对子女、子女对父母、夫妻之间、子女之间等的教育。❶ 通常所说的家庭教育是指广义上的家庭教育。从该定义可知,家庭教育实现的可能性既要有受教育者,也要有教育者,还需要环境。换言之,家庭教育就是在家长塑造和营造的环境中,通过言传身教的方式对孩子进行耳濡目染的教育。这种教育有别于学校和社会教育,其教育效果更多地取决于家长的文化素质、教育理念、教育方式,以及家庭条件和环境等。因此,家庭教育的力度将直接影响大学生法治素养培育的效果。

(一)家庭教育环境有待改善

就不同的家庭情况而言,独生子女和非独生子女大学生在法治认知水平方面存在差异性,独生子女的法治认知水平比非独生子女高。所谓独生子女,一是指夫妻双方只生育一个子女或所生育子女只有一个存活的孩子;二是指无子女的夫妻依法只收养一个子女或由社会福利机构抚养成人且没有兄弟姐妹的孩子;三是指只生育一个孩子的夫妻离异后,依法与父(母)共同生活的孩子。❷ 根据有关心理学的调查研究,独生子女在挑食、挑穿、不尊敬长辈、不爱惜用品和玩具、爱发脾气、无理取闹、比较自私、不懂得关心别人、胆小懦弱、生活上自理能力差等方面的行为缺点,要比非独生子女多❸。然而,也有学者认为在中国文化背景下,独生子女

---

❶ 全国妇联妇女研究所理论室,全国妇联干部培训基地. 婚姻家庭学新编[M]. 北京:红旗出版社,1993:205.

❷ 潘士君. 当代家庭教育[M]. 沈阳:东北大学出版社,2016:107.

❸ 吴先正. 教子全书[M]. 成都:四川人民出版社,1992:394-395.

各方面的行为表现尚不明确，对独生子女行为品质的报告有时不一致。❶换言之，独生子女的行为品质并不完全如一些心理学家所报告的一样，存在诸多缺点。本书的调查结果显示，独生子女在法治素养的五个维度中，除法治认知外，其余四个维度与非独生子女相比，并无显著差别，且法治认知水平要比非独生子女高。司文超的调查也表明独生子女在对待某些法治问题的认知方面，要比非独生子女清晰，比如：在对"依法治校是学校治理的基本理念，也是学校管理的基本方式"的观点评价方面，独生子女大学生对该观点的整体认可度要高于非独生子女大学生。❷

（二）家庭教育方式有待改进

父母亲的文化素质与其教育方式有密切关系，调查发现，就父母亲受教育程度不同的大学生而言，父母亲受教育程度越高的大学生，其法治素养越高。张明慧的研究也发现，父母教养方式的情感温暖、理解维度能显著地正向预测大学生公民素质中的道德、文化、法律、政治素质这几个维度，父母对孩子情感上的温暖理解更能够培养出各方面素质都比较高的孩子。❸ 这与本书研究结果一致。由此可见，父母亲受教育程度对大学生法治素养的生成起着重要作用。另外，多元逐步回归分析结果显示，在父母亲中，母亲的受教育程度对大学生法治素养生成的影响作用最大。赵志毅对城乡中小学生的调查研究也发现，无论是小学生抑或是中学生，日常生活中与母亲交流最多，小学生与母亲交流的比例占69%；城市中学生与母亲交流的比例为65.8%，而农村中学生中更是达到了74.5%。❹ 可见，母亲的教导对孩子的成长和法纪意识观念的影响是最大的，这与本研究结果一致。然而，研究表明，在日常家庭教育中，父母亲与孩子之间交流法律

---

❶ 王爱民. 独生子女教育心理学 [M]. 北京：光明日报出版社，1989：144.
❷ 司文超. 大学生法治素养培育研究 [D]. 武汉：武汉大学，2020：51-69.
❸ 张明慧. 大学生公民素质及其与家庭教养方式关系的研究 [D]. 天津：天津师范大学，2017：55-56.
❹ 赵志毅. 荣辱观教育的当代路向——基于城乡中小学的实证研究 [M]. 北京：人民出版社，2010：232-238.

问题的频率并不高，尤其是在规矩养成教育上还有待进一步加强。

三、新时代大学生法治素养培育的学校教育成效有待提升

法治教育是高校思想政治教育中的重要内容，其最主要的目的就在于培育和提升大学生法治素养。因此，高校法治教育成效如何，不仅关系到大学生法治素养的提升，也事关高校立德树人教育目标的实现，更关系到新时代国家治理现代化建设的实现。然而，调查发现，新时代高校对大学生法治素养的培育仍然存在一些问题，这些问题也制约了大学生法治素养的培育成效。

（一）部分高校法治教育目标定位不太明确

古人云"凡事预则立，不预则废"，意思是做任何事都要有计划和准备，如果没有周全的计划则难以成事。在这种辩证的思维中，还蕴含着更深层次的含义，那就是做事情要有预想的目标。马克思认为："劳动过程结束时得到的结果，在这个过程开始时就已经在劳动者的表象中存在着，即已经观念地存在着。他不仅使自然物发生形式变化，同时他还在自然物中实现自己的目的，这个目的是他所知道的，是作为规律决定着他的活动的方式和方法的，他必须使他的意志服从这个目的。"❶ 这是马克思在《资本论》中对劳动实践目标的精辟论断，从该论断中可知，要获得劳动结果，首先要在劳动开始时就确立清晰的劳动目标，并作为一种观念，指导主体开展劳动，进而在改造自然的过程中，逐渐实现目标。同时，这个目标是符合事物发展规律，不是盲目的或脱离实际的，这种规律决定着主体的活动方式和方法。当主体认识到这一规律并遵循规律开展劳动实践时，才可能真正实现目标。由此可知，所谓目标就是主体根据自身对客观规律和主体需要或内在尺度的认识而提出的并努力为之实践的未来客体的模

---

❶ 马克思，恩格斯. 马克思恩格斯文集（第5卷）[M]. 北京：人民出版社，2009：208.

型，或者观念中设计的未来行为的理想结果。❶ 无论个体的成长成才，抑或国家的发展和运行，都需要有一个科学、合理的目标。没有明确的目标，就不可能有真正的行动和前进动力；没有具体化的目标，一切行动方针就成了空洞的口号。

为谁培养人、培养什么人、如何培养人，是我国社会主义教育事业发展的根本问题。大学生法治教育目标的确立是法治教育实践活动开展的逻辑起点和归宿，也直接关系到"培养什么人"的问题的解决。法治教育是指通过对青少年进行有目的、有计划、有组织地培养和发展法治意识，同时包含依法治国的思想、原则和制度等多方面教育。❷ 2016 年，在教育部、司法部和全国普法办联合印发的《青少年法治教育大纲》中明确了各阶段的法治教育目标，其中，高等教育阶段的法治教育目标指在帮助大学生进一步深化对法治理念、法治原则、重要法律概念的认识与理解，基本掌握公民常用法律知识，基本具备以法治思维和法治方式维护自身权利、参与社会公共事务、化解矛盾纠纷的能力，牢固树立法治观念，认识全面依法治国的重大意义，坚定走中国特色社会主义法治道路的理想和信念。❸ 可见，新时期高校法治教育目标最主要的就是要增强大学生的社会主义法治观念和法治情感，坚定中国特色社会主义法治道路的信念，培养依法办事和化解矛盾的行为能力，简言之，就是要培育大学生形成良好的法治素养。

然而，在法治教育的开展过程中，有的高校对法治教育的定位不明确，将法治教育定位为专业教育，而非素质教育，使之与思想政治教育完全割裂开来，未能将法律知识教育与法治意识和法治行为能力培养结合起来，呈现碎片化状态。此特别是在"思想道德修养与法律基础"课中表现得更为突出，作为大学生的必修课，该课程既承担着向大学生传授法律基

---

❶ 张澍军. 思想政治教育学科建设研究 [M]. 北京：人民出版社，2014：248 – 249.

❷ 王双群，余仰涛. 法治教育与德治教育的内涵及意义 [J]. 理论月刊，2006 (7)：184 – 186.

❸ 教育部 司法部 全国普法办关于印发《青少年法治教育大纲》的通知 [EB/OL]. (2016 – 07 – 18) [2021 – 07 – 27]. http：//www. moe. gov. cn/srcsite/A02/s5913/s5933/201607/t20160718_272115. html.

本知识的任务，又承担着培养大学生的社会主义法治观念和法治信仰的任务。但是，在实际工作中，一些高校偏离了法治教育的目标和德育性质，片面追求法治教育的知识本位而去意识形态化，在课堂上侧重讲解法律条文和法律专业知识，以满足学生对实用性法律知识的需求，忽视了马克思主义法治观教育和法治精神及法治能力的培养。❶ 由此，法治教育变成了法律教育，这显然不符合高等教育阶段法治教育的目标要求。高校法治教育更多的是要超越具体法律条文所形成的具象思维，引导学生透过法理分析、判断、推理等思维形式，阐发法治精神和法治价值，进而从形而上的角度理解法律所体现的正义秩序和社会理想，最终引起学生精神上的共鸣，为学生树立法治信仰提供重要的力量渊源。❷ 这是一种从具象思维到抽象思维、从感性认识到理性认识的思维变化过程，也是法治教育的价值旨归。

（二）法治教育内容供给参差不齐

马克思关于生产和消费的关系理论，实际上就是供给和需求的关系理论。马克思对供给和需求下了准确定义："供给等于某种商品的卖者或生产者的总和，需求等于这同一种商品的买者或消费者（包括个人消费和生产消费）的总和；而且这两个总和是作为两个统一体，两个集合力量来互相发生作用的。"❸ 作为市场经济内在关系的两个基本方面，供给和需求是既对立又统一的辩证关系。❹ 其中，供给是满足需求的前提和基础，它决定着需求的对象、方式、结构和水平；而需求又反过来引导供给，为供给创造动力，没有需求，供给就无从实现。❺ 消费是社会再生产的最终环节，

---

❶ 陈大文，周扬洋. 学校法治教育的性质与目标 [J]. 思想政治课教学，2016（7）：4-7.

❷ 张晓燕. 公民法治观念的理论内涵及其培育路径——基于对《思想道德修养与法律基础》教材的分析 [J]. 思想理论教育，2020（11）：68-73.

❸ 马克思，恩格斯. 马克思恩格斯文集（第7卷）[M]. 北京：人民出版社，2009：215.

❹ 习近平. 在省部级主要领导干部学习贯彻党的十八届五中全会精神专题研讨班上的讲话 [M]. 北京：人民出版社，2016：30.

❺ 国家发展改革委宏观经济研究院. 中国特色社会主义政治经济学理论体系研究 [M]. 北京：人民出版社，2018：253.

也是经济活动的最终目的,人类开展的一切经济活动最终都是为了满足需求,同样,高校开展法治教育的最终目的也是满足大学生提高自身法治素养以实现自由全面发展的需求。因此,高校如何提升法治教育的有效供给,以更好满足大学生成长和社会主义法治建设的需要,是摆在高校面前的一道难题。就当前来看,高校法治教育内容的供给侧与需求侧仍然存在一定程度的失衡状态。

一是法治教育内容供给不足。当前非法学专业的大学生法治教育的主渠道来自"思想道德与法治"课程,该课程内容系《思想道德修养与法律基础(2018版)》的修订版,教材内容主要沿用教育部"05方案"。2021年最新修订的教材除名称作了修改外,教材内容也作了部分修订。该教材除绪论外,全书共六章内容,前五章主要涉及思想道德方面的内容,分别介绍人生观、理想信念、中国精神、社会主义核心价值观、道德等内容;第六章为法治教育方面的内容,约占全书的六分之一。课程总共3学分,约48学时(国内绝大多数院校的1学分为16学时),一般在大学一年级的其中一个学期内完成,法治教育部分的教学时数约为8学时左右。调查结果显示,有565名学生认为当前法治教育课程学时少,内容不够丰富,占总调查人数的22.1%。通过教材内容分布和教学时数分布可知,当前高校法治教育所占的比例偏少,要想在极有限的课时内既达到讲深讲透法治知识,又能实现法治教学的实践性,对于该课程的教师而言,显然是有难度的。这样就导致授课教师难以在课堂上对法律的内涵、特征、性质、价值以及法治理念、法治精神等法律人文关怀等内容作深层次的剖析,只能泛泛而谈,成为"没有价值主体的知识论"和"没有认识主体的认识论"❶,从而使教学效果大打折扣,也就难以满足学生对法治教育知识的需求。

二是法治教育内容单一。法治教育内容是实现法治教育目标的具体

---

❶ 卡尔·波普尔. 客观知识——一个进化论的研究 [M]. 舒炜光,卓如飞,周柏乔,等译. 上海:上海译文出版社,1987:114.

化，也是实现法治教育目标与任务的重要保证。有效的法治教育内容应当针对新时代社会发展对大学生在法治素养方面的新要求，以及大学生的具体情况作出选择，然而，目前许多高校的法治教育内容侧重于法律基础知识、法治体系、法律权利与法律义务等方面的理论教育，忽视了大学生在世界观、人生观、价值观形成时期所存在的困惑以及面临的学习、心理、权益、就业等诸多问题和压力，没有抓住现实中的法治难点和热点问题去化解大学生思想中存在的疑问，帮助其学会解决生活中遇到的法律问题，并对大学生法治情感、法治信念、法治意志以及法治行为进行有效引导，从而导致一些学生对单一、抽象的法治理论不感兴趣，甚至排斥。简而言之，法治教育注重理论的讲解，并寄希望于通过理论的讲解使学生"内化"于心，而忽视了"外化"的法治行为习惯的养成。调查发现，对社会主义法治教育内容学习感觉一般的学生占41.3%，且不感兴趣或非常不感兴趣的占4.6%，说明一味地进行理论灌输是很难激发学生的学习兴趣的。另外，调查还发现，有528名学生认为当前法治教育内容脱离大学生生活实际，占20.6%。英国著名的实用主义者席勒说："理论应该从属于实践"，"理论是既不应该、也不能够脱离实践的"。❶ 法治教育一旦脱离生活和实际，就会失去其本身的价值，甚至朝着与之相反的方向发展。正如陶行知先生所言，"脱离生活的教育是死教育，在死教育里是死学校、死书本，由死教育造成的是死人、死国和死世界。"❷ 法治教育内容与实际相脱节，就无法积极应对新媒体和社会思潮多元化对高校法治教育带来的冲击，也无法教导学生获得在复杂环境下恰当处理各种利益关系并解决现实社会中各种矛盾冲突的能力与智慧。❸

三是法治教育内容重复化。虽然《青少年法治教育大纲》对各学习阶段的法治教育内容作了详细规定，最终要形成层次递进、结构合理、螺旋

---

❶ [英] F. C. S. 席勒. 人本主义研究 [M]. 麻乔志，译. 上海：上海人民出版社，2010：158，159.

❷ 陶行知. 陶行知文集 [M]. 南京：江苏人民出版社，1981：250.

❸ 袁俊平，卜建华，胡玉宁. 人的全面发展理论与高校思想政治教育创新发展研究 [M]. 重庆：西南交通大学出版社，2017：117.

上升的法治教育体系,但是从各学段的教材内容体系看,仍存在一定的趋同性或重复性。根据教育部办公厅发布的《关于 2016 年中小学教学用书有关事项的通知》要求,从 2016 年起,将义务教育小学和初中起始年级《品德与生活》《思想品德》教材名称统一更改为《道德与法治》。❶ 而高校法治教育的主要教材从 2021 年下半年起由原来的《思想道德修养与法律基础》更改为《思想道德与法治》,这一更改显然是为了适应新时代青少年法治教育的需要。然而,从教材内容的编排看,只是知识深度的递增,并没有从各学段青少年的实际需求出发来编写个性化的法治教育内容❷,且不同学段之间的法治教育内容未能实现有效衔接,除有的内容重复外,内容的跨度也比较大。调查显示,有 552 名学生认为当前法治教育内容与中学所学内容重复,占 21.5%。一旦教育内容过度重复化,必然会影响学生的学习兴趣,同时也不利于其法治素养的提升,多元逐步回归分析结果进一步证明,法治教育内容与中学重复对大学生法治素养水平的影响作用明显。此外,除各学段法治教育内容存在重复外,高校思政课程之间也存在内容的重复。比如:《毛泽东思想和中国特色社会主义理论体系概论》教材的第九章"建设中国特色社会主义民主"的第一节"中国特色社会主义的民主政治"、第二节"依法治国,建设社会主义法治国家"以及第三节"推进政治体制改革,发展民主政治"部分内容与原《思想道德与法治》教材有许多相似的内容。❸ 虽然各门课程的性质和侧重点有所不同,但如果不同课程的授课教师针对相似的内容不作深入比对分析,也不采取有针对性的内容切入点,就课程内容而照本宣科,那必然会造成课程之间内容的重复化,使学生产生腻烦感,最终影响教学效果以及学生对该部分内容的评价。调查发现,有近三成的大学生对学校法治教育效果的评

---

❶ 宗河. 中小学《品德与生活》《思想品德》教材将统一改为《道德与法治》[N]. 中国教育报,2016 – 04 – 29(03).

❷ 姚建龙,朱奕颖. 大学生法治教育的特殊性:理念、内容与方法[J]. 教育发展研究,2021,41(6):33 – 42.

❸ 董翼. 大学生法治教育存在的主要问题及对策思考[J]. 思想理论教育,2016(3):62 – 66.

价比较不好，说明高校法治教育效果还有进一步提升的空间。

（三）法治素养培育方式略显单一

毛泽东曾在《关心群众生活，注意工作方法》一文中形象地将工作任务比喻为过河，将方法比喻成桥或船，他认为："我们不但要提出任务，而且要解决完成任务的方法问题。我们的任务是过河，但是没有桥或没有船就不能过。不解决桥或船的问题，过河就是一句空话。不解决方法问题，任务也只是瞎说一顿。"❶ 同样，大学生的法治素养培育也是高校人才培养的重要工作之一，如何培育大学生养成良好的法治素养是解决"桥"和"船"的问题。当前，高校在大学生法治素养培育的方式方法上主要存在比较单一的问题。

一是侧重"显性教育"，弱化了"隐性教育"。显性教育是指充分利用各种公开的手段、公共场所，有领导、有组织、有系统的思想政治教育方法❷。比如：学校所开设的各类法治教育课程、广播电视宣传以及学校组织的各类法治教育讲座和学习活动等。隐性教育法是指将"教育的目标、内容、教育者等要素隐性化，通过教育对象自我参与完成知行转化的方法"❸。与显性教育相比，隐性教育是一种寓他式教育，主要通过校园文化活动、日常管理、规章制度、文化环境等因素影响受教育者，这种教育注重体验，通过使教育对象参与其中，发挥主体能动作用，从中受到自我教育，并在潜移默化中转变思想和改变自身行为，使自身言行符合既定规范。调查发现，大学生法治素养的培育方式主要通过显性教育获得，其中，最主要的途径是"思想道德修养与法律基础"课程（56.6%）、网络（46.9%）、辅导员日常教育（40.7%）、广播/电视剧/电影/录像视频（38.3%）、生活中发生的各类案件（37.7%）、与本专业相关的法律课程

---

❶ 毛泽东. 毛泽东选集（第1卷）[M]. 北京：人民出版社，1991：139.
❷ 王瑞孙. 比较思想政治教育学[M]. 北京：高等教育出版社，2001：278.
❸ 王静，常宇靖. 核心价值观指导下的大学生创新创业教育研究[M]. 长春：东北师范大学出版社，2018：166.

(37.1%)、家长日常教育（36.6%）、各类宣传栏/电子屏幕/灯箱广告（34.3%）、与他人交流（33.1%）、法治讲座（32%），而通过在真实场景中的体验和实践活动，则显得比较薄弱，特别是在相关教育场所的参观实践（30.4%）、交通秩序维护等社会公益活动（28.8%）、法治辩论赛或知识竞赛（26.7）、模拟法庭活动（21.6%）、法院旁听（21%）等实践活动的接受频率较低。

二是教学方式单一，缺乏吸引力。教学方式是指教师和学生在教学过程中，为了完成教学任务、实现教学目的而采取的基本行为和教学活动在整体结构上表现出来的特征，既包括外显的行为，也包括相关的思维方式和态度。❶ 受传统教学观念和应试教育的影响，目前的法治教育课堂教学模式为灌输式、注入式，大多以课堂讲授为主，教学方式比较单一，教学内容也显得单调枯燥。在问卷调查中，对于法治相关内容的教学方式，有1757名学生喜欢案例分析教学法，占68.6%；有1426名学生喜欢互动式教学法，占55.7%；有1407名学生喜欢模拟法庭教学法，占54.9%；有1327名学生喜欢现场观摩教学法，占51.8%；而只有735名学生喜欢传统课堂讲授法，占28.7%。可见，学生比较喜欢的教学形式有交互式、启发式和体验式。法治教育主旨是要培养大学生的法治素养，而不等同于一般理论知识的传授，要求教学方式多样化，并重视理论与实践的结合。然而，在"填鸭式"的教学模式中，教师是主体，学生只是被动接受各种法治理论知识，缺乏师生间和学生间的互动和参与，也缺乏法治理念教育与法治应用能力的培养，从根本上而言，难以提升学生的法治素养。在"填鸭式"教学模式的教育下，学生可能会形成较扎实的法治理论基础，但也可能造成"高分低能"现象。有研究发现，在高校的一般性法律知识竞赛中，大学生的理论考试成绩普遍较好，但是，在相关具体案件的实践性趋向把握上则普遍较差。❷ 这种反差进一步说明高校法治教育教学模式存在

---

❶ 温恒福. 研究体验式创新教学法［M］. 哈尔滨：黑龙江人民出版社，2003：62.
❷ 莫良元. 高校法治教育实践过程中存在的问题与对策［J］. 中国大学教学，2013（12）：82－84.

实践性不足的问题，这也是值得高校相关教师反思的问题。

四、新时代大学生法治素养培育的社会氛围营造有待改善

社会氛围是指笼罩着某个特定场合或事件的特殊社会情绪、气氛和动向，包括社会舆论、社会心理、社会秩序、社会环境等方面。❶ 良好的社会氛围对个体的思想道德和法治素养的形成能产生潜移默化的影响，"教育是一个系统工程……只有加强综合管理，多管齐下，形成一种有利于青少年身心健康发展的社会环境，年青一代才能茁壮成长起来"❷。可见，大学生法治素养的培育就像树苗的成长一样，需要具备一定的环境条件，只有在良好的社会氛围中才能逐步形成。然而，现实生活中存在一些不良的社会风气，影响了大学生法治素养的培育。

（一）诚信经营的市场氛围有待提升

社会主义市场经济是法治化的经济，它的运行要严格遵照法律的规定，受法律引导、规范、保障和制约。可见，经济活动的主体精神就是法治化的利益精神，如果市场经济活动与法治精神相悖，就必然导致整个市场秩序的紊乱。❸ 在市场经济条件下，诚信不仅仅是道德的问题，更是法律责任。❹ 但受传统思维的影响，人们往往站在道德判断角度来分析问题和处理问题，而缺乏法治思维，他们往往会把诚信看成道德问题，而非法律问题。同时，由于社会主义市场经济体制还存在一些不太完善的地方，在具体运行过程中仍存在一些问题，部分市场主体为了追求经济效益，采取了一些不诚信的经营手段乃至通过违法犯罪的方式获取利益，由此产生

---

❶ 邢贲思，周汉民. 人生知识大辞典［M］. 北京：中国青年出版社，1992：455.

❷ 江泽民. 江泽民文选（第二卷）［M］. 北京：人民出版社，2006：588.

❸ 李红云. 试论培养大学生法治理念之必要性和途径［J］. 西南民族学院学报（哲学社会科学版），2000（S1）：105－107.

❹ 吴平，刘琦. 高校大学生素养与思想政治教育研究［M］. 西安：电子科技大学出版社，2017：179.

了一些不诚信或违法违规行为,如各种制假、贩假活动、缺斤短两现象;吃回扣、乱摊派、乱收费现象等。这些现象的存在不仅扰乱了市场经济秩序,也在无形中削弱了法律的严肃性和权威性,并对大学生法治素养的培育带来消极影响。调查结果显示,38.1%的大学生认为市场中的缺斤短两现象会影响其对法治的信念与持守;42.8%的大学生认为市场中销售假冒伪劣产品现象会影响其对法治的信念与持守。在诚信经营的市场氛围还未完全建构起来时,大学生法治信念和法治情感的生成也会受到影响,有的学生可能因此走上违法犯罪的道路,例如,有的学生买卖、抄袭剽窃论文;有的学生利用银行卡替他人"洗钱",从中获得利益;有的学生利用网络技术发布谣言或实施诈骗;有的学生替人考试从中赚钱,等等。这些诚信缺失、行为失范的现象屡见不鲜,也在某种意义上证明市场经济的不良风气将不利于大学生法治素养的培育。

(二)"关键少数"的示范作用有待加强

2015年,习近平在省部级主要领导干部学习贯彻十八届四中全会精神全面推进依法治国专题研讨班的开班式上指出:"全面依法治国必须抓住领导干部这个'关键少数'。"❶ 这里明确了"关键少数"的主体就是领导干部,这个主体是全面推进依法治国的决策部署者、重要组织者和推动者,法治国家、法治政府、法治社会的建设能否见到新成效,关键就在于领导干部能不能起到尊法学法守法用法的模范带头作用,能否真正带动全党全国共同努力,推动这一目标的实现。然而,现实生活中,还有一些领导干部未树立牢固的法治意识,在工作中存在有法不依、执法不严甚至徇私枉法等问题,这些问题不仅影响了党和国家的形象和威信,也影响了社会主义法治在大学生心中的权威地位,不利于其法治素养的培育。调查结果显示,有58.3%的大学生认为政府相关部门"钓鱼执法"现象会影响其

---

❶ 习近平. 领导干部要做尊法学法守法用法的模范 带动全党全国共同全面推进依法治国 [N]. 光明日报,2015-02-03(01).

对法治的信念与持守，67.2%的大学生认为领导干部腐败现象会影响其对法治的信念与持守，65.4%的大学生认为法官审理案件不公会影响其对法治的信念与持守。有研究表明，青少年感知到周围情境中的腐败越普遍，就对腐败现象越认同，从而不仅影响其公平竞争、遵纪守法意识的形成和对当前各种社会事件的判断，也会影响他们成年后的社会行为。❶ 领导干部手中的权力是人民赋予的，其一言一行都会引起社会的关注，被大学生看在眼里、记在心里，对其思想道德和法治素养的生成产生导向作用。而在大学阶段，大学生的世界观、人生观、价值观还未真正形成，很容易受到不良社会风气的影响。因此，优化社会风气，发挥"关键少数"的示范作用，对于培育大学生的法治素养就显得极为重要。

（三）法治文化建设的氛围不够浓厚

2014年，习近平在中央政法工作会议讲话中指出，"我国是个人情社会，人们的社会联系广泛，上下级、亲戚朋友、老战友、老同事、老同学关系比较融洽，逢事喜欢讲个熟门熟道"❷。所谓人情，是指人与人之间的感情交往，而人与人之间又存在错综复杂的关系，这种复杂的人际关系以人情为导向，往往使人们的思维和行为方式人情化而非理性化，从而导致在社会生活领域，人情优先理性、人情超越规章、人情大于王法。❸ 由于受到人情或关系网的左右，个别执法人员就会有法不依、执法不严，特别是当人情介入法律和权力领域时，就可能产生腐败问题，以情压法、以情代法、以情乱法的现象就会层出不穷。受这种社会风气的影响，当人们遇到诉讼或自身权益遭到侵害时，他们首先想到的就是找熟人、托关系、"走后门"，最后打官司变成"打关系"，长此以往，遇事不找法而是找人的社会风气会愈演愈烈。这势必会破坏社会主义法治的原则，消解法治文

---

❶ 白宝玉，余俊宣，寇彧. 儿童青少年对腐败的认知及其发展［J］. 教育研究与实验，2014（2）：85-89.

❷ 中共中央文献研究室. 十八大以来重要文献选编（上）［M］. 北京：中央文献出版社，2014：721.

❸ 《资政全鉴》编写组. 廉鉴与法鉴［M］. 北京：中共中央党校出版社，2006：50.

化在法治建设中的作用,同时也会削弱法律在人们心中的权威性。调查结果显示,有 69.6% 的大学生认为通过"找关系"就能解决问题会影响其对法治的信念与持守,这进一步说明"找关系"的现象仍然比较普遍。现实生活中,无论是在大学生的求职过程中,还是在遇到一些棘手的事情时,许多大学生误认为"找关系"更加重要。一项针对近 5000 名受访者的调查中发现,有 75% 的人认为找工作关键还是靠关系,认为靠能力的仅为 16%;另一项调查也颇能反映人们对"找关系"的依赖心理:在受访者中,有 43.3% 的人希望通过社会关系来实现梦想。❶ 可见,当前我国亟须营造遇事找法、依法办事的法治文化氛围,以此为大学生法治素养的培育提供浓厚氛围。

(四) 影视和网络媒体环境有待净化

影视、明星、网络媒体和各种社会组织的领袖人物等承担着重要的舆论导向职责,是舆论导向的主体。所谓舆论导向又称舆论引导,即运用舆论操纵人们的意识,引导人们的意向,从而控制人们的行为,使他们按照社会管理者制定的路线、方针、规章从事社会活动的传播行为。❷ 舆论导向正确与否,关乎国家和社会发展命运。江泽民同志指出:"舆论导向正确,是党和人民之福;舆论导向错误,是党和人民之祸。"❸ 换言之,正确的舆论导向能够推动和促进社会的发展,而错误的舆论导向则破坏和阻碍社会的发展。因为正确的舆论导向可以引导人们积极向上,抑制错误思想和行为的产生,进而调节人际关系,实现社会的和谐发展。然而,现实生活中仍然存在一些不良的舆论导向,制约了大学生法治素养的有效培育。

一是某些不良影视作品仍充斥银屏。比如:有的影院为了获利,不断引进限制级的国外影片,这些影片中有许多暴力、凶杀、"黑社会"、帮派犯罪等镜头,而且卖座率很高。这些影视作品的欣赏需要建立在正确的是

---

❶ 张鑫淼,薛万博. "找关系"的常见心理状态 [J]. 党的生活,2013 (12):7.
❷ 王利明. 新闻侵权法律辞典 [M]. 长春:吉林人民出版社,1994:30-31.
❸ 江泽民. 江泽民文选(第一卷)[M]. 北京:人民出版社,2006:564.

非价值判断之上,如果没有这个基础,看这些电影,易对极少数大学生产生不良影响,甚至在某种程度上诱导其走上违法犯罪的道路。

二是某些明星失德违法行为时有发生。近年来,随着文娱产业的迅速发展,一些明星出现了各种违法失德现象。这些明星犯罪涉案范围较广,既有破坏经济秩序犯罪或者妨害社会管理秩序犯罪,也有侵犯公民人身权利犯罪❶,尤以涉毒、涉黄、涉赌犯罪突出,也有经济诈骗、逃税漏税、虚假广告、交通肇事等违法行为。2021年,中国演出行业协会陆续发布了9批共446名网络主播警示名单,对其进行持续、精准、有力的监督❷,可见明星的违法失德现象并非个案。明星作为公众人物,其一言一行都可能引导或左右着某些群体的价值判断和行为选择,尤其是对青少年的成长更是影响深远,这就是所谓的明星效应。无论是娱乐明星,还是其他领域的明星,其行为一旦失范,就可能引发许多人效仿,从而使社会风气变得乌烟瘴气。调查结果显示,有32.1%的大学生认为自己所崇拜的明星违法犯罪会影响其对法治的信念与持守,即明星违法犯罪现象不利于大学生法治素养的培育。

三是网络空间仍存在一些不良的舆论导向。随着互联网的普及,网络与大学生的日常生活、学习关系越来越密切,为大学生获取各种信息提供了巨大便利,但是也带来一些不良的意识形态和价值观传播,弱化了大学生法治素养的培育效果。比如:部分别有用心的国内外敌对势力利用网络鼓吹推翻国家政权、宣扬各种对立和分裂的思想,甚至教唆犯罪、暴力恐怖活动等;有的则通过网络实施诈骗、传播色情作品、贩卖非法物品等;有的则利用网络进行人身攻击、搞网络暴力等,这些均会破坏网络空间的生态环境,不利于大学生法治素养的培育。正如习近平所强调的一样,"网络空间天朗气清、生态良好,符合人民利益。网络空间乌烟瘴气、生

---

❶ 张晶,林萌,唐越,等. 明星犯罪的社会评价和法律对策——基于河北、山东、安徽三个省会城市的实证调查[J]. 安徽广播电视大学学报,2016(3):15-19.

❷ 李美霖. 维护"生态"秩序 引导价值导向[N]. 中国新闻出版广电报,2021-11-30(06).

态恶化,不符合人民利益"❶。调查结果显示,有43.2%的大学生在网络平台上经常看到一些制造性别对立的话题,比如:2022年6月,唐山9名男子寻衅滋事、暴力殴打2名女子的事件发生后,网络上就有一些别有用心的人将这起案例转移到性别对立上来,在网络平台上挑起性别纷争。另外,有51.3%的大学生表示常看到暗中抹黑我国政治制度的话题;有27.4%的大学生表示常看到丑化我国英雄人物的话题。可见,网络中依然存在一些失范、违法行或错误的意识形态,亟待国家有关部门加强治理。

综上,本章主要针对实证调查的结果,对新时代大学生法治素养培育的成效和出现的问题进行聚焦和总结。研究发现,新时代大学生法治素养总体水平比较好,特别是在法治认知和法治信念方面具有比较高的水平;大学生接受法治教育的途径和方式比较多样化,呈现出理论化、生活化、网络化等特点。然而,研究也发现,新时代大学生法治素养培育过程中仍存在一些不足之处:一是大学生法治素养的全面性还有待进一步提升,虽然大学生有较高的法治认知水平,但并未形成较好的法治思维,同时还存在法治情感较为淡薄、法治意志较不坚定、法治行为能力不足等问题;二是新时代大学生法治素养培育的家庭教育力度有待加强,特别是在家庭物质条件、家庭教育环境、家庭教育方式有待进一步改善;三是新时代大学生法治素养培育的学校教育成效有待提升,突出的表现为:法治教育目标定位不太明确、法治教育内容供给参差不齐、法治素养培育方式略显单一;四是新时代大学生法治素养培育的社会氛围营造有待改善,包括诚信经营的市场氛围、"关键少数"的示范作用、法治文化建设的氛围、影视和网络媒体环境等方面有待改善。聚焦问题是为了更进一步分析其产生的原因,最终目的是解决这些问题。

---

❶ 习近平. 在网络安全和信息化工作座谈会上的讲话[M]. 北京:人民出版社,2016:8.

第五章

新时代大学生法治素养培育存在问题的原因剖析

事物之间是相互联系、相互作用的，这是事物真正的终极原因。❶ 客观存在的原因和结果是在事物的普遍联系和相互作用中表现出来的，是普遍联系和相互作用事物间的本质联系。人们通过认识事物的普遍联系和相互作用中抽象出存在其中的因果联系，达到认识事物本质的目的。❷ 恩格斯说："只有从这种普遍的相互作用出发，我们才能认识现实的因果关系。为了了解单个的现象，我们必须把它们从普遍的联系中抽出来，孤立地考察它们，而在这里出现的就是不断变换的运动，一个表现为原因，另一个表现为结果。"❸ 分析原因就是为了探寻或揭示事物的内在联系，最终为找准解决问题的突破口打下坚实的基础。大学生法治素养的培育受制于多种因素，这就需要更加深入地分析其存在的突出问题，以着力解决现实难题。

第一节 个体主体意识与内生动力不足

影响大学生法治素养生成的因素很多，既有社会政治、经济、文化因素，又有家庭、学校、媒体环境等因素，这些因素都属于外部因素，但对大学生法治素养的生成产生了重要影响。另外，大学生自身个体也是影响其法治素养生成的重要因素，同样不可以忽视。所谓个体因素是指个体自身所具有的内在因素，主要包括主体意识、内在需要、认知水平、学习动机及知识结构等。唯物辩证法认为事物的运动发展有多种原因，归纳起来是两个：一是内因，即事物的内部矛盾；二是外因，即事物之间的相互影响、相互作用。❹ 其中，内因是事物运动发展的根本原因，也是第一位的原因，外因是第二位的，对事物运动发展起着重大的推动作用。内因和外

---

❶ 马克思，恩格斯. 马克思恩格斯文集（第9卷）[M]. 北京：人民出版社，2009：482.
❷ 何萍. 马克思主义哲学史教程（上卷）[M]. 北京：人民出版社，2009：167.
❸ 马克思，恩格斯. 马克思恩格斯选集（第3卷）[M]. 北京：人民出版社，2012：920-921.
❹ 张江明. 社会主义社会辩证法问题研究[M]. 北京：人民出版社，1984：80-81.

因互相联系、互相影响、互相转化，它们的关系是："外因是变化的条件，内因是变化的根据，外因通过内因而起作用。"❶ 研究发现，大学生的主体意识、内在需要和学习动机等均会对其自我教育产生影响。

一、主体意识不强削弱了部分大学生自我教育能动性的发挥

法治是人类社会特有的现代生活方式，其形成需要以"主体的存在"为前提，这种存在既包括主体的身份存在，也包括主体的意识存在。其中，主体的身份存在是人作为社会中独立的个体具有占有和消费权利的资格；主体的意识存在即主体意识，是个体对自身的地位、能力和价值存在的自觉意识与体认。❷ 主体的身份存在是法治实现的重要载体，"一个法治的社会乃在于它使用了主体的概念和功能，社会成员因为被指定为主体而获得了依法而生活的可能性。因此，主体的存在与否以及它对社会关系的决定程度大抵可作为其法律是为法治之法律，还是人治之法律的一个基本标准"❸。而主体的意识存在会直接促成法治行为活动的产生，使其成为一种自觉的活动与行为。当个体具备主体意识后，他才会自觉加强对自我行为的省思，在日常生活中自觉接受法治教育和开展自我教育，并积极尊法、守法、用法和护法，包括尊重他人权利、积极行使自身权利和履行义务，遇到问题时才会自觉寻求法律并运用法律手段化解矛盾，从而形成良好的法治素养。然而，调查发现，大学生主动参加法治实践活动的频率比较低，以被动式的教育或者灌输为主。这种教育模式，将会削弱大学生参与法治实践并在实践中接受自我教育的主动性，久而久之甚至会丧失求知欲。有学者就对这种传统的教育模式进行了批判，认为"过去很长一段时间里，许多德育工作者忽视学生的主体性，他们或者把学生当作道德知识的接受器，或者把学生看作是可以驯服训练的小动物，由此形成了'说教

---

❶ 毛泽东. 毛泽东选集（第1卷）[M]. 北京：人民出版社，1991：302.
❷ 王东. 新媒体生活环境下的法治教育研究[M]. 西安：陕西人民出版社，2019：67-68.
❸ 高鸿钧. 法治：理念与制度[M]. 北京：中国政法大学出版社，2002：7.

式'和'管教式'两种僵化的德育模式"❶。法治素养的培育如果仅限于单纯的课堂教育或其他灌输式教育,使理论与实践产生脱节,那么大学生就无法在实践中真正习得法治行为能力和习惯,并在实践中对自身行为产生反思,进而形成自我教育。

另外,主体的身份存在及身份认同也在一定程度上影响了大学生自我接受法治教育的能动性。据调查结果发现,中共党员学生的法治信念水平要高于非中共党员学生,其原因就可能跟中共党员学生的政治身份认同有关。有研究表明,身份认同会影响学生学习积极性,当个体对自身群体的认识越明确时,对相关知识和要求的内化程度、投入程度及积极性越高;同时,身份认同程度高的个体往往能够成功处理压力,应对各种变化,保持积极向上的学习、生活和工作态度。❷ 还有学者对农民工犯罪问题的研究发现,自我身份认同为农民的,违法犯罪的自我报告最高;认为是居民的,其违法犯罪自我报告最低。❸ 这也侧面说明身份认同对法治素养的生成会产生一定影响。有意思的是,这种主体的身份存在体现在法治素养上还存在一定的性别差异。本书的调查结果显示,女生的法治素养水平总体要比男生高,这与赵志毅的研究类似,他发现,无论在遵纪守法的认识上抑或在遵纪守法的具体行动上,女生的法纪意识水平和自觉行动水平都要比男生高。究其原因,是由社会性别意识角色影响的结果,女生的思维方式具有较好的缜密性,而男生的思维更具有跳跃性,这使他们在选择时容易走向极端。❹ 男女在性别上的差异,也决定了两者在生理、心理素质、行为方式、思维方式上的差异,比如:研究表明,女性的控制能力比较好,而且富于牺牲精神,因而也较少犯罪。❺ 男女两性差异的形成既离不

---

❶ 万美容. 论主体道德教育模式的基本特征[J]. 党建,2001(10):16-18.
❷ 廖晓玲. 地方高校培优实验班的研究与经典案例[M]. 北京:冶金工业出版社,2019:70-71.
❸ 金诚. 新生代农民工犯罪问题研究[M]. 北京:人民出版社,2015:137.
❹ 赵志毅. 荣辱观教育的当代路向——基于城乡中小学的实证研究[M]. 北京:人民出版社,2010:230-231.
❺ 宋浩波,靳高风. 犯罪学[M]. 上海:复旦大学出版社,2009:239-240.

开个体的生理因素，也离不开社会文化因素，且社会文化因素的影响作用更大。社会文化不仅建构着社会性别和人们的言行举止，而且通过社会性别加强、复制和固化那些建立在生物学基础上的差别。❶ 故而在法治素养培育中，对男生与女生的教育也需要一定的区别，从其主体因素进行思考，以实现培育成效。

二、内在需要不足抑制了部分大学生自我教育自主性的激发

恩格斯在《雇佣劳动与资本》中指出："在人人都必须劳动的条件下，人人也都将同等地、愈益丰富地得到生活资料、享受资料、发展和表现一切体力和智力所需的资料。"❷ 这说明人的需要是有层次性的，即从生存需要、享受需要到发展需要的实现，呈现出层层递进的过程，为了满足这种需要，人们会不断地开展物质生产劳动和精神生产劳动，可见，人的需要是促使人们开展实践活动的直接动力。大学生只有认识到自身法治素养与外界的差距，特别是与新时代社会发展需求的差距，实现自我、发展自我的愿望才能被激发出来，自我教育的需要和自主性才能被调动起来。然而，调查结果发现，有 3.5% 的学生认为没必要接受社会主义法治教育，且有 4.6% 的学生对社会主义法治教育内容学习不感兴趣，且对该教育兴趣感觉一般的学生占 41.3%，这说明仍有部分学生未意识到法治教育对其个人成长的重要性，而这种认识也间接影响到其对社会主义法治教育的学习兴趣。通过 Pearson 相关性分析进一步验证得知，大学生对接受社会主义法治教育的重要性认识与其对法治教育内容的学习兴趣程度成正相关（$r=0.517$，$P<0.001$），即大学生认为社会主义法治教育越重要，其对该教育内容的学习越感兴趣；反之，则越不感兴趣。当大学生对社会主义法治教育的认识越不足时，就无法催生其接受法治教育，越不接受这种教育，其法治素养就越难得到有效培育，进而也就越难适应未来社会发展的需求。

---

❶ 罗萍. 妇女发展与婚姻文化研究 [M]. 武汉：武汉大学出版社，2018：102.
❷ 马克思，恩格斯. 马克思恩格斯选集（第 1 卷）[M]. 北京：人民出版社，2012：326.

另外，受应试教育模式的影响，我们的学科划分过细、过早分文理科，忽视了学生综合素质的教育和培养，从而使学生的知识学习内容相对单一，知识结构失衡和残缺。比如：文科学生不学物理、化学等学科，对自然科学常识所知甚少，进而淡化严谨的科学思维训练和科学精神培养；理科学生则不学历史、地理等学科，导致知识面狭窄，人文素质薄弱。❶而进入高等教育阶段后，又过分强调专业教育，文理交叉少，专业内容窄，分割了人文教育和科学教育，使法治教育和道德教育流于空泛，学生难以获得全面发展，培养出来的往往是"深井式"的专家。某理工大学曾对全校3511名各类新生进行语文考试，考题由汉语知识、古代文学、阅读与理解、写作4部分组成，总分150分，90分为及格。结果发现，学生的总平均成绩为95.37分，不及格者占26.3%，这在一定程度上表明理工科大学生人文素质的缺乏。❷据本书调查结果发现，文史类专业学生的法治素养要高于理工类和艺术类专业学生，究其原因，其一跟不同专业学生所接受的知识结构有关，文史类专业学生相对有比较多的人文知识积淀与人文精神的熏陶，从而塑造了较好的人文素质。有学者发现，大学生的法治观念与其人文素质的高低呈正比关系。❸换言之，大学生的人文素质越高，其法治观念越强。其二跟受教育者的选择性理解有关，因为法治素养的培育不仅需要教育工作者传授学生法律基本知识，更需要培育其法治精神和人文素养，而这些内容又与文史类专业学生的原有知识结构相符，进而使其能更深入地理解法治内涵。思想政治教育接受理论认为，当教育者传递的信息内容与受教育者的原有知识结构相符时，后者理解起来就相对容易，进而可以对此产生认同，并巩固其原有思想观念；反之，当教育者传递的信息内容与受教育者的原有知识结构不相符甚至冲突时，后者的理解就存在困难。❹

---

❶ 孙长林. 做自己的设计师：高中学业规划必读 [M]. 北京：华语教学出版社，2016：7.
❷ 黄光云. 当代大学生成才与教育 [M]. 南宁：广西科学技术出版社，2003：355–356.
❸ 邹开亮. 论当前大学生法制观念的培养——基于对我校900名大学生的抽样调查 [J]. 山西大同大学学报（社会科学版），2010，24（5）：20–22.
❹ 谷佳媚. 思想政治教育沟通的理论反思与建构 [M]. 北京：人民出版社，2014：161–164.

三、学习动机不当消解了部分大学生自我教育积极性的提升

认知理论认为,人的行为在很大程度上受其想法和动机控制。所谓动机,是指推动人行为的内部动力,人的各种行为和活动都是动机所引起的。学习动机是直接推动学生进行学习的内部动力,是激励或指引学生进行学习的一种需要,或者说学习动机是激发与维持个体的学习行为,并使之朝向一定目标的内在过程或内部心理状态。❶ 学习动机是推动学生进行学习活动的内驱力,它对学习行为具有启动、维持和监控的作用。当学生具备一定的学习动机时,就会做好学习的各项准备,学习时集中精力,即使遇到困难也能坚持下去,当学习受到干扰时也能排除干扰,自觉调整学习内容、学习方法,直至达到预定的学习目标。❷ 因此,学生的学习动机越强,其学习的积极性越高,学习效果也就越好。同理,如果一个学生是为了真正提高自身法治素养而学习社会主义法治相关知识,那么,在学习的过程中,学生就会积极地设定学习目标,安排学习计划,选择和运用学习策略,监控学习进程,评价学习结果,调节学习行为,排除干扰,克服困难,这些将最终带来良好的学习效果。❸ 反之,如果一个学生把学习社会主义法治相关知识当作应付考试,或达到其他目的,那么,他在学习过程中的表现可能完全不同,一旦达到目标,就可能会终止学习,这种学习动机对其学习将产生不利影响。随着新时代中国特色社会主义事业发展对人才素质的高要求,大多数学生意识到提高综合素质的重要性,而法治素养是大学生成才的必备素质之一,所以,超过95%的学生认识到接受社会主义法治教育的重要性。然而,不可忽视的是,在当前严峻的就业形势下,就业竞争日趋激烈,一部分学生在思想上出现了功利化倾向,如侧重于外语、计算机等操作性、实用性课程以及专业课程学习❹,忽视了法治

---

❶ 夏凤琴,姜淑梅,崔继红,等. 教育心理学 [M]. 北京:清华大学出版社,2015:90.
❷ 付建中. 教育心理学 [M]. 北京:清华大学出版社,2010:116-117.
❸ 李晓东,赵群. 教育心理学 [M]. 北京:北京大学出版社,2017:110.
❹ 李玉华,李景平. 大学生素质论 [M]. 西安:西安交通大学出版社,2001:101-102.

类课程的学习,或者对法律课程的学习不感兴趣,不认真学法,导致对法律一知半解,法治观念模糊,分不清是非,甚至产生"法律又不是我的专业""学好自己的专业课程才是王道"等错误观念。又如一些学生认为遇到难事可以通过"托关系""找门路"或是其他途径加以解决,在这些学生的眼中,学习法律并不是为了树立健全的法治观念,并将法律当作维护自身权益的武器,而仅仅是为了应付考试。这些错误的观念和学习动机必然会影响到对其进行法治教育的效果,也将影响其法治素养的养成。

第二节 家庭"第一所学校"作用不够凸显

　　家庭是人类最基本的社会组织形式,在本质上说是一种社会关系,因为人类的物质生产和人口生产决定了绝大多数的人只有组成家庭,才能繁衍后代,实现人口生产、扩大种群,进而建立家庭关系,即"每日都在重新生产自己生命的人们开始生产另外一些人"❶。因此,所谓家庭,是指"以婚姻关系为基础,以血缘关系(包括收养关系)组成共同生活的社会细胞"❷。家庭既是个体的诞生地,也是个体接受抚养和教育,实现社会化的起始和基础。习近平强调:"家庭是人生的第一个课堂,父母是孩子的第一任老师。孩子们从牙牙学语起就开始接受家教,有什么样的家教,就有什么样的人。"❸ 从新生儿到大学时期是大学生实现社会化的最重要时期,大学生的道德、法律、纪律等社会规范教育都是最早在家庭中接受到的。因此,家庭环境、父母亲本身的素质及其对子女的教育方式等因素,均会对大学生法治素养的养成产生重要影响。

---

❶ 马克思,恩格斯. 马克思恩格斯文集(第1卷)[M]. 北京:人民出版社,2009:532.
❷ 王兆先,程昌柱,高学贵. 家庭教育辞典[M]. 南京:南京大学出版社,1992:1.
❸ 习近平. 在会见第一届全国文明家庭代表时的讲话[M]. 北京:人民出版社,2016:4.

一、教育理念欠缺弱化了大学生法治素养培育的思想基础

"教育理念是指一国国民对教育的基本观念和信仰倾向。"❶ 任何教育行为都要以科学的教育理念为指导。有学者将现代家庭教育理念划分为三个维度,即确立起"教育有智慧、交往有魅力"的现代家长观;"培养人格健全、独立自主现代公民"的教育目的观;"亲子间教学相长、共同成长"的家庭教育过程观。❷ 然而,现实生活中,许多家庭教育理念呈现病态或错误的现象,一些高中生家长的家庭教育观念是不正确的,如有的家长认为,教育孩子是学校老师的事情,家长完全不管,孩子出事后,把责任完全推给学校;有些家长只看重孩子的学习成绩,认为"分数才是硬道理""只要成绩好就是一好百好",从而忽略了对孩子法治素养的培育和思想品德教育;还有些家长依然奉行"棍棒底下出孝子"的错误教育理念,在教育孩子时仍然采用比较"专制""暴力"的方法去"管控"孩子。有研究发现,家庭暴力容易引起孩子不良人格和犯罪行为,其原因在于,生活在暴力家庭中的子女,一般都有同情弱者的心态,但自己又无能为力,久而久之就形成一种仇恨的心理,影响其日后的正常生活;有的未成年人生活在这种恶劣家庭环境中,虽然憎恨家庭暴力,但由于耳濡目染,他们在性格上渐渐形成独断、专横、脾气暴躁、听不进任何劝阻、心狠手辣等不良人格,这种不良人格将成为其日后犯罪的诱因。❸ 由于长期受错误教育理念的影响,一些家长在教育孩子方面进入了误区,造成孩子的行为出现偏差,家庭关系紧张,有的孩子甚至走上违法犯罪的道路。

二、家庭教育环境不良淡化了大学生法治素养培育的氛围

社会学习理论的观点认为,人的社会行为是人借助于内部因素与环境

---

❶ 肖刚,黄巧荣,袁振国. 影响教育政策制定的因素分析:中国教育政策评论[M]. 北京:教育科学出版社,2000:84.

❷ 缪建东. 家庭教育学[M]. 北京:高等教育出版社,2015:213.

❸ 武春建. 青少年心理卫生[M]. 西安:陕西科学技术出版社,2006:59.

相互作用的结果,影响个体社会行为发展的主要因素是环境。❶ 在正常情况下,人的一生大多是在家庭中度过的,家庭是个体接触最早和最多的环境,那些社会规则通过家庭传递给孩子,家长的言行对孩子有极大的影响。所谓家庭环境,是指"家庭的结构、社会地位、家庭成员之间的关系及家庭成员的语言、行为及感情的总和"❷。家庭环境为个体成长和发展提供了情感依赖和精神支撑,它对人起着潜移默化的作用,是家庭生活中人与人之间相互联系时所形成的一种气氛。❸ 可见,在个体的成长过程中,家庭环境对个体的影响是多层次、多侧面的,包括对个体性格、品行、价值观等方面的形成均会产生重要影响。不良的家庭环境,不仅会影响个体的健康成长,甚至会使其走上违法犯罪的道路。个体如果从小就生活在民主、平等、和谐的家庭氛围中,父母及其亲子之间的关系和谐,这不仅有利于其树立正确的世界观、人生观和价值观,也有利于养成良好的品行和法治素养。日本犯罪心理学家森武夫的研究发现,"家庭氛围可以成为未成年人违法和犯罪的直接原因,和睦、不和睦或冲突的家庭氛围与违法行为关系甚大。不和睦的家庭比和睦的家庭,其子女违法行为者明显增多"❹。

家庭结构是家庭成员之间相互作用和共同组织而形成的稳定的家庭构成形态,包含了家庭成员的构成及其代际和权利关系等因素。❺ 费孝通先生把家庭结构定义为"一个家庭里包括哪些成员和他们之间的关系",并将家庭结构分为四个类型,即"残缺家庭或不完整的家庭、核心家庭、扩大家庭、联合家庭"。❻ 这种分类主要是从家庭中的人口要素和互动模式进行的分类。随着20世纪70年代末人口政策的调整,我国家庭结构也逐渐发生变化,大家庭比例逐渐降低,核心家庭的比例越来越高。所谓核心家

---

❶ 沈佩琪,张丽微. 学前儿童家庭与社区教育 [M]. 长春:吉林大学出版社,2017:19.
❷ 刘万兆,赵曼,陈尔东. 消费者行为学 [M]. 北京:中国经济出版社,2018:231.
❸ 陈彩彦,兰冬蓉. 大学生职业生涯规划 [M]. 北京:航空工业出版社,2018:117.
❹ [日] 森武夫. 犯罪心理学 [M]. 邵道生,译. 北京:知识出版社,1982:80.
❺ 陆学艺. 当代中国社会结构 [M]. 北京:科学社会文献出版社,2018:88.
❻ 费孝通. 三论中国家庭结构的变动 [J]. 北京大学学报(哲学社会科学版),1986(3):3-7.

庭是指由父母及其未婚子女组成的家庭，也包括无子女夫妇家庭和养父母及子女组成的家庭。❶ 核心家庭的共同特征为人口少，规模小，关系单纯，通常只包括家长和孩子。20 世纪 70 年代末计划生育政策实施后，独生子女家庭数量越来越多，尤其是在城市，这种情况更为普遍。有关独生子女教育的问题也引起了社会的普遍关注，独生子女社会化过程中也呈现出一些问题及其自身的特点。❷ 一方面，家庭中只有一个孩子，这种"独"的环境为其社会化带来许多有利条件，相对而言，独生子女物质条件较好，家庭教育也抓得早，可以充分发展自身兴趣，知识面较广，对法治方面的知识学习和接触也较多，因而在法治认知上要比非独生子女相对较好。另一方面，独生子女"独"的特点给他们的成长也带来了许多不利影响，比如：在家庭中被过分宠爱，从小就形成自我为中心的心理，不能接受挫折，不能接受批评，也不许他人违背自己的意愿，养成骄纵蛮横的作风，一旦与社会人士接触，没有人会像父母一样对待他，就心理失调，产生恶性循环❸，久而久之，就容易产生不当行为，甚至由此引发违法犯罪事件，无法形成良好的法治素养。

三、家庭教育方式不当影响了大学生法治素养培育的效果

鲁迅先生说过，木匠的儿子会耍斧凿，兵家儿早识刀枪。可见，父母对子女的影响可谓深矣，特别是父母亲的文化素质，在家庭教育中产生了重要的影响作用。所谓文化素质，是指人所具备的知识结构，体现人的文化程度和文化水平。❹ 有研究发现，父母的文化程度会影响他们对子女的教育方式，影响他们对子女的自觉教育程度，影响他们能否根据子女的特点进行及时的帮助与教育，甚至影响到子女分析、思考和解决问题的方

---

❶ 郑延芳. 社区护理学 [M]. 郑州：河南科学技术出版社，2012：134.
❷ 吴增基，吴鹏森，孙振芳. 现代社会学 [M]. 上海：上海人民出版社，2018：113.
❸ 江必新. 新时代青少年法治素养 [M]. 北京：人民出版社，2019：345.
❹ 张晶. 父母教育与儿童发展 [M]. 沈阳：辽宁教育出版社，2017：26.

式，因而最终会对子女的品德发展有所影响。❶ 一般来说，大多数文化素质高的父母，能够形成较正确的教养方式，他们不但重视子女教育，而且教育态度端正，能较好地理解孩子需求，教育效果较好。同时，"法制观念与人们的文化素质有关"❷，文化素质高的父母亲通常也具有较强的法治观念，他们会教育自己的孩子如何知法、守法并遵守日常行为规范，以至于在成长的道路上不会迷失自己。有学者对问题青少年的调查表明，无论是问题人或问题人父母，高学历者出现违法犯罪问题的比例要远远低于低学历者。❸ 然而，现实生活中，一些父母受教育程度较低，难以给予其子女良好的家庭教育，从小忽视了对子女的教育问题，有的父母甚至当着子女的面做破坏规则或违法之事，造成子女长大后未能养成良好的道德和法治意识，最后走上违法犯罪的道路。比如：2017 年 12 月 25 日，央视《今日说法》节目播出了一则令人不可思议的案例，一对父母竟然逼迫孩子从疾驰的三轮车上一次次往下跳，孩子颅骨骨折后还要继续跳，目的就是碰瓷赚钱。❹ 该案例表明父母的思想观念、言行举止对孩子的法治素养的生成具有重大影响，其作用是学校和其他教育不可替代的。家庭教育的内容，除包括一般的生活知识、生活技能、基本社会规范等外，还包括家长的社会经验和经历、对社会的认识和态度、对人生的看法和态度、掌握的科学文化知识和特殊技能等多方面。❺ 总之，家长的一言一行都会对孩子产生影响，错误的家庭教育方式在某种程度上会造成一些大学生不良行为的发生。

另外，本研究还发现，在双亲中，母亲的受教育程度对大学生法治素养的生成影响作用最大。究其原因可能跟母亲与子女的接触机会更多有

---

❶ 林崇德. 品德发展心理学［M］. 西安：陕西师范大学出版总社有限公司，2014：171－172.
❷ 邓小平. 邓小平文选（第3卷）［M］. 北京：人民出版社，1993：163.
❸ 高中建. 河南省近年来青少年问题调查透析［J］. 青年研究，1999（07）：46－49.
❹ 《今日说法》. 跳车的小孩［EB/OL］.（2017－12－25）［2021－07－21］. http://tv.cctv.com/2017/12/25/VIDEVwmuBlGuwyePJoVxJkxW171225.shtml.
❺ 丁新萌，尚燕杉，朱苑玲. 青少年家庭社会化与礼仪教育新概念［M］. 拉萨：西藏人民出版社，2001：101－102.

关，特别是在学龄前，母亲与子女的交流最多，陪伴孩子的时间也相对较长，母亲的行为举止、言语和教导方式等对孩子的影响最大。尽管随着经济社会的发展，我国妇女地位得到了显著提高，妇女已不再依附于丈夫，而是走向社会和工作岗位，有了更多实现自我的机会，但是传统"男主外、女主内"的家庭分工模式依然相当普遍。在这种性别分工模式下，男性更多的是承担获取家庭经济资源的角色，而女性则主要承担家庭生活照料和抚育子女的角色。即使在城镇地区的双职工家庭中，妻子仍然是"照料孩子生活"和"辅导孩子功课"的主要承担者，其时间投入远高于丈夫。❶ 有研究发现，家庭中父母亲的角色分工模式对子女发展的影响作用有显著差异，母亲对子女的教育发展更加重要，而父亲对孩子的社会心理发展更加重要。❷ 由此可见，母亲的教育角色缺位很可能会对孩子的成长和发展造成负面影响，而母亲的素质如何，又直接关系到其对孩子的教养方式和家庭幸福。正如伟大的母亲王光美所说："家庭是社会的细胞，母亲是家庭的核心，母亲的素质决定了家庭的和睦及子女的成长健康，家庭的和睦又关系到社会的稳定和谐。"❸ 研究发现，接受高等教育的母亲在教育子女的方式上，更倾向于采用积极主动的方式应对孩子的负面情绪，重视孩子的社会化过程、并采取适宜的社会化策略指引子女的成功。❹ 如果母亲在日常生活中能以身作则，遵守法律法规，具备良好的规则意识并积极教导自身孩子养成良好的法治行为，这会使孩子从小耳濡目染，在潜移默化中形成正确的法治理念，养成凡事找法的良好习惯。

---

❶ 佟新，刘爱玉. 城镇双职工家庭夫妻合作型家务劳动模式——基于2010年中国第三期妇女地位调查［J］. 中国社会科学，2015（6）：96-111，207.

❷ 吴愈晓，王鹏，杜思佳. 变迁中的中国家庭结构与青少年发展［J］. 中国社会科学，2018（2）：98-120，206-207.

❸ 转引自罗芬芬. 母亲的修养决定孩子的未来［M］. 北京：中国商业出版社，2016：4.

❹ 李旭. 在不同条件下母亲教育水平对其社会化目标的影响［D］. 大连：辽宁师范大学，2014：5-6.

第三节　学校系统化培育的实效性不突出

习近平在北京大学师生座谈会上指出,"大学是立德树人、培养人才的地方"。大学最主要的职责就在于"培养社会发展所需要的人,说具体了,就是培养社会发展、知识积累、文化传承、国家存续、制度运行所要求的人"。❶ 这里的人,是指德智体美劳全面发展的人,也就是具备良好的综合素质,包括科学素养、人文素养和法治素养等现代社会发展所需的品质。高校承担着大学生综合素质培养的重要使命,其中,法治素养是大学生综合素质的重要组成部分,也是高校人才培养的关键。因此,高校法治素养培育的实效性直接关系到大学生法治素养的有效生成。然而,高校在大学生法治素养培育过程中还存在目标定位不明确、法治教育内容供给参差不齐、培育方式单一等问题,究其原因,主要体现在以下几方面。

一、法治教育重视程度不够削弱了大学生法治素养培育动力

思想是行动的先导,只有先解决思想认识问题,才能避免进入认识误区,最后才能正确处理实践问题。可见,认识问题和实践问题是相统一的,"推动人去从事活动的一切,都要通过人的头脑"❷。高校对大学生法治素养培育的效果与理想状态还存在一些偏差,其中一个原因跟部分高校对大学生法治素养培育的重要性认识不足有关。在教育理念上,许多高校偏重专业教育,对大学生的法治教育没有引起足够的重视,在教学计划中法治教育方面的课程设置比较少,即使有设置相关课程,也只是将其当一门课程来对待,而没有将法律类课程当作一种个人素质的培养纳入学校素

---

❶ 习近平. 在北京大学师生座谈会上的讲话[M]. 北京:人民出版社,2018:4.
❷ 马克思,恩格斯. 马克思恩格斯选集(第4卷)[M]. 北京:人民出版社,2012:238.

质教育的整体规划和大学教育全过程。❶ 而对于大多数高校而言，大学生的法治教育主要通过"思想道德与法治"这门课获得，该门课程一般在大学一年级完成，此后就鲜有法治教育方面的课程供给，特别是进入高年级后，大学生法治教育进入"断乳期"，从而使高年级学生"法治营养"跟不上，法治意识逐级下降，法治活动参与热情逐级消退，甚至于漠视规则和法律。这也是大学一年级学生的法治素养得分要高于高年级学生的重要原因。另外，有的高校任课教师对法律基础课教学的认识不到位，把法律基础课仅仅当作一门传播法律条文和法律知识的课程，在教育方式上多是要求学生理解和背诵法律条文，让学生知晓某某法条如何规定、意思是什么，而忽视了法治理念的宣传和法治情感、法治意志及法治信念的培育。❷ 这实际上是一种单纯的"知识教育"，并没有上升到"素养培育"的高度，造成大学生尽管知晓一定的法律基本知识，但从根本上讲，法治素养仍然较薄弱。法治信念是大学生理想信念教育的重要一环，坚定的法治信念为个体将权利义务意识、规则意识等内化于心、外化于行提供强大的精神力量，也直接关系到依法治国目标的顺利完成。如果高校在大学生法治信仰教育方面出现偏差，将法治信仰教育目标定位于"取法乎下"的功利或务实层次❸，又或者有的教育工作者本身缺乏对社会主义法治的价值信仰，对社会主义法治建设信心不足，甚至持怀疑态度，又怎能培养学生坚定对社会主义法治的信仰？更不用说教育学生树立起崇法尚法的理念了。

二、法治教育队伍素质不高限制了大学生法治素养培育能力

大学生法治素养培育的根本保证是拥有高素质的师资队伍，因为教师是直接影响大学生吸收法律知识，树立法治观念的关键。❹ 邓小平同志曾

---

❶ 张振平. 当代大学生思想素质教育论［M］. 长沙：湖南科学技术出版社，2005：89-91.
❷ 李玉华，李景平. 大学生素质论［M］. 西安：西安交通大学出版社，2001：101-102.
❸ 张莉. 理想信念教育视域下大学生法治观培育［J］. 思想理论教育导刊，2016（4）：124-126.
❹ 赵婷. 微时代背景下大学生法制教育研究［M］. 北京：九州出版社，2014：58.

经指出:"一个学校能不能为社会主义建设培养合格的人才,培养德智体全面发展、有社会主义觉悟的有文化的劳动者,关键在教师。"❶ 习近平在同北京师范大学师生座谈会上的讲话指出:"国家繁荣、民族振兴、教育发展,需要我们大力培养造就一支师德高尚、业务精湛、结构合理、充满活力的高素质专业化教师队伍,需要涌现一大批好老师。"❷ 可见,高素质专业化的教师队伍不仅需要具备高尚的师德,还需要具备精湛的业务能力,即德艺双馨。教师在大学生法治素养培育过程中,既要传授社会主义法律相关理论知识,帮助学生确立正确的法治认知,又要培育大学生树立正确的法治理念,引导其形成积极的法治情感和坚定的法治信念,同时还要引导学生坚定遇事找法的法治意志,从而学会积极行使法律权利和履行法律义务,并在生活中养成良好的行为规范。然而,目前高校承担"思想道德与法治"课程教学的教师多数不是法律科班出身,有调查显示,担任"思想道德与法治"课程教学的专职教师中,具有法学学习背景的教师不超过5%。❸ 由于未受过系统法学专业教育,任课教师在法学素养方面存在较大差距,法律知识水平参差不齐,缺乏深厚的法律理论功底,遇到法律问题时采取躲避态度,上课时能少讲就少讲,甚至不讲;有的教师对法律背后隐藏的深层次的法治价值、精神、理念诠释不透,特别是针对现实生活中的涉法问题解释不清,很难为学生排除思想上的困惑,这对于培养和提高大学生法治素养显然不利。同时,受课时、经费、大班教学、教育理念等诸多因素制约,许多任课教师只会照本宣科,搞满堂灌,教育教学形式单一,理论与实践脱节,从而导致高校法治教育的实效性不强。

---

❶ 邓小平. 邓小平文选(第二卷)[M]. 北京:人民出版社,1994:108.

❷ 习近平. 做党和人民满意的好老师:同北京师范大学师生代表座谈时的讲话[M]. 北京:人民出版社,2014:4.

❸ 张景峰. 大学生法治素质课的现状与展望[J]. 湖南科技学院学报,2006,27(1):241-243.

三、法治教育合力机制不活消解了大学生法治素养培育力度

大学生法治素养的培育是一项系统工程，单靠学校或某个单一的群体是难以完成的，需要学校、家庭、社会等各方面的力量相互协同，形成教育合力。所谓法治教育合力，是指在一定的时间内和一定的社会环境影响下，通过各方面的共同努力，运用各种法治教育途径和渠道对受教育者实施教育后所产生的综合作用。在社会环境（包括家庭）影响不变的前提下，法治教育合力一般会产生三种情况：一是在具体目标基本一致的情况下，各法治教育主体通过不同的内容和形式，充分发挥各自的特点和作用，可形成最大的教育合力，产生最佳效果，这是最理想的状态；二是具体目标不大一致，各法治教育主体只管自己互不配合，教育合力较小，教育效果不大；三是具体目标不一致甚至背道而驰，各法治教育主体之间互相抵销和排斥，教育合力几乎等于零，甚至出现教育的负合力。❶ 然而，社会环境和家庭环境不是一成不变的，这种变化将直接影响法治教育的综合作用。实际工作中，大部分高校在大学生法治素养培育方面并未形成较为完善的教育合力，没有将家庭、社会的辅助教育力量充分发挥出来，做到各方力量思想统一、步调一致，相互配合，并力求社会环境以积极的影响。换言之，大多数高校的法治教育合力介于第二和第三种情况之间，即有的法治教育主体之间配合不佳，产生了相互抵销作用，致使法治教育效果不佳。比如：有的家长认为法治教育是学校的事情，既然孩子交给学校了，就与家长无关，与家庭教育无关；或者认为自己的孩子不会犯法，不需要对孩子实施法治教育；又或者家庭内部本身就不和谐，经常发生家庭暴力事件等，这些因为家庭教育思想不正、教育内容和教育方法不当等，成了跟学校法治教育相抵销、相对抗的力量。❷ 由于法治教育的合力机制尚不健全，影响了大学生法治教育的实效性。

---

❶ 张公武，冷洪恩. 中小学德育辞典 [M]. 北京：中国广播电视出版社，1991：42-43.
❷ 高学生. 家庭教育研究与方法 [M]. 沈阳：辽宁大学出版社，2017：111.

四、法治教育文化氛围不浓弱化了大学生法治素养培育效果

依法治校、依法治教是依法治国的重要组成部分，也是法治社会对教育者、管理者提出的客观要求。《国家中长期教育改革和发展规划纲要（2010—2020年）》强调要"大力推进依法治校"❶。对于依法治校的内涵，教育部早在2003年的《关于加强依法治校工作的若干意见》中就对其作了深刻阐述，如"实行依法治校，就是要求严格按照教育法律的原则与规定，开展教育教学活动，尊重学生人格，维护学生合法权益，形成符合法治精神的育人环境，不断提高学校管理者、教师的法律素质，提高学校依法处理各种关系的能力。"❷ 该文件不仅对依法治校的手段和方式进行了规定，也对依法治校的内容和目标作了清晰的规定。依法治校的内容之一就是要形成符合法治精神的育人环境，只有在浓厚的法治文化育人环境中，才能将公正平等自由意识、权利义务观念、规则意识、契约精神等理念，渗透到学生的行为规则中，凝练到学校教育理念当中。马克思在批判18世纪法国唯物主义关于人与环境关系认识时指出："环境是由人来改变的，而教育者本人一定是受教育的。""环境的改变和人的活动或自我改变的一致，只能被看做是并合理地理解为革命的实践。"❸ 这充分说明环境的好坏会影响人的成长和发展，本书调查结果显示，有455名学生（占17.8%）认为缺乏社会主义法治文化建设氛围是影响学校社会主义法治教育效果的原因之一。现实生活中，部分高校并未形成浓厚的学法、知法、守法的氛围，缺乏良好的法治教育校园环境。有的高校规章制度不健全或执纪不严，对师生违纪甚至违法行为不愿惩治，对影响学校声誉的事件百般遮拦；有的高校管理工作程序违法，对因各种违纪违法行为而受到处分的师

---

❶ 国家中长期教育改革和发展规划纲要（2010—2020年）[M].北京：人民出版社，2010：61.
❷ 教育部关于加强依法治校工作的若干意见[EB/OL].（2003 - 07 - 17）[2021 - 09 - 06]. http://www.moe.gov.cn/s78/A02/zfs__left/s5911/moe_623/201001/t20100129_5145.html.
❸ 马克思，恩格斯.马克思恩格斯选集（第1卷）[M].北京：人民出版社，2012：134.

生不予书面告知，缺乏申诉救济途径等❶；有的高校的领导、教师和行政管理人员本身没有起到遵纪守法的模范带头作用，未能做到依法办事，甚至有的还走上了违法犯罪的道路，比如：仅2021年上半年全国就有10余名高校领导因涉嫌严重违纪违法而落马，还有多名高校教师违反师德师风被处理。教师不仅是科学知识的传播者，也是学生思想品德和法治素养的培养者，教师的一言一行都会对学生产生一定的影响。苏联教育家苏霍姆林斯基说："教师要成为学生道德上的指路人，并不在于他时时刻刻讲大道理，而在于他对人的态度能为人表率，在于他有高度的道德水平。"❷我国古代教育家孔子也说："其身正，不令而行；其身不正，虽令不从。"❸这无不在告诫世人，既为人师，就要慎重其行为，成为学生的表率。如果高校领导或教师自身都不能做到谨言慎行，甚至触碰法律的红线，这将对学生产生许多不良的影响，削弱大学生守法、信法、尚法和护法的自觉性，也会伤害大学生的法治情感，使其对法治产生怀疑，从而影响对其法治教育的效果。多元逐步回归分析的结果进一步证实，生活中发生的各类案件对大学生法治素养水平会产生影响，这是因为在现实生活中，人们主要通过一些法律案件的处理和判决来感知法律，只有当这些案件得到公正解决时，人们才会对法律充满期待和信心，才会真正了解法律的价值并建立起对法治的信仰。❹

第四节 社会环境支撑作用发挥尚不充分

大学生法治素养的生成受经济、政治、文化基础等多种因素的制约，其中最根本的决定因素是社会物质生活条件。马克思在《政治经济学批

---

❶ 周颖. 他们到底是哪种人［M］. 北京：线装书局，2013：129-131.

❷ ［苏］瓦·阿·苏霍姆林斯基. 和青年校长的谈话［M］. 赵玮，等译. 上海：上海教育出版社，1983：171.

❸ 季潇苑，译注. 论语通译［M］. 北京：光明日报出版社，2008：151.

❹ 秦惠民. 论教育纠纷案件的法律适用及其法治推进作用［J］. 法律适用，2005（10）：73-76.

判》序言中指出:"物质生活的生产方式制约着整个社会生活、政治生活和精神生活的过程。不是人们的意识决定人们的存在,相反,是人们的社会存在决定人们的意识。"❶ 法治是上层建筑的重要组成部分,但法治的实现终究要通过人去完成,在这个过程中,就需要提升人的法治素养,最终为经济基础服务。因此,从某种程度上而言,人的法治素养也成为间接的上层建筑,上层建筑又由经济基础决定,随着经济基础的变化而变化。正如马克思在《共产党宣言》中所言:"你们的法不过是被奉为法律的你们这个阶级的意志一样,而这种意志的内容是由你们这个阶级的物质生活条件来决定的。"❷ 可以说,经济因素是整个社会生活和所有社会意识形态的决定力量和最终源泉。

一、市场经济的不法现象动摇了大学生法治素养培育的基础

党的十九大报告指出,要"坚持解放和发展社会生产力,坚持社会主义市场经济改革方向,推动经济持续健康发展"❸。市场经济是通过市场配置资源的一种经济模式,注重市场在经济调节中的作用,主要通过契约、法律来规制人们之间的交易行为。❹ 推动市场经济的健康有序发展,需要依靠完善的法治体系以及政府的有效调控和管理等。青年大学生既是当下的消费者,并以消费者身份参与市场经济活动,同时又将以未来共产主义事业的建设者和接班人的身份投身到市场经济活动中,直接参与各行各业建设和发展。对大学生而言,只有具备了良好的法治素养,了解社会主义市场经济的政府经济管理模式和经济交易法治规则,才能够适应社会主义

---

❶ 马克思,恩格斯. 马克思恩格斯选集(第2卷)[M]. 北京:人民出版社,2012:2.
❷ 马克思,恩格斯. 马克思恩格斯选集(第1卷)[M]. 北京:人民出版社,2012:417.
❸ 习近平. 决胜全面建成小康社会 夺取新时代中国特色社会主义伟大胜利——在中国共产党第十九次代表大会上的报告[M]. 北京:人民出版社,2017:29-30.
❹ 梁燕妮. 广西社区居民法治素养现状及制约因素评析[J]. 广西政法管理干部学院学报,2018,33(6):44-51.

市场经济活动的根本要求。❶ 改革开放以后，我国逐渐从计划经济向社会主义市场经济过渡，经济体制的转变，也冲击着人们的思想观念，传统观念与现代公民意识相互交融、相互影响，使大学生法治素养培育环境发生了巨大的变化。众所周知，市场经济是一把双刃剑，既可以为我国经济社会的发展注入活力，也可能带来一些消极的影响，市场经济的发展对大学生法治素养培育的影响也是双重的。

首先，经济体制的转变为提升大学生法治素养带来了前所未有的机遇。市场经济的主旋律就是竞争和创新，开展公平的竞争是保持市场经济充满活力的关键。❷ 在这种环境下，大学生形成了比较强烈的竞争意识，促使其不断提高自身创新能力、交往能力等，以适应激烈的竞争环境。其次，市场经济的运行要求每一个市场主体都平等地遵守公开的法律法规，这样才能维持良好的市场经济秩序，法治也成为市场经济发展的需要和应有之义。良好的社会主义市场经济环境会对大学生产生潜移默化的影响，其规则意识、主体意识也将得到激发，进而养成依法办事的习惯和自觉遵法、守法、用法的行为，从而逐步提升自身的法治素养。然而，市场经济的发展也给大学生法治素养的培育带来了一些消极的影响。由于我国市场经济的发展起步比较晚，市场经济体制改革在由计划经济向市场经济的转变过程中，采取的是跨越时空的自上而下的方式，存在先天的不足，与其相适应的物质和心理准备尚不充分，导致人们尚未形成与市场经济相适应的道德伦理、人文思想、思想观念、法治意识等。❸ 市场体系的不健全，法律法规与市场规则的不对接现象，某种程度上冲击和淡化了人们的法治理念，致使一些人为了追求利益投机取巧，甚至不择手段，忽视规则规范，抑或钻法律的空子、打法律的擦边球。这种唯利是图、不守诚信甚至

---

❶ 杨忠明，杨强. 青年学生法治素养提升的时代特征和实践路径探析［J］. 思想教育研究，2017（11）：111-114.

❷ 陈虹，孟梦，李艺炜. 新媒体视角下的高校思想政治教育创新研究［M］. 天津：天津社会科学院出版社，2017：60-63.

❸ 刘月霞，蔡金绫. 当代大学生的素质及其教育［M］. 上海：上海人民出版社，2007：101.

不守法的行为，强烈地冲击着当代大学生，对其人生观和价值观造成了恶劣影响，助长了拜金主义、享乐主义、极端利己主义思想的蔓延，导致一些学生是非观念模糊，错误地将物质利益作为评价人生得失的标准而加以选择和效仿，影响了其法治素养的提高。此外，市场经济运行过程中，一些市场执法部门或执法人员存在依法办事的观念不强、能力不足的问题，有的甚至知法犯法、徇私枉法，未做到有法必依、有法必依、违法必究，这种现象也冲击和削弱了大学生对社会主义法治的情感认同，为其法治素养的提高设置了障碍。

二、少数干部的违法行为冲击了大学生法治素养培育的信念

法治是人类社会进步发展的文明标志，法治的实现不能仅仅依靠法律的调整或运行来实现，而是需要通过民主政治提供强有力的制度保障来实现。❶ 作为政治文明的核心内容之一，法治建设的进程充分彰显着政治文明的发展。法治和民主之间相互联系、相互依存，民主为法治奠定基础，法治为民主提供保障，这也正是现代民主法治所追求的目标。只有民主，才是一个现代国家作出合理、有效的政治判断、政治决策的根本基础和必要途径❷。因此，国家政治必须走向民主；而要真正实现民主，就必须走向法治，以法治取代人治。换言之，民主法治是政治文明的应有之义。所谓民主政治，就其权力归属而言权力在民，国家一切权力属于人民；在权力的运行上，人民具有广泛的参与权，对国家和公共权力具有监督和约束的权利；公民的政治和法律地位有了很大的转变，具有较高的民主能力和充分的民主意识。❸ 一个国家的政治文明程度对其公民法治素养的形成有

---

❶ 柯卫，朱海波. 社会主义法治意识与人的现代化研究［M］. 北京：法律出版社，2010：142.

❷ 刘富珍，袁国丽，田戈燕. 共青团支部工作理论与实践教程［M］. 青岛：中国海洋大学出版社，2017：139.

❸ 罗先泽，张美萍. 社会主义法治文化建设研究［M］. 北京：中国政法大学出版社，2016：126-127.

直接的影响。政治文明表现在多方面，其中，最突出的表现是体现在国家权力运作机制上。所谓权力运作机制，就是指权力分配机制、权力制衡机制、权力监督机制等各个运行环节的有机统一体。❶ 当权力运作规范时，人民参与公共事务的权利才能得到有效保障，其政治和法律地位才能得到提高，进而激发其产生民主意识和法治观念，并逐步把自身塑造成规范意识主体，这样整个社会生活才能得到有序维持，良好的社会法治环境进而得以有效营造，这些对公民法治素养的生成都起着关键作用。比如，国家在制定某些法律法规时，如果能充分回应社会的关切，反映绝大多数人的利益并让相关法律法规得以及时付诸实施，这便在源头上有利于增进人民对法律的信仰和依赖，并逐步提高公民的法治素养；如果国家公职人员能自觉遵法、守法、用法、护法，做到以身作则、率先垂范，这对广大人民群众也会起到积极的示范和促进作用，并自觉提升自身的法治素养。

从我国民主法治的发展进程看，中国历经了两千多年的封建专制统治，民主进程起步比较晚，近代西方列强入侵中国，东西文明产生正面交锋，一部分思想先驱开始引进和宣扬西方的科学、民主和法治思想。新中国成立后，中国共产党带领亿万中国人民在长期的革命、建设和改革实践中以坚定的理想、信念和信仰凝结成了社会主义政治文明。至此，民主、法治进程开始在社会主义政治制度中扎根并逐渐完善。然而，当前我国民主法治氛围还没有完全形成，某些领域还存在权力滥用、权力腐败等问题，这种不民主的现象会对大学生产生负面影响。❷ 法律一旦偏离党和群众意志，成为个人或部门实现不正当利益的手段，就将误导广大学生对社会主义法律价值、功能、性质的正确认知，使他们无法在正确认知的基础上，主动遵守法律、内心信任法律❸，导致社会主义法治陷入"塔西佗陷

---

❶ 蒋晓伟. 城市治理法治化研究 [M]. 北京：人民出版社，2016：79 – 80.

❷ 田小平. 论我国高校校园法治文化的构建 [J]. 西安财经学院学报，2013，26（6）：121 – 123.

❸ 蔡德仿. 当代青年法治意识现状与研究 [M]. 长春：吉林人民出版社，2019：65 – 67.

阱"❶。有研究表明，法治建设进程中，"权力高于法""人情大于法""金钱腐蚀法律""执法者违法"等不良现象与青少年的法治信心均呈现出负相关关系。❷亦即，公权力的违法现象越频繁、越严重，青少年的法治信心将越弱，并且其法治信心将受到越严重的伤害和削弱。如此一来，大学生就很可能对社会主义法律乃至整个社会主义法治体系产生怀疑，更不会对社会主义法治产生积极的情感以及坚定的意志和信念，也就难以帮助其养成良好的法治素养。

三、传统社会的人情文化消解了大学生法治素养培育的力度

传统的中国社会是"礼治"社会，通过"礼"来治理社会，"礼是社会公认合适的行为规范。合于礼的就是说这些行为是做得对的，对是合适的意思。如果单从行为规范一点说，本和法律无异，法律也是一种行为规范。礼和法不相同的地方是维持规范的力量，法律是靠国家的权力来推行的，而礼却不需要这有形的权力机构来维持。维持礼规范的是传统，礼并不是靠一个外在的权力来推行的，而是从教化中养成了个人的敬畏之感，人服礼是主动的"❸。可见，礼治社会的秩序维持方式，主要是通过对个体的教化，将传统社会规范内化为社会成员的价值理念，使人们主动服从传统规范，进而达到维护社会秩序的目的。因此，"一个负责地方秩序的父母官，维持礼治秩序的理想手段是教化，而不是折狱。如果有非打官司不可，那必然是因为有人破坏了传统的规矩"❹。这种借用非制度化的社会治理模式，往往会形成一种"无讼""厌讼""惧讼"的社会氛围，在这种社会中成长的个体对法律与诉讼将产生一种本能的抗拒，使一些大学生习

---

❶ "塔西佗陷阱"得名于古罗马时代的历史学家塔西佗，是指当公权力遭遇公信力危机时，无论发表什么言论，颁布什么样的政策，社会都会给予其负面评价。

❷ 张恽，黄洪基. 2015—2016 年中国都市青少年发展报告［M］. 上海交通大学出版社，2017：51.

❸ 费孝通. 乡土中国：生育制度［M］. 北京：北京大学出版社，1998：50.

❹ 费孝通. 乡土中国：乡土重建［M］. 北京：北京联合出版公司，2018：58.

惯于寻求非法律手段来解决矛盾和调整社会关系，一定程度上不利于其养成法治素养。

传统是经过千百年时间锤炼而成的一种文化积淀，它不仅影响人们的思维与行为模式，而且对国家的制度建构与运作都有着巨大的影响。世界上不同的民族和国家，在其发展演进的过程中，由于生存环境、人种、文化、语言、习俗、物质生产活动等的不同，均会形成各自不同的传统。❶ 中国经历了两千多年的封建王朝，封建专制思想根深蒂固，导致人们过于崇尚君权而忽视法律，法律也成为君权的附庸。❷ 由于权力置于法律之上，当权者享有许多特权，这就造成官本位和权力崇拜的社会氛围❸，造成法随言出、权大于法、人治思维取代法治思维。这种崇尚权力的人治思维模式，必然导致人们敬畏权力、崇拜权力、服从权力而忽视自身的政治权利，遇到问题时，总是想着借助特权或"关系""人情"等来处理。这种讲人情、拉关系的流弊一旦蔓延，将带来严重后果。正如习近平在中央政法工作会议上所强调的一样，"如果人情介入了法律和权力领域，就会带来问题，甚至带来严重问题"❹。一方面是危害整个社会的法律尊严和权威，阻碍社会主义法治建设；另一方面是不利于大学生法治素养的养成，因为人治超越法治的传统观念，将影响主体法治意识的生成，如果主体无法形成正确的法治意识，也就难以形成正确的权利义务观念。❺ 在人治传统思想中，法的尊严和权威必然会遭到破坏，进而使一些大学生沉醉于"权大于法""权力至上"而非"法律至上"的传统思想和文化氛围中，动摇了崇尚法律至上的法治意志以及对社会主义法治的信念。在遇到问题

---

❶ 雷振扬. 马克思主义社会发展理论与中国社会发展问题研究［M］. 北京：民族出版社，2002：240-242.

❷ 刘月霞，蔡金绫. 当代大学生的素质及其教育［M］. 上海：上海人民出版社，2007：102-104.

❸ 陈永森. 公民精神纵横谈［M］. 北京：中国文联出版社，1999：59.

❹ 中共中央文献研究室. 十八大以来重要文献选编（上）［M］. 北京：中央文献出版社，2014：721.

❺ 张晓玲，闵浩. 大学生法律知识与法律素质教育研究［M］. 北京：人民日报出版社，2014：197-198.

或者自身合法权益受到损害时,就会选择非法律手段来维权或化解矛盾,而非自觉寻求法律武器来保护自己,甚至有时候将逃避法律作为自己的首要选择,长此以往,大学生的遵法、学法、用法、护法的决心和能力也将受到冲击。

四、媒体的不良介导作用❶阻抑了大学生法治素养培育的效果

媒体一词由英文"Media"翻译而来,一般指信息的载体和加工以及传递信息的工具,具体包括两层含义:一是指承载信息所使用的符号系统,如文字、语言、声音、图形、图像等,它们决定着媒体的信息表达功能;二是指存储和加工实体,如书本、挂图、投影片、录像带、计算机、智能手机、iPad、掌上电脑等。❷ 按照不同的标准,媒体有各种不同的分类,其中,按照媒体的表现形式可以划分为三种:第一种是基于无线电技术的广播式媒体,包括电台、电视台等;第二种是纸质印刷出版的平面媒体,包括报纸、杂志等;第三种基于互联网传播的网络媒体,包括网站、手机报、手机应用客户端等。❸ 前面两种媒体形式也叫传统媒体,第三种媒体主要是基于数字化、网络化为载体的媒体,也叫做新媒体。不管是什么形式的媒体,其最主要的作用是在于传播信息。传媒凭借大量信息向社会成员传输规范的意义,促其养成与规范相适应的行为习惯,从而维护现实社会的秩序。❹ 在这方面,传媒潜移默化的宣传效力往往胜过政府的强制性力量,就像阿特休尔所言,"广播电视也许是人类迄今为止所能设想出的社会控制最有效的工具。因为广播电视主宰人类生活的力量超过了以

---

❶ 介导作用是医学术语,主要指细胞与细胞外基质的黏附和细胞与细胞之间的连接需要通过一个介体进行介导,这个介体就是整合素,它使细胞之间相互黏附而形成生命活动的整体。本书借用此术语形容媒体在社会活动的作用。
❷ 余青兰. 多媒体外语教学的历史嬗变 [M]. 开封:河南大学出版社,2015:20.
❸ 林刚. 新媒体概论 [M]. 北京:中国传媒大学出版社,2014:2.
❹ 蔡凯如,黄勇贤. 穿越视听时空 广播电视传播论 [M]. 北京:新华出版社,2003:280-281.

往任何一种传播媒介,这一事实是无可置疑的"❶。"人在环境中"理论认为,个体在由自然人向社会人转变的过程中,环境扮演着重要的角色。个体处于一定的社会环境中,其行为会直接受社会环境的影响并慢慢地内化社会规范,做出符合社会期待的行为,并学习社会环境所赞许的行为。❷在大众传播时代,个体社会化的过程始终受各种媒体的影响,并且这些媒体技术还在不断更新、升级、迭代,逐渐融入人们的日常生活和意识形态,深刻地影响人感知自我和现实的方式,制约着人们的价值观、情感、行为和对世界的理解。

(一) 影视媒体对大学生法治素养培育的影响

影视作为一种大众传播媒体,主要通过塑造鲜明的屏幕形象,形成以情感人的艺术形态,从而产生一种难以抗拒的隐形力量。与其他传播方式相比,影视媒体在主导社会舆论方面有着较强的优势,这种媒体借助各种影视作品所产生的强大能量,通过荧幕输送到千家万户,进而影响人们的思想感情、价值取向、行为方式以及对现实世界的认知。❸如果荧幕上呈现的是正能量的影视作品,则可能对人们的思想、行为产生正向引导作用;如果荧幕上充斥的是关于暴力、色情等不健康的作品,则可能给受众产生负面影响,特别是对正处于人生观、价值观和世界观形成关键时期的大学生,其负面影响可能会更大。班杜拉的社会学习理论认为,人类在很多方面的学习,除来源于个体的直接学习经验外,大多是通过观察他人的行为而进行的"替代性学习"。个体只要观察典型对象的行为,就能形成相应记忆,当适当的时机或诱因出现,个体就能表现出先前所观察到的行为。比如,青少年在观看暴力内容时会不自觉地对暴力情境、暴力行为进行记忆,当生活中出现相似情景或有相似诉求时,他们就会对他人实施类

---

❶ [美] J. 赫伯特·阿特休尔. 权力的媒介 [M]. 黄煜,裴志康,译. 北京:华夏出版社,1989:158.

❷ 库少雄. 人类行为与社会环境 [M]. 武汉:华中科技大学出版社,2014:3-4.

❸ 涂可国. 社会文化导论 [M]. 济南:山东人民出版社,2014:511-513.

似的行为或语言。❶ 影像之所以具有冲击力，很大程度上依靠其对细节的表现，有的电视或电影节目对一些犯罪细节刻画得过于真实，包括施暴者的衣着或行为，施暴的武器或作案的步骤等信息，均在节目中详细呈现，具有比较强的可模仿性。❷ 当大学生长期观看那些宣扬武力、暴力的影视作品后，就很容易将现实世界和电影虚拟世界混同，一旦情绪出现波动，就会不自觉地对这些负面细节进行模仿与再现，对他人的痛苦感受变得麻木。例如，2006 年，山西太原某高校男生小李在观看了外国恐怖暴力电影后，竟产生了模仿电影情节杀人的念头，导致与他素昧平生的两名旅馆女值班人员一死一伤。❸ 可见，宣扬恐怖、暴力的影视作品对大学生的法治素养的生成会带来许多不良影响。

另外，影视作品需要通过演员进行演绎，在这过程中，催生了一大批影视明星，所以影视明星也成为大众传媒的产物之一。许多青少年在观看影视作品时，对一些影视明星产生了崇拜心理，视这些明星为自己的偶像。这些青少年也成了追星族，形成以特定明星为崇拜对象的"粉丝"群体，这些群体聚合在一起，组成了庞大的"饭圈"❹。他们不仅狂热崇拜某个明星，而且还为这些明星应援打榜、刷量控评、大额消费，付出大量的钱财。萨特曾对人类自身的崇拜有清醒的认识，他指出："对人类的崇拜会导致孔德式的自我封闭的人道主义，最终会导致法西斯主义。"❺ 明星崇拜就是对人类自身的崇拜，盲目的明星崇拜将产生严重的后果，最终会造成心智的偏执和人格的迷失。❻ 因为明星的一言一行都会给青少年带来潜

---

❶ Bandura, A. Aggression: a Social Learning Analysis [M]. Englewood cliffs, NJ: Prentice-Hall, 1973: 143 – 159.

❷ 黄会林. 影视文化对未成年人的影响与对策研究 [M]. 广州：中山大学出版社，2009：186.

❸ 男孩模仿电影挑战警察破案能力 连捅两人后潜逃 [EB/OL]. (2007 – 04 – 18) [2021 – 08 – 21]. http://news.cctv.com/society/20070418/104173.shtml.

❹ "饭圈"是网络用语，是指粉丝（fans）圈子的简称。

❺ [法] 让 – 保罗·萨特. 萨特思想小品 [M]. 黄忠晶，黄巍，译. 上海：上海社会科学出版社，1999：56.

❻ 黄会林. 影视文化对未成年人的影响与对策研究 [M]. 广州：中山大学出版社，2009：186.

移默化的影响，有的青少年会在现实生活中模仿这些明星的行为，如果这些明星在日常生活中不检点、不守法，甚至发生吸毒、性侵等违法事件，势必会对崇拜他们的青少年们造成不良影响，不利于其法治素养的培育。例如，2021年8月，某当红明星吴某某涉嫌强奸罪，经北京市朝阳区人民检察院依法审查，正式批准逮捕。事件发生后，吴某某的粉丝竟然建立了多个救援群，商讨如何解救吴某某，并在各大网络平台发表各种"法盲"言论，如"中国法律管不了加拿大人""考狱警解救吴某某"，其中不乏985院校的大学生。由此可见，不论影视作品抑或影视明星，作为媒体产物，对大学生法治素养的生成均会产生重要的影响，可以说，影视媒体对大学生法治素养的培育起着介导作用，好的影视媒体有利于促进大学生养成良好的法治素养。

（二）网络媒体对大学生法治素养培育的影响

随着网络的普及，人们获取信息的渠道变得更多元、更快捷，网络也逐渐改变了人类的生活方式和生存状态。❶ 正如曼纽尔·卡斯特所说："作为一种历史趋势，信息时代的支配性功能与过程日益以网络组织起来。网络建构了我们社会的新社会形态，而网络化逻辑的扩散实质性地改变了生产、经验、权力与文化过程中的操作和结果。"❷ 网络的普及也伴发了许多新兴媒体和技术的涌现，这些"微媒体""自媒体"等新媒体在培育大学生的法治素养方面也发挥了一定作用。从信息有效传播机理而言，新媒体所传播的信息更能满足大学生对新生事物的个性化和共性化需求，这种新鲜平台所传递的信息更容易让大学生接受，并引起他们的关注和兴趣。当相关部门运用这些平台发布法治教育相关信息，且这些信息传导的价值观念与大学生产生共振共鸣时，就可能促使其生成某种价值观念，进而激发

---

❶ 杨立英. 网络思想政治教育论［M］. 北京：人民出版社，2003：11 - 15.
❷ ［美］曼纽尔·卡斯特. 网络社会的崛起［M］. 夏铸九，王志弘，译. 北京：社会科学文献出版社，2001：434.

第五章　新时代大学生法治素养培育存在问题的原因剖析

大学生自愿阅读、评论并分享法治信息，促进法治观念的内化和二次传播。❶ 因此，网络媒体使法律信息、法律问题、法律法规及围绕建设法治社会的积极舆论得到了有效传播，多元网络主体在潜移默化中加速了大学生网民法治教育的进程。❷ 然而，网络媒体为大学生获取法治信息提供便利的同时，也带来了一些消极影响，阻碍了其法治素养的有效生成。

一是网络信息娱乐化和碎片化的传播方式，削弱了法治教育的效果。一些开设法治教育讲堂的自媒体为获得更多的流量变现，不惜制造噱头，文字表述轻浮，缺乏法治传播应有的严肃与严谨，极大地削弱了自媒体普法传播的实效。比如，有的自媒体为了获得流量，甚至在网络上开设"向领导送礼课"，公然传授犯罪方法，挑战现代文明与法律。❸ 类似的自媒体将对大学生培育良好的法治素养带来不良影响。同时，自媒体时代受快节奏生活的影响，许多大学生的阅读习惯也发生了变化，形成"快餐式"的阅读方式，一些普法信息也变得碎片化，而法律条文和案例背后所蕴含的法治原则与法治精神则很少去深究。这种浅层化的阅读，必然会影响大学生对社会主义法治相关知识的深入理解，没有构建起正确的法治认知，就很难产生积极的法治情感和坚定的法治信念和意志，在现实生活中遇到涉法问题时，也就难以作出正确的判断并采取正确的法治行为。

二是错误的法治思潮借助网络传播进行渗透和侵蚀，消解了大学生的法治信仰。随着互联网的普及，国外一些敌对势力不断将西方的意识形态、价值观念、资产阶级法治思想和法律文化等通过网络平台进行传播，他们通过历史虚无主义、后现代主义、普世价值观等思潮，对我国大学生进行隐性渗透，目的是达到"分化"我国、实施和平演变的阴谋。他们借助西方的话语，鼓吹西方的"宪政民主""司法独立""三权分立"以及"私有财产权神圣不可侵犯"等理念，等等。这些思潮的实质就是要用所

---

❶ 苏守波，马任飞. 新媒体视域下青少年学生法治观念提升路径研究［J］. 教学与管理，2020（18）：62-64.
❷ 胡乙. 用好法治教育的"微平台"［J］. 人民论坛，2018（20）：96-97.
❸ 白毅鹏. 女主播开课教授向领导送礼，歪"道"必学？［EB/OL］.（2021-08-23）［2021-08-24］. http://news.cyol.com/gb/articles/2021-08/23/content_xZdxjtVmA.html.

有权代替所有制在社会中起决定作用，主张私有制度至上，从而否定中国特色社会主义法治，削弱我国"依法治国"的理念，其危害性可想而知。这对于法治判断能力比较弱的大学生而言，势必会使其对我国社会主义法治产生怀疑、错觉，陷入错误的法治信仰，并对我国的法治理念缺乏信心，甚至困惑迷茫。❶ 更有甚者，一些在境外留学的大学生受到敌对势力的煽动蛊惑后，直接加入其阵营并参与危害国家安全违法犯罪活动。例如：2014年，陈某某从内地赴香港求学，在香港求学期间，陈某某受到香港复杂社会政治环境影响，逐步形成反华政治立场和政治心态，并逐步从思想和言行上极力否认中国共产党的领导和社会主义制度，加入反华组织，成为反华媒体记者。香港"修例风波"期间，陈某某在社交媒体上发表了大量支持"反修例"、攻击中央政府对港管治的言论，甚至公开声称要"光复香港"。2020年5月，国家安全机关侦破境外反华敌对势力渗透拉拢陈某某从事反中乱港活动案，并依法将陈某某抓获归案。❷ 类似的案例还有多起，可见境外敌对势力的意识形态攻心战形势之严峻，这些错误的法治思潮对心智尚未完全成熟的大学生的渗透和侵蚀，必然会影响其形成正确的法治素养。

综上，本章主要从个体、家庭、学校、社会四个层面对大学生法治素养培育存在的问题进行分析，研究认为，大学生由于自身主体意识不强、内在需要不足、学习动机不强等原因，影响了其开展自我教育的能动性、自主性和积极性；家庭是孩子成长的第一个学校，由于部分学生家庭物质条件欠佳、家庭教育环境不良、家庭教育方式不当等原因，影响了大学生法治素养的培育效果；在学校方面，由于部分学校对大学生法治教育重视程度不够、法治教育队伍素质不高、法治教育合力机制不活、法治教育文

---

❶ 张瑞青，聂增民. 新媒体环境下大学生法治素养的培育［J］. 内江师范学院学报，2015，30（11）：111-114.

❷ 孝金波，扶婧颖，苏津津. 警惕境外反华敌对势力"洗脑" 爱国教育不可缺失［EB/OL］.（2021-04-16）［2021-08-24］. http：//legal.people.com.cn/n1/2021/0416/c205462-32079990.html.

化氛围不浓等原因，影响了大学生法治素养培育的实效性；在社会方面，市场经济的一些不法现象、部分领导干部的违法行为、传统社会的人情文化、媒体的不良介导作用等原因，也在一定程度上影响了大学生法治素养的有效生成。

第六章

新时代大学生法治素养培育的提升路径

系统理论认为,系统是由一些相互联系的个体组成的,并与环境互相影响的总体。❶ 正因为构成系统的个体(要素)之间相互联系、相互作用,从而使系统具有一定的结构与功能,系统与各要素之间是整体与部分的关系,系统的整体功能通过其各个构成要素的内在联系和作用方式体现出来。❷ 法治教育是培育大学生法治素养的重要手段,而法治教育又包括教育的主体、客体、环体和介体四个要素,涉及大学生个体、家庭、学校、社会等各角色,它们相互联系、相互影响,形成一个有效的培育系统。习近平强调:"全面推进依法治国是一个系统工程,是国家治理领域一场广泛而深刻的革命。"❸ 培育和提升大学生法治素养和道德素质是全面依法治国系统工程中的重要一环,是全面依法治国的子系统和基础工程。要使这个子系统的整体功能得到最大限度的发挥,就需要发挥大学生个体、家庭、学校、社会等各要素的最大作用,从而精准、有效地提升大学生的法治素养,为其将来走进社会打下坚实基础。

第一节　个体形塑:大学生法治素养培育的内生动力

对于主体及其与客体关系的认识,哲学家们从不同的角度进行讨论,然而,从历史和实践看,主体不是绝对的主体,而是相对的主体,人既可以作为主体又可以成为客体,当人本身被主体所指向而成为对象时,人成为客体。❹ 马克思批判地继承了黑格尔、费尔巴哈等人的观点,他认为主体既不是黑格尔的"自我意识",即精神性的东西,也不是费尔巴哈的抽象的、生物学上的人,亦即自然个体和被动存在物,而是具有生命力,可

---

❶ 谭咏梅. 马克思社会建设思想的源流与历程 [M]. 北京:知识产权出版社,2019:80-81.
❷ 徐红,陈承. 构建与实施:高校科研评价体系研究 [M]. 武汉:华中师范大学出版社,2019:49-50.
❸ 习近平. 习近平谈治国理政(第二卷) [M]. 北京:外文出版社,2017:124.
❹ 王绪成. 生态观视阈下思想政治教育研究 [M]. 石家庄:河北人民出版社,2018:75-76.

以进行"对象性活动"❶的能动主体,并提出"主体是人,客体是自然"❷的著名论断。由此可见,马克思是从物质实践活动出发去规定主体,主体不仅是物质实践活动的承担者,也是主动认识世界、改造世界的承担者,在这过程中,人作为实践活动的主体性不断增强。人的主体性在理论上通常被认为是作为从事现实活动的人所具有的主要特性,包括能动性、自主性和创造性。❸大学生法治素养自我培育的主体性就是其在法治素养生成过程中所表现出来的能动性、自主性和积极性,包括有意识、有目的地接受社会主义法治理论教育,形成正确的法治认知,善于用法治思维去分析和解决问题,并通过法律手段维护自身合法权益,进而养成良好的法治素养。可见,这种主体性是从思想转变为行动的过程,最后实现思想和行动的统一,这个过程必须通过主体自身的作用而产生。如果说社会、学校、家庭教育等方面是外在力量对大学生法治素养培育产生影响,那么大学生对自身的法治素养进行培育则是内在力量,这种力量显得更为主动,甚至会产生不一样的能量。因此,在实际工作中,有必要进一步激发大学生法治素养自我培育的主体性。

一、调动主体意识以增强大学生自我教育的能动性

马克思指出:"人不仅像在意识中那样在精神上使自己二重化,而且能动地、现实地使自己二重化,从而在他所创造的世界中直观自身。"❹ 这说明个体不仅有自我意识,还能在实践活动中对自我行为进行反思。因此,大学生需要积极调动自身的主体意识,增强自我教育的能动性。

(一)在参与中增强大学生自我教育的能动性

大学生在法治教育活动中,并非处于消极被动的接受地位,而是可以

---

❶ 马克思,恩格斯. 马克思恩格斯选集(第1卷)[M]. 北京:人民出版社,2012:133.
❷ 马克思,恩格斯. 马克思恩格斯文集(第8卷)[M]. 北京:人民出版社,2009:9.
❸ 刘欣欣. 方法论视域下的高校隐性思想政治教育研究[M]. 北京:华文出版社,2018:104.
❹ 马克思,恩格斯. 马克思恩格斯选集(第1卷)[M]. 北京:人民出版社,2012:57.

在该活动中针对自身发展的需要作出积极、主动的选择。换言之，大学生能够主动地对自身素质进行自我认识、自我剖析，认清自身与外部世界的差距，从而根据时代和社会发展的需要，自觉选择和学习所需要的法治教育内容，实现有效的自我教育，最终迈向自由全面发展。一般而言，个体对法律的理解越深刻，在实践中对法律的践行越自觉，其对法律越会产生积极的情感和认同，就越会产生守护法律尊严的意志和坚定的法治信念，并养成良好的法治素养。这一过程其实就是知、情、意、信、行的转化和统一过程。可见，参与是提升主体意识和主观能动性的重要方式，因此，日常生活中，大学生要积极参与法治实践活动。

一是积极参与立法和法律监督活动。比如：国家在制定新的法律法规时均会在社会上征求意见，大学生可以充分利用这样的机会和平台，向国家建言献策；在日常生活中，遇到执法人员违法违规时，能够通过法律途径向有关部门举报、揭露，以维护社会公共利益和法律权威。大学生只有获得主体参与的机会，其理性思维、责任意识、公平意识等法治观念才会逐渐形成，参与也必然会促进其法治思维的内化和主体意识的提升。❶

二是加强自我管理和教育的能力。所谓自我管理，是指大学生个体为了培养全面发展的素质而进行的自我认识、自我评价、自我约束和自我激励的活动，是大学生个体充分调动自身的主观能动性，有效利用和整合自我的资源，运用科学的管理方法，展开的自我学习、自我教育、自我发展、自我完善的活动。❷ 现实生活中，一些大学生由于缺乏社会阅历，对社会认识不足，加上自制能力又较弱，常常使其自我教育偏离正确方向，影响了法治教育的效果。对此，有必要进一步提升大学生自我管理和教育的能力。比如：通过成立学生会、大学生社团等学生自我教育组织，使学生有机会参与相关组织的活动和管理，自主制定规则、公约等。在这一过程中逐步提高学生参与自主管理、民主协商的能力，并在自我教育组织中

---

❶ 吴巧慧. 抓住青少年法治教育两大路径 [J]. 中国德育，2014（22）：24-26.
❷ 万丽丽. 学会自我管理 成就精彩人生 [M]. 济南：山东大学出版社，2018：2.

培育自律精神，学会严格要求自己和按规则办事的习惯，实现自我教育、自我管理、自我发展。此外，还可以通过竞选班干部来使学生参与班级事务管理，班级事务中涉及许多与大家利益密切相关的工作，如评奖、评优等，这就要求其必须发扬民主决策、民主管理、民主监督的作风，进而在参与班级事务管理过程中，提高自我管理和教育的能力。

（二）在教育引导中发展主体能力

从思想政治教育的过程来看，它既是教育者对受教育者的思想政治教育，也是受教育者接受教育的过程。个体思想道德素质和法治素养的生成，归根结底要取决于个体的主观能动性，因此，思想政治教育的一个重要职责就是激发主体的主观能动性，使其以主体的姿态主动接受教育和进行自我教育。❶ 然而，受教育者仅有主体意识是不够的，还需要有主体能力。主体能力是大学生在培育法治素养过程中排除干扰和克服困难的重要源泉，主体能力越强，就越能充分利用各种条件来发展自身。因此，在日常思想政治教育工作中，需要进一步引导大学生在自我教育中发展主体能力。一是夯实社会主义法治理论基础。理论教育是培育大学生法治素养最直接的方法，大学生只有具备了扎实的社会主义法治理论基础，才能形成正确的法治认知，由此才能形成积极的法治情感，最终形成正确的法治行为。可见，从知识层面上引导大学生获取新知识、掌握新技能，这是帮助大学生获得良好主体能力的根本。二是发挥特定身份人物的榜样示范作用，这是大学生进行自我法治教育的一个有效途径。身份是社会成员在社会中的位置，其核心内容包括特定的权利、义务、责任、忠诚对象、认同和行事规则，还包括该权利、责任和忠诚存在的合法化理由。❷ 如果这种合法化的理由发生了变化，社会成员的忠诚和归属就可能随之发生变化，人们可能就不再行使相应的权利和履行相应的义务，相应的行事规则也可

---

❶ 吴本荣. 辅导员能力素质提升指南［M］. 南昌：江西高校出版社，2019：187.
❷ 张静. 身份认同研究：观念，态度，理据［M］. 上海：世纪出版社，2006：4.

能遭到破坏。换言之，一种身份的出现，必须获得与该身份相联系的个体或群体的认同，否则，个体就会寻求改变和打破这一身份。❶ 因此，当个体的身份被大多数社会成员接受和承认时，才能真正赋予这种身份意义和价值。大学生法治素养的生成是以身份为基点的，身份认同是其法治素养生成的内源性基础。美国社会学家亨廷顿认为："在绝大多数情况下，身份都是构建起来的概念。人们是在程度不等的压力、诱因和自由选择的情况下，决定自己的身份。"❷ 可见，身份认同是主体的自我建构过程，在这个建构的过程中，主体本身是开放性的，不仅有来自主体本身的自我认同，也有来自与主体发生关系的他者认同和确认主体性质的群体认同，主体所面对的生活世界也是开放性的。❸ 大学生的法治素养就是在身份认同的框架下进行自主建构的过程。亨廷顿将人们的身份分为经济、社会、文化和政治性身份等，其中，政治性身份主要包括归属于一定的集体、派别、利益集团、党派、意识形态和国家等。大学生的政治面貌就属于政治性身份的一种，其政治面貌主要包括中共党员、共青团员、群众等。一般而言，大学生要成为一名中共党员，必须具备良好的思想政治素质，有崇高的共产主义理想信念和为人民服务的决心，对党忠诚，且认同党的各项路线方针政策等，在各方面都要起到先锋模范作用。也就是说，要成为一名党员，除了各方面的素质要求，大学生党员自身还要有高度的身份认同，即要配得上党员身份。这种身份的认同，会促使其采取更加积极的态度学习党的理论、履行党员义务，在生活中树立模范带头作用。而通过深入学习党的理论，又会进一步增进对党的理论、方针、政策的理解，从而坚定对党的信念，坚信在党的领导下，国家各项事业都能取得伟大胜利，依法治国能真正实现。因此，日常生活中要积极发挥大学生党员的榜样示

---

❶ 王亮. 身份认同视角下国家与失地农民关系的流变［J］. 吉首大学学报（社会科学版），2018，39（1）：104－110.

❷ ［美］塞缪尔·亨廷顿：谁是美国人？美国国民特性面临的挑战［M］. 程克雄，译. 北京：新华出版社，2010：21.

❸ 李清雁. 困惑与选择：基于身份认同的教师德性养成论［M］. 北京：人民出版社，2016：191.

范作用，使其在大学生群体中带头学法、尊法、守法、护法，因为作为大学生中的一员，他们的行为可信、可学，容易在大学生群体中产生感情共鸣，促使他们用榜样的力量来激励自己，这样才会收到更好的自我教育效果。

二、抓好内在需要以激发大学生自我教育的自主性

大学生开展自我法治教育的目的，就是实现自由全面发展和自我超越的需要，也是实现追求美好生活的需要。因为美好生活不仅是满足物质层面的美好富足状态，更是精神层面的美好富足，包括达成美好的品行和健康平和的心态，养成良好的思想道德品质和法治素养。而追求精神上的享受或追求意义本身就是对个体主体性的彰显，因此，在现实生活中，就要充分抓好这种内在发展需要，以激发大学生自我教育的自主性。

（一）树立明确的自我教育目标

毛泽东同志在《矛盾论》中指出："唯物辩证法认为外因是变化的条件，内因是变化的根据，外因通过内因而起作用。"❶ 对于个体而言，人的自我发展意识是其成长和发展的根据。自我发展意识通常表现为自我观察、自我评价、自我调控等多种形式，内在心理机制作用的发挥可表现为自我教育的自主性。❷ 个体在日常生活中，自觉地按照社会规范和要求对自身的言行举止作出正确的评价，然后主动调整和控制自己的思想、行为，使自身的思想道德素质和法治素养符合时代发展的需求，这既是自我评价、自我调节的实现过程，也是自我教育目标的结果。因此，在日常生活中，大学生要树立明确的自我教育目标。一是要结合新时代国家发展目标以及对大学生法治素养的新要求，确立有针对性的自我教育目标来提升

---

❶ 毛泽东. 毛泽东选集（第1卷）[M]. 北京：人民出版社，1991：302.
❷ 许辉，于兴业. 自我视域下高校辅导员的发展研究[M]. 北京：知识产权出版社，2018：40-41.

法治素养。当前,我国正朝着实现第二个百年奋斗目标和中华民族伟大复兴的中国梦迈进,时代赋予青年大学生重要的历史责任。作为青年大学生,"要做崇德向善、严守纪律的模范,带头明大德、守公德、严私德,严格遵纪守法"❶。因此,大学生要围绕自身法治素养方面的实际情况,针对存在的问题和不足之处,制订自我教育的计划,有针对性地制定改进措施。比如,针对社会主义法治理论薄弱的问题,可以购买相关书籍或观看相关教学视频,主动学习社会主义法治理论方面的知识;针对法治行为能力不足的问题,可以鞭策自己多参加法治实践活动,在实践中锻炼自身的用法能力等。二是要在实践中积极实现自我教育目标。大学生确立了自我教育的目标后,就要坚持执行计划,不能半途而废。也就是要在实践中去完成和实现自我法治教育目标,通过在自我教育活动中认识和发现自己,进行自我体验,从而将外在的知识符号内化为自己思想的血和肉,进而转化为良好的法治行为方式。而主体自身的实践阅历也会反过来影响自我教育目标的确立,如果没有对法治实践活动的切身体验,个体很难产生自我教育的情感和体验,对自我教育目标的认识和确立就会受到重要的影响。❷此外,大学生也可以通过学习守法模范的先进事迹,通过有意识地与这些模范人物比较,用守法楷模的尺度衡量和要求自己,这样在日常生活中,他们才会注意自身行为对社会产生的作用,进而不断提升自身法治素养。

(二) 加强自主学习,不断优化自身知识结构

马克思在《1844 年经济学哲学手稿》中指出:"意识的存在方式,以及对意识来说某个东西的存在方式,就是知识。"❸ 在马克思看来,知识有三种含义:一是外界事物在人的大脑中以意识的形式存在;二是把大脑中

---

❶ 习近平. 在庆祝中国共产主义青年团成立 100 周年大会上的讲话 [N]. 光明日报,2022 – 05 – 11 (02).

❷ 王新刚. 反思与建构:思想政治教育基础理论发展研究 [M]. 北京:知识产权出版社,2013:184.

❸ 马克思,恩格斯. 马克思恩格斯文集(第 1 卷)[M]. 北京:人民出版社,2009:212.

的意识以外在的、显现的载体表达出来；三是这种知识与客观事实相符合。❶ 世界上任何事物都有一定的结构，知识也不例外。知识是人对客观世界的认识，客观世界是一个整体，所以知识也是由诸层次、诸要素按一定结构组合而成的一个有机统一的整体。❷ 而知识结构是指为了某种目的需要，按一定的组合方式和比例关系所建构的，由各类知识所组成的，具有开放、动态、通用和多层次特点的知识构架。❸ 知识结构的形成既包括知识要素的质和量，也包括各种知识之间的组合方式、相互关系。一旦脱离相应的知识结构体系，任何知识就可能成为孤立的、零散的观念形态，从而丧失其现实意义。个体只有通过专门的学习和培训，才能积累大量的知识，然后将所学知识进行转化与整合，最终构建成合理的知识结构，以适应未来社会发展的需要。可见，合理的、全面的知识结构是个体成才的基础，也是个体生成良好综合素质的基础。进入大学阶段，大学生的学习模式应当转变他主性学习模式，以自主性学习为主，由局部自主学习到全部自主学习的发展过程。自主学习即学生在一定的目标驱动下，主动选择适合自己的学习内容，采取有效的学习方法和策略，从中获取有利于自身成长成才的知识，进而满足社会发展的需要。可见，自主学习不仅是学生对学习的一种内在的追求和渴望❹，还可以不断优化其知识结构，实现其全面发展。这种学习方式"使个人成为他自己文化进步的主人和创造者"❺，是任何教育方式都无法替代的。因此，大学生应进一步加强自主学习，以不断优化自身的知识结构。一是树立自主学习的意识，根据自身知识结构特点及其存在的不足，有选择性地进行学习和弥补知识的盲区。比如：理工科类专业的学生可以多学习人文社科类的知识，提高自身人文素质，用真、善、美熏陶自我，从而提高思想道德水平。良好的道德品质又

---

❶ 高治东. 外语知能关系论 [M]. 天津：天津大学出版社，2018：79.
❷ 王章豹. 大工程时代的卓越工程师培养 [M]. 上海：上海科技教育出版社，2017：57.
❸ 郑建中. 临床医学导论 [M]. 北京：中国医药科技出版社，2016：63-65.
❹ 谭顶良. 高等教育心理学 [M]. 南京：南京师范大学出版社，2018：105.
❺ 联合国教科文组织国际教育发展委员会. 学会生存：教育世界的今天和明天 [M]. 华东师范大学比较教育研究所，译. 北京：教育科学出版社，1996：251.

可以进一步对学生产生约束力,使其学会控制自身的情绪和行为,增强法治观念,消弭对国家长治久安的危险因素。二是成立法治自主学习小组。在学习场域中,自主是学生自主学习的现实基础和前提保障,只有具备一定程度的自主性,学生才能进行自主学习,进而才有自主成长的能力。❶但是自主学习也需要有效的引导或适时激励,既包括自我激励,也包括外在激励,因为有效的激励可以刺激学生产生自主学习的动力,进而提高自主学习的效果。现实中,大学生可以成立法治自主学习小组,发挥特定群体在法治学习中的主体地位,通过法治素养较好的学生的帮扶,使法治素养较弱的学生得到进步,同时还可提升双方自主学习的能力。比如:在小组中,通过法纪意识和自觉行动水平高的学生,带动其他人一起学习法治知识和参与相关法治活动,当后者行为发生偏差时,可以积极指出其不足,为后者提供相关帮助和指导,从而帮助后者养成良好的法治素养。

三、端正学习动机以提升大学生自我教育的积极性

学习动机是促进大学生开展学习活动的内驱力,动机的强弱会直接关系到学习的效果。有研究表明,学习动机与大学生的创新精神呈正相关。学习动机强的个体,可以对创新活动保持长久的好奇心和进取心,因而会更积极地参与创新活动并从中获得满足感;当创新活动取得一定成果时,个体又会从中获得荣誉感、责任感、自豪感,这种外部诱因反过来又会对学习动机产生直接作用,进而影响其创新精神的水平。❷调查发现,有4.6%的大学生对社会主义法治教育内容的学习不感兴趣,还有41.3%的大学生对该内容的学习兴趣感觉一般。可见,仍有一大部分大学生在接受法治教育的过程中,表现出较弱的学习动机,有的只是为了通过课程考试获得相应学分,而非为了造福社会而学,这样必然会影响其学习效果以及

---

❶ 刘畅. 学生自主学习探析 [J]. 教育研究, 2014, 35 (7): 131 - 135, 159.
❷ 王立高. 高职生创新精神、社会自我效能感与学习动机的关系研究——基于广西高职院校的实证研究 [J]. 职教论坛, 2019 (3): 133 - 138.

对法治教育效果的评价,同时也会影响其自我教育的积极性。大学生要提升自身法治素养,不仅要在思想上养成良好的法治思维,也要在行动上做到依法行使权利和履行义务,做到知行合一。法治思维是指以法治价值和法治精神为导向,运用法律原则、法律规则、法律方法思考和处理问题的思维模式。❶ 从法治思维的定义可知,这种思维模式不仅是一种正当性、规范性的思维,也是一种科学和逻辑的思维。因为这种思维模式不是依靠个人的主观臆断或情绪、威权来分析和解决问题,而是依靠法律手段和法律方法来推理、论证、分析问题,最后解决问题。换言之,要形成法治思维,首先要在头脑中对相关问题形成正确的反应,知道这个问题是否为涉法问题,即"是什么"的问题,这是最基本的反应,直接导致个体"知其然";其次才会进一步对该问题进行推理、分析,探寻问题如何产生的、应如何解决该问题等,即"为什么"和"怎么办"的问题,这是对问题的进一步加工,会推动个体努力去寻求"所以然"。❷ 加工则是高级思维和创造性思维,它需要个体在实践中通过具体问题的分析和解决来提升,特别是在自身合法权益遭到侵害时应该如何面对和处理,在解决这一问题的过程中,个体也实现了自我教育,自身法治素养也得到了进一步提升,从而朝着更加自由全面的方向发展。因此,大学生只有端正自身学习动机,明确自身为什么要学法以及要如何用法等之后,才能摒弃不良的学习动机,提高对法治教育内容的学习兴趣,并在生活中提高自我教育的积极性。

(一)端正自我教育的动机和思想观念

思想观念是行动的先导,如果把学习法律知识仅仅当作通过考试或获得学分的目的,想要形成良好的法治素养则不太现实。因此,大学生要积极转变这种学习思想观念,摒弃学习的功利化、世俗化。一是要树立"为中华之崛起而读书"的学习观念,将学习法律知识、提升法治素养作为一

---

❶ 《思想道德与法治(2021年版)》编写组. 思想道德与法治[M]. 北京:高等教育出版社,2021:220.
❷ 谢晖. 论法治思维与国家治理[J]. 东方法学,2021(2):98-118.

种责任。当个体树立了这种责任意识，他就会自觉摒弃不良的学习动机，认真思考人生价值的真谛，思考自身素质提升与建设国家的关系，进而形成对社会的责任感。在学习过程中，他不仅会注重学习过程本身的存在价值，也会注重自我价值的实现，即促进个体成长的价值，使个体通过纯粹的学习获得自由全面的发展，成为一个"完整的人"，有独立人格和思维能力的人，成为一个堪当民族复兴大任的人。❶ 二是要提高对自我的认识。个体只有在充分认识自我的基础上，才能以更高的标准来要求自己，对自我进行审视，从而发现自身知识结构和法治素养的不足之处，这其实也是自我教育的过程。当自我发现不足时，个体才会激发不断端正自我教育的学习动机，最终促成其思想观念的转变和自我问题的解决，亦即，学生通过积极学习和掌握法律知识及守法用法的技能，提高对自身权利主体地位的认识，形成正确的权利义务观，从而在实践中提升自身法治素养。❷

（二）提升大学生学习法律知识的兴趣

学习和掌握基本的法律知识，是培育法治素养的基本前提。这些知识不仅包括社会主义法律法规的基本知识、原理，也包括社会主义法治体系及其基本精神、价值等。只有了解和掌握了这些知识，才能感悟社会主义法治精神，形成积极的情感和坚定的信仰。学习兴趣是促进大学生自我学习和自我教育内部动力，因此，在日常生活中，大学生要积极培养自身学习法律知识的兴趣。一是选择自己喜欢的方式和途径学习法律知识，比如：通过广播电视收听收看法治教育类节目、订阅法律类电子杂志、利用短视频或在线法治教育栏目等途径学习法律知识。二是积极加入学校法治教育社团或法律学习兴趣小组，在团队中一起学习法律知识，参与法治实践活动，如开展模拟法庭、模拟律师事务所、法律辩论赛等活动，使自身

---

❶ 肖慧欣，蔡毅强，李治中.《淮南子》的学习思想及其当代启发［J］. 教育评论，2017（6）：151-154.

❷ 张珍珍. 女大学生维权意识培育研究［D］. 长春：吉林大学，2020：55-57.

在实践中提高运用法律知识和法律的方法来思考、分析、解决问题，从而逐渐养成自觉的法治思维习惯，最终提升自身法治素养。

第二节　家庭熏陶：大学生法治素养培育的"第一所学校"

习近平强调："家风好，就能家道兴盛、和顺美满；家风差，难免殃及子孙、贻害社会，正所谓'积善之家，必有余庆；积不善之家，必有余殃'。"❶ 因此，促进大学生法治素养的生成，就需要"发挥好家庭作为人生第一所学校的作用，充分挖掘家风家教、家规家训中的法治内涵，让法治观念在每一个家庭深深扎根"❷。家庭是大学生法治素养生成的起点，良好的家庭环境不仅可以引导个体生成良好的思想道德品格和法治素养，还可以帮助个体树立正确的世界观、人生观和价值观，从而把握好人生发展的正确方向。虽然随着社会经济的发展，传统的家庭结构和人们的生活方式发生了巨大变化，但是家庭的生活依托、教育功能和文明作用依然不可替代。因此，在大学生法治素养培育过程中，要实现既定的目标就必须具备一定的条件，包括环境、物质、时间、人员、方法等因素。当目标可以达到既定的某种程度时，就表明该事物具有较好的实现能力。同理，要增强家庭参与大学生法治素养培育的效能，就必须不断优化相关条件，强化家庭教育在大学生法治素养培育中的角色。

一、转变教育理念，主动给孩子讲好人生法治的"第一课"

家长是孩子的第一任老师，必须给孩子讲好"人生第一课"，才能帮

---

❶ 习近平. 在会见第一届全国文明家庭代表时的讲话 [M]. 北京：人民出版社，2016：5.
❷ 黄坤明，深入学习贯彻习近平法治思想 扎实有效开展新时代法治宣传教育 [N]. 人民日报，2021－10－29（04）.

助其扣好人生第一粒扣子。广大父母亲只有树立了正确和科学的家庭教育理念，才能取得良好的家庭教育实效。科学的教育理念应当以关注孩子的自由全面发展为中心，亦即孩子在生理、心理、人格、品质、能力等方面的全面发展。首先，这就要求广大父母亲积极转变传统"棍棒底下出孝子"的观念和做法，以理性、民主、平等的方式对待子女，把培养子女成才当做家庭和国家的头等大事来抓。其次，要重视自身的言行举止和教育方法，因为父母的一言一行都会影响孩子的成长和发展。马卡连柯说："不要以为你们同儿童谈话，教训他，命令他的时候，才是进行教育。你们是在生活的每时每刻，甚至你们不在场的时候，也在教育着儿童。"❶ 因此，在日常生活中，一是要求广大父母亲要严格要求自己，做到以身作则，言传身教，把法律规则、道德观念、做人做事的道理和缘由等传输给孩子，从而帮助其养成良好的规则意识和遵纪守法的行为习惯。二是广大父母亲也要学会主动寻求专家学者的帮助，或者与其他高素质父母沟通交流，从中获得一些好的家庭教育理念和科学的家庭教育方法，并将这些好的理念和方法在家庭教育中进行实践，最终真正掌握它们。❷ 比如：采取鼓励、说理与惩罚相结合的教育方式，当子女犯错误时，要使其勇于承担过错的责任，这样才能帮助其培育坚定的法治意志；当子女遇到挫折和困惑时，父母要给予引导和鼓励，帮助其分清是非对错。三是引导孩子参与家庭经济管理。优化家庭物质条件，不能只着眼于经济收入、居住条件和生活设施，更重要的是，对现有物质生活条件科学地管理和合理地利用。❸ 在现代家庭生活中，父母可以积极发扬民主作风，适当地引导孩子参与家庭经济管理，比如：与孩子探讨如何用钱和省钱、日常购物计划、什么样的赚钱途径才是合法的，等等。通过民主参与家庭经济管理，既有利于帮助孩子从小养成勤俭务实的作风，也有利于引导其树立正确的金钱观，使

---

❶ [苏] 马卡连柯. 马卡连柯全集（第4卷）[M]. 耿济安, 高天浪, 王云和, 译. 北京：人民教育出版社, 1957：406.

❷ 张国超. 现代爱情科学（下）[M]. 广州：中山大学出版社, 2009：508-509.

❸ 吴奇程. 家庭教育学 [M]. 广州：广东高等教育出版社, 2011：76-82.

其明白"君子爱财，取之有道，用之有度"的道理，同时，还有利于其形成良好的民主意识，从而培育良好的法治素养和对家庭建设的责任感。

二、优化成长环境，积极为孩子营造法治素养培育的良好氛围

家庭环境是指围绕家庭这一中心物的所有空间、条件以及相关的人和物的状况，属于人为的、改造过的人工环境，是家庭存在和家庭运行的必要条件，是社会环境中最基本的微观群落环境。❶对于个体的成长而言，家庭的精神环境发挥着至关重要的作用。所谓家庭的精神环境也称家庭软环境，包括家风，家庭氛围，家长的价值观念和对子女的期望、态度等心理因素❷。这种环境的核心营造者是父母，父母的教育方式、文化素养、价值观念、言行举止等均会对孩子的成长和发展产生潜移默化的影响。因而，优化大学生法治素养生成的家庭精神环境，发挥其对大学生法治素养培育的正面引导作用，需要从以下方面着手。

一是要提升学生父母的文化素质，尤其是学生母亲的文化素质。政府有关部门可以成立家庭教育委员会，通过选聘家庭教育专家进社区、下基层，定期开展家庭教育培训和讲座，为家庭夫妻如何做好为人父、为人母提供系统的课程培训；基层政府部门可以积极发挥退休教师的作用，通过开设夜校等方式，为一些低学历的学生父母提供文化学习和训练的机会，提升其文化知识水平；妇联等组织应关心母亲的成长，通过制定"家庭教育促进条例"等，为广大母亲提供帮扶活动，比如：开展"最美家庭""亲子沟通艺术""家庭教育微课堂"等活动，帮助其掌握科学的养育方法和先进的家庭教育理念；基层法院等部门可以定期开展"法律讲堂下基层"活动，为学生父母提供法治教育讲座，帮助其掌握基本的法律常识，同时，也可以开展"法庭下乡"活动，将一些纠纷案件的审理直接搬到现场，使广大父母亲在旁听的过程中，获得法治"洗礼"，从而培育良好的

---

❶ 张国超. 现代爱情科学（下）[M]. 广州：中山大学出版社，2009：485.
❷ 夏征. 家庭与社区教育[M]. 武汉：武汉大学出版社，2015：117.

法治素养。正所谓"欲修人，先修己"，父母亲只有自身具备良好的法治素养，才能教育孩子养成良好的法治素养。

二是要营造良好的家庭氛围。家庭氛围是指家庭成员间互动形成的人际关系、心理氛围，以及家庭成员的道德观念、价值取向、审美情趣等，是家庭中占优势的一般态度和感受。❶ 有学者认为，这种家庭生活中人与人之间的相互联系所形成的氛围构成了家风。❷ 国家是由千千万万个家庭所构成的，家庭的风气好坏，直接关系到国家和社会风气的好坏。首先，要不断挖掘传统优良家风家训的法治内涵，用优良家风家训涵育大学生法治素养。传统家风家训中蕴含了丰富的法治教育资源，如《颜氏家训》中对后人如何为官进行了告诫，即不能以权谋私，贪赃枉法，要做到以身作则，依法办事，秉公办案："但知私财不入，公事夙办，便云我能治民；不知诚己刑物，执辔如组，反风灭火，化鸱为凤之术也。""但知抱令守律，早刑晚舍，便云我能平狱；不知同辕观罪，分剑追财，假言而奸露，不问而情得之察也。"❸《朱子家训》对后人如何尊法守法也有许多告诫，比如："勿以善小而不为，勿以恶小而为之。""处世无私仇，治家无私法。""公门欲其无扰，讼庭欲其勿临，非法欲其勿为，危事欲其勿与"❹。另外，闽西客家家训中也蕴含了丰富的法治教育资源，客家先祖除了把识礼义、知羞耻、懂廉俭写入家规家训，也把爱国、守法等写入家规家训，如《王氏家训》的"先国家，敦孝友，重丧祭，肃闺门，守耕读，务勤俭，戒斗讼"❺。其次，要用红色家风家训滋养大学生法治素养的培育。一些老一辈革命家高度重视家风，比如：毛泽东同志特别重视家风教育，对家人要求十分严格。新中国成立初期，毛泽东同志为自己定了"亲情规

---

❶ 关颖. 家庭教育指导者培训教程 [M]. 天津：天津社会科学院出版社，2018：249.
❷ 胡云腾. 认真落实"青年发展规划"切实预防青少年犯罪——兼论家庭、家教、家风与青少年犯罪 [J]. 中国青年社会科学，2017，36（4）：96-103.
❸ 颜之推. 颜氏家训译注 [M]. 秦峰，译注. 南昌：江西高校出版社，1997：174.
❹ 中共福建省委文明办，福建省地方志编纂委员会，福建省妇女联合会. 福建家训 [M]. 福州：海峡文艺出版社，2014：1-8.
❺ 中央纪委监察部网络中心. 中国家规 [M]. 北京：中国方正出版社，2017：43.

矩"三原则：恋亲不为亲徇私，念旧不为旧谋利，济亲不为亲撑腰。❶ 这种严格的家风，堪称领导干部家风建设和干部子弟教育的楷模，对世人的家庭教育具有重要的时代价值。因此，实际工作中，除了对这些蕴含在优良家风家训中的法治教育资源进行挖掘，还要对其进行阐发，使抽象的法治精神具象化，让家庭成员可以真切感知到并转化为实际行动。一是对于传统优良的家风家训要进行创新性继承和创造性转化，通过将优良家风中关于法律的要求融入生活的细微之处，发挥家庭成员之间的情感纽带作用，运用情感沟通、言传身教的方式，将法律的要求蕴含在家风培育的过程之中，拉近法律文本与家庭生活之间的距离。❷ 二是政府相关部门要加强对传统优良家风家训和红色家风家训的发掘和保护，通过建立家风家训馆等，以之作为大学生法治教育的基地；社区等部门可以联系相关部门开展家风家训主题活动，比如：家风好故事分享会、"我的家训"征文活动等，在社区营造传承家风家训的浓厚氛围，从而引导大学生注重家风家教，以良好的家风家训来规范自己的言行举止，最终达到法治素养培育的实效。

三、增进家校合作，努力实现从"单向联系"转向"双向互动"

苏霍姆林斯基说："教育的效果取决于学校和家庭教育影响的一致性，如果没有这种一致性，那么学校的教学和教育过程中会像纸铸的房子一样倒塌下来。"❸ 这说明，学校教育和家庭教育之间具有内在的一致性，两者相辅相成、相互促进、相互补充，共同承担着对孩子的教育职能。家庭和学校的密切合作是培养大学生形成良好法治素养的必由之路。所谓家校合作，是指对学生最具影响的两个社会结构——家庭和学校形成合力对学生进行教育，使学校在教育学生时能得到来自家庭方面的支持，而家长在教

---

❶ 祝灵君. 中国共产党人的党性与党性修养（增订版）[M]. 北京：人民出版社，2016：165.

❷ 覃晚萍，刘晓宁. "优良家风"入法：当代价值及实践进路 [J]. 理论导刊，2021（2）：69-75.

❸ 转引自石柠，代滢. 走出教育教学误区 [M]. 广州：广东世界图书出版公司，2010：120.

育子女时也能得到来自学校方面的指导。❶ 全国妇联、教育部等 11 个部门印发的《关于指导推进家庭教育的五年规划（2021—2025 年）》指出要健全"学校家庭社会协同育人机制"❷。构建有效的家校协同育人机制，对促进高校与学生家庭的双向沟通，及时了解大学生在校期间的思想动态和行为，发现并纠正大学生在思想上的错误和行动上的盲点，防止大学生走上违法犯罪道路等，具有非常重要的意义。

（一）建立完善的家校联系制度

在许多家长眼中，孩子进入大学，已经是成年人了，在教育方面就应该放手了，既然孩子进了大学，一切都应该交给学校负责。同时，又由于大学生基本来自全国各地，高校与家庭之间的空间距离也变得遥远，不像中小学时期，家长可以随叫随到，或者经常召开家长会，家长与学校可以频繁互动和联系。由此，高校与学生家长的联系变得不那么紧密，甚至形成家校间的疏离现象，这对家校共同参与大学生的教育带来了一定的影响，削弱了家校的教育合力。因而，亟待建立有效的家校联系制度，使家庭和学校形成强有力的教育合力，协调一致地对学生进行教育和管理，具体分析如下。

一是要积极转变家校联系的理念，实现"单向联系"转向"双向互动"、"临时联盟"转向"持续协作"。以往的家校联系模式一般为学生在校期间出现各种问题时（如违反校规校纪、学业困难、心理问题等），由学生管理工作者同学生家长联系，以"传唤"的形式要求家长介入学生的教育，然后与学生管理工作者结成"临时联盟"共同处理学生面对的问题。这种联系模式通常是由学生管理工作者单向发起的，带有偶发性和临时性，当学生的问题处理完成后，家校之间的联系又将回到之前的状态，即"无事不登三宝殿"。然而，随着现代教育理念的转变，教育是终身持

---

❶ 马忠虎. 对家校合作中几个问题的认识 [J]. 教育理论与实践, 1999, 19（3）: 26 - 32.
❷ 王海磬. 全国妇联、教育部等 11 部门印发《关于指导推进家庭教育的五年规划（2021—2025 年）》[N]. 光明日报, 2022 - 04 - 13（03）.

续的过程，好的教育应该是培养具有终身守法意识、责任担当精神和问题处理能力的公民。无论学校教育，抑或家庭教育，都不是终结性的教育，个体的成长和发展均不开学校、家庭和学校的共同教育，因此，家校之间的联系与互动应该持续协作互动。

二是要加强家校联系的顶层设计，保障家校联系工作的贯彻落实。高校可以通过成立家校合作组织机构，成立由学校分管学生工作的校领导、学生工作部门、各二级学院分管学生工作的部门领导等组成的家校联系工作领导小组，制定家校联系相关规章制度和配套措施，明确各部门在家校联系工作中的职责，辅导员、学生导师或班主任等在家校联系工作的具体工作任务及其考核要求等，保证家校联系工作顺利进行。在家校联系制度中，要求相关部门领导、辅导员、班主任等工作人员每学期至少家访一次，通过组成家访工作组，采取分工包片包区的方式，利用假期时间上门入户，最终可以覆盖所有学生，真正达到家校共同育人的效果。以福建师范大学协和学院为例，该院师生利用开展暑期社会实践活动时机，深入走访福建省各地市贫困县，到百余名贫困学生家中开展"百人百村访百生"精准家访活动，除了送去人文关怀，也为贫困家庭学生讲解各项资助政策，将被动救助转化为主动宣传及精准认定。❶ 此外，对于家访的情况，要建立相关的家访档案，对家访内容进行梳理和总结，比如：针对上当受骗和违法违纪的学生是如何开展防诈骗安全教育、法治教育的，以便做到更有针对性地分析研判，为今后更有效地开展家校联系提供参考。

（二）打造多元化的家校联系平台

家校之间的有效沟通与交流是促成家校合作的基础，当个体或某群体想要传递信息时，交流便产生可能。与一般的信息传递所不同的是，家校联系中的沟通和交流不是从一方到另一方的单向交流过程，而是在家校之

---

❶ 吴军华，李菁雯. 福建高校打通家校沟通壁垒 精准家访让资助育人成为品牌［N］. 中国妇女报，2018－12－19（02）.

间双向互动中进行的,沟通双方都是积极参与的主体。在交流互动的过程中,家校之间可以借助各种各样的媒介或平台来传递信息。马歇尔·麦克卢汉认为,媒介即讯息,一切媒介都是人的延伸,并塑造和控制着人的组合和行为的尺度和形态,为人们提供了转换事物的新视野和新知觉。❶ 正如铁路的作用并不是把运输、轮子或道路引入人类社会,而是加速并扩大人们过去的功能,创造新型的城市、新型的工作、新型的闲暇。换言之,有了铁路以后,人类的出行变得更加便利,交往的圈子不断扩大,整个生活形态和功能也随之发生变化。由此看来,媒介就是一种人与人之间、人与现实之间的中介,媒介的每一次变革都将改变人们对外界的感知与理解方式,从而改变社会。在家校联系中,需要积极打造有效的沟通媒介,以促成双方的有效互动。

一是创办家校交流的通讯或者刊物。通过定期编写"家校通讯"等资料,汇编大学生成长成才故事、家庭教育、法治教育等专题内容,然后寄送给学生家长或者以电子形式投放在学校相关网站,供学生家长浏览。在通讯叙事方法上,可以通过案例形式呈现家校如何合作才能共同防范大学生上当受骗和违法犯罪等,做到有针对性和启发性,更能贴合学生家长并为其传递有效信息,从而共同帮助大学生养成良好的法治素养。比如:就"校园贷"问题,当大学生违约时,不仅家长会遭到各种催款的骚扰,而且学校相关老师或同学也可能受到牵连,如果处理不好可能会产生极为恶劣的影响,这就需要通过家校的共同合作,避免大学生陷于循环借款的困境甚至造成悲剧事件。因此,在"家校通讯"就可以传递"校园贷"的危害、如何应对"校园贷"产生的问题、家校之间如何合作才能教育大学生避免陷入网络借贷的风险等信息,从而共同引导大学生树立正确的消费观、信用安全意识、自我保护意识和维权意识等。

二是运用多种形式的媒介交流工具,增进家校联系。在现实工作中,

---

❶ [加] 赫伯特·马歇尔·麦克卢汉. 人的延伸:媒介通论 [M]. 何道宽,译. 成都:四川人民出版社,1992:2-3.

高校既可以利用电话访谈、致家长的一封信等方式，也可以利用现代网络媒介，如 QQ 群、微信群、班级微博等，与学生家长进行沟通和交流，将学生在校期间的行为表现进行有效的反馈。对于行为失范或违反校规校纪的学生，还可以邀请学生家长入校交流，对学生共同进行法治教育。此外，高校可以充分利用学校官网、官微或公众号等平台的宣传功能，将家校共同育人延伸到网络，突破时空的藩篱和限制，使现实世界与虚拟世界相结合，构筑完美的家校合作平台。通过网上交流平台，家长可以随时向校方了解学生情况，咨询与学生成长和发展的各类相关政策，而高校相关教育工作者也可以通过网络交流平台及时答复学生家长的问题，做到有效沟通和对话。

（三）积极构建法治教育的家校合作模式

对大学生的法治教育除了要获得社会、学校等各方面的参与和支持，还需要家长的配合与支持，只有家长本身的法治意识提升了，才可能帮助其转变对孩子的教育理念，在孩子的法治教育上同学校、社会等各部门保持一致，最终形成教育合力以取得预期效果。因此，高校要积极主导和促成法治教育家校合作，构建有效的家校合作模式。

一是将依法办事的理念融入学生日常事务管理工作。2020 年 7 月，教育部发布的《关于进一步加强高等学校法治工作的意见》中强调："把依法治理作为学校治理的基本理念和基本方式，融入贯穿学校工作全过程和各方面。"❶ 学生事务管理是学校工作的重要组成部分，高校需要积极贯彻依法办事的基本理念。在日常工作中，各种涉及法律或校规校纪的事件时有发生，在处理这些突发事件时，会涉及学校、学生及其家长的参与和介入。此时，不仅需要辅导员了解和掌握相关法律法规、校规校纪，同时也需要让学生家长对相关规章制度有一个清晰的认识，特别是由于不可抗

---

❶ 教育部关于进一步加强高等学校法治工作的意见［EB/OL］.（2020 – 07 – 27）［2022 – 04 – 20］. http://www.moe.gov.cn/srcsite/A02/s5913/s5933/202007/t20200727_475236.html.

力、学生自身原因等导致的学生伤害事件，学校要积极帮助家长了解学校在其中的责任界限是什么❶，从而才能帮助家长采取合理合法的方式解决学生的问题。比如：针对学生无故旷课问题，按照一般高校的管理规定，学生可能会受到不同程度的处分，严重者可能面临退学问题。在此过程中，就需要辅导员与学生家长保持沟通联系，一出现无故旷课时就要先做好预警工作，有礼有节地告知家长其孩子在校表现情况、旷课情况及违反校规校纪情况，使家长全面了解学校的各项规章制度，也理解辅导员在尽职尽责地做好孩子的学业追踪工作，这样才能共同做好学生的帮扶工作，既体现关爱学生的行为，也彰显依法依规办事的理念。

二是指导家长开展孩子的法治教育。家校合作是开展学生法治教育的有效途径，法治教育有了家长的支持配合，往往会产生事半功倍的效果。特别是家长本身遵纪守法，对孩子的成长会产生积极的潜移默化的影响，而且这种效果胜过了一切说教，当然这一前提是家长自身必须具备良好的法治意识和法治素养。因此，学校通过对家长开展法治教育的培训和指导，普及宣传《中华人民共和国高等教育法》《学生伤害事故处理办法》《普通高等学校学生管理规定》等法律法规，是帮助家长了解法律知识和提高法治意识的有效方法，同时也有利于帮助其提高对孩子进行法治教育的能力。在指导家长开展孩子的法治教育的实际工作中，高校可以采取这些途径：（1）开设家长法治课堂。在课堂上，教师可以结合学校发生的各种学生伤害事故案例，并对这些案例进行分析，从而明确学校、家长在处理类似事件时应该承担哪些责任，又应该通过什么样的法律途径解决相应问题等。家长明确了自己的监护责任，就会用正确的态度对待学校，同时对学生的法治教育也会起到很好的促进作用，能在平时的生活中督促学生改正不良行为，预防违法犯罪。❷（2）举办法治教育论坛。通过邀请法律界的专业人士为家长做家庭教育与法治教育方面的报告，帮助家长了解相

---

❶ 魏则胜，李敏. 高校辅导员道德素养概论［M］. 广州：广东高等教育出版社，2018：105－107.

❷ 刘海燕. 中小学教师立德树人教育行动指南［M］. 长春：东北师范大学出版社，2017：115.

关法律知识，认识到重视子女法治教育的必要性。❶（3）家长经验介绍。邀请一些在孩子法治教育方面具有突出表现的家长，为其他家长介绍相关经验和做法，使家长间相互学习，共同提高，从而激发家长学法用法的积极性以及树立承担子女法治教育的责任意识。

第三节　学校教育：大学生法治素养培育的主要阵地

高校是大学生法治素养培育的主阵地，其培育水平和培育效果如何，将直接关系到人才培养的质量，也事关中国特色社会主义现代化建设事业的成败。然而，调查发现高校在大学生法治素养培育环节方面还存在一些不足之处，尚未完全形成高效的法治教育合力，削弱了大学生法治素养培育的实效性。高校要强化系统思维，统筹兼顾，将习近平法治思想这一重大理论创新成果融入法治教育各个方面，调动各方面资源，形成协同育人的合力。

一、促进思政课程与课程思政在法治教育中同向同行

（一）强化高校党委对课程思政建设的统一领导

高校党委要加强对课程思政建设的统一领导，通过顶层设计，构建有效的思政课程与课程思政协同机制，形成"大思政"格局。一是要建立相关制度，为思政课程与课程思政的有效协同提供制度保障。比如：在教材编审选用、教学大纲和教案设计、课程教学方法改革等方面，都要在党委统一领导下贯彻执行；同时，还要出台促进课程思政建设的相关激励机制和配套，比如在绩效分配方面，将思政课程与课程思政协同建设的工作量纳入分配盘子，从而鼓励相关教师积极开展相关工作。二是要加强思政课

---

❶ 潘洪建，徐继存. 当代教育评论（第8辑）[M]. 苏州：江苏大学出版社，2018：132.

教师和专业课教师的联动，学校教务部门等要积极搭建思政课教师和专业课教师的互动平台。比如：通过设立教学改革课题，资助思政课程与课程思政协同的研究项目，使思政课教师与专业课教师组成研究团队，联合申报相关课题；开展思政课教师与专业课教师"同上一堂法治课"活动，其中，思政课教师重点结合专业讲"思政中的法治"，专业课教师重点结合"思政"讲专业中的法治，通过重新解构某门课程中的法治理论知识点，找到"思政"与"专业"的契合点，形成逻辑问题链，运用不同的教学策略，让理论知识点精准敲击到学生的共鸣点，从而产生同频共振的教学效果。❶

（二）发挥思政课主渠道作用

习近平强调："思政课是落实立德树人根本任务的关键课程。"❷ 在大学本科阶段，高校主要开设"思想道德与法治""中国近现代史纲要""马克思主义基本原理""毛泽东思想和中国特色社会主义理论体系概论""形势与政策"5门思政课程，这些课程承担着培养社会主义建设者和接班人的重要任务，其作用不可替代。要成为一名合格的社会主义建设者和接班人，大学生除了需要具备相应的专业知识和技能，还需要具备良好的思想道德素质和法治素养，才能担负起实现中华民族伟大复兴的重任。因此，高校需要进一步发挥好思政课在大学生法治素养培育中的主渠道作用。

1. 明确各门思政课的法治教育目标定位与协同

"法治教育"与"法律教育""法制教育"等均承担了法律知识的普及和宣传教育，但又存在根本区别，"法治教育"注重对个体法治素养的培育，而"法律教育"或"法制教育"更侧重于法律知识方面的教育和传

---

❶ 杨秀萍. 课程思政与思政课程协同育人：前提、途径与机制[J]. 黑龙江高教研究，2021，39（12）：87-91.

❷ 习近平. 思政课是落实立德树人根本任务的关键课程[M]. 北京：人民出版社，2020：2.

授。当前，在高校几门思政课中，除了"思想道德与法治"课程涉及比较明显的法治教育内容，"中国近现代史纲要""毛泽东思想和中国特色社会主义理论体系概论""形势与政策"等课程也有部分法治教育内容，如果各门思政课没有明确法治教育目标的定位，就很有可能把相关教学内容变成单纯的知识传授，偏离法治教育的目标。同时，各门思政课中还涉及比较明显的重叠内容，比如："中国近现代史纲要"课程第十章"中国特色社会主义进入新时代"中的"协调推进'四个全面'战略布局""坚持和完善中国特色社会主义制度，推进国家治理体系和治理能力现代化"等内容，与"毛泽东思想和中国特色社会主义理论体系概论"课程第十一章"'四个全面'战略布局"内容重叠，同时还与"思想道德与法治"课程第六章第二节"坚持全面依法治国"内容重叠。如果各门思政课之间没有相互协同，就可能出现"你方唱罢，我再唱"或者"你讲你的，我讲我的"，导致内容重复教育、使学生产生反感，并且这种零散化的法治教育，也将进一步影响其实效性。要进一步破解当前的局面，需要从以下两方面着手：

一是必须明确各门思政课的法治教育目标定位，从注重全面的知识传授转向法治素养培育。高校思政课教师不仅要传授相关法律知识，帮助学生形成正确的法治认知，更要在法治认知的基础上，养成法治思维，学会用法律分析问题和解决问题，并坚决捍卫法律的尊严和权威。在法治教育目标定位上，"思想道德与法治"课程应侧重于通过开展社会主义法治教育，引导学生掌握马克思主义法治理论和习近平法治思想，理解社会主义法律的本质特征和运行机制[1]，把握社会主义法治的基本精髓，从而树立社会主义法治观念，提高法治意识，学会尊重和维护宪法法律权威和自身的合法权益，不断提升法治素养；"中国近现代史纲要"课程要从历史经纬角度出发，帮助大学生了解中国民主法治的历史进程、发展规律和基本

---

[1] 《思想道德与法治（2021年版）》编写组. 思想道德与法治 [M]. 北京：高等教育出版社，2021：180.

经验，理解法治是社会主义的基本要求和公民自觉行动的应有之义，同时"透过近现代历史知识教学，培育大学生形成健康的法治人格，养成良好的法治行为习惯"❶。"毛泽东思想和中国特色社会主义理论体系概论"课程主要帮助大学生真正领悟习近平法治思想的基本要义，包括基本理论、科学体系、价值向度、战略实施等❷，理解中国特色社会主义的本质要求和国家治理现代化的实践向度，把握法治现代化与中国梦的关系，进而增强对中国特色社会主义法治道路的信心，提高法治思维能力。"形势与政策"课程则要透过相关的法治教育专题，帮助大学生正确认识新时代全面依法治国的伟大实践及其最新成就、面临的机遇和挑战等，引导其准确理解党的路线、方针和政策，坚定在中国共产党领导下走中国特色社会主义法治道路的信心和决心❸，并对其产生深厚的感情，从而成为具有良好法治素养的公民。

二是要加强各门思政课间的协同与互动。日常教学工作中，承担思政课的各教研室要站在思政课程育人的角度，加强相互间的教学互动，共同提高法治教育教学的实效性。通过召开集体备课会、研讨会或教学工作坊等形式，共同探讨各门课程之间的内在逻辑和关联性，特别是针对各门思政课涉及法治教育内容的重合部分，要进行充分的沟通和教学部署，厘清相似教学内容的侧重点、考查内容，并采取不同的教学思路、逻辑推进法治教育，避免同一内容多次讲授和重复考核。同时，可以建立"大手拉小手"机制，加强兄弟院校间的协同，通过定期邀请兄弟院校的专家、学者为各门思政课开展教学示范活动，就各门思政课程中涉及法治教育的重点内容、授课难点等，进行现场示范和互动。班杜拉认为当观察和实际模仿

---

❶ 赵志强. 论大学生法治人格的养成与中国近现代史教育［J］. 合作经济与科技，2012（13）：100 - 101.

❷ 李全文，郑春燕，徐涛. 加强和改进"毛泽东思想和中国特色社会主义理论体系概论"课全面依法治国教学的若干思考［J］. 思想理论教育导刊，2019（6）：113 - 116.

❸ 吴德强. 高职院校形势与政策课融入法治素养教育实践教学研究［J］. 河南教育（高教），2020（7）：52 - 54.

操作联系起来时，示范的效果将进一步提高，这种示范称参与性示范。❶各门思政课任课教师通过观察和学习专家的示范，然后不断消化理解，掌握各门课的法治教育真谛，并在实际授课中进行操作、反思，不断矫正自己与专家之间的差距。这种教学示范活动可以帮助各门思政课程的任课教师化解法治教育疑问，提升该部分的教学实效性，从而起到学以致用、立竿见影之效。

2. 加强思政课的教学模式改革，增强法治教育实效性

课堂教学是承载法治教育要义的核心渠道，也是对大学生开展法治教育的基本平台。课堂教学模式的选择，会直接关系到课堂教学质量和教学效果。实践表明，一味地采用传统单一灌输式的教学方法，较难取得良好的法治教育效果，而交互式、启发式和参与式的教学方法则较受学生欢迎，因为学生在这些教学模式中，可以获得更多的体验。大卫·库伯认为学生的学习是一个起源于体验并在体验中不断修正并获得观念的连续过程。❷ 教育不是用来储蓄知识的"银行"，教学也不是知识的简单存放，学习不是被动地接受、记忆和重复，学生只有通过质疑、实践才能成为主动发展的主体。同时，体验式学习也是在先前人类文化经验的客观积累基础上，通过个体的学习后，实现社会知识与个人知识之间的转换，也就是一个"体验的转换并创造知识的过程"❸。因此，高校思政课教师要积极开展教学模式改革或课堂革命，增强法治教育的课堂教学效果。在具体的教学方法选择上，要根据实际情况和课程特点，选择合适的教学方法。比如，在"思想道德与法治"课堂教学过程中，可以嵌入法治情景剧展示、模拟法庭、法治议题辩论等方式，吸引学生积极参与并扮演相应角色，通过创设不同的法治教育情境，使学生亲自体验，并在体验中实现法治认知、法治情感、法治意志、法治信念和法治行为的统一，从而提高法治素养。可

---

❶ 詹万生. 外国德育（第39册）[M]. 北京：中国民主法制出版社，1998：62.
❷ 刘祥玲. 大卫·库伯的体验式教学[M]. 太原：山西人民出版社，2020：15-16.
❸ [美] 库伯. 体验学习——让体验成为学习和发展的源泉[M]. 王灿明，朱水萍，等译. 上海：华东师范大学出版社，2008：28-33.

以说,体验式的教学模式,不仅可以提高学生的合作能力,也可以增强师生间、生生间的互动,实现教学过程的全息互动,进而提高法治教育实效性。

3. 强化思政课教师队伍建设,提高思政课教师法治教育水平

习近平强调:"办好思想政治理论课关键在教师。"❶ 当前高校多数思政课教师以马克思主义理论为主要学科背景,缺乏法学专业的背景,因此,在教材中涉及法治教育的内容教学时,有的教师显得力不从心。由于对有些法律专业知识了解不多或认识模糊,也就难以阐明法治的真正本质和精神,以至于有的教师只能采取有选择地教学,即只讲授自身熟悉的内容或照本宣科,将法治教育异化为法律条款宣讲和解读,导致教学效果不佳,制约了学生法治素养的提升。对此,高校要进一步强化思政课教师队伍建设,并将思政课教师队伍建设纳入学校教育事业发展总体规划。一是不断充实教师队伍。招聘中的专业条件除了要求马克思主义理论专业,也可以适当增加法学类专业,使具有法学专业的人才充实到思政课教师队伍中,从事思政课教学;建立专职与兼职相结合的师资队伍配备机制,比如:选聘法律界或律师界专家、具有法学专业背景的行政人员和领导干部等作为思政课兼职教师,承担思政课中法治教育方面的教学任务。二是要加强思政课教师的培养。陶行知认为,"要造成适当的国民,须有适当的教员",所以要加强师资培养,"譬如裁缝制衣,一定要估量身材的长短肥瘦,还要知道人们的心理,然后配以适当的颜色……换言之,就是要合社会的应用"。❷ 思政课教师作为高校师资队伍中的重要组成部分,也应纳入学校师资队伍培养计划中,并且建立和完善有重点、分层次、多形式的培训体系,努力使培训工作经常化、制度化。❸ 针对无法学专业背景的在职思政课教师,可以开展多种形式的培训。比如:在思政课教师刚入职时,

---

❶ 习近平. 思政课是落实立德树人根本任务的关键课程 [M]. 北京:人民出版社,2020:10.
❷ 陶行知. 陶行知文集 [M]. 南京:江苏教育出版社,2008:72.
❸ 柳礼泉. 教学研究与教学设计 [M]. 长沙:湖南大学出版社,2009:146-148.

可以对其开展大学生法治教育内容和教学方法等方面的培训；也可以组织思政课教师参加教育部门主办的相关研修或业务培训；此外，还可以通过脱产进修的方式，资助思政课教师攻读法律专业的博士学位或到政法类院校进行访学。三是思政课教师要不断加强法治方面的学习和实践。常言道："要想给学生一杯水，自己要有一桶水。"教师是知识的重要传播者和创造者，在知识和信息爆炸的社会，思政课教师要成为合格的教育者，本身也必须不断学习、不断充实自己，从而具备宽广的知识视野。作为一名思政课教师"除了具有马克思主义理论功底之外，还要广泛涉猎其他哲学社会科学及自然科学的知识"❶，而法律方面的知识也是思政课教师需要具备的知识之一。除此之外，也可鼓励思政课教师积极参与法律实践活动，比如：通过与法院、律师事务所等部门建立实践基地，思政课教师带领学生参与法院旁听等实践活动，思政课教师也能得到法律知识的洗礼，从而加深对法治的认识，并将这种知识迁移到课堂教学中，增强对学生的法治教育效果。

（三）发挥课程思政的法治教育作用

德国教育家赫尔巴特指出："教学如果没有进行道德教育，只是一种没有目的的手段；道德教育（或者品格教育）如果没有教学，就是一种失去了手段的目的。"❷ 这说明任何一个教师的教学都不能脱离思想政治教育，他们都应自觉承担学生思想政治教育的责任。然而，许多高校的思想政治教育工作主要由思政课教师、政工队伍等承担，专业课教师参与学生思想政治教育工作较少，专业教育和思政教育往往各自为政，形成"两张皮"的现象，一定程度上削弱了高校思想政治教育的效果。为了解决这一问题，2020 年教育部发布了《高等学校课程思政建设指导纲要》，强调"各类课程与思政课程同向同行……形成协同效应，构建全员全程全方位

---

❶ 习近平. 思政课是落实立德树人根本任务的关键课程 [M]. 北京：人民出版社，2020：14-15.

❷ 曹孚. 外国教育史 [M]. 北京：人民教育出版社，1962：134.

育人大格局。"❶ 这为高校开展课程思政提供了根本遵循，特别是给专业课程中如何渗透法治教育指明了方向。渗透的概念主要来自土力学，是指存在于地基中的地下水，在一定的压力差作用下，将透过土中孔隙发生流动，这种现象称为渗流或渗透。❷ 从该定义可知，要达到渗透的结果，必须具备一定的条件和途径，即要形成一定的压力差、存在孔隙等。这为专业课程中渗透法治教育内容提供了重要的启发意义。

首先，要充分挖掘各专业课程中的法治教育内容，对受教育者开展法治教育。不同课程虽然有不同的学科属性，但每一门课程并非只建立完全属于自己的独立王国抑或遵循价值中立，高校各门专业课程除了承担专业理论教育和技能训练，也承担着一定的意识形态教育的责任。而这种教育方式又有别于思政课的教育方式，其主要以润物细无声的方式对学生进行意识形态的渗透和影响。因此，高校要进一步在各类专业课程中优化法治教育内容的供给，充分挖掘专业课程中的法治教育元素，从而使课程思政与思政课程相互协同、相得益彰。以医学院校药学类专业课程为例，任课教师在讲授药物制备课程时，可以联系《中华人民共和国药品管理法》等法律法规，教导学生遵纪守法，在未来工作岗位中运用正确的药物生成机理和制备技术，研制有益于解除人类病痛的药物，造福全人类，而不得用于制作危害社会的毒品或毒药，从而使其树立崇高的职业道德和敬畏法律的意识；在讲授麻醉药理学课程时，可以联系《中华人民共和国执业医师法》《麻醉药品和精神药品管理条例》等法律，教导其正确认识麻醉类药物、应用方法、管理规定、各类药物的不良反应和注意事项等，比如：有的麻醉类药物会产生成瘾性、戒断综合征等，如果不合理使用就可能造成极为恶劣的影响，从而引导学生远离毒品，严格遵守相关法律法规❸，树立依法依规使用麻醉类药物的意识。

---

❶ 教育部关于印发《高等学校课程思政建设指导纲要》的通知 [EB/OL]. (2020-06-03) [2022-03-19]. http：//www. moe. gov. cn/srcsite/A08/s7056/202006/t20200603_462437. html.

❷ 李镜培，赵春风. 土力学 [M]. 北京：高等教育出版社，2004：28.

❸ 王丹，孟晶，武玉清，等. 麻醉药理学课程思政实践探索 [J]. 卫生职业教育，2020，38 (9)：38-39.

其次，要提高课程思政的法治教育艺术，使学生思想上受教育、感情上受熏陶。课程思政的突出特点是其以"隐性"融入的方式，达到课程育人的目的，换言之，就是通过将思政教育的元素寓于专业教育全过程，使学生在潜移默化中接受法治素养的培育和价值观的引导，从而实现立德树人的教育目标。在这个过程中，除了通过教学内容中融入法治教育，还可以通过其他教学环节和教学艺术发挥法治教育作用。比如：在组织教学、布置作业、批改作业、课外辅导、复习考试、参观、实验、实习等教学环节都可以针对学生特点，对学生提出品德和纪律上的要求，提升其规则意识。以组织教学环节为例，各专业课教师可以对学生的学习目的、学习态度、学习纪律等方面提出正确的、合理的、严格的要求，学生在认真贯彻老师的要求过程中，可以进一步培养自身的组织纪律性和坚定的意识品质。❶ 这里就需要专业课教师掌握一定的教育艺术，把法治教育渗透到专业教育全过程，使其与专业训练有机地结合起来，力求做到水乳交融，使学生思想上受教育、感情上受熏陶，从而提升法治教育的效果。

二、加强政工队伍与专业教师在法治教育中密切配合

大学生法治素养的培育是一个系统工程，不仅仅是专业教师、思政工作队伍的事，也不仅仅是教务部门、学工部门等行政部门的事，还涉及各院系，甚至关涉每个部门，需要各方面的密切配合，协同推进，也就是教育主体的全部参与。思想政治教育主体是指能够根据一定社会、阶级的意志和要求，有意识、有目的、有步骤地向教育对象施加意识形态影响，形成共同的政治意识水平和政治觉悟程度，规训并促进人的发展的组织、机构、系统和个人。❷ 概言之，这些主体包括思想政治教育的承担者、发动者和实施者。2004 年中央 16 号文件《中共中央　国务院关于进一步加强

---

❶ 冯克诚，邓先明，邓兼旺. 学校德育管理制度方法操作规范（下）[M]. 北京：人民中国出版社，1998：1433.
❷ 张耀灿，郑永廷，吴潜涛，等. 现代思想政治教育学[M]. 北京：人民出版社，2006：71 - 281.

和改进大学生思想政治教育的意见》对思想政治教育工作队伍的主体及其主要职责有明确界定:"大学生思想政治教育队伍主体是学校党政干部和共青团干部,思想政治理论课和哲学社会科学课教师,辅导员和班主任。"❶ 可见,承担大学生法治素养培育的主力军既包括政工队伍、行政干部,还包括专任教师。在实际工作中,要发挥这些主力军在大学生法治素养培育中的作用,就需要构建高校行政干部、政工干部、专业教师等主体共同参与的全主体育人格局。

(一)要发挥专业教师在大学生法治素养培育中的主导作用

教育,在一定程度上可以理解为借助知识的传授,将人类所积累起来的物质文明和精神文明成果内化为新生一代的文化心理素质,并通过操作和训练养成受教育者符合社会要求的行为模式。❷ 专业教师在教育活动中起主导作用,他们不仅承担对学生的专业知识教育,也承担着育人的重要职责,通过在教学过程中对学生进行世界观、人生观和价值观的积极引导,促进学生全面成长成才,成为一个符合社会期待和要求的社会人。在此过程中,专业教师的知识、才能、道德品质和情感等将对学生产生重要的影响力。有研究表明,专业教师对学生的影响力越大,教育效能就越强,工作效率就越佳。❸ 当然,这也意味着专业教师要承担更大的责任。一是专业教师要在日常教学工作中,按照国家规定的人才培养目标和教学计划,有目的、有系统地对学生施加影响,既帮助学生掌握专业知识、技能和培养能力,也在专业教育过程中融入思想政治教育,培育学生养成良好的思想道德素质与法治素养。二是专业教师要发挥以身示范的作用,对学生的法治素养和道德品行的生成起到潜移默化的作用。2016年,习近平在全国高校思想政治工作会议上强调:"要加强师德师风建设",并提出

---

❶ 教育部思想政治工作司. 加强和改进大学生思想政治教育重要文献选编:1978—2014 [M]. 北京:知识产权出版社,2015:268.

❷ 王坤庆. 教育哲学:一种哲学价值论视角的研究 [M]. 武汉:华中师范大学出版社,2006:287.

❸ 冯克诚. 教师行为规范全书4:师生关系行为规范 [M]. 北京:华语教学出版社,1996:47.

"四个相统一",即坚持"教书和育人相统一,言传和身教相统一,潜心问道和关注社会相统一,学术自由和学术规范相统一"。❶ 因此,专业教师在日常生活中,应当高度重视自身言行,为人师表,做学生的表率。比如:按时上课、课堂讲授有纪律、遵守师德师风和法律法规;在科研工作中,遵守科研行为规范,抵制学术不端行为等。这样,教师自身的良好品行就会成为一种积极的教育力量,对学生法治素养的生成产生潜移默化的影响。三是要建立专业教师参与思想政治教育的机制,使其更好地发挥在学生法治素养培育中的主导作用。比如:制定专业教师担任班主任、兼职辅导员、本科生导师等制度,各二级学院应根据学生数配备相应的班主任、兼职辅导员、本科生导师,使专业教师可以直接参与学生思想政治教育过程;在职称晋升方面,规定青年教师在晋升高一级职称时,必须要有一年以上学生工作经历❷;同时,要建立一定的激励和评价机制,对于在学生思想政治教育工作中表现优异的专业教师要给予适当的物质和精神奖励,将其纳入年终绩效考核指标或教师评优评先等指标体系中,以促使更多专业教师参与学生思想政治教育工作;此外,还可以建立第二课堂的联动机制,使专业教师可以直接参与学生的课外实践活动,专业教师既可以以指导教师身份参与,也可以以评委身份等形式参与,在参与过程中增进专业教师与学生的互动,帮助学生提升法治素养,同时,专业教师自身在融入思想政治育人的过程中也能体会到成就感和获得感,进而增强教书育人的使命感。

(二) 要用好辅导员在大学生法治素养培育中的骨干力量

辅导员是大学生思想政治教育的骨干力量之一,在大学生的日常学习和生活中,辅导员与学生的接触最多,关系也最密切,他们既是大学生的

---

❶ 张烁. 把思想政治工作贯穿教育教学全过程 开创我国高等教育事业发展新局面 [N]. 人民日报, 2016 - 12 - 09 (001).

❷ 祁明, 江鸿波. 高校内涵建设背景下的学生思想政治教育发展 [M]. 上海: 同济大学出版社, 2019: 105 - 115.

知心朋友,也是其人生发展的引路人。因此,高校必须积极利用这一优势,发挥辅导员在大学生法治素养培育中的骨干作用。一是在日常工作中加强对学生的法治教育,利用班会、专题活动、国家宪法日等机会,对学生开展社会主义法治教育和宪法法律宣传;也可以联合学校保卫部门对学生开展法治教育,比如:针对电信网络诈骗猖獗现象,可以共同邀请公安部门等进校园,开展防范电信网络诈骗图片展、发放宣传页、现场咨询、宣传警示教育等活动,以案为例、以案说法,增强学生的防范意识以及维护自身合法权益的意识。此外,还可以通过开展法治文化育人辅导员工作室,对大学生开展法治教育,提升其法治信仰和法治实践能力。以天津外国语大学为例,该校于2018年设立了"明法主旋律"辅导员工作室,依托一批实践基地、建设一个法律援助站、组织一个普法志愿团队、开展一系列法治文化活动、运用一个课程平台普法育人,传播法治文化;并且运用"明法主旋律"微信公众号开设"法治讲坛""以案说法""以热点说法""法治实践"等栏目,推送原创文章和视频,向当代大学生讲述实习、就业及生活中遇到的法律问题,调动了学生学法用法的积极性,实现法治自我教育的效果。❶ 二是充分利用"形势与政策"课程教学平台,对学生开展社会主义法治专题教育。目前,多数高校的"形势与政策"课的教学任务主要由辅导员承担,辅导员可以利用这一平台,从国家治理体系和治理能力现代化建设的战略角度,引导大学生树立正确的社会主义法治理念,并将法治教育与日常思想政治教育相融合,使法治观念真正深入大学生内心。当然,辅导员自身也必须及时学习党和国家的大政方针,更新自己的知识,及时有效地进行社会主义法治理念教育。❷ 这样才能向学生输出更多有效的知识,引导学生培育良好的法治素养。三是要加强辅导员队伍建设,提升法治教育能力。辅导员在日常工作中能否做到依法依规办事

---

❶ 朱丹,饶先发,王伟江. 新时代高校辅导员工作室建设指导手册[M]. 昆明:云南大学出版社,2019:383-386.

❷ 徐湘明. 大学生社会主义法治理念教育的必要性与路径分析[J]. 教育与职业,2011(36):57-59.

以及其自身的法治素养如何，均会对大学生产生直接影响。这就要求高校在辅导员队伍建设方面，要充分考虑到辅导员本身的法治素养，并通过多种途径提升辅导员的法治素养。一方面高校在招聘辅导员时，可以将法学类专业纳入招聘条件，或者设立法学类专业专项招聘，使法学专业人才进入辅导员队伍；另一方面可以对在职辅导员进行法律知识培训，以加强大学生思想政治工作的法治教育。❶

（三）要体现行政干部在大学生法治素养培育中的管理育人导向

高校除了专业教师、政工队伍，还涉及宣传、教学、科研、保卫、后勤等行政管理部门，这些行政管理部门不仅要服务于广大教职员工，也承担着服务学生和管理学生等职责。可以说，管理也是育人的有效手段，是大学生思想政治教育的重要载体。但是与传统思想政治教育方式相比，行政管理部门的育人方式则主要为依据法律、规章、规则等对大学生的行为进行规范或施加影响，具有很明确的规范性❷；同时，这种育人方式不如专业教师或政工队伍的正面教育来得直接，而更多借助于潜移默化的方式与手段，将道德、法律、规章等教育内容渗透于其服务学生的过程中，以此实现对大学生思想的引导和行为的规范，使其养成照章办事、依法办事的意识，进而提升法治素养。这要求各行政管理部门不断提升管理育人的能力，为培育大学生的法治素养共同发力。一是要将日常管理与引导大学生养成良好的法治素养相结合。行政管理人员要树立依法办事的意识，在日常工作中要坚持以学生为中心，不断提高服务意识和服务能力，在处理涉及学生切身利益问题时，要避免采取简单粗暴甚至侵害学生利益的行为。换言之，就是行政管理人员要对学生采取极端负责的态度，本着"学生事无小事"的理念，为学生提供人性化、便捷化的服务和管理。在具体工作中，行政管理人员要熟悉本部门的工作制度、办事流程，对于复杂的

---

❶ 施奇. 略论加强大学生思想政治教育工作中的法治教育［J］. 上海青年管理干部学院学报，2007（4）：3-5.

❷ 朱孔军. 广东高校管理育人工作研究［M］. 广州：广东高等教育出版社，2019：129.

工作程序要进行重新梳理和优化，并将相关流程或工作指南以简洁、便利、智能化的方式呈现，便于学生查询和了解，从而帮助学生习得依规依流程办事的规则意识和行为习惯。二是要提高行政管理人员的法治意识。高校行政管理人员作为管理者，如果自身法治意识淡薄，在工作中以权力寻租，对学生"吃、拿、卡、要"，这不仅会对学生产生极为恶劣的影响，使其对学校的规章制度和办事人员产生反感和抵触情绪，削弱其法治情感，也将阻碍高校学生管理法治化目标的实现以及依法治校进程的推动。因此，高校行政管理人员要牢固树立守法意识，"守法不但是对法律条文的遵守，更是对法治精神的遵守"❶。在处理学生事务过程中，要在符合法律法规的程序下进行，做到照章办事，并且遵循"制度面前人人平等"的原则，摒弃讲特权和人情的思想。同时，在制定相关部门规章制度时，必须坚守我国法律、法规及其基本精神，避免部门规章制度与上位法相抵触，做到有法可依和有章可循。

三、推进在校学习与终身学习在法治教育中相互衔接

马克思认为，人的成长过程须依次经历"人的依赖关系"形态、"以物的依赖性为基础的人的独立性"的形态和"建立在个人全面发展和他们共同的社会生产能力成为他们的社会财富这一基础上的自由个性"形态等发展阶段❷。也就是说，人的成长是有规律可循的，即须经历从群体本位到个体本位再到类本位的跃升过程，最后才能到达自由全面发展的最高形态的人。习近平在中国人民大学考察时强调："青少年思想政治教育是一个接续的过程，要针对青少年成长的不同阶段，有针对性地开展思想政治教育。"❸ 高校在大学生法治素养培育的过程中，同样要遵循人的成长规律，认真研究大学生在入学前、在校期间和毕业后的法治教育模式，根据

---

❶ 张文章. 法理学［M］. 北京：高等教育出版社，2003：69.
❷ 马克思，恩格斯. 马克思恩格斯全集（第46卷上）［M］. 北京：人民出版社，1979：104.
❸ 习近平. 坚持党的领导传承红色基因扎根中国大地 走出一条建设中国特色世界一流大学新路［N］. 人民日报，2022-04-26（01）.

大学生在不同阶段的特点、身心发展规律和面临的实际问题，有针对性地开展教育培养工作，做到全过程教育，帮助其实现自由全面发展。

（一）加强大、中、小学法治教育一体化建设

调查结果表明，有21.5%的学生反映当前高校法治教育内容与中学所学内容重复，不仅如此，正如上文所述，高校各门思政课之间也存在内容的重合之处，一定程度上影响了学生的学习兴趣。究其原因，最重要的一点是各学段法治教育未形成一体化教育模式，未能形成良好的教育合力。所谓法治教育一体化，是指在法治教育的共同目标下，把大、中、小学等各学段相互独立的法治教育体系通过某种方式逐步整合成为一个相互衔接、相互支撑的教育体系，使受教育者获得有效的法治教育，进而提升法治素养，以适应未来经济社会发展的需要。比如：日本法治教育呈现了大、中、小一体化的系统特征，该国小学阶段主要开展基本的法律和规则教育，包括交通、卫生法规等内容；中学阶段则突出公民的权利义务教育和宪法普及等内容；大学阶段除了要求全体学生学习基本的法律知识外，还要求所有专业学生学习各专业的法律课程。❶由此可见，法治教育一体化建设既包括不同学段法治教育目标的一体化，也包括法治课程体系的一体化和师资队伍建设的一体化等内容。

首先，要确立法治教育目标的一体化。虽然不同学段的学生在认知水平、学习意趣、接受能力等方面均存在差异性，但是各学段针对学生的教育旨归和目标指向是一致的，即培养社会主义建设者和接班人。习近平指出，"社会主义建设者和接班人既要有高尚品德，又要有真才实学。"❷各学段在法治教育的共同目标上，均要围绕这一根本任务开展，通过普及法治知识，帮助学生掌握社会生活必需的法律常识，最终养成良好的社会主义法治素养。因此，在具体的教育理念落实上，要根据不同学段学生的群

---

❶ 陈群辉. 国外高校中的法制教育及其启示［J］. 荆州师范学院学报，2002（1）：29-31.
❷ 习近平. 在北京大学师生座谈会上的讲话［M］. 北京：人民出版社，2018：9.

体特征采取不同的教育理念，使法治教育可以层层递进、螺旋上升。其中，小学阶段重在法治意识的启蒙，通过普及一些基本的法律、宪法常识，帮助学生了解和感知发生在生活中和身边的法，从而培育其养成规则意识、诚信观念和遵纪守法的行为习惯；初中阶段重在打牢法治观念的思想基础，通过法治教育，帮助学生初步了解一些基本法律常识，在个人成长过程中逐渐养成较好的守法意识、公民意识等，初步建立宪法法律至上、民主法治等理念，初步具备运用法律知识辨别是非的能力以及依法维护自身合法权益、参与社会生活的能力❶；高中阶段重在培育学生具备初步的法治实践能力，通过社会主义法治教育，帮助学生较为全面地了解中国特色社会主义法律体系的基本框架、基本制度以及法律常识❷，进而树立权利与义务相统一的法治观念，并具备正确维护自身权利的能力；高等教育阶段重在全面提升大学生的法治素养及其使命担当，不仅要帮助学生进一步深化对社会主义法治理念、原则、精神和价值的认识和理解，也要建立对中国特色社会主义法治道路的积极情感和认同，树立法治信仰，坚定捍卫社会主义法律权威和尊严的意志，并自觉遵法、守法，在遇到问题时，可以运用法治思维分析和解决问题，通过运用法律途径来维护自身权益和参与国家事务管理和社会生活。

其次，要建立法治课程体系的一体化。各学段专家在统编教材时，要相互协同和"通气"，遵循各学段学生的成长和认知规律，充分讨论法治教育课程内容的逻辑生成和内在衔接，按照法治教育的目标要求和具体任务，紧紧抓住法治教育内容这一核心要素，使各学段的法治教育课程内容成为体系完整、有机衔接的科学体系。❸ 从中小学的"道德与法治"、高中

---

❶ 王锋，周晶. 如何加强大中小学思政课一体化建设顶层设计［J］. 中国高等教育，2021（7）：42 – 44.

❷ 教育部 司法部 全国普法办关于印发《青少年法治教育大纲》的通知［EB/OL］. (2016 – 07 – 18) ［2022 – 04 – 04］. http：//www.moe.gov.cn/srcsite/A02/s5913/s5933/201607/t20160718_272115.html.

❸ 铁铮. 如何统筹推进大中小学思政课一体化建设［J］. 中国高等教育，2021（6）：37 – 40.

阶段"思想政治"中的"中国特色社会主义""政治与法治""法律与生活"到高等教育阶段的"思想道德与法治"教材，按照从易到难、由浅入深的学习顺序，采用螺旋上升的编排方式编写教材，避免教材内容的简单重复。

最后，要加强法治教育师资队伍建设的一体化。通过建立一体化的法治教育师资队伍培养机制，使大、中、小学法治教育师资成为专业发展共同体。积极搭建大、中、小学法治教育师资学习交流平台，将一体化的内涵要义贯彻到各学段相关教师集体备课、集中教学展示之中。[1] 比如：通过开展"大、中、小学教师同上一堂法治课"，使各学段法治教育师资一起参加培训，相互交流，共同切磋法治教育教学经验，学思践悟习近平法治思想。最后，要打破跨学段、跨区域的资源共享壁垒，通过成立省、市、县等各级法治教育一体化建设领导小组，促进各区域、各学段相互联动，实现法治教育资源共享，师资互聘。特别是高校拥有优质的法治教育师资和学术优势，在大、中、小学法治教育一体化建设中应主动担当起引领师资发展的职责。比如：通过举办相关师资培训专题，让大、中、小学法治教育师资一起学习和研修，共同提高法治教育的能力；通过共同申报大、中、小学法治教育一体化研究课题，使各学段教师共同参与研究，进一步提高相关研究能力。

（二）推进大学各阶段法治教育全程续航

研究表明，当前高校在大学生法治素养培育过程中出现了"断乳"现象，未将法治教育和实践活动全过程供给，进而导致不同年级学生的法治素养产生不同程度的差异性。大学生法治素养的生成不是一蹴而就的，而是要经历一个循序渐进的过程。高校应该针对不同年级学生的特点，有针对性地开展法治教育，使法治教育供给覆盖学生从进校到毕业的全过程，

---

[1] 宗爱东. 大中小学思政课一体化与治理机制创新 [J]. 中国高等教育，2020（1）：4-6.

从而形成一个整体。❶ 针对大一新生,应抓住其对法律知识的渴求,以普及法律知识为主。比如:通过开展新生入学教育,将学校的校规校纪学习纳入重要的教育内容,帮助学生了解学校的各项规章制度,以避免在今后大学生涯中触犯校规校纪,从而养成良好的行为习惯;同时,利用"思想道德与法治"课程教学,为学生掌握社会主义法治理论知识打下良好的基础。针对大二学生,要通过法治实践进一步提升法治行为能力,因为通过大一的相关课程学习,学生已经有了一定的法治理论和认知,但是理论知识毕竟是间接得来的知识,是前人或别人积累的经验理性化。理论只有通过实践,才能把知识转化为能力,正如习近平所强调的一样,"学习有理论知识的学习,也有实践知识的学习。"❷ 高校可以通过组织各种形式的法治实践活动,以巩固课堂所学法律知识,并提高大学生的法治实践能力。比如:通过暑期"三下乡"志愿者服务活动,由承担法律课程教学的教师带领学生开展法治宣传下乡活动,为基层百姓普及宪法法律知识,营造全民学法守法用法的浓厚氛围;组织学生参加"学宪法讲宪法""学生法治知识网络大赛"等活动;利用大学生创新创业训练项目、"挑战杯"课外学术作品竞赛等平台,指导学生开展大学生法治素养调查研究等,从而提升大学生的法治实践能力。针对大三学生,要进一步强化和巩固法治教育,培养大学生自主学法和用法能力,着重引导其树立理性成熟的法治观念。❸ 这一阶段,学生已经进入了专业课学习,一般而言,每个专业的核心课程中均会涉及本专业的法律类课程,比如:医学专业的《卫生法学》《中华人民共和国医师法》、药学专业的《药品管理法》、会计学专业的《经济法》《税法》《审计法》等。通过专业法律课程的学习,进一步培育大学生在专业领域的法治素养,为未来就业做好准备。针对大四毕业生,

---

❶ 何旭娟. 高校"三全育人"的四个着力点 [N]. 中国教育报,2020 - 03 - 30 (5).
❷ 习近平. 在中央党校建校 80 周年庆祝大会暨 2013 年春季学期开学典礼上的讲话 [N]. 人民日报,2013 - 03 - 03 (002).
❸ 张晓玲,闵浩. 大学生法律知识与法律素质教育培养研究 [M]. 北京:人民日报出版社,2014:245.

要将法治教育与大学生就业指导、创新创业教育等进行有效衔接。❶ 这一阶段，学生即将踏入社会，面临寻找就业岗位，或与用人单位签订"三方协议"。如果没有具备良好的法律知识储备，有的学生可能会随意签"三方协议"，从而造成毁约、赔偿甚至自身权益遭受侵害等一系列不良后果。这时，他们对《劳动合同法》《劳动法》《公司法》等法律有更多的需求，这就需要高校继续提供此类课程的供给。一方面可以直接通过开设选修课程方式，供学生修读；另一方面可以邀请校外法学专家或用人单位人事部门负责人为学生开展相关讲座，普及就业领域的相关法律知识，从而帮助学生进一步提高法治意识和用法能力。

（三）持续推进法治教育的终身化

江泽民同志曾经指出："一种观念的树立，一种意识的培养，需要一个相当长的过程，要充分认识法制宣传教育的长期性和艰巨性，并逐步使之制度化、规范化。"❷ 法治素养的生成是一个持续的、动态的发展过程，法治素养的培育绝非一日之功，必须经过长期、终身的教育，才能达到理想的效果。当前，我国正在全面推进依法治国战略的实施，这一战略必须以公民法治观念的普遍确立为前提，以法治素养的全面提升为基础，在这样一个理性环境下各个社会单元遵循法律规则的协调运作是须由全民、终身的法律教育贯穿始终的。❸ 然而，现实生活中，无论是个体各生命阶段的法治教育，抑或是家庭、学校、单位到社会等各空间的法治教育衔接上，均存在脱节现象。有学者的调查发现，有92%的调查对象认为人生各阶段法治教育或多或少存在脱节现象，其中16%的人认为存在严重脱节。❹ 尤其到了老年阶段，这种现象更为突出，老年人不会因为退出了工作岗位而与法律绝缘，许多老人还会遇到子女赡养、财产继承等各种法律问题，

---

❶ 李红玲. 当代大学生法治思维培育研究 [M]. 北京：中国社会科学出版社，2020：169.

❷ 全国人大常委会办公厅，中共中央文献研究室. 人民代表大会制度重要文献选编 3 [M]. 北京：中国民主法制出版社，2015：1006.

❸ 刘侨. 人本法律教育观透视 [J]. 湖北社会科学，2006（1）：172-175.

❹ 蓝旭. 当代中国公民法制教育的终身化探析 [D]. 成都：成都理工大学，2016：23.

有的甚至自身权益遭受侵害，有的则走上违法犯罪道路。有学者通过收集2014—2020年全国司法实践中的数据，发现老年人犯罪和被害案件逐年递增。❶ 这一方面折射出老年法治教育的缺位，另一方面彰显出公民法治教育终身化的必要性。2021年，中央宣传部、司法部发布的"八五"普法规划中明确提出要"实行公民终身法治教育制度，把法治教育纳入干部教育体系、国民教育体系、社会教育体系"❷。这为持续推进法治教育的终身化提供了根本遵循。所谓法治教育的终身化，是指运用终身教育的理念，将法治教育贯穿个体的一生，协同家庭、学校、单位、社会等教育主体的力量，针对个体不同时期的特征和认知规律，提供有针对性的法治教育内容，使个体养成良好的法治素养，以满足自身发展和适应社会发展的需要。

一是要积极引导大学生树立终身法治教育理念。高校相关教师不仅要传授法治方面的理论知识，而且更重要的是教会学生自主学习法律知识和运用法律的方法，即使到了工作岗位至退休后，也能针对不同的生活场景，运用法治思维来分析问题和解决问题，即做到"授人以鱼"与"授人以渔"相结合，从而为大学生的终身法治教育提供更多建设性的指导。在实际工作中，要引导大学生树立终身法治教育的思想，并帮助其作出长远规划，使其明白法治教育并非一劳永逸，面对激烈的竞争环境和日趋复杂的国内外形势，个体必须不断丰富和充实自身的法律知识，掌握相应的用法技能，才能适应社会发展的需要，也才能为实现中华民族伟大复兴中国梦贡献自身力量。

二是国家要加强公民终身法治教育的顶层设计，使法治教育可以有效地贯穿个体一生。通过打造家庭、学校、单位、社会等"四位一体"的法治教育体系❸，增进各环节的协同合作，做到资源共享、优势互补，使终

---

❶ 张文英，张国安. 老年刑事法制教育之殇——基于214份案例的研究［J］. 继续教育研究，2021（7）：37-40.

❷ 中央宣传部、司法部关于开展法治宣传教育的第八个五年规划（2021—2025年）［N］. 人民日报，2021-06-16（001）.

❸ 蓝旭. 当代中国公民法制教育的终身化探析［D］. 成都：成都理工大学，2016：33.

身法治教育的整体效果得到最大化实现。比如：学校开展法治教育时，可以加强与司法部门的协同，共同开展法治教育展览、实地考察、情境体验等活动；工作单位开展法治教育时，可以通过与学校、司法部门等方面的联系，邀请法律专业教师、法务人员为员工开展法治教育讲座、法律咨询服务等；学校也可以通过利用慕课等网络平台，打造"无围墙大学"教育平台，为大学生毕业后接受法治教育提供学习资源，使学生毕业后仍可以获取法治方面的知识等。

三是要创新终身法治教育的载体和方式。终身法治教育既不是学校教育的简单重复和扩张，也不是单一的继续教育，在终身学习环境中，法治教育需要分层次尽可能地覆盖各个领域，同时，还要充分体现地域性、行业性，满足各个区域各个行业的个性化学习需要。❶ 因此，终身法治教育需要不断创新教育方式和载体。比如：针对务工人员，可以采用法治教育"进工地"等活动形式，重点宣传与务工人员生产生活密切相关的法律法规，从源头上保障务工人员合法权益；针对广大农村地区，可以建立法治教育宣传员制度，发挥"乡贤"、乡村退休干部和教师等人员的作用，使其在日常生活中通过调解邻里纠纷等工作中宣传和普及法律知识，达到教育村民的效果；此外，还可以在社区打造法治广场，建设法治教育基地，组建法治宣传小分队等，开展法治巡回宣传和教育，使基层民众在家门口就可以接受良好的法治教育。

四、发挥显性育人与隐性育人在法治教育中相互作用

党的十八大以来，习近平多次强调："高校要把思想政治工作贯穿教育教学全过程，实现全程育人、全方位育人。"❷ 全方位育人是从空间上而言的，也就是要整合课内课外、线上线下以及显性与隐性的一切法治教育

---

❶ 陈凤贞. 浅论终身学习体系中法律教育学习资源设置［J］. 成人教育, 2013, 33（11）：113-114.

❷ 张烁. 把思想政治工作贯穿教育教学全过程 开创我国高等教育事业发展新局面［N］. 人民日报, 2016-12-09（001）.

资源，实现法治教育在空间上的全覆盖，从而形成多维立体化的法治教育格局。

（一）积极打造法治教育第二课堂，不断丰富法治实践活动的载体和形式

所谓第二课堂，是指学生通过参加有组织的课余活动以达到陶冶情操、获取知识和培养能力之目的的教育教学形式，是对学生进行素质教育的重要阵地。[1] 从该定义可知，第二课堂是相对于学校传统课堂教学的"第一课堂"而言的，它属于课堂教学之外的教育教学活动，即没有严密的教学计划和教学大纲要求。但是这种教育教学活动也并非杂乱无章，它也是属于有组织的课余活动，一般由学校负责学生工作或学生活动的主管部门组织，同时，也可能有指导老师的参与和指导等。此外，第二课堂的教育内容并非仅仅传递知识信息，最主要的是对学生进行综合素质的提升，可以有效增强学生思想教育的说服力、感染力，提高学生思想教育的实效性。[2] 第二课堂对"第一课堂"具有良好的补充和辅助作用，两者共同构成了完整的教育整体。建构主义认为，学生只有自身直接参与各种学习和活动中，才能达到知识的建构效果。可见，仅仅依靠课堂上的法治教育是不够的，通过课堂教学传递的知识，是一种"在场"的教育方式，这种方式是科学系统的，但在学生技能培育方面还存在一定的缺陷，需要学生在课堂知识学习的基础上，对所学知识和信息进行主动选择和加工，由自己完成知识的建构过程。而通过自身参与实践，则是达到知识建构的一个重要方式。因而，高校法治教育除了通过课堂授课，还需要积极打造法治教育第二课堂，发挥校园法治文化活动对大学生法治素养培育的导向、激励作用，实现课内与课外、"在场"与"不在场"教育的统一。

一是要不断丰富法治实践活动的载体和形式。思想政治教育过程就是

---

[1] 王国辉. 高等学校第二课堂素质拓展学分化研究 [M]. 沈阳：辽宁大学出版社，2006：19.
[2] 谢相勋，杜理才，李同果. 加强第二课堂建设培养学生实践创新能力 [J]. 乐山师范学院学报，2009，24（1）：134-137.

教育者通过某种形式、手段向思想政治教育对象传授符合我国社会发展要求的思想观念、政治观点、道德规范等，使教育对象具备社会所要求的思想品德的过程。在这个过程中，将主客体之间通过一定的形式、手段联系起来，承载并能传递思想政治教育的内容或信息的形式，就是思想政治教育介体或载体。❶ 思想政治教育的载体多种多样，其中，以学生喜闻乐见的文化活动为载体的形式，更能增强思想政治教育的吸引力、渗透力，也更有利于促进学生的主体参与。实际工作中，高校要积极开展校园法治文化活动，把法治文化活动融入整个校园文化建设中，搭建集教育性、知识性和趣味性于一体的校园法治文化活动平台，让大学生在充分体现时代特征、法治目标与大学生成长成才需要的校园文化活动中，受到浓郁法治文化氛围的熏陶。❷ 比如：通过举办法治微视频制作大赛、法治歌曲制作大赛、法治辩论赛、法治主题演讲比赛、法治情景剧等实践活动，让学生亲自体验和参与，并在参与过程中接受法治教育。

二是要积极打造学生法治实践活动品牌，使活动形成良好的品牌效应和影响力。杨叔子先生指出："一所现代化的大学，必须具有一个很高的文化品位，构筑一个富有活力的高尚的文化生态环境，传承文化，创新文化，交流文化，形成朝气蓬勃的浓厚的学术氛围，充满着求真务实的科学精神与求善务爱的人文精神，教育人、启迪人、感染人、熏陶人、引导人，充满着对人的终极关怀，盈溢着对学生的倾心挚爱，充分调动人的主体自觉性与积极性，滋育着优秀人才的成长。"❸ 换言之，大学要不断提升自身的校园文化品位，营造浓郁的校园文化氛围等，实现文化育人的目标，进而增强学校的发展活力。如何打造让学生喜闻乐见的校园文化产品，并使这些产品获得学生的共鸣，这是高校思政工作者需要思考和解决的问题。一种文化产品要达到良好的教育引领效果，最主要的特点是能吸

---

❶ 陈万柏. 思想政治教育载体论［M］. 武汉：湖北人民出版社，2003：7-8.
❷ 卢少华. 高等学校学生管理法治化论纲：良法与善治［M］. 北京：知识产权出版社，2016：164.
❸ 杨叔子. 杨叔子散文序函类文选（下）［M］. 武汉：华中科技大学出版社，2012：296.

引学生、贴近学生,即"产品从学生中来又可以迅速地到学生中去,有效缩短育人产品到达同学的时空距离"❶。实际工作中,可以通过打造和培育法治实践活动品牌社团,由学生自行管理和运营社团,并依托该社团开展一系列的法治实践活动。学校可以通过立项资助方式,支持社团开展相应的法治实践活动,比如:"师生共话"法治论坛、法学专家进校园、国家宪法日宣讲活动等。学生在法治实践活动品牌社团的运营与管理中,逐渐形成共同的价值观和行为方式,养成良好的团队合作精神,并在活动开展过程中培养良好的法治素养,从而使法治实践活动品牌社团成为学校育人的主阵地,提高实践育人工作的实效性。坚持协同育人,延伸实践平台,发挥实际工作部门法治素养培育第二阵地的作用,把实际工作部门的优质实践资源引入高校,加强校企、校地、校所合作,发挥政府、法院、检察院、律师事务所等在法治素养培育中的积极作用。

三是打造朋辈教育活动阵地,实现法治素养培育的群体效应。朋辈群体也称同辈群体,是指由相同的年龄、地位、兴趣爱好的人所组成的关系亲密的群体。❷ 这一群体通常为非正式群体,群体内所形成的亚文化,对青少年的文化心理、价值观念和行为方式均会产生深刻的影响,这种影响甚至超过了父母和教师的教育。特别是大学生群体,他们多数远离了家庭,在学校学习和生活过程中,与其交流最频繁、最密切的主要是同学、师长等朋辈群体。大学生之间在年龄、学习经历、兴趣爱好等各方面均有许多相似之处,具有共同的语言,在交往过程中,朋辈间的言行举止、思想观念会相互影响,甚至产生同化,进而达到相互教育的效果。当然,这种教育效果的实现前提是朋辈间的教育必须是良性的、正确的。因此,在大学生法治素养培育过程中,要积极引导和利用好朋辈教育,使他们在共同生活和交流中,相互学习,形成正确的社会主义法治理念,自觉维护社会主义法律权威和尊严,并和各种违法乱纪行为作斗争,进而实现法治素

---

❶ 许建萍. 小葵模式:用新媒体激活思想政治教育工作的探索[M]. 北京:光明日报出版社,2018:158.

❷ 李述一,姚休. 当代新观念要览[M]. 杭州:杭州大学出版社,1993:319.

养培育的群体效应。首先，要创新朋辈法治教育的形式。可以通过组织开展"大学生法治大讲堂"活动，由学生来讲"法治课"，学生在指导老师的指导下，自行拟定授课的主题、收集教学素材、准备教学课件等，然后进行授课，最后由老师进行点评和总结。学生通过自己讲"法治课"，将进一步增强对法治知识的理解和感悟，而且朋辈间的"现身说法"，无论在法治教育的话语上，还是在授课的形式上，都更容易被彼此接受，从而实现朋辈群体间的法治教育和普法宣传，引导朋辈群体共同培育良好的法治素养，而这种教育效果是教师通过课堂教学难以达到的。其次，要建立共同成长的朋辈组织。可以通过成立朋辈法治学习小组等，打造由不同性别、专业、生源地和政治面貌学生组成的朋辈学习小组，发挥朋辈间互帮互助的精神，共同提升法治素养。在朋辈组织里，高校要重视培育朋辈中的精英或意见领袖，间接引导他们运用朋辈间可接受性的法治教育方式和话语，开展朋辈间的法治教育。比如：充分发挥文史类专业学生的优势，从中遴选具有法学类专业背景的学生作为朋辈学习小组负责人，使其成为朋辈法治教育的引导者、指导者，通过在学习小组中讲述和分享自身经历及对社会主义法治理论、国家依法治国相关政策的理解，影响和带动理工类、艺术类专业学生增进对相关理论知识的了解，对社会主义法治产生积极情感和信念，最后转变为知法守法护法用法的坚定者。

（二）打造多元化的网络法治教育平台，实现线上线下法治教育同频共振

人类社会已进入新媒体时代，各种通信、信息传播工具和手段变得更为方便、快捷。作为迄今为止受网络信息影响最大的"Z世代"，大学生群体是使用新媒体技术最为活跃的用户。受新媒体的影响，大学生的价值取向、行为方式、人际交往方式等方面发生了巨大变化，呈现多元化的倾向，这也给法治教育带来了一定的挑战。为适应新媒体时代所带来的新变化，高校思政工作者除了要了解新媒体的内涵和特性，也要抓住新媒体给法治教育带来的机遇，从而更有效地做好大学生网络法治教育工作，培育

其形成良好的网络法治素养。

一是利用新媒体作为法治教育和宣传的传播平台。以英国为例，该国议会通过线上互动和线下活动积极联系教育青少年。在线上，英国议会通过制作"法律是如何制定的""1 分钟介绍英国大选"等多个风格活泼的动画宣传片，开发在线游戏（如"由你当议员"等），并利用新媒体平台（YouTube、Twitter 等）针对不同年龄层次的青少年进行精准投放；在线下，议会开展了学校开放日、与议员面对面、法治教育师资培训等活动，鼓励青少年积极了解民主法治。❶ 这为高校开展线上线下相结合的法治教育，提供了良好的借鉴。因此，高校在进行法治教育时，要充分了解大学生的关注点和兴趣点，并以其兴趣为切入点，利用大学生所熟悉和喜欢的新媒体（如手机 APP、哔哩哔哩视频网站等），通过其喜闻乐见的方式，传播法治教育和宣传内容。

二是要打造多元化的法治教育网络平台，实现法治教育线上线下实时互动。通过建立中国特色社会主义法治宣传教育网站，及时介绍和反映新时代中国特色社会主义法治建设的最新进展、最新成果❷，从而帮助学生了解我国全面依法治国的丰富内涵，增进对中国特色社会主义法治的信仰和积极情感，为推动全面依法治国进程厚植良好的法治素养根基。通过搭建"易班"等网络平台，传播正面信息，提升校园网络在大学生群体中的舆论引导能力，巩固意识形态斗争主导权；利用"易班"积极宣传和普及网络法律法规，帮助学生了解其网络行为是否符合相关法律规定，从而自觉形成网络法律意识，并规范自身的网络行为，形成科学、文明、健康、守法的上网习惯，做一个守法的网民。高校也可以在 QQ 群、微信群、MOOC、超星学习通等网络平台上开展法治热点问题讨论，为学生释疑解惑，引导大学生学法懂法守法用法；或者将现实课堂法治教育中的问题放

---

❶ 共青团中央国际联络部. 国外青年与青年工作 2014—2018 [M]. 北京：中国青年出版社，2020：385.

❷ 王瑞萍，马进. 提高少数民族大学生的法治素养刻不容缓——甘肃省少数民族大学生法治素养状况调查报告 [J]. 黑龙江民族丛刊，2018（3）：181 - 184.

到这些网络平台中进行探讨，学生可以就一些法治问题展开充分讨论，弥补传统课堂互动的时空限制，并在互动过程中检验课堂学习的内容，形成线上线下法治教育相得益彰的互补格局。此外，有条件的院校还可以发挥自身专业特长，利用网络开展普法教育和宣传工作。以华东政法大学为例，该校利用互联网开展法律援助志愿活动，通过打造法律咨询微社区，将具有专业性、公益性、一对一模式特点的法律援助与具有便捷性、自主选择性特点的新媒体技术紧密结合，打破了案件受理的时空限制，为更多民众提供了便捷的法律咨询。❶ 目前，法律咨询微社区在指导老师的帮助下运行良好，开辟了许多普法和法律援助新栏目，为大学生提供法律问题咨询服务、援助和指导，咨询话题和访问量均在不断突破，社会反响良好。

三是通过法治意见领袖视频直播法治教育。当前，视频直播平台兴起，这种以流媒体技术为支撑的直播平台，可以突破时空限制，受众群体和数量均不限。具有良好专业功底的法治意见领袖开通视频直播平台，在平台上讲授法治的相关理论、剖析法治热点、回答受众的法治提问等，不仅能够广泛传播法治文化，引导正确的法治舆论，而且可以拉近意见领袖与大学生群体之间的距离，产生良好的信任，更有利于形成良好的网络法治教育效果。❷ 实际工作中，教育部门可以通过设立"高校网络教育名师培育支持计划""网络名师工作室培育项目"等，择优选择具有良好网络法治教育潜力的项目给予资助，从而发挥相关教师的特长，有效开展大学生网络法治教育。

（三）优化校园法治教育环境，实现显性与隐性法治环境育人相互协同

校园环境是指环绕校园主体人群的空间中可以影响人的生活、学习的

---

❶ 上海市学生德育发展中心. 德润心灵 成长有声 上海教育系统社会主义核心价值观"落细落小落实"实践案例集（下）[M]. 上海：上海交通大学出版社，2017：342-343.

❷ 王东. 新媒体生活环境下的法治教育研究[M]. 西安：陕西人民出版社，2019：211-212.

一切自然形成和后天人工营造的物质、能量的总体。❶ 从该定义可知，校园环境既包括校园的物质环境，也包括校园的精神环境，两者互相联系，紧密结合，共同构成校园育人环境，并对校园主体人群的思想、情操、行为等产生各种各样的影响。其中，校园物质环境主要包括校园的土地面积、总体规划、各类建筑物、教学科研实验设备、文化体育设施、各种生活设施等；校园的精神环境由校园的文化氛围、舆论阵地、学术空气以及师生员工的精神风貌等构成。❷ 在这两种环境中，校园的精神环境是育人环境的核心，它会直接作用于个体思想、意识、观念、习惯、情感和行为规范的生成。因此，营造浓厚的校园法治文化氛围和环境，对大学生法治素养的生成将产生重要作用。

首先，要优化校园物质环境，营造良好的法治物态氛围。一是要做好校园物质环境的整体规划。除了要建设好满足正常的教学、科研、生活、文体设施，还要注重校园法治物质环境的规划设计，比如：在校园公共场所规划各类停车位，针对机动车和非机动车用不同颜色的线条画线，并警示师生将车辆停在相应场地；在食堂等人流量大的场所，设计人性化的排队位或排队伸缩隔离带；在校史馆等场所设计相应的隔离带和警示牌，保护重要文物；在教室或考场设计悬挂校规校纪、考试法等规定的展板，从而在日常生活中，使学生养成良好的规则意识以及遵纪守法的行为习惯。二是开发和利用校园物质环境中的隐性法治教育资源。校园物质环境是校园以整体形态出现的物化环境，它是教育理念和教育精神的物化，建设良好的校园物质环境，不只是一种单纯完成物质功能的活动，更是一种传达信息的文化交流与对话形式，是服务于"人的和谐发展"的通识教育场所，具有"桃李不言，下自成蹊"的隐性教育效果。❸ 因此，在建设校园物质环境时，要有效地注入法治元素，比如：利用校园广场等场所，设计

---

❶ 唐新平. 中国高等院校后勤改革理论研究［M］. 西宁：青海人民出版社，2007：235.
❷ 黄承堂. 高等学校校园环境建设与管理［M］. 武汉：华中理工大学出版社，1992：2-3.
❸ 郑文瑜. 四川民族地区高校学生思想政治教育工作研究［M］. 西安：电子科技大学出版社，2013：50-59.

布置法治方面的雕塑、雕像等艺术作品，使法治教育无形地融入艺术作品中，进而让原本冰冷的雕塑蕴含教育的温度，不仅给学生提供一种高尚的法治文化审美享受，也在无形中使其获得法治教育的熏陶，从而不断提高自身法治素养。因为艺术作品就是依靠启发、暗示、熏陶和间接影响等手段以达到潜移默化的教育目的，正如鲁迅先生所说："革命之所以于口号、标语、布告、电报、教科书之外，还要用文艺者，就是因它是文艺。"❶ 文艺作品的特殊作用就是其感染力，它不是通过直接的说教来打动人，而借助于符合接受者的接受心理的艺术形象、美感等来感染人。可见，在校园物质环境建设中适当融入法治文艺作品，更能加强对学生法治素养的培育效果。高校也可以通过制作法治宣传标语、法治宣传栏，印发普法小手册，创办法治教育刊物，邀请律师开展法治报告会等形式，使法治教育活动常态化、具象化，起到入脑入心的效果。

其次，要优化校园精神环境，营造浓厚的校园法治文化氛围。一是要加强校风校纪管理。校风是整个学校氛围，包括教学风气、学术风气、治校风气、传统习惯风气和教职员工的工作作风。❷ 一所学校的校风，既是师生思想、行为、作风的体现，也是一所学校精神状态和精神面貌的反映。良好的校风校纪，不仅可以保障学校的有序运行和发展，也会对全体师生起到激励、熏陶、塑造的作用，使人心生敬畏并产生良好的规则与法治意识。因此，高校要在日常工作中不断加强校风校纪的管理，营造崇法尚法尊法守法的校园氛围。教职员工要以身作则，加强师德师风建设，杜绝学术不端、性骚扰、收受学生礼品等违背师德现象；同时，还要通过开展校风校纪宣传教育活动，使各种校规校纪入脑入心并转化为实际行动。二是要不断推进和营造学生依法治校的参与氛围。教育部《全面推进依法治校实施纲要》中指出："推进依法治校，是学校适应加快建设社会主义法治国家要求。""要积极拓展学生参与学校民主管理的渠道，进一步改革

---

❶ 鲁迅. 魏晋风度及其他（下）[M]. 吴中杰，导读. 上海：上海古籍出版社，2019：353.
❷ 黄小华. 思想政治教育价值实现论[M]. 北京：光明日报出版社，2019：199.

完善高等、中等学校的学生代表大会制度，推进学生自主管理。"❶ 学生参与学校民主管理，不仅有利于增强大学相关决定的正当性与被接受性，实现民主决策和科学决策，从而提高高校的治理效能❷，也为大学生提供了良好的法治实践机会，有利于提高其参与能力和运用公民权利的能力，并在参与过程中进一步提升法治素养。正如习近平指出的一样，"学习是成长进步的阶梯，实践是提高本领的途径。"❸ 然而，调查结果发现，当前大学生在参与学校治理的广度和深度均比较有限，主要限定在对教师的教学评价、遭受不利处分后的救济、学生奖学金和助学金等各类资助等方面。今后，高校还需要进一步拓展学生参与学校治理的途径和渠道，营造学生参与依法治校的浓厚氛围。一方面高校要通过建立健全学生参与学校民主管理的制度，为学生参与学校治理提供有力的制度保障。以美国为例，美国许多高校设置了各类委员会，如社区委员会、学生事务委员会等，这些委员会中均有学生代表作为成员，保证其可以在涉及学生权益和学生事务的校务会议中行使知情权、参与权、表达权和监督权等。❹ 这种做法值得借鉴，特别是在制定学校各项制度规范尤其是涉及学生权益方面的制度过程中，应当充分保障学生的知情权、表达权和参与权。比如：通过开通"校长、书记信箱""学生座谈会""行政办公室开放日""学校发展建言箱"等，广泛征求学生的意见和建议，对于具有建设性的意见给予重视和采纳，对于学生的困惑给予及时对话和沟通，从而为学生参与学校制度的制定提供表达意见的窗口，这样既能切实保障学生行使相应的权利，又能减少和规避某些校内规范侵犯学生权益的可能性。另一方面高校要不断拓展学生参与学校治理的渠道，除了学校发展建议性、咨询类的参与方式

---

❶ 教育部关于印发《全面推进依法治校实施纲要》的通知 [EB/OL]. (2012 – 12 – 03) [2021 – 11 – 04]. http://www.moe.gov.cn/srcsite/A02/s5913/s5933/201212/t20121203_146831.html.

❷ 秦惠民, 李登. 学生参与大学治理的理论逻辑与实践路径 [J]. 高等教育研究, 2021, 42 (3): 32 – 41.

❸ 习近平. 习近平谈治国理政（第一卷）[M]. 北京：外文出版社, 2018: 51.

❹ 赖雪梅, 肖平. 美国高校本科生法治教育路径分析 [J]. 比较教育研究, 2018, 40 (8): 99 – 105.

外，还要进一步拓宽学生参与学校治理测评和监督渠道。比如：通过制定"学生教学信息员制度"，每个教学班级均聘任若干学生教学信息员，由这些信息员实现学校、学生、教师之间联系和沟通；建立学生对学校后勤服务评价体系和机制，由学生定期对学校后勤管理人员、服务水平等各方面进行评价；同时，聘任学生监督员，对学校食堂、宿舍、场馆等服务质量进行督导，对于学生反馈的问题给予及时整改。这种参与方式是基于学生自身的学习生活体验的，因而能够反映出大学治理的薄弱环节与问题症结，是大学治理现代化过程中亟待加强的领域。❶

第四节　社会环境：大学生法治素养培育的重要支撑

马克思认为："人创造环境，同样环境也创造人。"❷ 人的思想观念和行为习惯的养成，在很大程度上受到社会氛围的影响。环境虽然决定人，但人在环境面前也不是消极被动的，而是与环境进行各种互动，人可以通过实践改变自身成长和发展的环境，包括自身的思想观念、法治素养、价值取向和道德品质等。社会环境既包括经济环境、政治环境和文化环境，也包括媒体环境等，它们以不同的内容和方式影响着个体法治素养的生成。社会氛围是培育大学生法治素养的重要教育环境，它会对大学生法治素养的形成和发展过程产生重要影响。可见，社会环境决定着大学生法治素养培育由可能性向现实性转化的程度。因此，要提升大学生的法治素养，需要优化其所处的经济环境、政治环境、文化环境和媒体环境，形成良好的成长生态环境。

---

❶ 陈彬. 良法与善治 [M]. 武汉：华中师范大学出版社，2018：377 – 378.
❷ 马克思，恩格斯. 马克思恩格斯文集（第1卷）[M]. 北京：人民出版社，2009：545.

一、完善市场经济法治体系以营造大学生法治素养培育的经济环境

社会主义市场经济与其他市场经济一样，必须建立一套与之相适应的法治体系，才能对市场经济的运行予以规范、引导、制约和保障。完备的法制是实现法治的基础和逻辑起点，法治是法制的逻辑归宿，法治体系的价值旨归必然是最终实现法治。因此，要维护市场经济的运行秩序，就需要建立健全市场经济法制体系，包括信用制度体系、利益导向体系和执法监督管理体系等。

（一）构建诚信经营的长效制度体系

习近平在企业家座谈会上强调："社会主义市场经济是信用经济、法治经济。"❶ 诚实守信既是社会主义核心价值观的重要内容，也是市场经济的灵魂，同时也是市场经济有序运行的重要基础。等价交换是市场经济中普遍遵循的原则，本身就反映着交换双方的相互关系，体现着买卖双方的信用。只有当市场主体在市场活动中都遵守诚实守信的原则、符合等价交换规律的要求时，这样市场秩序才能得以维护，市场才能发挥其基础性的资源配置作用。否则，一些市场经营者就可能会为了利益而丧失诚信，甚至违规违法，整个市场经济的发展就将陷入失序和混乱状态。良好的制度对经济活动起着极为重要甚至是决定性的作用。❷ 建立健全信用制度可以对市场主体的经营活动和行为进行规范和约束，规避一些市场主体利用信息的不对称而损害其他经营者的利益。在实际工作中，可以通过建立市场经营活动的征信体系，将不守信用的经营者列入"黑名单"；对于性质比较恶劣的"老赖"或违法经营行为，依法予以坚决打击；同时，要积极营造诚信经营、依法经营的社会氛围，对于诚信经营的典型事例，要给予大

---

❶ 习近平. 在企业家座谈会上的讲话 [M]. 北京：人民出版社，2020：7.
❷ 苏武俊. 国有企业交易成本研究 [M]. 广州：广东经济出版社，2008：109.

力宣传,引导其承担相应的社会责任,在追求自身正当利益的同时注意自身行为对社会产生的影响。相关部门还可以开展各种评选活动,将先进人物和先进事迹予以表彰和宣传,从而引导市场经营活动者积极树立良好的"法治意识、契约精神、守约观念",这"是现代经济活动的重要意识规范,也是信用经济、法治经济的重要要求"❶。在社会大环境中,经济活动与广大人民群众的联系最为密切。诚信经营的市场经济环境和市场主体诚信、守法、守约的意识和行为,无形中也会对大学生产生潜移默化的影响,使其明白只有具备良好的法治意识、契约精神、守约观念,才能在社会中立足,进而将这种观念内化于心,外化于行,形成良好的法治素养。

(二) 建立有效的利益导向机制

不可否认,市场经济本身具有两面性,一方面它带来了经济的发展;另一方面它追求利润最大化,容易滋生唯利是图的利己主义、功利主义和拜金主义的价值倾向。"人们是在认识和处理经济利益矛盾的时候,由于不同的社会地位和阶级立场,往往从个人利益与集体、社会经济利益之间,以及个人利益之间不同关系出发,形成不同的观念、态度和行为,由此而产生了不同的道德观念、道德情感和道德信念。"❷ 可见,市场经济环境及市场经济活动中的利益追求和价值导向,将深刻影响大学生道德观念和法治素养的生成。由于每一个市场主体都是具有独立利益的商品生产者和经营者,如果他们都从自身出发去追求当前利益的最大化,毫不顾及其他市场主体的利益以及社会利益,就很难避免违背交易规则,发生各种利害冲突和纠纷,进而对自身长远利益和社会利益的实现造成影响。中共中央办公厅印发的《关于培育和践行社会主义核心价值观的意见》指出:"开展各项生产经营活动,要遵循社会主义核心价值观要求,做到讲社会责任、讲社会效益、讲守法经营、讲公平竞争、讲诚信守约,形成有利于

---

❶ 习近平. 在企业家座谈会上的讲话 [M]. 北京:人民出版社,2020:7-8.
❷ 郑永廷. 德育环境理论比较研究 [J]. 学校思想教育,1992 (6):11-18.

弘扬社会主义核心价值观的良好政策导向、利益机制和社会环境。与人们生产生活和现实利益密切相关的具体政策措施，要注重经济行为和价值导向有机统一，经济效益和社会效益有机统一，实现市场经济和道德建设良性互动。"❶ 可见，建立有效的利益引导机制，目的就是调动市场活动主体的积极性，使其将个人利益与公共利益进行有机的统一，促进经济效益与社会效益协调发展，这样既有利于协调规范市场经营活动中的各种利益关系，也有利于营造义利并举的价值导向和遵纪守法的社会氛围。所谓利益引导，主要是指思想观念的引导，让人们树立起获取利益要合理、合法、公平、公正的观念，教育、引导人们正确处理个人利益与群体利益、局部利益与整体利益、眼前利益与长远利益的关系。❷ 要构建有效的利益引导机制，一是要"完善守法诚信褒奖机制和违法失信行为惩戒机制，使尊法守法成为全体人民共同追求和自觉行动"❸。政府部门可以利用利益引导机制间接影响市场主体的行为，比如：对于守法信用记录良好、热心社会公益活动的市场主体或单位，给予税收减免或者贷款优惠政策等；对于违法失信、见利忘义的市场主体或单位，给予相应的惩戒，列入黑名单或给予相应的行政处罚。二是要通过宣传教育的方式，从思想上引导人们树立正确的利益观，并通过合理、合法的方式获取正当利益。从某种意义上讲，人们通过诚实劳动和合法经营来谋求利益，实际上就是凭借自身的智慧和劳动向他人和社会提供服务后获得的相应回报。❹ 这样，人们不但实现了自身生存和发展的个人价值，而且也为国家和社会发展作出了贡献，达到个人价值与社会价值的统一。因此，在实际生活中，不仅要引导人们树立先义后利、见利思义、以义制利的义利观，也要引导人们通过合法手段来获得利益并为社会作出贡献，同时，还要引导人们以理性合法的方式表达

---

❶ 关于培育和践行社会主义核心价值观的意见 [M]. 北京：人民出版社，2013：9.
❷ 李君如. 建立健全利益协调机制 构建社会主义和谐社会 [J]. 中国政协，2006（1）：23 – 26.
❸ 中共中央关于全面推进依法治国若干重大问题的决定 [M]. 北京：人民出版社，2014：27.
❹ 邵静野，王维翀. 变革时代的社会管理创新 [M]. 北京：国家行政学院出版社，2011：37 – 39.

自己的利益诉求，学会用法律捍卫自身利益。

（三）建立完善的市场执法监管体系

韩非子在《韩非子·有度第六》中指出："国无常强，无常弱。奉法者强，则国强；奉法者弱，则国弱。"❶意思是世上没有永远强盛的国家，也没有永远衰弱的国家。国家重视且严格遵循法，就会强大起来；国家若不重视且严格遵循法，则会变得弱小，具体体现为执行法度的人坚决，国家就会富强；执行法度的人软弱，国家就会贫弱，这说明执法人员的素质与国家的强弱有密切关系。市场经济的有序发展同样需要高素质的执法人员。同时，执法人员作为法律的执行者，其本身必须带头守法，因为只有当其自身的正义理念与法律中蕴含的正义价值相吻合时，法的正义才能得到实现。❷市场执法人员带头守法、秉公执法的行为，也会对大学生法治素养的生成产生重要影响，因此，必须建立行之有效的市场执法监督机制，以规范市场执法人员的执法行为。在实际工作中，一是要完善相应的法律法规，如市场执法人员监督法规、市场执法人员行为准则和执法标准等，从而避免"有法不依，执法不严"或"以言代法"的现象，进而破解市场执法的"塔西佗陷阱"。二是要通过加强对市场执法人员的法治教育，强化其法治观念，提高其执法能力和水平，进而打造出一支政治思想品德好、法治素养和业务素质高、拒腐能力强的市场执法队伍。三是要建立健全有效的市场执法监督机制，构建由政府、媒体、经营者和消费者共同组成的社会监督体系。其中，政府是市场经济发展的"守门人"，担负着维护市场秩序、提供市场监督制度保障的重要角色；媒体对市场执法人员的行为扮演着舆论监督的角色，新闻媒体可以通过运用舆论的独特力量，帮助社会大众了解市场执法人员的执法情况，披露一些执法不当的行为，进而促使市场执法人员遵循相应法律法规行使权力；市场经营者和消费者是

---

❶ 韩非. 韩非子［M］. 长沙：岳麓书社，2015：10.
❷ 宋江洪，罗艾. 论加强药品监督执法人员职业道德建设［J］. 中国卫生事业管理，2005（1）：61.

市场主体活动的直接参与者，也是与市场执法人员的直接或间接接触者，市场经营者和消费者对执法人员的有效监督，既可以规范执法人员的执法行为，也有利于维护其自身的合法权益。大学生作为消费者和参与市场经济的主体，对市场经济的健康运行和市场执法人员的执法行为起着重要的监督与促进作用。在参与对市场执法人员的监督过程中，也可以进一步提高其运用相关法律法规的知识和能力，这也是对大学生进行普法教育的有效途径之一。

二、发挥"关键少数"示范作用以营造大学生法治素养培育的政治环境

政治环境是指直接或间接作用于行政系统活动的政治因素和条件的总和，包括国家政权制度、政党制度、社会组织制度、法律制度、政治文化等诸多方面。❶ 良好的政治环境是个体实现自由全面发展的重要外部条件，也是个体培育法治素养的坚强保障。如果一个社会拥有人民民主、自由公正、清正廉明、团结和谐的政治环境，领导决策科学民主，公民民主权利得到切实保障，政治体系各要素协调发展，政治制度与法律制度健全完备，政治文化健康向上，就会为社会建设奠定坚实的公民政治心理基础，公民就会对国家体制、政治制度和政党政府产生积极的认同感，就会沿着执政者指引的方向确立政治信仰、塑造政治人格、付诸政治行动。❷ 同时，他们也会在内心深处激发出对国家法律制度的积极情感，巩固法治认知和意识，增强法治意志和法治信念，进而提高自身的法治素养。习近平在多个场合和会议上强调"关键少数"要做尊法学法守法用法的模范，这个"关键少数"主要是指各级领导干部，因为"领导干部尊不尊法、学不学法、守不守法、用不用法，人民群众看在眼里、记在心上，并且会在自己

---

❶ 王安. 中国政府行政的政治环境建设 [D]. 南京：河海大学，2005：6-9.
❷ 王伦光. 价值自觉与社会主义核心价值体系建设研究 [M]. 北京：人民出版社，2017：270-271.

的行动中效法"❶。因此，发挥"关键少数"尊法学法守法用法的模范带头作用，对大学生法治素养的培育具有重要的意义。

（一）领导干部要为青年大学生树立学法守法用法的表率

各级领导干部是人民的公仆，肩负着人民的期望和党的使命，如果领导干部能发挥尊法学法守法用法的模范带头作用，人民群众也会自觉去尊法学法守法用法，整个社会才能形成不愿违法、不能违法、不敢违法的法治环境。青年是祖国的未来和希望，一些有志于从政的青年大学生，未来党和国家各级领导干部也将出自这些群体，所以现在的领导干部的思想道德素质和法治素养如何，会对这些青年大学生产生深刻影响，这就更需要领导干部起到表率作用。对此，广大领导干部要加强对中国特色社会主义法治理论的学习，夯实依法办事的理论功底和知识基础；要在实际工作中真正把崇法尚法转化为具体的思维和行动方式，牢固树立以人民为中心的理念，在工作中树立职权法定和程序意识，做到真正维护人民群众的切身利益和合法权益；同时，要"带头遵守法律、执行法律，带头营造办事依法、遇事找法、解决问题用法、化解矛盾靠法的法治环境"❷。法治是规制社会失范行为、营造良好社会氛围的重要手段。❸ 只有在良好的法治环境中，人们才能形成正确的法治素养，才能自觉摒弃错误的认识和行为，减少给社会和谐带来破坏因子。

（二）领导干部要为大学生法治素养的培育创造良好的条件

习近平在党的十九大报告中指出："要长期坚持、不断发展我国社会主义民主政治，积极稳妥推进政治体制改革，推进社会主义民主政治制度化、规范化、程序化，保证人民依法通过各种途径和形式管理国家事务，

---

❶ 习近平. 论坚持全面依法治国［M］. 北京：中央文献出版社，2020：141.

❷ 中共中央文献研究室. 习近平关于全面依法治国论述摘编［M］. 北京：中央文献出版社，2015：124.

❸ 吴满意，黄冬霞，苗国厚. 网络意识形态相关问题初探［M］. 北京：人民出版社，2019：165.

管理经济文化事业，管理社会事务，巩固和发展生动活泼、安定团结的政治局面。"❶ 民主政治是法治国家的政治基础，这从本质上决定了健全社会主义民主制度是实现依法治国的重要政治基础和根本任务。因此，坚持和完善社会主义民主制度，包括人民代表大会制度、中国共产党领导的多党合作与政治协商制度、民族区域自治制度、基层群众自治制度等，从制度上保障人民当家作主地位的实现，调动其参与国家治理的积极性、主动性。同时，还要进一步坚持和完善民主集中制，畅通民主协调对话和民主监督的制度平台。通过打造线上线下相结合的政治参与平台，如电视问政、领导留言板、市长热线、网络举报平台等，为人民民主参与提供畅通便捷的平台，从而保证人民民主参与、民主管理、民主监督基本权利的实现，这样也能为大学生法治素养的培育创造良好的政治条件。

（三）加强党风廉政建设为大学生法治素养的培育营造良好风气

中国共产党是执政党，东西南北中，党是领导一切的。党领导人民制定法律，必须带头遵守法律，因为中国共产党人的作风直接关系着党的形象，也关系着人心向背。党的十八大以来，反腐倡廉工作不断推进。据统计，党的十八大到2021年5月，全国纪检监察机关立案审查调查408.9万人，给予党纪政务处分374.2万人。❷ 这充分说明反腐工作任重道远，但也表明了党在反腐工作中的决心。今后，还需要采取多种措施，进一步加强党风廉政建设，比如：通过完善相关法规制度和反腐防范机制，遏制腐败的蔓延；加强党政干部思想道德建设，提高党政干部的思想道德素质，使其以模范行为影响社会成员，从而形成良好的党风、政风，进而在全社会形成良好的社会风气❸；通过加强党员领导干部的理想信念教育，使其自觉抵制外界诱惑，形成不想腐的自律意识和思想道德防线；加强人民群

---

❶ 习近平. 决胜全面建成小康社会 夺取新时代中国特色社会主义伟大胜利——在中国共产党第十九次全国代表大会上的报告［M］. 北京：人民出版社，2017：36.

❷ 中共中央宣传部. 中国共产党的历史使命与行动价值［N］. 人民日报，2021-08-27（01）.

❸ 许建宝. 微时代背景下的高校思想政治教育［M］. 长春：东北师范大学出版社，2017：169.

众对政府活动以及政府公职人员的监督,消除并防止一些人利用权力来谋取不正当的特殊利益等。良好的党风才会带来良好的政风,进而才能带动整个社会风气的根本好转,最终形成遵纪守法的社会氛围。

三、弘扬社会主义法治文化以营造大学生法治素养培育的文化环境

2012年12月,习近平《在首都各界纪念现行宪法公布施行三十周年大会上的讲话》中强调,要"提高全体人民特别是各级领导干部和国家机关工作人员的宪法意识和法制观念,弘扬社会主义法治精神,努力培育社会主义法治文化"❶。《中共中央关于全面推进依法治国若干重大问题的决定》再次强调:"必须弘扬社会主义法治精神,建设社会主义法治文化,增强全社会厉行法治的积极性和主动性,形成守法光荣、违法可耻的社会氛围,使全体人民都成为社会主义法治的忠实崇尚者、自觉遵守者、坚定捍卫者。"❷ 社会主义法治文化是由体现社会主义先进文化内在要求的法治价值、法治精神、法治意识、法治理念、法治思想、法治理论等精神文明成果,反映中国特色社会主义民主政治本质特征的法律制度、法律规范、法治机制等制度文明成果,以及自觉依法办事和尊法守法等行为方式共同构成的一种先进文化现象和法治进步状态。❸ 从该定义可知,社会主义法治文化至少包含三个层面的内涵:一是观念价值层面,即社会主义法治所彰显的价值准则与旨趣,以及社会成员对于社会主义法治的认知、意识、观念、心理和信仰状态❹;二是制度层面,即社会主义法律体系和法治体系及其运行状态;三是行为习惯层面,即全体社会成员在日常生活中,对社会主义法治的认同、自觉依法办事和尊法守法的行为习惯。由此可见,社会主义法治文化建设不仅要解决法治观念引导的问题,而且更重要的是

---

❶ 习近平. 习近平谈治国理政(第一卷)[M]. 北京:外文出版社,2018:141.
❷ 中共中央关于全面推进依法治国若干重大问题的决定[M]. 北京:人民出版社,2014:26.
❸ 李林. 建设法治强国[M]. 北京:人民出版社,2020:261-263.
❹ 李林,石茂生. 依法治国与宪政建设[M]. 北京:人民出版社,2009:239.

要在全社会营造遵纪守法的社会氛围，引导人们养成正确的法治行为习惯，因而具有非常鲜明的实践导向性。文化之所以可以育人，其实质就是以先进的文化为内容、通过文化的载体和方式来教化人、教育人，从而达到"人化"与"化人"的统一。❶ 大学生法治素养的生成不会凭空产生，也不能仅靠理论输送养成，而必须建设良好的法治文化环境，并通过社会主义法治文化来涵养大学生的法治素养。习近平指出："中国特色社会主义文化，源自于中华民族五千多年文明历史所孕育的中华优秀传统文化，熔铸于党领导人民在革命、建设、改革中创造的革命文化和社会主义先进文化。"❷ 可见，社会主义法治文化与中华优秀法律文化、红色法治文化存在一脉相承、相互融合与转化的关系。现实工作中，就要将这些优秀的法治文化融入和浸化到整个社会文化环境中，使其"像空气一样无处不在、无时不有"❸，在润物细无声中实现"化人"目标。

（一）将社会主义核心价值观融入社会主义法治文化建设

2021年4月，中共中央办公厅、国务院办公厅印发的《关于加强社会主义法治文化建设的意见》提出："把社会主义核心价值观融入社会主义法治文化建设全过程各方面，实现法治和德治相辅相成、相得益彰。"❹ 法治与德治相互作用、相互联系，可以说，没有道德的滋养，法治文化就会缺少源头活水，法治的运行就会缺乏思想基础。推动社会主义核心价值观融入社会主义法治文化建设，首先，要把社会主义核心价值观融入立法、执法、司法、守法等各环节。立法是法治的龙头环节，立善法才能治天下，一部良好的法律不仅为社会主义核心价值观的培育和践行提供了制度保障，同时也是国家主流价值观的彰显。法律的生命力在于其有效的实施，严格执法才能捍卫法律的权威。执法过程中也需要社会主义核心价值

---

❶ 张立学. 以文化人：大学文化育人研究［M］. 北京：人民出版社，2019：37.
❷ 习近平. 习近平谈治国理政（第三卷）［M］. 北京：外文出版社，2020：32.
❸ 习近平. 在文艺工作座谈会上的讲话［M］. 北京：人民出版社，2015：23.
❹ 关于加强社会主义法治文化建设的意见［M］. 北京：人民出版社，2021：3.

观的引领，这样才能保证执法者可以公正文明执法，并确实维护人民群众的利益。公正司法是维护社会公平正义的最后一道防线，司法机关要自觉将社会主义核心价值观融入司法全过程，做到公正司法，以公正的裁判引导社会主体遵守公共秩序和国家法律，推动形成良好社会关系和社会氛围。❶ 法律的权威来自人民内心的真正拥护和信仰，全民守法是推进法治社会建设的目标，也是践行社会主义核心价值观的要求。不论是国家机关和公职人员，抑或普通公民，都要自觉地在守法过程中践行社会主义核心价值观，以实际行动厉行法治、尊法守法。其次，要把社会主义核心价值观融入法治教育环节。社会主义核心价值观既是国家的德，也是社会的德，同时也是个人的德，对社会主义法治文化建设起着重要的道德支撑作用。通过提升个体的道德水准和文明素养，才可以使其更自觉地遵守法律规则，从而促进法治的真正实现。以新加坡为例：新加坡高校在开展法治教育过程中，除了普及法律条款和法律知识，也高度重视学生国民素质的提升，将教材内容与"忠、孝、仁、爱、礼、义、廉、耻"等优秀传统价值观紧密相联，呈现出多元化的特征。❷ 最后，要创新社会主义核心价值观融入法治文化建设的方式。中共中央办公厅、国务院办公厅印发的《关于加强社会主义法治文化建设的意见》提出：要"繁荣发展社会主义法治文艺"❸。文艺是时代前进的号角，最能代表一个时代的风貌，最能引领一个时代的风气。❹ 现实工作中，要积极挖掘和创作优秀的法治文艺作品，将社会主义核心价值观渗透到法治文艺作品中，然后通过影视、文学作品、戏剧曲艺等形式进行有效的传播和宣传。同时，借助数字化网络平台，开发青年群体所喜闻乐见的法治文化作品，如法治动漫、微视频等，扩大法治文化在青年群体中的影响力。

---

❶ 刘顺厚. 新时代坚持社会主义核心价值体系方略研究［M］. 北京：人民出版社，2019：171－172.

❷ 刘宁. 国内外高校法制教育比较研究［J］. 当代教育科学，2014（21）：40－42.

❸ 关于加强社会主义法治文化建设的意见［M］. 北京：人民出版社，2021：10.

❹ 李卓谦. 把社会主义核心价值观融入社会主义法治文化建设全过程［N］. 民主与法制时报，2021－07－08（07）.

（二）推动中华优秀传统法律文化的创造性转化与创新性继承

习近平指出："不忘历史才能开辟未来，善于继承才能善于创新。优秀传统文化是一个国家、一个民族传承和发展的根本，如果丢掉了，就割断了精神命脉。"❶ 中华传统法律文化中包含了民为邦本、礼法并用、以和为贵、明德慎罚、执法如山等极具特色和优秀的法律文化精华，比如：我国现存最古老、最完整的封建刑事法典《唐律疏议》，就以"一准乎礼，以礼修身"为基本原则，通过引经决狱、引礼入律的方式，将"礼"贯彻到立法、司法、守法的整个过程，实现了礼与法的高度统一。❷ 这既为社会主义法治文化建设提供了丰厚的营养，也为涵养大学生法治素养提供了重要资源。因此，对这些优秀的传统法律文化精华需要进一步传承并使其与社会主义法治文化相融相通。实际工作中，要坚持马克思主义辩证唯物主义和历史唯物主义的理论和方法并加以继承和转化，即根据时代精神对传统优秀法律文化进行创造性转化和创新性发展。首先，要加强对传统优秀法律文化典籍以及古代契约、判决文书等文物的发掘、保护、整理和出版，利用 AI 技术等对一些残缺的法律古籍进行修复、复原，从而实现法律古籍的完整性，让书写在古籍里的文字可以获得"重生"，进而才能使其活起来、传下去。其次，要加强对我国法律文化历史遗迹的保护和发掘，比如：古代庭审场所、法场、廉政教育场所、古代法学家故居及其活动遗迹等，通过投入人力、物力、财力，因地制宜进行复原或重建，免费向社会开放或作为大学生法治教育基地，从而帮助其更直观地了解和学习中华传统优秀法律文化，涵养自身法治素养。

（三）不断挖掘和传承红色法治文化

红色法治文化是红色文化的重要组成部分，然而，目前学术界对红色

---

❶ 习近平. 在纪念孔子诞辰 2565 周年国际学术研讨会暨国际儒学联合会第五届会员大会开幕会上的讲话 [M]. 北京：人民出版社，2014：11.

❷ 杨福忠. 把社会主义核心价值观融入法治文化建设 [N]. 河北日报，2021 – 09 – 24 (07).

文化的概念尚未形成统一界定。有学者认为红色文化是指中国共产党在新民主主义革命、社会主义建设、改革开放时期所领导创造的各类物质财富和精神财富的总和，它既包括遗址、遗迹、遗物、纪念地、纪念碑、纪念馆、纪念堂等物质，也包括理论、纲领、路线、方针、政策等一系列制度文化，还包括凝结在这些实物和制度中的信仰、价值、精神、道德等精神文化。❶ 综合大多数学者的观点，可以对红色法治文化作出初步界定，亦即，红色法治文化是指中国共产党在新民主主义革命、社会主义建设、改革开放时期带领人民开展法治实践活动过程中形成的红色法治故事、红色法治作品、红色法治阵地和红色法治精神等。红色法治文化是社会主义法治文化产生的重要基础和来源，红色法治文化中所蕴含的保护劳动人民基本权利、教育人民用法律武器开展革命和社会主义建设活动等价值诉求，与社会主义法治文化的价值引领、精神熏陶、道德导向等具有高度的耦合性。新时代，仍须进一步对红色法治文化进行创造性转化和创新性发展，使其融入社会主义法治文化建设中，更好地发挥法治文化育人的作用。首先，要深入挖掘红色法治文化资源。中国共产党带领人民在革命过程中开展了一系列法治实践活动，留下了许多宝贵的红色法治文化资源，比如：在中央苏区时期，中国共产党就高度重视法治工作，并通过多种形式开展法治宣传。中央苏维埃政府所创办的机关报《红色中华》不仅刊登了大量的法律公文，还设置了多个释法教育栏目，对一些违法问题开展了舆论监督，这极大地促进了中央苏区法律知识的普及，提高了苏区群众的法治素养。❷ 另外，作为中央苏区的重要组成部分，闽西也进行了一系列红色法治工作探索。例如，闽西苏维埃颁布了《苏维埃组织法》《土地法》《工会组织法》《婚姻法》等法律法规，成为全国最先建构法律体系的苏区；建立了首个红色裁判处（人民法院的前身），成为全国最早设立红色法制机构的地区；创办了土地革命战争时期最早的法制报刊《法制日刊》，成

---

❶ 韩玲. 红色文化涵育社会主义核心价值观研究［M］. 北京：人民出版社，2020：28.
❷ 徐佳佳. 苏区法治宣传的"轻骑兵"［N］. 人民法院报，2021 – 07 – 09（05）.

为中国共产党扎实开展法制宣传教育普及的实证。❶ 因此，各地可以结合实际情况，不断挖掘本土红色法治文化资源，比如：红色法院旧址、红色法治报刊、布告、漫画、标语、传单、法律法规册子等，对红色法院旧址等场所进行修复，将之打造成具有地方特色的红色法治文化教育平台，并作为广大青少年的法治教育基地。其次，要创新红色法治文化宣传教育方式。通过运用VR等技术建立虚拟展厅，再现中央苏区等历史时期的法治实践场景，用户借助必要的装备以自然的方式与虚拟环境中的物体进行交互作用、相互影响，从而使大学生获得身临其境的感受和体验，激发其对红色法治文化的兴趣。"具身认知"理论认为，情境性是个体认知的重要条件，有无情境、情境是否生动对能否唤起个体体验是至关重要的。❷ 而学生在学习过程中能否产生具身体验，取决于教学情境的生动性与逼真性，情境越生动、越逼真，就越能引发生命个体的身体体验。特别是针对红色法治文化这一历史对象，身处新时代的大学生，其经历有限，与历史对象存在较大的距离感，通过沉浸式的体验，可以进一步帮助其认识红色法治文化的各个侧面。最后，可以通过现代化的数字技术，建立线上的红色法治文化陈列馆，通过收集红色法治相关的历史照、旧址照、文物照等史料，并配备相关文摘和文字或语音解说，让前来参观学习的大学生可以更直观了解中华苏维埃共和国司法人民委员部旧址、中央苏区司法史、中央苏区时期法治建设的巨大成就等❸，从而进一步增强法治素养。

四、净化传统媒体与新媒体风气以营造大学生法治素养培育的媒体环境

无论传统媒体，抑或新型媒体，其最主要的功能之一都是发挥舆论导向的作用，即借助舆论的力量来影响人的思想和行为。正面的社会舆论不仅可以影响思想政治教育者和受教育者的言论和行为，也能够有效抵制和

---

❶ 傅柒生. 让法治精神在红色传承中飞扬闽西 [N]. 闽西日报, 2014-11-26 (03).
❷ 刘希寿. 体验——道德教育的生命线 [M]. 青岛：中国海洋大学出版社, 2017：82.
❸ 黄辉. 赣州将红色旧址打造成法宣重要平台 [N]. 法治日报, 2021-07-19 (01).

改变错误思想倾向,同时还能通过引导、启迪、暗示等形式推动良好社会风气的形成和发展。❶ 因此,建设良好的媒体环境,就是维护、巩固和发展稳定的有序环境,为大学生法治素养的生成营造健康向上的氛围。

(一) 净化影视媒体环境,为大学生法治素养的生成营造良好的影视媒体环境

一般而言,优秀的影视作品通过塑造鲜活的人物形象和感人的故事情节,对观众的心灵产生触动和感染,引发其对生活的思考,从而在无形中发挥对个体的教育作用。可以说,优秀的影视作品有着强大的精神力量❷,它能发挥一定的育人功能。然而,现实中的影视媒体所传播的各类作品中,存在着一些剧情浮夸、注水、无厘头、娱乐化或者充满凶杀、暴力的乱象,这些作品不仅会让大学生陷入"娱乐至上"洪流中,也会在一定程度上影响其法治素养的生成。因此,有必要进一步净化影视媒体环境,为大学生法治素养的生成营造良好的影视媒体环境。

首先,要完善相关法律法规,加强影视方面的立法,以对影视作品的内容制作、题材建设、传播途径以及影视明星等相关从业人员的从业行为进行规范和审查,对于粗制滥造、充满负能量和暴力犯罪等的影视作品建立相应的处罚机制;同时,还要进一步细化对影视明星从业行为的监管制度,通过建立黑名单制度,对于有吸毒、嫖娼等违法犯罪的劣迹艺人,终身禁止其涉足影视行业,并对其相关的影视作品予以下架或播出限制,以减少其对青少年的负面影响。

其次,要加大优秀的涉法影视作品的制作和传播,提升涉法影视作品的法治教育含金量。换言之,创作人员要通过影视节目传递给受众有效的法律知识和法律信息,并且要从简单的法律条文上升到法理知识,再由法

---

❶《思想政治教育学原理》编写组. 思想政治教育学原理 [M]. 北京:高等教育出版社,2016:328-329.

❷ 荣建华,张智梅. 关于发挥影视育人功能以提高大学生综合素质的研究 [J]. 电影评介,2009 (11):72,78.

理知识上升到自觉遵守的法律意识，最后上升到实践层面❶，从而提升涉法作品对大学生法治素养的培育效果。现实中，有许多涉法影视作品，比如：《秋菊打官司》《全民目击》《儿女亲事》《马背上的法庭》《法中情》《法外情》《黄克功案件》《DA师》《重案六组》《犯罪现场》，等等，这些影视作品均传递了一定的法律信息，某种程度上也对观众产生了法治教育效果，但有些作品更多的是为了追求剧情的悬念迭出、紧张刺激，其真正的法治教育含金量并不高。因而，还需要制作更多的涉法影视作品或电视节目，如《今日说法》《法眼看天下》等，通过引入不同的法治案例来普及和宣传法律知识，培养观众知法、懂法、守法、护法和用法的法治素养。

再次，要积极发挥优秀影视明星的偶像引领作用。武汉大学曾经对800名"90后"新生进行问卷调查，结果发现，有625人次（78.13%）选择了娱乐明星和体育明星当偶像。❷ 其原因主要是"90后"从小接触电视、网络等媒体，受节目中的娱乐明星和体育明星影响比较大，并将这些明星作为自己的偶像，产生偶像崇拜现象。班杜拉认为，人类行为倾向于受到那些地位高、有威信的榜样的影响，在现实生活中和在媒体中看到的东西决定了我们的行为，谁控制了社会榜样，谁就控制了行为。❸ 因此，媒体还要担负起引导大学生健康"追星"的责任，积极宣传社会主义核心价值观，并将其用于引导大学生形成适度理性的偶像崇拜。另外，在影视节目角色扮演的演员选择上，制片组要严格把关，选用品行端正、爱国守法和充满正能量的明星作为主要演员，并在荧幕中呈现，从而对大学生产生良好的榜样示范作用，使其从明星身上学到爱国守法等作风，提升自身的法治素养。

---

❶ 廉琰敏. 涉法影视剧的法制教育功能及其实现机制研究［D］. 重庆：西南交通大学，2016：35.

❷ 朱玲，韩炜. 调查显示八成90后大学生选择明星当偶像［N］. 楚天都市报，2008－10－11（11）.

❸ ［美］杜安·P. 舒尔茨，悉妮·埃伦·舒尔茨. 现代心理学史［M］. 叶浩生，杨文登，译. 北京：中国轻工业出版社，2014：347－348.

（二）净化网络环境，为大学生法治素养的生成营造风清气正的网络空间

习近平在网络安全和信息化工作座谈会上的讲话强调："网络空间天朗气清、生态良好，符合人民利益。网络空间乌烟瘴气、生态恶化，不符合人民利益。"❶ 互联网不是法外之地，如果任凭各种错误的社会思潮甚至鼓吹推翻国家政权、分裂国家和民族的极端思想在网络空间传播和泛滥，或者利用网络开展欺诈等违法犯罪活动，网络空间势必乌烟瘴气，也势必影响大学生法治素养的有效生成。因此，有必要依法加强对网络空间的治理，净化网络生态环境，为大学生法治素养的培育营造良好的网络空间。

首先，要加强对新媒体的监管。当前，我国在网络安全、虚假信息传播、个人信息保护、商业金融、未成年人保护等方面还存在新媒体立法的空白，因而需要加快制定相关法律条例，从而形成覆盖领域广泛、内容齐全的新媒体部门法律。❷ 只有建立和健全新媒体的立法工作，才能进一步规范新媒体的运营与交往中的主体行为、权利义务和法律责任等，相关执法部门才有法可依。在现实工作中，针对运用新媒体开展普法相关工作的从业人员或"大V"，相关执法部门要对其从业资质进行严格把关和备案，并且要对其直播或录制的节目内容予以监管和审核，避免出现利用新媒体传播错误法律知识或犯罪活动，进而对大学生法治素养的培育产生不良影响。

其次，要发挥主流媒体和网络平台的作用，做强网上的正面法治宣传和教育。实践主体良好的行为践履离不开社会教化，而主流媒体以其全面、深入、权威和客观的属性始终吸引着大量关注，是其获得社会教化的重要载体之一。❸ 法治宣传和教育的接受主体践履效果的改善，同样也不能缺少主流媒体的舆论引导。当前，许多主流媒体都建立了自己的公众号

---

❶ 习近平. 在网络安全和信息化工作座谈会上的讲话［M］. 北京：人民出版社，2016：8.
❷ 王东. 新媒体生活环境下的法治教育研究［M］. 西安：陕西人民出版社，2019：214-216.
❸ 舒婷婷. 法治视野下的思想政治教育研究［M］. 北京：人民出版社，2019：232.

和网络平台，相关主流媒体可以充分运用这些平台占领网络，争夺受众群体，特别是大学生群体。因为网络舆论阵地，如果我们不去占领，别人就会占领，就会对党在网上舆论的主导权和话语权形成挑战。❶ 要有效占领网络舆论阵地，尤其是新兴媒体这一舆论阵地，主流媒体就须不断探索新媒体的传播特征和传播规律，根据不同受众群体的知识结构、关注点和话语接受方式等，不断创新普法宣传的模式。比如：根据新时代大学生对新兴技术的接受方式，可以采用诙谐幽默的语言风格、图文结合的软文或漫画、风格活泼的短视频等，将法治宣传和教育的内容植入其中，从而不断"圈粉"，吸引更多的读者阅读，并使这些"粉丝"持久保持对主流媒体的关注和对其信息的"黏性"。

最后，国家安全机关和政法机关还要加强对网络舆论的管控，通过开展"护苗""净网"等专项行动，铲除淫秽色情、暴力恐怖、网络谣言等有害信息，为青少年成长营造清朗、健康的网络空间❷；通过提高互联网技术的运用能力，将算法、大数据等技术运用于网络舆情监测和管理，比如：通过对社会思潮和社会舆论进行大数据分析研判，找准社会公众的"关注点""焦虑点""兴趣点"，针对核心问题进行"靶向引导"❸，积极回应大学生对社会问题的关切和思想困惑，帮助大学生了解各种社会思潮的危害性，从而破除错误社会思潮对大学生法治素养培育的不良影响；对于不实的网络谣言或者别有用心之人的"带偏节奏"，要及时整治和辟谣，及时向社会发布完整、真实、详细的信息，揭露事件的真相和来龙去脉，从而帮助大学生学会甄别网络信息和理性思考网络中传播的各种事件，并学会带头引导正确的网络舆论，促进网络空间健康发展。同时，针对违法和有害的信息及时管控并严格执法，对于一些典型案例，要应用各种媒体进行宣传，从而起到法治宣传和教育的效果，引导大学生养成良好的网络守法行为习惯。

---

❶ 王一彪. 新时代呼唤构建良好网络舆论生态［N］. 人民日报，2018-04-19（007）.
❷ 郭渐强. 网络内容建设的保障机制研究［M］. 北京：人民出版社，2017：101-103.
❸ 姬忠彪. 当前法治领域社会思潮探析［J］. 法律适用，2019（21）：77-85.

综上，本章主要从个体、家庭、学校、社会四个层面建构大学生法治素养培育的提升路径，其中，个体层面主要从主体意识、内在需要、学习动机等方面激发大学生法治素养自我培育的主体性；家庭层面主要从家庭教育理念、家庭成长环境、家校合作联系等方面增强家庭参与大学生法治素养培育的效能；学校层面主要从思政课程与专业课程、政工队伍与专业教师、学校学习与终身学习、显性育人与隐性育人在法治教育中的协同等方面提升高校培育大学生法治素养的实效性；社会层面主要从完善市场经济法治体系、发挥"关键少数"示范作用、弘扬社会主义法治文化、净化媒体风气等方面优化大学生法治素养培育的社会环境。本书认为大学生法治素养的培育是一个系统性工程，需要发挥个体、家庭、学校、社会等方面的共同作用，才能形成良好的教育合力。

结　论

党的十八大以来，党和国家系统部署了依法治国的一系列目标和具体工作，并擘画了法治国家、法治政府、法治社会的美好蓝图，令人鼓舞，催人奋进。然而，越是远大的理想，实现起来就越困难，就越需要踏踏实实，一步一个脚印。正如习近平所指出的一样，"中华民族伟大复兴，绝不是轻轻松松、敲锣打鼓就能实现的。全党必须准备付出更为艰巨、更为艰苦的努力。"❶ 作为一个系统工程，新时代大学生法治素养培育也是如此。

在全面推进依法治国和实现国家治理现代化的伟大征程中，"人"的现代化是国家治理现代化的基础，也是决定性因素。大学生群体是推动社会发展的中坚力量，提高大学生的法治素养，不仅是提高"人"的法治素养中的重要组成部分，也是实现国家治理现代化的重要组成部分。提升大学生法治素养培育效果既是高校的重要使命，也是个体、家庭和全社会的责任与使命。做好提升大学生法治素养培育工作，必须发挥个体、家庭、学校、社会的共同作用，才能形成良好的整体效应。本书以马克思主义理论为指导，以培育大学生法治素养为主线，较为深入地探讨了新时代大学生法治素养及其培育的内涵，进行了理论探源，同时通过实证研究分析了新时代大学生法治素养培育的现实状况、特征、教育成效、存在的问题及其成因，进而提出可供借鉴的应对策略。通过研究，本书得出以下结论：

第一，大学生法治素养的生成逻辑要遵循法治认知、法治情感、法治意志、法治信念、法治行为的统一，从知到行的转化过程，需要有法治情感、法治意志、法治信念的支撑。这五个维度相辅相成、密不可分。同时，大学生法治素养不会自动生成，需要精心、长期培育，既要给予知识教育，又要遵循养成教育；既要有外在教育，又要有自我教育；既要有阶段教育，又要有终身教育。

第二，从新时代大学生法治素养培育的理论探源看，无论是在马克思

---

❶ 习近平. 决胜全面建成小康社会 夺取新时代中国特色社会主义伟大胜利——在中国共产党第十九次全国代表大会上的报告 [M]. 北京：人民出版社，2017：15.

主义经典作家的法治思想中，抑或在中国共产党人的法治思想中，都蕴含了丰富的法治素养培育论述。这些论述中，涉及许多关于教育公民如何学法、守法、护法、用法的内容，也涉及领导干部带头守法以及为公民法治素养培育营造良好社会环境的内容，这些论述均与法治素养的培育内涵相契合，为新时代大学生法治素养的培育研究提供了丰富的理论基础。

第三，本书通过调查发现，新时代大学生法治素养总体水平比较好，特别是在法治认知和法治信念方面具有比较高的水平；大学生接受法治教育的途径和方式上比较多样化，呈现理论化、生活化、网络化等特点。然而，研究也发现，新时代大学生法治素养培育过程中仍存在一些不足之处：一是大学生法治素养的全面性还有待进一步提升，虽然大学生有较高的法治认知水平，但并未形成较好的法治思维，同时还存在法治情感较为淡薄、法治意志较不坚定、法治行为能力不足等问题；二是新时代大学生法治素养培育的家庭教育力度有待加强，特别是在家庭教育理念、家庭教育环境、家庭教育方式方面有待进一步改善；三是新时代大学生法治素养培育的学校教育成效有待提升，突出的表现为：法治教育目标定位不太明确、法治教育内容供给参差不齐、法治素养培育方式略显单一；四是新时代大学生法治素养培育的社会氛围营造有待改善，包括：诚信经营的市场氛围、"关键少数"的示范作用、法治文化建设的氛围、影视和网络媒体环境等方面有待改善。

第四，针对大学生法治素培育中存在的问题，其主要原因有四个层面：个体层面，大学生由于自身主体意识不强、内在需要不足、学习动机不当等原因，影响了其开展自我教育的能动性、自主性和积极性；家庭层面，由于部分学生家庭教育理念欠缺、家庭教育环境不良、家庭教育方式不当等原因，影响了大学生法治素养的培育效果；学校层面，由于部分学校对大学生法治教育重视程度不够、法治教育队伍素质不高、法治教育合力机制不活、法治教育文化氛围不浓等原因，影响了大学生法治素养培育的实效性；社会层面，由于市场经济的一些不法现象、部分领导干部的违法行为、传统社会的人情文化、媒体的不良介导作用等原因，也在一定程度上影响了大学生法治素养的有效生成。

第五，本书认为大学生法治素养的培育是一个系统性工程，只有发挥个体、家庭、学校、社会等方面的共同作用，才能形成良好的教育合力。其中，个体层面要从主体意识、内在需要、学习动机等方面激发大学生法治素养自我培育的主体性；家庭层面要从家庭教育理念、家庭成长环境、家校合作联系等方面增强家庭参与大学生法治素养培育的效能；学校层面要从思政课程与专业课程、政工队伍与专业教师、在校学习与终身学习、显性育人与隐性育人在法治教育中的协同等方面提升高校培育大学生法治素养的实效性；社会层面要从完善市场经济法治体系、发挥"关键少数"示范作用、弘扬社会主义法治文化、净化媒体风气等方面优化大学生法治素养培育的社会环境。

本书基于新时代大学生法治素养培育新格局、新要求、新特点，试图在理论探源、历史回顾、现状审视、原因剖析和问题解决上有新的突破，但限于个人学术水平，研究中仍然存在许多不足之处。在调查对象的选取上，限于现实条件，只选取了福建省的高校，未对全国其他省份的高校进行抽样，无法较好地反映全国所有高校大学生法治素养培育的全貌。同时，又由于提升大学生法治素养的培育实效性，是一个继承传统又开启创新的领域，研究这个课题，既需要深厚的教育学和法学理论功底，又需要丰富的思想政治教育实践经验，但限于个人的学科背景和时间，无法使研究做到尽善尽美，今后，笔者将会一如既往地关注和思考这个问题，进一步深化这一研究。

附录

新时代大学生法治素养培育调查问卷

亲爱的同学：

您好！为了解当代大学生的法治素养培育状况，我们开展了本次调查。本问卷实行匿名作答，题目选项无对错之分，所有数据仅供学术研究使用，不会对外透露您的任何信息，请您根据自身实际情况填写，并在相应的选项上打"√"。若无特别说明为多选题的，均为单项选择题。本次问卷调查将占用大约15分钟时间，衷心感谢您的参与和合作！

新时代大学生法治素养培育课题组
2020 年 11 月

第一部分　基本信息

1. 您的性别：

A. 男　　　　　　　　　　B. 女

2. 您来自：

A. 城镇　　　　　　　　　B. 农村

3. 您的年级是：

A. 大一　　B. 大二　　C. 大三　　D. 大四

4. 您的专业属性是：

A. 文史类　　B. 理工类　　C. 体育类　　D. 艺术类

5. 您所在的学校是：

A. 985 工程院校　　B. 211 工程院校　　C. 普通本科院校

6. 您的政治面貌是：

A. 中共党员（含预备党员）　　B. 共青团员

C. 普通群众

7. 您是否独生子女：

A. 是　　　　　　　　　　B. 否

8. 您大学期间是否有过班干部或学生会干部经历：

A. 是　　　　　　　　　　B. 否

9. 您父亲的文化程度是：

A. 小学及以下　　B. 初中　　　　　C. 中专/高中　　D. 大专

E. 本科及以上　　F. 其他

10. 您母亲的文化程度是：

A. 小学及以下　　B. 初中　　　　　C. 中专/高中　　D. 大专

E. 本科及以上　　F. 其他

第二部分　法治教育情况

11. 您认为在校大学生接受社会主义法治教育：

A. 非常不必要　　B. 不必要　　　　C. 有必要　　　　D. 非常有必要

12. 您对社会主义法治相关内容的学习：

A. 非常不感兴趣　B. 不感兴趣　　　C. 一般　　　　　D. 感兴趣

E. 非常感兴趣

13. 在以下途径中，您获得法治教育的频率如何？

条目	从不	偶尔	有时	经常	总是
"思想道德修养与法律基础"课程	1	2	3	4	5
与本专业相关的法律课程	1	2	3	4	5
法治讲座	1	2	3	4	5
报纸/杂志	1	2	3	4	5
广播/电视剧/电影/录像视频	1	2	3	4	5
书籍	1	2	3	4	5
网络	1	2	3	4	5
辅导员日常教育	1	2	3	4	5
生活中发生的各类案件	1	2	3	4	5
各类宣传栏/电子屏幕/灯箱广告	1	2	3	4	5
相关比赛（辩论赛、知识竞赛等）	1	2	3	4	5
法院旁听	1	2	3	4	5
社会公益活动（交通秩序维护等）	1	2	3	4	5
家长日常教育	1	2	3	4	5

续表

条目	从不	偶尔	有时	经常	总是
与他人交流	1	2	3	4	5
相关教育场所的参观实践	1	2	3	4	5
模拟法庭活动	1	2	3	4	5
其他（请注明）_____					

14. 您对学校开展法治教育的总体评价：

　　A. 非常不好　　　　B. 不好　　　　C. 一般　　　　D. 好

　　E. 非常好

15. 您认为影响学校法治教育效果的主要因素是（多选）：

　　A. 缺乏法律相关课程

　　B. 法治实践机会少

　　C. 学生难以参与学校治理

　　D. 相关课程教学方式呆板，教学效果一般

　　E. 法治课程学时少，内容不够丰富

　　F. 授课老师不够专业

　　G. 法治教育内容脱离大学生生活实际

　　H. 与中学所学内容重复

　　I. 缺乏社会主义法治文化建设氛围

　　J. 其他_____

16. 下列法治相关内容的教学方式中，您更喜欢哪种？（可多选）

　　A. 传统课堂讲授　　B. 案例分析　　C. 互动教学　　D. 模拟法庭

　　E. 法院见习或旁听　　　　　　F. 其他_____

17. 你认为以下哪些现象会影响你对法治的信念与持守？（多选）

　　A. 市场中的缺斤短两现象　　　　B. 市场中销售假冒伪劣产品

　　C. 政府部门"钓鱼执法"　　　　　D. 领导干部腐败现象

　　E. 法官审理案件不公　　　　　　F. 通过"找关系"就能解决问题

　　G. 所崇拜的明星违法犯罪　　　　H. 其他_____

18. 你常使用的社交媒体或平台是（多选）：

A. 微博　　　　B. 微信　　　　C. QQ　　　　　D. 百度贴吧

E. 豆瓣网　　　F. 知乎　　　　G. 抖音　　　　H. B 站

I. 脸书　　　　J. 推特　　　　K. 其他_____

19. 你在网络平台上经常会看到哪些话题？（多选）

A. 制造性别对立的话题

B. 制造族群对立的话题

C. 美化西方社会制度的话题

D. 宣扬西方政治理念的话题

E. 鼓吹西方自由民主人权的话题

F. 主张学习西方"宪政民主"的话题

G. 暗中抹黑我国政治制度的话题

H. 丑化我国英雄人物的话题

I. 其他_____

20. 父母亲平时与你探讨有关法律问题的频率：

A. 从不　　　　B. 偶尔　　　　C. 有时　　　　D. 经常

E. 总是

21. 父母亲在你成长过程中教育你按规矩办事的频率：

A. 从不　　　　B. 偶尔　　　　C. 有时　　　　D. 经常

E. 总是

22. 在你成长过程中父母亲对你的教育方式主要是（多选）：

A. 严厉训斥　　　　　　　　　B. 稍有不从就打骂

C. 循循善诱　　　　　　　　　D. 鼓励为主

E. 父母亲以身作则　　　　　　F. 百般疼爱

G. 较少交流　　　　　　　　　H. 其他_____

第三部分　法治素养情况

下表是关于法治素养方面的条目，请根据实际情况选择并在相应选项上打"√"。

条目	非常不符合	不符合	一般	符合	非常符合
1. 我认为任何组织和公民个人都要遵守法律	1	2	3	4	5
2. 我认为生态文明建设需要有法律的保驾护航	1	2	3	4	5
3. 我认为宪法法律是神圣不可侵犯的	1	2	3	4	5
4. 我认为言论自由应该在法律规定的限度内行使	1	2	3	4	5
5. 我认为党领导人民制定宪法法律，必须带头遵守	1	2	3	4	5
6. 我认为有借有还，再借才不难	1	2	3	4	5
7. 我认为人人都尊重法律，法律的权威才能得到维护	1	2	3	4	5
8. 我认为司法应该接受社会的监督	1	2	3	4	5
9. 我认为社会主义法治建设必须坚持党的领导	1	2	3	4	5
10. 我认为任何组织或者个人都不得有超越宪法和法律的特权	1	2	3	4	5
11. 我认为一切违法行为都应当受到法律的追究	1	2	3	4	5
12. 我认为法律面前应该人人平等	1	2	3	4	5
13. 我认为欠债还钱是天经地义的事情	1	2	3	4	5
14. 我认为宪法规范约束了政府权力，也保障了公民权利	1	2	3	4	5
15. 我认为宪法是高于一切法律、法规和其他一切规范性文件的	1	2	3	4	5

续表

条目	非常不符合	不符合	一般	符合	非常符合
16. 我认为公民监督执法和司法过程可以在一定程度上防范腐败滋生	1	2	3	4	5
17. 我认为法律在国家和社会治理体系中的作用不可替代	1	2	3	4	5
18. 我认为要做到党的领导和依法治国有机统一，党也必须在宪法和法律范围内活动	1	2	3	4	5
19. 我为社会主义法律保证了国家各方面有序发展感到欣慰	1	2	3	4	5
20. 我平时很喜欢和他人交流或分享法治方面的事例	1	2	3	4	5
21. 我交了学费，上课听不听法治课是我的事	1	2	3	4	5
22. 我认为社会主义法治就是为社会主义制度服务的	1	2	3	4	5
23. 观看法治节目或阅读法治类书籍，我会感到很愉悦	1	2	3	4	5
24. 我认为现代社会应该坚持法治，彻底摈弃人治	1	2	3	4	5
25. 我认为人情大于国法	1	2	3	4	5
26. 我对我国社会主义法治体系的建设现状感到很满意	1	2	3	4	5
27. 我认为法律之上没有情和理	1	2	3	4	5
28. 我认为法律权利与法律义务相一致，享受权利就要承担义务，承担义务是为了享受权利	1	2	3	4	5
29. 对于学校开展的各类法治实践活动，我都积极参与	1	2	3	4	5

续表

条目	非常不符合	不符合	一般	符合	非常符合
30. 我经常收听收看法制广播电视节目或阅读法律类书籍	1	2	3	4	5
31. 我愿意为自己的违法行为承担相应的法律责任	1	2	3	4	5
32. 我会自觉遵守学校的校规校纪	1	2	3	4	5
33. 我会积极关注国家新出台的《民法典》	1	2	3	4	5
34. 我在任何情况下都不会闯红灯	1	2	3	4	5
35. 平时我经常抽出时间关注法治方面的信息	1	2	3	4	5
36. 我在任何情形下都会积极主动地遵守各项法律制度	1	2	3	4	5
37. 生活中，我处处谨慎，以法律为行为准则	1	2	3	4	5
38. 我相信我国社会主义法律可以促进社会公平正义的实现	1	2	3	4	5
39. 我相信我国社会主义法治建设会越来越好	1	2	3	4	5
40. 我对我国建设社会主义法治国家充满信心	1	2	3	4	5
41. 我相信我国能够实现全面依法治国	1	2	3	4	5
42. 我相信我国宪法法律能够真正维护人民群众的根本利益	1	2	3	4	5
43. 疫情防控常态化背景下，我会遵守相关防控的政策和校规校纪	1	2	3	4	5
44. 办事或遇到事情时，我习惯找"关系"来处理	1	2	3	4	5

续表

条目	非常不符合	不符合	一般	符合	非常符合
45. 当有事要离开学校时，我总是先做好请假手续	1	2	3	4	5
46. 当要到政府机关办事时，我会先查询办事流程，按程序依法去办理	1	2	3	4	5
47. 看到学校的不足之处，我会积极向学校有关部门反映	1	2	3	4	5
48. 我会积极参与学校规定的教学评价活动	1	2	3	4	5
49. 我从未在网络上匿名发过攻击他人的言论	1	2	3	4	5
50. 我会主动行使选举权	1	2	3	4	5
51. 我会就学校给予的处分，按程序向有关部门提出申诉	1	2	3	4	5
52. 当在网络上看到侮辱党和国家的言论时，我会坚决站出来反击	1	2	3	4	5
53. 我会坚决抵制山寨产品	1	2	3	4	5
54. 当自身合法权益受到侵害时，我首先选择法律途径解决	1	2	3	4	5

问卷作答完毕，再次感谢您的参与。祝您学业有成，身体健康！

主要参考文献

一、马克思主义经典著作和重要文献

[1] 马克思，恩格斯. 马克思恩格斯文集（第1—10卷）[M]. 北京：人民出版社，2009.

[2] 马克思，恩格斯. 马克思恩格斯选集（第1—4卷）[M]. 北京：人民出版社，2012.

[3] 列宁. 列宁选集（第1—4卷）[M]. 北京：人民出版社，2012.

[4] 列宁. 列宁全集（第31、34、36卷）[M]. 北京：人民出版社，1985.

[5] 列宁. 列宁全集（第37、38、39、41卷）[M]. 北京：人民出版社，1986.

[6] 列宁. 列宁全集（第13、42、43卷）[M]. 北京：人民出版社，1987.

[7] 列宁. 列宁全集（第52卷）[M]. 北京：人民出版社，1988.

[8] 毛泽东. 毛泽东选集（第1—4卷）[M]. 北京：人民出版社，1991.

[9] 毛泽东. 毛泽东文集（第1—2卷）[M]. 北京：人民出版社，1993.

[10] 毛泽东. 毛泽东文集（第3—5卷）[M]. 北京：人民出版社，1996.

[11] 毛泽东. 毛泽东文集（第6—8卷）[M]. 北京：人民出版社，1999.

[12] 中共中央文献研究室. 毛泽东著作专题摘编[M]. 北京：中央文献出版社，2013.

[13] 邓小平. 邓小平文选（第1—2卷）[M]. 2版. 北京：人民出版社，1994.

[14] 邓小平. 邓小平文选（第3卷）[M]. 北京：人民出版社，1993.

[15] 中共中央文献研究室. 邓小平文集：一九四九～一九七四年（上、中、下卷）[M]. 北京：中央文献出版社，2014.

[16] 江泽民. 江泽民文选（第1—3卷）[M]. 北京：人民出版社，2006.

[17] 江泽民. 江泽民思想年编（1989—2008）[M]. 北京：中央文献出版社，2010.

[18] 江泽民. 高举邓小平理论伟大旗帜，把建设有中国特色社会主义事业全面推向二十一世纪[M]. 北京：人民出版社，1997.

[19] 江泽民. 全面建设小康社会，开创中国特色社会主义事业新局面[M]. 北京：人民出版社，2002.

[20] 胡锦涛. 胡锦涛文选（第1—3卷）[M]. 北京：人民出版社，2016.

[21] 胡锦涛. 高举中国特色社会主义伟大旗帜 为夺取全面建设小康社会新胜利而奋斗[M]. 北京：人民出版社，2007.

[22] 习近平. 习近平谈治国理政（第一卷）[M]. 2版. 北京：外文出版社，2018.

[23] 习近平. 习近平谈治国理政（第二卷）[M]. 北京：外文出版社，2017.

[24] 习近平. 习近平谈治国理政（第三卷）[M]. 北京：外文出版社，2020.

[25] 习近平. 习近平谈治国理政（第四卷）[M]. 北京：外文出版社，2022.

[26] 习近平. 高举中国特色社会主义伟大旗帜 为全面建设社会主义现代化国家而团结奋斗：在中国共产党第二十次全国代表大会上的报告[M]. 北京：人民出版社，2022.

[27] 习近平. 论党的青年工作[M]. 北京：中央文献出版社，2022.

[28] 习近平. 论坚持全面依法治国[M]. 北京：中央文献出版社，2020.

[29] 习近平. 思政课是落实立德树人根本任务的关键课程[M]. 北京：人民出版社，2020.

[30] 习近平. 在北京大学师生座谈会上的讲话[M]. 北京：人民出版社，2018.

[31] 习近平. 决胜全面建成小康社会 夺取新时代中国特色社会主义伟大胜利——在中国共产党第十九次代表大会上的报告[M]. 北京：人民出版社，2017.

[32] 习近平. 在会见第一届全国文明家庭代表时的讲话[M]. 北京：人民出版社，2016.

[33] 习近平. 在省部级主要领导干部学习贯彻党的十八届五中全会精神专题研讨班上的讲话[M]. 北京：人民出版社，2016.

[34] 习近平. 在网络安全和信息化工作座谈会上的讲话[M]. 北京：人民出版社，2016.

[35] 习近平. 在哲学社会科学工作座谈会上的讲话[M]. 北京：人民出版社，2016.

[36] 习近平. 在文艺工作座谈会上的讲话[M]. 北京：人民出版社，2015.

[37] 习近平. 在纪念孔子诞辰2565周年国际学术研讨会暨国际儒学联合会第五届会员大会开幕会上的讲话[M]. 北京：人民出版社，2014.

[38] 习近平. 做党和人民满意的好老师：同北京师范大学师生代表座谈时的讲话[M]. 北京：人民出版社，2014.

[39] 中共中央文献研究室. 习近平关于全面依法治国论述摘编[M]. 北京：中央文献出版社，2015.

[40] 中共中央宣传部，中央全面依法治国委员会办公室. 习近平法治思想学习纲要[M]. 北京：人民出版社，2021.

［41］中共中央纪律检查委员会，中共中央文献研究室. 习近平关于严明党的纪律和规矩论述摘编［M］. 北京：中央文献出版社，2016.

［42］中共中央文献研究室. 习近平关于社会主义文化建设论述摘编［M］. 北京：中央文献出版社，2017.

［43］教育部课题组. 深入学习习近平关于教育的重要论述［M］. 北京：人民出版社，2019.

［44］中共中央文献研究室. 三中全会以来重要文献选编［M］. 北京：中央文献出版社，2011.

［45］中共中央文献研究室. 十二大以来重要文献选编［M］. 北京：中央文献出版社，2011.

［46］中共中央文献研究室. 十三大以来重要文献选编［M］. 北京：中央文献出版社，2011.

［47］中共中央文献研究室. 十四大以来重要文献选编［M］. 北京：中央文献出版社，2011.

［48］中共中央文献研究室. 十五大以来重要文献选编［M］. 北京：中央文献出版社，2011.

［49］中共中央文献研究室. 十六大以来重要文献选编（上）［M］. 北京：中央文献出版社，2005.

［50］中共中央文献研究室. 十六大以来重要文献选编（中）［M］. 北京：中央文献出版社，2006.

［51］中共中央文献研究室. 十六大以来重要文献选编（下）［M］. 北京：中央文献出版社，2008.

［52］中共中央文献研究室. 十七大以来重要文献选编（上）［M］. 北京：中央文献出版社，2009.

［53］中共中央文献研究室. 十七大以来重要文献选编（中）［M］. 北京：中央文献出版社，2011.

［54］中共中央文献研究室. 十七大以来重要文献选编（下）［M］. 北京：中央文献出版社，2013.

［55］中共中央文献研究室. 十八大以来重要文献选编（上）［M］. 北京：中央文献出版社，2014.

[56] 中共中央文献研究室. 十八大以来重要文献选编（中）[M]. 北京：中央文献出版社，2016.

[57] 中共中央党史和文献研究院. 十八大以来重要文献选编（下）[M]. 北京：中央文献出版社，2018.

[58] 中共中央党史和文献研究院. 十九大以来重要文献选编（上）[M]. 北京：中央文献出版社，2019.

[59] 中共中央党史和文献研究院. 十九大以来重要文献选编（中）[M]. 北京：中央文献出版社，2021.

[60] 全国人大常委会办公厅，中共中央文献研究室. 人民代表大会制度重要文献选编 3 [M]. 北京：中国民主法制出版社，2015.

[61] 全国人民代表大会常务委员会法制工作委员会. 中华人民共和国法律汇编（下册）[M]. 北京：人民出版社，2016.

[62] 教育部社科司. 普通高校思想政治理论课文献选编（1949—2008）[M]. 北京：中国人民大学出版社，2008.

[63] 中共中央关于全面推进依法治国若干重大问题的决定[M]. 北京：人民出版社，2014.

[64] 关于加强社会主义法治文化建设的意见[M]. 北京：人民出版社，2021.

[65] 关于培育和践行社会主义核心价值观的意见[M]. 北京：人民出版社，2013.

[66] 国家中长期教育改革和发展规划纲要（2010—2020年）[M]. 北京：人民出版社，2010.

[67] 教育部思想政治工作司. 加强和改进大学生思想政治教育重要文献选编：1978—2014 [M]. 北京：知识产权出版社，2015.

二、中外著作

（一）国内著作

[1] 蔡德仿. 当代青年法治意识现状与研究[M]. 长春：吉林人民出版社，2019.

[2] 陈秉公. 思想政治教育学原理[M]. 北京：高等教育出版社，2006.

[3] 陈万柏，张耀灿. 思想政治教育学原理（第2版）[M]. 北京：高等教育出版社，2007.

[4] 陈彬. 良法与善治[M]. 武汉：华中师范大学出版社，2018.

［5］陈万柏. 思想政治教育载体论［M］. 武汉：湖北人民出版社，2003.

［6］陈永森. 公民精神纵横谈［M］. 北京：中国文联出版社，1999.

［7］迟方旭. 毛泽东对中国法治建设的创造性贡献［M］. 北京：中国社会科学出版社，2016.

［8］冯刚，张晓平，苏洁主. 中国共产党高校思想政治教育发展史［M］. 北京：人民出版社，2021.

［9］傅慧芳. 公民意识的时代性与本土化［M］. 北京：社会科学文献出版社，2018.

［10］高鸿钧. 法治：理念与制度［M］. 北京：中国政法大学出版社，2002.

［11］共青团中央国际联络部. 国外青年与青年工作2014—2018［M］. 北京：中国青年出版社，2020.

［12］谷春德. 中国特色社会主义法治理论与实践研究［M］. 北京：中国人民大学出版社，2017.

［13］何士青. 人的全面发展的法治向度研究［M］. 北京：中国社会科学出版社，2019.

［14］黄承堂. 高等学校校园环境建设与管理［M］. 武汉：华中理工大学出版社，1992.

［15］黄会林. 影视文化对未成年人的影响与对策研究［M］. 广州：中山大学出版社，2009.

［16］黄蓉生，陈跃. 邓小平民主政治思想与社会主义政治文明建设［M］. 成都：四川人民出版社，2007.

［17］靳诺. 德治法治与高校思想政治教育［M］. 北京：光明日报出版社，2004.

［18］江必新. 新时代青少年法治素养［M］. 北京：人民出版社，2019.

［19］蒋传光. 马克思主义法学理论在当代中国的新发展［M］. 南京：译林出版社，2017.

［20］柯卫，朱海波. 社会主义法治意识与人的现代化研究［M］. 北京：法律出版社，2010.

［21］李红玲. 当代大学生法治思维培育研究［M］. 北京：中国社会科学出版社，2020.

［22］李林，石茂生. 依法治国与宪政建设［M］. 北京：人民出版社，2009.

［23］李林. 建设法治强国［M］. 北京：人民出版社，2020.

[24] 李升元. 公民意识教育：法治实践的附加价值研究 [M]. 北京：中国人民公安大学出版社, 2015.

[25] 李颖. 马克思恩格斯法治思想及其当代价值研究 [M]. 北京：中国社会科学出版社, 2017.

[26] 李玉华, 李景平. 大学生素质论 [M]. 西安：西安交通大学出版社, 2001.

[27] 刘建军, 邓理. 国家治理现代化：新时代的治国方略 [M]. 上海：上海人民出版社, 2020.

[28] 刘书林. 社会思潮与青年教育研究 [M]. 北京：高等教育出版社, 2010.

[29] 刘顺厚. 新时代坚持社会主义核心价值体系方略研究 [M]. 北京：人民出版社, 2019.

[30] 刘月霞, 蔡金续. 当代大学生的素质及其教育 [M]. 上海：上海人民出版社, 2007.

[31] 卢少华. 高等学校学生管理法治化论纲：良法与善治 [M]. 北京：知识产权出版社, 2016.

[32] 陆岸, 董召勤, 钱春芸. 高校学生工作法治化研究 [M]. 苏州：苏州大学出版社, 2017.

[33] 罗成富. 马克思主义立场观点方法教育研究 [M]. 北京：人民出版社, 2014.

[34] 罗先泽, 张美萍. 社会主义法治文化建设研究 [M]. 北京：中国政法大学出版社, 2016.

[35] 马振清, 杨礼荣. 依法治国与中国特色国家治理现代化 [M]. 北京：光明日报出版社, 2019.

[36] 苗连营. 公民法律素质研究 [M]. 郑州：郑州大学出版社, 2005.

[37] 任先国. 基于要素视域下的高校法制教育有效性研究 [M]. 郑州：郑州大学出版社, 2017.

[38] 佘双好. 当代社会思潮对高校师生的影响及对策研究 [M]. 北京：中央编译出版社, 2012.

[39] 沈壮海. 思想政治教育有效性研究（第3版）[M]. 武汉：武汉大学出版社, 2016.

[40] 沈志先. 中国马克思主义法制思想研究 [M]. 上海：上海社会科学院出版社, 2001.

[41] 舒婷婷. 法治视野下的思想政治教育研究［M］. 北京：人民出版社，2019.

[42] 宋浩波，靳高风. 犯罪学［M］. 上海：复旦大学出版社，2009.

[43] 宋婷. 回溯与反思：新中国成立以来高校法制教育历程研究［M］. 天津：南开大学出版社，2014.

[44] 唐晓阳，吴家清. 新时期法治思维与法治风尚［M］. 广州：广东人民出版社，2015.

[45] 王东. 新媒体生活环境下的法治教育研究［M］. 西安：陕西人民出版社，2019.

[46] 王红梅. 高校法治教育实效性研究［M］. 北京：中国社会科学出版社，2021.

[47] 王伦光. 价值自觉与社会主义核心价值体系建设研究［M］. 北京：人民出版社，2017.

[48] 王燕文. 社会思潮怎么看［M］. 南京：江苏人民出版社，2015.

[49] 吴潜涛. 当代中国公民道德状况调查［M］. 北京：人民出版社，2010.

[50] 吴满意，黄冬霞，苗国厚. 网络意识形态相关问题初探［M］. 北京：人民出版社，2019.

[51] 吴平，刘琦. 高校大学生素养与思想政治教育研究［M］. 西安：电子科技大学出版社，2017.

[52] 仵桂荣. 高校法治教育成效实证研究［M］. 西安：陕西人民出版社，2020.

[53]《习近平法治思想概论》编写组. 习近平法治思想概论［M］. 北京：高等教育出版社，2021.

[54] 邢国忠. 社会主义法治理念教育［M］. 北京：中国社会科学出版社，2011.

[55] 徐建军，胡杨，王凡. 高校校园网络舆论环境综合治理［M］. 北京：社会科学文献出版社，2019.

[56] 杨立英，曾盛聪. 全球化、网络化境遇与社会主义意识形态建设研究［M］. 北京：人民出版社，2006.

[57] 杨立英. 网络思想政治教育论［M］. 北京：人民出版社，2003.

[58] 尹乃春. 多元协同下高校法治教育体系化路径研究——以大学生法律信仰培育为中心［M］. 上海：上海交通大学出版社，2019.

[59] 詹万生. 外国德育（第39册）［M］. 北京：中国民主法制出版社，1998.

[60] 张文显. 良法善治：民主、法治与国家治理［M］. 北京：法律出版社，2015.

[61] 张文显. 全面依法治国：迈向国家治理新境界［M］. 北京：党建读物出版

社，2017.

[62] 张耀灿，郑永廷，吴潜涛，等. 现代思想政治教育学［M］. 北京：人民出版社，2006.

[63] 张光东. 法制宣传教育全覆盖的理论与实践［M］. 南京：江苏人民出版社，2014.

[64] 张国安. 列宁法治思想研究［M］. 北京：知识产权出版社，2010.

[65] 张静. 身份认同研究：观念，态度，理据［M］. 上海：世纪出版社，2006.

[66] 张文章. 法理学［M］. 北京：高等教育出版社，2003.

[67] 张晓玲，闵浩. 大学生法律知识与法律素质教育培养研究［M］. 北京：人民日报出版社，2014.

[68] 张振平. 当代大学生思想素质教育论［M］. 长沙：湖南科学技术出版社，2005.

[69] 张振芝. 依法治国理论和实现途径［M］. 北京：社会科学文献出版社，2017.

[70] 章秀英. 公民意识评价与培育机制［M］北京：中国社会科学出版社，2012.

[71] 赵婷. 微时代背景下大学生法制教育研究［M］. 北京：九州出版社，2014.

[72] 赵言舟，王章贤，章德峰，等. 思想学［M］. 北京：海潮出版社，1998.

[73] 曾瑜，邱燕，王艳碧. 高校学生管理工作法治化研究［M］. 成都：西南交通大学出版社，2016.

[74] 郑冬芳，许春玲. 冲击我国主流意识形态的错误思潮剖析［M］. 西安：陕西人民出版社，2010.

[75] 郑永廷. 人的现代化的理论与实践［M］. 北京：人民出版社，2006.

[76] 中央纪委监察部网络中心. 中国家规［M］. 北京：中国方正出版社，2017.

[77] 中国法制出版社. 中华人民共和国民法典［M］. 北京：中国法制出版社，2020.

[78] 周桂英，刘新庚. 大学生思想素质教育论［M］. 哈尔滨：黑龙江教育出版社，2008.

[79]《资政全鉴》编写组. 廉鉴与法鉴［M］. 北京：中共中央党校出版社，2006.

[80] 最高人民法院中国特色社会主义法治理论研究中心. 邓小平法治思想研究［M］. 北京：人民法院出版社，2017.

[81] 最高人民法院中国特色社会主义法治理论研究中心. 江泽民法治思想研究［M］. 北京市：人民法院出版社，2016.

[82] 最高人民法院中国特色社会主义法治理论研究中心. 法治中国——学习习近平关

于法治的重要论述（第 2 版）[M]. 人民法院出版社，2017.

（二）国外译著

[1] [奥] 路德维希·维特根斯坦. 维特根斯坦全集（第 1 卷）[M]. 陈启伟，译. 石家庄：河北教育出版社，2003.

[2] [德] 路德维希·费尔巴哈. 费尔巴哈哲学著作选集（下）[M]. 荣震华，王太庆，刘磊，译. 北京：生活·读书·新知三联书店，1963.

[3] [法] 让－保罗·萨特. 萨特思想小品 [M]. 黄忠晶，黄巍，译. 上海：上海社会科学出版社，1999.

[4] [古希腊] 亚里士多德. 尼各马可伦理学 [M]. 廖申白，译注. 北京：商务印书馆，2003.

[5] [古希腊] 亚里士多德. 政治学 [M]. 吴寿彭，译. 北京：商务印书馆，1997.

[6] [加] 赫伯特·马歇尔·麦克卢汉. 人的延伸：媒介通论 [M]. 何道宽，译. 成都：四川人民出版社，1992.

[7] [美] J. 赫伯特·阿特休尔. 权力的传媒 [M]. 黄煜，裘志康，译. 北京：华夏出版社，1989.

[8] [美] 哈罗德·J. 伯尔曼. 法律与宗教 [M]. 梁治平，译. 北京：中国政法大学出版社，2003.

[9] [美] 库伯. 体验学习——让体验成为学习和发展的源泉 [M]. 王灿明，朱水萍，等译. 上海：华东师范大学出版社，2008.

[10] [美] 曼纽尔·卡斯特. 网络社会的崛起 [M]. 夏铸九，王志弘，译. 北京：社会科学文献出版社，2001.

[11] [美] 塞缪尔·亨廷顿. 谁是美国人？美国国民特性面临的挑战 [M]. 程克雄，译. 北京：新华出版社，2010.

[12] [美] 杜安·P. 舒尔茨，悉妮·埃伦·舒尔茨现代心理学史 [M]. 叶浩生，杨文登，译. 北京：中国轻工业出版社，2014.

[13] [日] 森武夫. 犯罪心理学 [M]. 邵道生，译. 北京：知识出版社，1982.

[14] [苏] 马卡连柯. 马卡连柯全集（第 4 卷）[M]. 耿济安，高天浪，王云和，译. 北京：人民教育出版社，1957.

[15] [苏] 瓦·阿·苏霍姆林斯基. 和青年校长的谈话 [M]. 赵玮，等译. 上海：上海教育出版社，1983.

[16] [英] F.C.S. 席勒. 人本主义研究 [M]. 麻乔志，译. 上海：上海人民出版

社,2010.

[17] 联合国教科文组织国际教育发展委员会. 学会生存:教育世界的今天和明天[M]. 华东师范大学比较教育研究所,译. 北京:教育科学出版社,1996.

三、期刊报纸

(一) 国内期刊论文

[1] 白宝玉,余俊宣,寇彧. 儿童青少年对腐败的认知及其发展[J]. 教育研究与实验,2014(2):85-89.

[2] 蔡佩萍. 提炼生活场景 涵养法治情感——以"法律为我们护航"为例[J]. 中学政治教学参考,2018(2):29-32.

[3] 陈大文,黄乐妹,石红. "法律基础"课程建设与大学生法律素质教育[J]. 思想理论教育导刊,2004(12):28-29.

[4] 陈大文,孔鹏皓. 关于高校法制教育定位问题的思考[J]. 思想理论教育导刊,2013(7):48-51.

[5] 陈大文,孔鹏皓. 论大学生社会主义法治思维的培养[J]. 思想理论教育导刊,2015(1):29-33.

[6] 陈大文,林青青. 全面推进依法治国背景下大学生法制教育若干重点内容解析[J]. 思想理论教育导刊,2014(1):42-47.

[7] 陈大文,刘一睿. 从普及法律常识到提升法律素质的教育——改革开放30年高校法制教育发展回眸[J]. 思想理论教育导刊,2009(4):65-71.

[8] 陈大文,王一冰. 全面推进依法治国背景下大学生法治教育新任务探讨[J]. 思想理论教育,2015(2):21-25.

[9] 陈大文,文天天. 论大中小学法治教育的侧重点[J]. 马克思主义理论学科研究,2021,7(1):89-95.

[10] 陈大文,周扬洋. 学校法治教育的性质与目标[J]. 思想政治课教学,2016(7):4-7.

[11] 陈大文,周扬洋. 在改进中加强大学生法治教育的新任务[J]. 思想理论教育导刊,2017(7):74-78.

[12] 陈大文. 法治教育的定位及其核心内容[J]. 基础教育课程,2015(5):12-13.

[13] 陈大文. 论大学生社会主义法治理念教育的目标定位[J]. 思想理论教育导刊,

2010（4）：26－31.

[14] 陈凤贞. 浅论终身学习体系中法律教育学习资源设置［J］. 成人教育，2013，33（11）：113－114.

[15] 陈华洲，陈国辉. 土地革命时期党的纪律教育经验及当下价值［J］. 学校党建与思想教育，2020（9）：47－50.

[16] 陈华洲，廖扬眉. 大学生维权对高校思想政治教育改革的启示［J］. 学校党建与思想教育，2006（1）：54－56.

[17] 陈小花，徐喜春. 大学生网络表达的现实偏失和匡正路径［J］. 思想理论教育，2018（8）：81－85.

[18] 戴锐."法律基础"课案例教学的意义与模式［J］. 思想理论教育导刊，2005（4）：77－79.

[19] 戴艳军，段中卫. 论习近平全面依法治国思想的理论渊源［J］. 马克思主义与现实，2017（3）：176－181.

[20] 董翼. 大学生法治教育存在的主要问题及对策思考［J］. 思想理论教育，2016（3）：62－66.

[21] 费孝通. 三论中国家庭结构的变动［J］. 北京大学学报（哲学社会科学版），1986（3）：3－7.

[22] 冯刚，高静毅. 思想政治理论课与日常思想政治教育协同育人的实践维度考察［J］. 中国高等教育，2019（17）：32－35.

[23] 冯刚，刘嘉圣. 新时代大中小学课程思政一体化建设的内涵要素及优化路径［J］. 中国高等教育，2022（1）：9－11.

[24] 高中建. 河南省近年来青少年问题调查透析［J］. 青年研究，1999（7）：46－49.

[25] 龚素瓅，徐佳雯. 提升新时代大学生法治教育的实效［J］. 中国高等教育，2018（23）：50－52.

[26] 郭涛. 现代公民政治参与教育与依法治国［J］. 学习论坛，2016，32（11）：78－80.

[27] 韩春辉. 论法治思维［J］. 行政法学研究，2013（3）：9－14.

[28] 何晨玥，张新平. 学生参与大学治理的行动类型、特征与逻辑——源于实证调查的法社会学分析［J］. 高等教育研究，2018，39（5）：89－95.

[29] 胡铭，严敏姬. 大数据视野下犯罪预测的机遇、风险与规制——以英美德"预

测警务"为例 [J]. 西南民族大学学报（人文社会科学版），2021，42（12）：84－91.

[30] 胡乙. 用好法治教育的"微平台" [J]. 人民论坛，2018（20）：96－97.

[31] 胡云腾. 认真落实"青年发展规划"切实预防青少年犯罪——兼论家庭、家教、家风与青少年犯罪 [J]. 中国青年社会科学，2017，36（4）：96－103.

[32] 黄蓉生，唐静. 论"依法防控、依法治理"的显著特征、重大意义与实践路径 [J]. 学校党建与思想教育，2020（9）：12－17.

[33] 黄文艺. 法治中国的内涵分析 [J]. 社会科学战线，2015（1）：226－236.

[34] 黄文艺. 论高校社会主义法治理念教育 [J]. 思想理论教育导刊，2010（5）：61－65.

[35] 黄文艺. 论习近平法治思想的形成发展、鲜明特色与重大意义 [J]. 河南大学学报（社会科学版），2021，61（3）：15－24.

[36] 黄文艺. 习近平法治思想要义解析 [J]. 法学论坛，2021，36（1）：13－21.

[37] 黄文艺. 习近平法治思想中的法治战略地位论 [J]. 思想理论教育导刊，2021（8）：22－28.

[38] 姬忠彪. 当前法治领域社会思潮探析 [J]. 法律适用，2019（21）：77－85.

[39] 江雪松. 迈向文化的大学生法治教育创新 [J]. 江苏高教，2015（1）：90－92.

[40] 金林南，蔡如军. 大学生制度法治教育思考 [J]. 思想理论教育，2016（12）：44－48.

[41] 靳诺. 法德并治 协同推进 [J]. 中国高等教育，2017（10）：12－15.

[42] 靳诺. 培养担当民族复兴大任的时代新人 [J]. 红旗文稿，2020（20）：4－8.

[43] 李红云. 试论培养大学生法治理念之必要性和途径 [J]. 西南民族学院学报（哲学社会科学版），2000，（S1）：105－107.

[44] 李辉，张志安. 基于平台的协作式治理：国家治理现代化转型的新格局 [J]. 新闻与写作，2021（4）：13－19.

[45] 李进付. 大学生创业的法律风险防控及法治保障 [J]. 思想理论教育，2017（6）：95－99.

[46] 李进付. 大学生伤害事故处置中的法理情冲突及平衡 [J]. 思想理论教育，2016（10）：106－109.

[47] 李立景，黄龙，王俊艳. 新传播生态下民族院校大学生法治观念养成教育研究

[J]．民族教育研究，2018，29（1）：50-57．

[48] 李培超．中国传统美德叙事中的道德榜样意象［J］．湖南师范大学社会科学学报，2020，49（5）：11-19．

[49] 李全文，胡鹤玖，杨新宇．加强和完善大学生法治教育［J］．教育与职业，2008（14）：180-181．

[50] 李全文，郑春燕，徐涛．加强和改进"毛泽东思想和中国特色社会主义理论体系概论"课全面依法治国教学的若干思考［J］．思想理论教育导刊，2019，（6）：113-116．

[51] 李晓波．论青少年法治素养的评价标准及其功能［J］．广西政法管理干部学院学报，2020，35（3）：35-40．

[52] 李章科，何定．当代大学生法律素质教育浅析［J］．四川师范学院学报（哲学社会科学版），2002（4）：68-71．

[53] 李志强，王晓宁．中国传统"礼法合治"思想及其当代价值［J］．湖北社会科学，2021（11）：154-160．

[54] 李志强．马克思恩格斯道德与法律关系思想及其当代价值［J］．马克思主义理论教学与研究，2021，1（4）：69-78．

[55] 李志强．再谈新时代"思想道德修养与法律基础"课中的道德与法律关系问题［J］．思想教育研究，2020（8）：89-93．

[56] 李志清．大学生涉法行为调适研究［J］．学校党建与思想教育，2018（6）：57-59．

[57] 李忠军，杨科．马克思恩格斯灌输思想及其启示［J］．思想教育研究，2021（10）：53-59．

[58] 梁燕妮．广西社区居民法治素养现状及制约因素评析［J］．广西政法管理干部学院学报，2018，33（6）：44-51．

[59] 林伯海，饶世权．大学生"基础"课学习状况及其改进对策研究［J］．学校党建与思想教育，2019（1）：65-68，74．

[60] 刘畅．学生自主学习探析［J］．教育研究，2014，35（7）：131-135，159．

[61] 刘侨．人本法律教育观透视［J］．湖北社会科学，2006：（1）：172-175．

[62] 刘书林．历史虚无主义在当代社会主义国家泛滥的深刻教训［J］．理论探索，2016（1）：64-69．

[63] 刘书林. 新中国 70 年高校思想政治教育发展主要经验和规律 [J]. 思想教育研究, 2020 (7): 36-44.

[64] 刘燕飞. 社会学视角看城乡居民法律意识差异问题 [J]. 南昌教育学院学报, 2012, 27 (5): 11-12.

[65] 罗国杰. 大力培育"四有"新人 促进社会全面发展——重温邓小平同志有关"四有"新人的论述 [J]. 高校理论战线, 2004 (9): 10-14.

[66] 罗国杰. 提高对道德建设重要性的认识 坚持"法治"和"德治"并重的治国方略 [J]. 伦理学研究, 2002 (1): 4-7, 33-111.

[67] 骆郁廷, 邓纯余. 论大学生在日常思想政治教育中的主体作用 [J]. 思想理论教育导刊, 2010 (9): 81-84.

[68] 骆郁廷, 李恩. 网络空间西方价值渗透及其应对 [J]. 思想教育研究, 2021 (2): 121-126.

[69] 骆郁廷, 王巧. 大学生网络社交圈层化及其思想传播的空间分布 [J]. 学校党建与思想教育, 2021 (5): 30-33.

[70] 骆郁廷, 杨婷. 论大学生法治精神的培育 [J]. 湖北社会科学, 2015 (10): 185-190.

[71] 马倩, 刘忠孝. 大学生寝室安全文化的法治逻辑重构 [J]. 教育理论与实践, 2016, 36 (33): 32-34.

[72] 马振清. "纪法贯通, 法法衔接"的本质透视与现实保障 [J]. 人民论坛, 2020 (5): 114-115.

[73] 马忠虎. 对家校合作中几个问题的认识 [J]. 教育理论与实践, 1999, 19 (3): 26-32.

[74] 莫良元. 高校法治教育实践过程中存在的问题与对策 [J]. 中国大学教学, 2013 (12): 82-84.

[75] 潘玉腾. 加强大学生法律素质的培养 [J]. 福建师范大学学报 (哲学社会科学版), 2000 (2): 145-149.

[76] 齐琳琳. 全面依法治国背景下大学生法治素养的提升 [J]. 中国高等教育, 2016 (Z2): 71-73.

[77] 秦惠民, 李登. 学生参与大学治理的理论逻辑与实践路径 [J]. 高等教育研究, 2021, 42 (3): 32-41.

[78] 邱伟光. 大学生榜样和偶像的示范价值与育人效应［J］. 思想政治课研究，2014（5）：40-43.

[79] 邱伟光. 公民意识教育的多维向度［J］. 思想理论教育，2011（2）：9-13.

[80] 邱伟光. 青少年偶像和榜样的社会示范与传播路径［J］. 思想理论教育，2012（14）：4-7.

[81] 曲丽娟. 试论大学生的法制素养及教育对策［J］. 黑龙江高教研究，2010（4）：123-125.

[82] 荣建华，张智梅. 关于发挥影视育人功能以提高大学生综合素质的研究［J］. 电影评介，2009（11）：72，78.

[83] 佘双好，汤桢子. 大学生对"思想道德与法治"课的历史记忆、现实认知和未来期望探析［J］. 思想教育研究，2021（12）：89-95.

[84] 沈壮海.《思想道德与法治（2021年版）》修订说明和教学建议［J］. 思想理论教育导刊，2021（9）：23-26.

[85] 舒国滢，宋旭光. 推进依法治国，重在执政党形成坚定的法治意志［J］. 中国党政干部论坛，2014（8）：9-11.

[86] 宋江洪，罗艾. 论加强药品监督执法人员职业道德建设［J］. 中国卫生事业管理，2005（1）：61.

[87] 苏守波，马任飞. 新媒体视域下青少年学生法治观念提升路径研究［J］. 教学与管理，2020（18）：62-64.

[88] 覃晚萍，刘晓宁. "优良家风"入法：当代价值及实践进路［J］. 理论导刊，2021（2）：69-75.

[89] 唐凯麟. 坚持德法并举的治国方略，保证和促进社会主义市场经济有序健康发展［J］. 学术研究，2001（4）：5-9.

[90] 唐克军，吕娜. 德育生活化的方向：传统与民主［J］. 学校党建与思想教育，2015（6）：4-6，19.

[91] 唐克军. 论法治框架下的德治［J］. 求索，2002（5）：79-80.

[92] 田小平. 论我国高校校园法治文化的构建［J］. 西安财经学院学报，2013，26（6）：121-123.

[93] 铁铮. 如何统筹推进大中小学思政课一体化建设［J］. 中国高等教育，2021，（6）：37-40.

[94] 万美容. 论主体道德教育模式的基本特征 [J]. 党建, 2001, (10): 16-18.

[95] 汪琦. 关于女大学生维权意识的调查与思考 [J]. 山东女子学院学报, 2016 (1): 35-39.

[96] 汪永清. 法治思维及其养成 [J]. 求是, 2014 (12): 38-41.

[97] 王锋, 周晶. 如何加强大中小学思政课一体化建设顶层设计 [J]. 中国高等教育, 2021 (7): 42-44.

[98] 王磊, 李进付. 高校学生伤害事故引发的舆情危机研判及疏导研究 [J]. 思想教育研究, 2016 (5): 109-112.

[99] 王立仁, 上官苗苗. 依法治国和以德治国关系的理念和图谱的现实把握 [J]. 吉林师范大学学报 (人文社会科学版), 2015, 43 (1): 110-113.

[100] 王立仁. 传统"德治"的意蕴——兼论德治与法治的关系 [J]. 北京交通大学学报 (社会科学版), 2017, 16 (4): 98-104.

[101] 王莉君. 多元化的心态与矛盾的行为选择——当代大学生民主法治意识调查 [J]. 中国青年社会科学, 2018, 37 (3): 127-133.

[102] 王瑞萍, 马进. 提高少数民族大学生的法治素养刻不容缓——甘肃省少数民族大学生法治素养状况调查报告 [J]. 黑龙江民族丛刊, 2018 (3): 181-184.

[103] 王树荫, 房玉春. 试论从"法制教育"到"法治教育"的转变 [J]. 甘肃社会科学, 2017 (2): 48-52.

[104] 王树荫, 石亚玲. 当代青年践行社会主义核心价值观的科学指南 [J]. 中国高等教育, 2014 (Z2): 7-10.

[105] 王双群, 余仰涛. 法治教育与德治教育的内涵及意义 [J]. 理论月刊, 2006 (7): 184-186.

[106] 吴巧慧. 抓住青少年法治教育两大路径 [J]. 中国德育, 2014 (22): 24-26.

[107] 肖慧欣, 蔡毅强, 李治中.《淮南子》的学习思想及其当代启发 [J]. 教育评论, 2017 (6): 151-154.

[108] 谢晖. 论法治思维与国家治理 [J]. 东方法学, 2021 (2): 98-118.

[109] 谢玉进. 近十年来网络意识形态研究的现状及其展望 [J]. 科学社会主义, 2018 (5): 149-154.

[110] 邢国忠, 马佳艺. 认清西方"人权"的真面目 [J]. 前线, 2021 (6): 52-53.

[111] 邢国忠. 泛娱乐主义对青年价值观的影响研究 [J]. 中国特色社会主义研究,

2018（6）：67-73.

[112] 徐建军，管秀雪. 论网络空间舆论生态系统的动力机制与优化策略［J］. 云南民族大学学报（哲学社会科学版），2018，35（5）：42-48.

[113] 徐曼，敖静. 论高校大学生法律意识的培养［J］. 南通大学学报（教育科学版），2009，25（3）：34-37.

[114] 徐湘明. 大学生社会主义法治理念教育的必要性与路径分析［J］. 教育与职业，2011（36）：57-59.

[115] 杨慧民，陈锦萍. 网络意见领袖建构网络意识形态的逻辑理路及其应用［J］. 理论导刊，2022（4）：53-58，78.

[116] 杨峻岭. 当代大学生践行社会主义荣辱观状况分析［J］. 思想教育研究，2014（12）：54-59.

[117] 杨立英. 公民道德人格的价值涵摄［J］. 东南学术，2005（1）：139-144.

[118] 杨立英. 论网络思想政治教育的主客体关系特性与教育创新［J］. 思想理论教育导刊，2005（11）：62-67.

[119] 杨立英. 用社会主义核心价值体系引领网络文化的思考［J］. 思想理论教育导刊，2010（3）：66-70.

[120] 杨威. 思想政治教育：提升国家治理能力和国民素养的重要途径［J］. 思想教育研究，2015（12）：3-7.

[121] 杨晓慧. 构建高校思政工作体系 推进全员全程全方位育人［J］. 思想政治工作研究，2021（10）：23-25.

[122] 杨秀萍. 课程思政与思政课程协同育人：前提、途径与机制［J］. 黑龙江高教研究，2021，39（12）：87-91.

[123] 杨学慧. 论自媒体时代大学生法治教育的问题和对策［J］. 预防青少年犯罪研究，2018（3）：90-95.

[124] 杨忠明，何曾艳. 大学生法治素养提升的路径与方法研究［J］. 学校党建与思想教育，2017（12）：50-52.

[125] 杨忠明，刘颖. 改革开放以来大学生法治素养培育的发展回顾与展望［J］. 思想教育研究，2018（11）：24-28.

[126] 杨忠明，杨强. 青年学生法治素养提升的时代特征和实践路径探析［J］. 思想教育研究，2017（11）：111-114.

[127] 姚建龙，朱奕颖. 大学生法治教育的特殊性：理念、内容与方法［J］. 教育发展研究，2021，41（6）：33-42.

[128] 袁文华. 加强当代大学生网络空间法治观教育［J］. 当代青年研究，2016（4）：54-60.

[129] 臧宏. 高校法治教育的目标体系探析［J］. 东北师大学报（哲学社会科学版），2016（5）：193-196.

[130] 张晶，林萌，唐越，等. 明星犯罪的社会评价和法律对策——基于河北、山东、安徽三个省会城市的实证调查［J］. 安徽广播电视大学学报，2016（3）：15-19.

[131] 张莉. 理想信念教育视域下大学生法治观培育［J］. 思想理论教育导刊，2016（4）：124-126.

[132] 张文显. 法治启蒙教育从娃娃抓起［J］. 中国司法，2017（9）：31-32.

[133] 张文显. 法治与国家治理现代化［J］. 中国法学，2014（4）：5-27.

[134] 张文显. 新时代全面依法治国的思想、方略和实践［J］. 中国法学，2017（6）：5-28.

[135] 张晓燕. 公民法治观念的理论内涵及其培育路径——基于对《思想道德修养与法律基础》教材的分析［J］. 思想理论教育，2020（11）：68-73.

[136] 张彦，胡俊. 品格教育中榜样示范的问题与回应——以亚里士多德美德论为考量视角［J］. 道德与文明，2020（3）：103-108.

[137] 赵霞. 青少年犯罪家庭因素的类型化及预防对策［J］. 预防青少年犯罪研究，2017（5）：34-41.

[138] 赵颖慧. 谈大学生法律信仰的培养［J］. 教育探索，2015（2）：96-98.

[139] 赵志强. 论大学生法治人格的养成与中国近现代史教育［J］. 合作经济与科技，2012（13）：100-101.

[140] 郑敬斌. 社会主义核心价值观融入社会治理的机制探赜［J］. 探索，2021（2）：163-176，2.

[141] 郑永廷. 论大学生自主创新精神及其培养［J］. 思想政治教育研究，2012，28（4）：1-6.

[142] 钟佩霖. 艺术类大学生的法治观培养研究［J］. 西南民族大学学报（人文社会科学版），2012，33（S2）：205-208.

［143］周典典. 少数民族大学生法治教育的路径创新［J］. 贵州民族研究，2018，39（11）：34-37.

［144］周家雅. 大学生创业法治教育：价值意蕴及其实践理路［J］. 思想教育研究，2019（1）：123-127.

［145］周杨. 大学生思想道德与法治素养培育机制研究［J］. 学校党建与思想教育，2018（8）：34-36.

［146］宗爱东. 大中小学思政课一体化与治理机制创新［J］. 中国高等教育，2020（1）：4-6.

［147］邹欢艳. 风险社会视阈下大学生法治思维培育刍见［J］. 学校党建与思想教育，2017（22）：50-52.

［148］邹开亮. 论当前理工科大学生法律素质的培养——基于对江西三所理工科院校的抽样调查［J］. 四川理工学院学报（社会科学版），2011，26（2）：119-122.

（二）国外期刊论文

［1］Anand R Marri. Using Law-Related Education to Engage Marginalized Urban High School Students［J］. Action in Teacher Education，2010，32（3）：40-54.

［2］Cornett J W，Chant R H. Educating Youth for Decency and Virtue：Law-Related Education and Its Implication for Character Educators［J］. Journal of Humanistic Counseling，Education and Development，2000，39（1）：26-31.

［3］Davison S E. Curriculum Materials and Resources for Law-Related Education［J］. Social Education，1977，41（3）：184-193.

［4］Fox J W，Minor K I，Pelkey W L. The Relationship between Law-Related Education Diversion and Juvenile Offenders' Social- and Self-Perceptions［J］. American Journal of Criminal Justice，1994，19（1）：61.

［5］Furlong M S，Arbetman L. Learning about Law［J］. Educational Leadership，1980，38（1）：41-43.

［6］Hanson R. The Case for Law-Related Education［J］. Educational Leadership，2002，59（4）：61-64.

［7］Jacobson M G，Palonsky S B. Effects of a Law-Related Education Program［J］. The Elementary School Journal，1981，82（1）：49-57.

［8］John Douglas Hoge. Character Education，Citizenship Education，and the Social Studies

[J]. The Social Studies, 2002, 93 (3): 103 – 108.

[9] Kahne J, Sporte S. Developing citizens: The Impact of Civic Learning Opportunities on Students' Commitment to Civic Participation [J]. American Educational Research Journal, 2008, 45 (3): 738 – 766.

[10] Kyoko Isoyama. Law Related Education in Japan – Developments and Challenges [J]. IJPLE, 2019, 3 (1): 96 – 122.

[11] Norman Gross. Law – Related Education [J]. Education Digest, 1978, 43 (6): 33.

[12] Norman Gross. Law – Related Education: Current Trends, Future Directions [J]. Peabody Journal of Education, 1977 (55): 2 – 5.

[13] Pierre – Joseph Gailly, Wolfgang Krautter, Christophe Bisière, et al. The Prince Project and its Applications [J]. Logic Programming in Action, 2005 (636): 54 – 60.

[14] Preston – Shoot M, McKimm J. Exploring UK Medical and Social Work Students' Legal Literacy: Comparisons, Contrasts and Implications [J]. Health and Social Care in the Community, 2013, 21 (3): 271 – 282.

[15] Raskin J. Bringing the High Court to High School [J]. Educational Leadership, 2002, 59 (4): 51 – 55.

[16] Talah R A. Children's Education – A Joint Responsibility [J]. Development Studies, 2002 (7): 62 – 68.

[17] Barbara L. Fredrickson, Christine Branigan. Positive Emotions Broaden the Scope of Attention and Thought – Action Repertoires [J]. Cognition & Emotion, 2005, 19 (3): 313 – 332.

[18] Fredrickson B L. The Role of Positive Emotions in Positive Psychology [J]. American Psychologist, 2001, 56 (3): 218 – 226.

[19] Leming Robert S. Essentials of Law – Related Education [J]. Citizenship Education, 1995 (10): 4.

[20] Little Timothy H. Law – Related Education [J]. Michigan Social Studies Journal, 1987, 1 (2): 65 – 68.

[21] Mark H, Workman J Jr. Populations and Samples: The Meaning of "Statistics" [J]. Spectroscopy, 1987 (2): 47 – 49.

（三）报纸文章

［1］习近平.坚持党的领导传承红色基因扎根中国大地 走出一条建设中国特色世界一流大学新路［N］.人民日报，2022－04－26（01）.

［2］习近平.在庆祝中国共产主义青年团成立100周年大会上的讲话［N］.光明日报，2022－05－11（02）.

［3］习近平.在中央党校建校80周年庆祝大会暨2013年春季学期开学典礼上的讲话［N］.人民日报，2013－03－03（02）.

［4］习近平.掌握工作制胜的看家本领——关于科学的思想方法和工作方法［N］.经济日报，2014－07－17（06）.

［5］中央宣传部、司法部关于开展法治宣传教育的第八个五年规划（2021—2025年）［N］.人民日报，2021－06－16（01）.

［6］中办国办印发《关于进一步把社会主义核心价值观融入法治建设的指导意见》［N］.光明日报，2016－12－26（01）.

［7］中共中央宣传部.中国共产党的历史使命与行动价值［N］.人民日报，2021－08－27（03）.

［8］黄坤明.深入学习贯彻习近平法治思想 扎实有效开展新时代法治宣传教育［N］.人民日报，2021－10－29（04）.

［9］领导干部要做尊法学法守法用法的模范带动全党全国共同全面推进依法治国［N］.光明日报，2015－02－03（01）.

［10］张烁.把思想政治工作贯穿教育教学全过程 开创我国高等教育事业发展新局面［N］.人民日报，2016－12－09（01）.

［11］傅柒生.让法治精神在红色传承中飞扬闽西［N］.闽西日报，2014－11－26（03）.

［12］何旭娟.高校"三全育人"的四个着力点［N］.中国教育报，2020－03－30（5）.

［13］黄辉.赣州将红色旧址打造成法宣重要平台［N］.法治日报，2021－07－19（01）.

［14］李美霖.维护"生态"秩序 引导价值导向［N］.中国新闻出版广电报，2021－11－30（06）.

［15］李卓谦.把社会主义核心价值观融入社会主义法治文化建设全过程［N］.民主与法制时报，2021－07－08（07）.

[16] 马抗美,袁芳. 当前中国青少年群体法治素养的整体图景[N]. 光明日报,2020-05-08(11).

[17] 毛磊. 大学生犯罪率如何降到最低限度[N]. 人民日报,2003-04-16(13).

[18] 王海磬. 全国妇联、教育部等11部门印发《关于指导推进家庭教育的五年规划(2021—2025年)》[N]. 光明日报,2022-04-13(03).

[19] 王一彪. 新时代呼唤构建良好网络舆论生态[N]. 人民日报,2018-04-19(07).

[20] 徐佳佳. 苏区法治宣传的"轻骑兵"[N]. 人民法院报,2021-07-09(05).

[21] 杨福忠. 把社会主义核心价值观融入法治文化建设[N]. 河北日报,2021-09-24(07).

四、学位论文

[1] 司文超. 大学生法治素养培育研究[D]. 武汉:武汉大学,2020.

[2] 张晓敏. 大学生法治素养研究[D]. 长春:东北师范大学,2018.

[3] 李林. 大学生法治意识现状与教育对策研究[D]. 北京:中国地质大学,2017.

[4] 陈洁. 我国大学生法治教育研究[D]. 上海:复旦大学,2012.

[5] 欧阳庆芳. 中国共产党法制教育研究[D]. 武汉:武汉大学,2014.

[6] 孟鹏涛. 中国高校法治教育问题研究[D]. 长春:吉林大学,2017.

[7] 杨超. 大学生法制教育价值取向变革研究——法治文化视域的思考[D]. 上海:上海大学,2017.

[8] 李颖. 马克思恩格斯法治思想及其当代价值研究[D]. 南宁:广西师范大学,2016.

[9] 欧阳秀敏. 新时代大学生革命文化教育研究[D]. 福州:福建师范大学,2020.

后 记

后 记

本书是笔者在博士学位论文的基础上修订完成。马克思曾说过:"在科学的道路上没有平坦的大道,只有不畏艰险沿着陡峭山路向上攀登的人,才有希望达到光辉的顶点。"读博六年半时间里,这句话一直在鞭策着我。虽然读博之路充满坎坷,甚至于摇摇晃晃,但这一路却让我获益良多。因为能够得到学识渊博的导师们的悉心指导,能够与新同学一起成长、相互鼓励,能够在读博生涯学到新的知识,使自己朝着梦想的方向努力和迈进,这是我人生中的宝贵财富,值得终身铭记、感恩和珍惜。

行文至此,纵使有千言万语,也道不完心中感慨万千,汇诸笔下皆是感恩。2010年硕士研究生毕业后留校从事学生思想政治教育工作,担任本科生辅导员。工作期间,虽能做到尽职尽责,将本职工作做好,但总感知识储备不足,特别是在思想政治教育专业知识方面的匮乏,常常使我将工作重心放在了学生日常事务性管理工作上,而忽略了学生思想政治方面的教育引导,以致限制了工作视野和成效。面对这种情况,我就想通过知识的"充电"来提升自己。于是,我在2015年抱着试一试的心态参加了福建师范大学思想政治教育专业(高校辅导员专项)博士生入学考试,但由于复习不够充分,再加上没有前期的专业学习经历,成绩出来后落榜了。不过,当时并没有灰心,而是决定再考一次。2016年,我再次参加了该专业的博士生入学考试,幸运的是,这次被顺利录取了。

2016年9月,我怀着兴奋而又激动的心情踏入了福建师范大学校门,然而,入学后才发现,真正的考验才刚刚开始。因为第一学年的课程安排得满满当当,此外还有许多学术活动和课程作业要完成,加上我是在职读博,还要完成学校的一些工作。就这样,我极度充实地度过了第一学年。在这过程中,我不仅学到了新的知识,而且在学习过程中得到了许多博导们的指导,特别是遇到困惑和问题时,即使有的问题可能不成熟,但各位博导总是耐心细致地给予解答。求学之路,道阻且长,特别是像我这样"半路出家"的则更不易,然而,当我遇到困难和受到挫折,觉得没有信心,甚至怀疑自己的能力时,我的导师、同学、师长们总是给予我很多暖心的鼓励和帮助,这些给了我莫大的鼓舞。这些帮助和鼓励,让我刻骨铭心,难以忘怀,所有的付出都觉得值得。回望这漫长而又艰难的求学之路,虽各种焦虑、困顿、迷茫一路相随,但总体上很幸运、充实且温暖。

司马光说:"经师易遇,人师难遇。"求学之路上能遇到一名好的老师和引路人是非常幸运的事,感谢导师杨立英教授!作为杨老师的"关门弟子",她在学术上给我悉心指导,从小论文的写作、投稿,到毕业论文的选题、提纲确定、细节把握和文字推敲,她都给予了耐心指点并提供了许多宝贵意见。可以说,博士学位论文的最终完成,无不是在杨老师的一一指导、鼓励和帮助下完成的,凝结了她许多的心血和智慧。而且,杨老师还经常与我交流、分享她的工作、科研等经历,从中我也学到了许多为人处事之道。在几年的求学过程中,杨老师严谨的治学风格、求真的态度、率真的性情,也都深深地影响着我。尽管我专业基础薄弱,学业年限多次延长,但杨老师包容我、鼓励我,让我在轻松的氛围中追逐求学之梦,也让我可以静下心来,去弥补专业知识的不足和打磨毕业论文。在此,向恩师致以最真挚的感谢!

求学之路上,我还得到了诸多学识渊博的博导和教授们的指导和帮助。在这里,要特别感谢福建师范大学马克思主义学院的博导们,以及对论文和专著书稿进行评审的专家们。他们严谨的治学风格、认真负责的工作态度和崇高的师德风范,令我终生难忘。感谢他们的诚挚批评和建议,让我可以对书稿作进一步的修改和完善,从中,我也学到了许多经验和教训,这对我今后的科研工作均有极大的启发。

学贵得师,亦贵得友。一路走来,我也认识了许多新的同学和师兄、师姐、师弟、师妹们,他们不仅和我一起并肩追逐梦想,而且也在我迷茫的时候给我鼓励和支持,感谢他们一直以来的帮助。另外,感谢福州大学外国语学院王斌传老师、福建师范大学经济学院王峰老师、福建中医药大学康复学院兰子明老师、闽南师范大学裴新星老师、闽江学院学生工作处肖子华老师、福建医科大学赖颖茜老师以及同事朱波、游跃、张发政等利用他们在宁德师范学院、福建江夏学院、厦门大学工作或求学的便利，在我的调研中给予了大量帮助，使我可以顺利完成线下调研，收集数据，为本书的完成提供了重要基础。

还要感谢我的家人一路支持，他们总是默默地支持着我，尊重我的各种选择，特别是在我遇到困难时，总选择默不作声或尽量不打扰，其实是不想给我太大压力。这种爱和支持，我能够深深体会到，同时这么多年，让他们一直为我操心，心中也十分愧疚。

最后，在本书付梓之际，要特别感谢福建医科大学马克思主义学院对本书的资助，感谢学院领导们的支持。同时，也要感谢知识产权出版社能够出版拙著，感谢编辑罗慧老师为本书的出版付出的心血，在专著出版过程中，她给予了大力支持和帮助。

马克思曾说，研究就是"充分地占有材料，分析它的各种发展形式，探寻这些形式的内在联系"。在专著撰写过程中，我收集、参考并引用了诸多前辈的研究成果，他们的研究成果为本人的写作提供了坚实基础，可以说，如果没有充分掌握这些材料，此书是无法完成的。在此，谨向各位学术前辈致以最崇高的敬意和最真诚的感谢！尽管参照众多，难免有错漏之处，文中偏颇和不足之处在所难免，敬祈学界前辈及广大读者批评指正。

于福州龙江云山墅

2023 年 8 月